Discover Romanian

Discover Romanian

An Introduction to the Language and Culture

Rodica Boţoman

The Ohio State University Press
Columbus

Library of Congress Cataloging-in-Publication Data
Boțoman, Rodica C.
    Discover Romanian : an introduction to the language and culture /
Rodica Botoman.
        p. cm.
    Includes index.
    ISBN 0–8142–0536–4
    1. Romanian language—Textbooks for foreign speakers—English.
I. Title
PC639.5.E5B68   1995
459′.82421—dc20   93-21808
                                                              CIP

Text design by Sally Harris / Summer Hill Books. Weathersfield, Vermont.
Type set in Times Roman by Brevis Press, Bethany, Connecticut.

The paper in this book meets the guidelines for permanence and durability of the Committee on Production
Guidelines for Book Longevity of the Council on Library Resources. ∞

Contents

Preface

Travel with us through the landscape of Romanian language and culture. *Discover Romanian* is a basic Romanian language textbook with accompanying workbook intended for students with no previous knowledge of Romanian. Designed for use at the college level, it can also be used by high school students or by anyone interested in learning the language. The book presents all the basic grammatical structures of the Romanian language along with a vocabulary of several thousand words; the workbook gives additional exercises. Since the main emphasis is on communication, grammar is introduced in the context of all four communication skills—listening, speaking, reading, and writing. There is, however, another equally important emphasis: that of teaching language through culturally conditioned situations. The cultural information provided gives students an opportunity to learn about Romanian traditions and culture and to compare them with their own. Learning another language is conceived of as contributing to the total humanistic education of students, who are here given the opportunity to experience learning about another people at the same time as they gain a better understanding of their own culture.

This adventure into the language and culture of Romania begins at an American university, when two students, Amelia and Andrew, decide to go study at a foreign language institute in Romania. We follow them from their arrival in Bucharest through their experiences during the school year. Fascinated by the cultural differences she notices, Amelia decides to keep a diary, which she shares with us in a text which appears at the end of every lesson. Romania's rich ethnic and cultural aspects are presented as seen through the eyes of a young American.

The book is divided into twenty lessons, each focusing on a cultural topic. Grammar, vocabulary, and culture are related to the topic through a variety of exercises. Each lesson contains the following sections: an opening **Dialog,** which introduces some new vocabulary and grammatical structures, followed by **Cultură/Civilizaţie,** which provides brief texts in English that frame the theme of the lesson and give some related Romanian terms. New vocabulary and grammar are explained and discussed in the section **Structuri şi vocabular.** This is followed by **Şi acum, la lucru** (and now, to work), a variety of exercises, and by **Stăm de vorbă** (let's chat), where the elements for a real conversation are provided. A section entitled **Jurnal** (diary), which contains a text that focuses on cultural information (this time in Romanian) and which also provides a summary and synthesis of the main grammatical and lexical aspects introduced in the lesson, follows, and a vocabulary list closes each lesson.

Acknowledgments

This book is the product of years of experience in teaching Romanian at the Ohio State University. I should like to thank first of all my students throughout these years, whose interest, hard work, and enthusiasm for learning Romanian were a constant source of inspiration to me. My deepest thanks also go to Leon Twarog, my former chairman, whose unfailing support over the years made the existence of the Romanian program at Ohio State possible; to my colleagues in the Department of Slavic and East European Languages and Literatures for their faith in my work; and to our outstanding academic coordinator, Rosa Maria Cormanick, whose kindness and competence have helped me more than I can say.

It is difficult for me to imagine how this book could have been completed without the help of the following colleagues: James E. Augerot (University of Washington), Mircea Borcilă (University of Cluj), Charles M. Carlton (University of Rochester), Sanda Golopenţia-Eretescu (Brown University), Liliana Ruxăndoiu (University of Bucharest), and Emil Vrabie (Ohio State University), all of whom provided a careful reading of the text, helpful comments, ideas, clarifications, and suggestions.

I am grateful to the U.S. Department of Education and the Ohio State University College of Humanities for providing grants that encouraged me to undertake this project, as well as to the Ohio State University Press for its interest and support in the publication of this book. I would like to express special thanks to Peter Givler and to Alex Holzman for their encouragement and to Charlotte Dihoff, John Delaine, and Victoria Althoff for their professional support and exceptional dedication to the successful completion of this project, as well as to Nancy Woodington, manuscript editor, for her careful reading of the manuscript. I would like to thank Marilyn M. Reeves, the artist who provided the drawings for this volume. I am grateful to the following individuals and institutions for granting permission to reproduce the photographs appearing in this book: Mitzura Arghezi (photo 14.1), Suzica Baciu (photo 16.1), Julie Donat (photo 7.2), Christinel Eliade (photo 12.1), Mary Leuca (photo 11.1), and Louis Martin (photo 11.2), as well as to Editura Ştiinţifică şi Enciclopedică for all of the other photos.

I am especially grateful to Jane Cottrell, my colleague and friend of many years, for her interesting, original, and valuable ideas, as well as for editing and proofreading each lesson in this book. Special thanks are also owed to Linda Wonderley, whose suggestions and help contributed to the completion of the workbook. I am also indebted to Galal Walker for his many valuable contributions to the audio tape program. Amy McNabb, a former student of mine, typed the final manuscript for me, and I am most grateful to her. In addition, the following graduate students have also helped with the typing of the manuscript: Devin N. Asay, Edward C. East, and F. Michael Rake.

Finally, my sincere thanks go to my husband, George, and my son, Alin, for all their valuable help and support toward the completion of this book.

Rodica Boţoman
The Ohio State University

Introduction

The Romanian Language

As its name indicates, Romanian is a Romance language, that is, one that developed from Latin, in this case the Latin of the territory north and south of the Danube. After Trajan's army conquered Dacia in A.D. 105–06, the Thraco-Dacian language of the people in that lower Danubian area, which is inhabited by the Romanians of today, began to yield gradually to the Latin of the conquerors. The successful colonization of Dacia and intermarriages between the native population and the Romans led to the general romanization of the northern Danubian regions of the Banat, Dobrudja, Oltenia, Transylvania, Muntenia, and Moldavia, regions in which the Romanian language gradually formed.

Starting in the fifth century A.D., the Latin spoken in these regions developed its own characteristics, independent of other Romance languages. Despite the withdrawal of the Roman army in A.D. 271 and centuries of invasions, the people in this area continued to be Romance-language speakers. In fact, the Romanians are the only speakers of a Romance language in eastern Europe. Although Dacia's isolation from the western Latin world started in the fifth century, the process of romanization continued. Cut off from the medieval Latin that influenced the evolution of other Romance languages, Romanian remained in many ways more conservative and closer to Latin than other Romance languages. It is, for example, the only Romance language that retains a full case system.

The neo-Latin character of Romanian is evident at all levels of the language: phonetic structure, vocabulary, syntax, and especially morphology. But Romania's geographical location in eastern Europe has meant also that its language has been subject to influences from its surrounding cultural and linguistic areas. The end of the eighteenth century and the beginning of the nineteenth marked, however, the reopening of Romanian culture to western Europe. An emphasis on the Latinity of the Romanian language emerged at this time as part of the assertion of Romanians' national identity.

The nineteenth century saw the convergence of Romanian language and civilization with those of the west. Translations from European literature appeared, and modern technical and scientific information began to be widely disseminated in Romania. Within this context a large number of loanwords from other European languages enriched the Romanian lexicon. French had and continues to have a great impact on the language and culture of Romania, although recently English influence on Romanian has increased, as one can see from the newly borrowed words **miting** 'meeting,' **spicher** 'speaker,' **computer** 'computer,' and the ever-popular **O.K.**!

Today Romanian proper is spoken by more than twenty-three million people throughout the territory of Romania, more than three million in the Republic of Moldova and parts of neighboring countries, and approximately 1.5 million in the regions that formerly comprised Yugoslavia. It is also spoken in dialectal forms by 400,000 to 600,000 Macedo-Romanians in Greece, Macedonia, Albania, and Bulgaria, by more than 5,000 Megleno-Romanians on the northern border of Greece, and by a few Istro-Romanians in a small number of villages in the Istrian peninsula on the Adriatic. Hundreds of thousands of Romanian immigrants have taken their native language to countries throughout the world, including the United States, Canada, and Australia.

The Alphabet

The Romanian alphabet has thirty-one letters. The main feature to note from the outset is the phonemic nature of the language. Romanian is pronounced as it is written. Certain pronunciations and orthographic peculiarities give individuality to Romanian. Pronunciation and spelling are presented in a special **Ortoepie** section in each of the first six lessons of this book. Here is an overview of the Romanian alphabet with its letters, their names in parentheses, and their phonetic symbols, as well as a set of examples illustrating pronunciation.

a	(a)	/a/	american	**n**	(ne)	/n/	nu
ă	(ă)	/ə/	studentă	**o**	(o)	/o/	opinie
â	(î din a)	/ɨ/	română	**p**	(pe)	/p/	posibil
b	(be)	/b/	bine	**q**	(kju)	/ku/	Quaker
c	(ce)	/k,tʃ/	corect, cerc	**r**	(re)	/r/	radio
d	(de)	/d/	da	**s**	(se)	/s/	student
e	(e)	/e/	elefant	**ş**	(şe)	/ʃ/	şampanie
f	(fe)	/f/	profesor	**t**	(te)	/t/	turist
g	(ge)	/g,dʒ/	garaj, George	**ţ**	(tse)	/ts/	ţigară
h	(ha)	/h/	hotel	**u**	(u)	/u/	universitate
i	(i)	/i/	inteligent	**v**	(ve)	/v/	victorie
î	(î din i)	/ɨ/	în	**w**	(dublu ve)	/u,v/	whisky, watt
j	(zhe)	/ʒ/	jurnal	**x**	(iks)	/gz,ks/	exemplu
k	(ka)	/k/	kilogram	**y**	(igrec)	/i/	hobby
l	(le)	/l/	libertate	**z**	(ze)	/z/	surpriză
m	(me)	/m/	mama				

Note that the letters **k, q, w,** and **y** are used only in foreign words or names. Also, the following five letters of the alphabet, **ă, â, î, ţ,** and **ş,** have diacritical marks. **â** and **î** are identical sounds. **â** is used only in words that have **român-** as their stem (**România, română, româneşte**) to illustrate the Roman (Latin) origin of the Romanian people. In all other words this sound is written **î.**

Stress

There is no strict rule in Romanian regarding which syllable in a word is stressed, but stress generally falls on the penultimate syllable or on the last vowel before the last consonant of the word. In the glossary as well as in the verb tables at the end of the book, stress for each word is indicated by a boldface vowel or vowels. The examples below illustrate.

casă	house		inteligent	intelligent
festival	festival		student	student
adresă	address		lampă	light

Salutul • Greetings

To make what we have just learned more relevant, let us take our first step in speaking Romanian by greeting each other.

Bună ziua. Mă numesc ———.	Hello. My name is ———.
Cum vă numiți?	What is your name?

In Romanian, greetings and polite forms are more formal than in English. New acquaintances are addressed as **doamnă** 'Mrs., ma'am,' **domnişoară** 'Miss,' or **domnule** 'Mr., sir,' with or without the last name. Formal address may also include a person's title or profession, for example, **doamnă profesoară** or **domnule inginer.** Here's how to say hello to your professor and introduce yourself.

Bună dimineața, domnule profesor/ doamnă/domnişoară profesoară.	Good morning, Professor.
Mă numesc ———.	My name is ———.

Greetings like **bună ziua** 'hello,' **bună dimineața** 'good morning,' and **bună seara** 'good evening,' and farewells like **la revedere** 'good-bye,' **pe mîine** 'see you tomorrow,' and **pe curînd** 'see you soon' are also sometimes accompanied by shaking hands. **Sărut mîna** (*lit.*, 'I kiss your hand') is a greeting of respect by a man for a woman or a child for an elder. It may be used to say hello or good-bye, and may or may not be accompanied by the gesture of kissing the hand.

1

Bună ziua!

Dialog

La universitate

Walk into the classroom with Amelia and Andrew for their first class at a Romanian university. By tradition, in Romania students stand when the instructor enters or leaves the classroom.

Doamna Bogdan:	Bună ziua.	*Hello.*
Clasa:	Bună ziua, doamnă.	*Hello, ma'am.*
Doamna Bogdan:	Luaţi loc. Sînt profesoara Anca Bogdan. Cum vă numiţi, vă rog?	*Be seated. I am Professor Anca Bogdan. What is your name, please?*
Andrew Johnson:	Mă numesc Andrew Johnson.	*My name is Andrew Johnson.*
Doamna Bogdan:	Sînteţi american, evident.	*You are American, evidently.*
Andrew Johnson:	Da, doamnă, sînt din Statele Unite.	*Yes, ma'am, I'm from the United States.*
Doamna Bogdan:	Bun venit. Şi dumnea-voastră, domnişoară, cum vă numiţi?	*Welcome. And you, miss, what is your name?*
Amelia Damian:	Mă numesc Amelia Damian.	*My name is Amelia Damian.*
Doamna Bogdan:	Sînteţi româncă?	*Are you Romanian?*
Amelia Damian:	Nu, doamnă, sînt americancă de origine română.	*No, ma'am, I'm an American of Romanian origin.*
Doamna Bogdan:	Îmi pare bine.	*I'm glad to meet you.*

Aţi înţeles?   Did You Understand?

Read the following statements. Keeping in mind the information given in the dialogue, decide if these statements are true (**adevărat**), or false (**fals**). If a statement is false, reword it to make it true.

1. Doamna Bogdan e [is] profesoară.
2. Andrew Johnson e din Canada.
3. Amelia Damian e româncă.
4. Andrew şi Amelia sînt în România.

1

1.1 "Schitu Cornetu" (1666), Cornetu Monastery graces the Olt Valley

Cultură/Civilizaţie

România: Teritoriu şi populaţie • Romania: Land and Population

The territory where the Romanian people live stretches from the Criş river plain and Maramureş to the Carpathians, and from there to the Danube and the Black Sea. Romania's land possesses harmony, variety, beauty, and many natural resources. The central area of Romania—the Transylvanian plateau—is surrounded by the Carpathian and Apuseni (western) mountains, a *corona montium* (crown of mountains), as the Roman historian Jordanes described it. The topography of these mountains, whose highest peak, Moldoveanul, is 2,543 m (8,240 ft.), provides favorable conditions for many types of agricultural and other activities. The mountains slope first into hilly regions, and then descend gradually into broad plains.

1.2 Tîrgovişte, a hotel in contemporary style

Romania is nearly equally divided into three major natural landforms. Mountains account for 31 percent of the land, hills and plateaus for 36 percent, and plains for 33 percent. There are neither wastelands nor inaccessible heights. Its rich soil is one of Romania's most valuable resources. When properly farmed it yields abundant crops. The mountains, hills, meadows, and riverine lands offer pasture for the many flocks of sheep and herds of cattle that dot the countryside. For hundreds of years cattle were a main export item, along with fish and honey. The land has been known since antiquity for its rich deposits of gold, silver, iron, copper, coal, and oil, as well as for its quarries of such prime building materials as limestone, granite, and marble. A large amount of underground rock salt is present in many areas, and there are numerous wells of mineral waters.

Four regions and two subregions comprise Romania's present-day territory: Transylvania (including the Banat); Moldavia (including Bucovina); Wallachia; and Dobrudja. Some vital statistics are: area, 237,500 sq. km (91,699 sq. mi.); capital, Bucharest; population, 23,112,000 (1988 estimate); official language, Romanian (some minority groups speak Hungarian, German, and other languages); religions include Romanian Orthodoxy (16 million adherents), Roman Catholicism (1.2 million), Protestantism (700,000), Calvinism (600,000), Islam (40,000), Judaism (30,000). The geographical formation of the country, with the Transylvanian tableland in the center surrounded by the Carpathians—mountains that could be crossed easily through numerous passes and gorges—contributed to the unity of the people, both in material and cultural aspects.

Adapted from Dinu Giurescu, *Illustrated History of the Romanian People* (Bucharest, 1981), 7–9. Statistics are from the *New York Times*, December 23, 1989.

Population density: 95 per sq. km (245.9 per sq. mi.). Urban population, 49.3%; rural population, 50.7%. Capital: Bucureşti (Bucharest), Jan. 1990 population 2,197,702.

Structuri şi vocabular

Viaţa universitară • University Life

The following exercises are designed to highlight differences between Romanian and English ways of expressing professions, activities, and time sequences.

Ocupaţii *Occupations*

Note that there are two main differences in how we identify professions in Romanian and in English. First, there are a distinct masculine form (ending in a consonant) and a feminine form (ending in **-ă**) in Romanian. Second, occupations are preceded by an article (*a* or *an*) in English, but have no article in Romanian. Use the list below to tell us what your occupation is or is not. Example:

> Sînt student, nu sînt profesor. (m)
> Sînt studentă, nu sînt profesoară. (f) } I am a student; I am not a professor.

1. doctorand(ă) [doctoral candidate]   2. asistent(ă) [assistant lecturer]   3. elev(ă) [elementary or high school student]   4. secretar(ă) [secretary]   5. inginer(ă) [engineer]   6. bibliotecar(ă) [librarian]   7. reporter(ă) [reporter]   8. tehnician(ă) [technician]

Activități   *Activities*

You may be either *in* or *at* a particular place. Use the following list of nouns related to campus life to tell us where you are or where you may be. Note that Romanian does not use the definite article in these constructions, although English uses *the*. Example:

Sînt $\left\{ \begin{array}{c} \text{la} \\ \text{în} \end{array} \right\}$ bibliotecă.   I am $\left\{ \begin{array}{c} \text{at} \\ \text{in} \end{array} \right\}$ the library.

1. universitate [university]   2. facultate [department]   3. clasă   4. curs [course]   5. bibliotecă [library]   6. librărie [bookstore]   7. laborator [laboratory]   8. lucru [work]   9. birou [office]   10. cămin [dormitory]   11. cantină [cafeteria, dining hall]   12. cofetărie [cafe, coffee shop]   13. restaurant

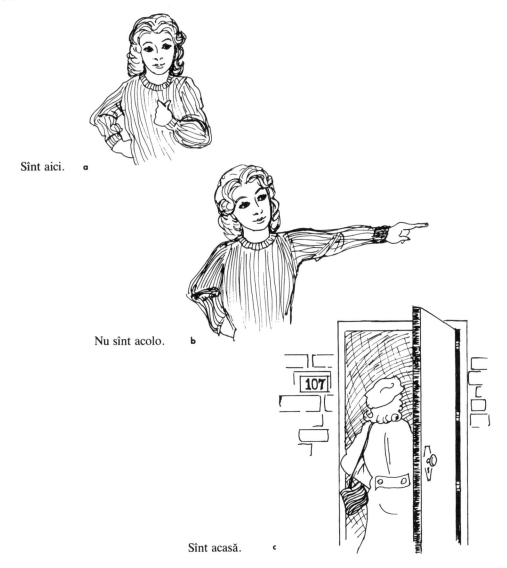

Sînt aici.   a

Nu sînt acolo.   b

Sînt acasă.   c

Program zilnic   *Daily schedule*

Use the places above to answer the following questions about your daily schedule. Give an affirmative (**Sînt la** . . .) or a negative response (**Nu sînt la** . . .).

1. Sînteţi de obicei [usually] la universitate dimineaţa? (la facultate/la curs/la clasă)
2. La amiază [at noon] sînteţi la cantină? (la cofetărie/la McDonald's)
3. După masă [in the afternoon] sînteţi la lucru? (la bibliotecă/la birou/la laborator)
4. Sînteţi seara [in the evening] acasă? (la restaurant/la disco)

Pronumele personal • Personal Pronouns

Personal pronouns in the nominative case are used as the subject of a sentence. The forms of the nominative personal pronouns are:

	Singular		Plural	
first person	eu	I	noi	we
second person	tu	you	voi	you
third person masculine	el	he, it	ei	they (masculine, mixed group)
third person feminine	ea	she, it	ele	they (feminine, neuter)

Romanian has two additional forms of the second person nominative pronoun. The first, **dumneata,** is a familiar-polite form used with the second person singular verb to refer to one person. It is abbreviated **dta.** or **d-ta.** The second, **dumneavoastră,** is a formal-polite form used with the second person plural verb to refer either to a single person or to a group. It is abbreviated **dv.** or **d-voastră.** Both **dumneata** and **dumneavoastră,** of course, mean 'you.'

It is important to remember that the second person pronoun, which has only one form, 'you,' in present-day English, has four different forms in Romanian.

Tu is the most familiar form. It is used as a singular among people who know each other well, good friends, or young people, for example, students.

Dumneata is a familiar-polite singular form, and is the most frequent form of address among adult acquaintances and colleagues. It is also used by younger people when addressing an older person whom they know well. Note, though, that it is not always reciprocal. Sometimes a person of higher station may address a subordinate as **dumneata** while the subordinate must reply using **dumneavoastră.**

Voi is the familiar form of the second person plural pronoun. It is used among people who know each other well. Example: **Voi sînteţi acasă seara?** 'Are you at home in the evening?'

Dumneavoastră is the most formal form. It is used to address one or more persons and is the most frequent form in all public exchanges or between adults at first acquaintance. Younger people also use it when speaking to an adult if they do not know the adult well enough to use **dumneata** or **tu.**

Verbul a fi: Indicativ prezent • The Verb a fi: Present Indicative

(eu)	sînt	I am	(noi)	sîntem	we are
(tu/dta.)	eşti	you are	(voi/dv.)	sînteţi	you are
(el/ea)	este/e	he, she, it is	(ei/ele)	sînt	they are

Each verb ending corresponds to a pronominal subject. (English generally has only two different verb forms in the present tense.) In a present tense form in Romanian:

1. The subject is clearly indicated by the verb ending. It is very important to pay special attention to verb endings in order to know the subject. Note that the vowel **i** in final position is a short, unvoiced sound.

2. A pronominal subject is not required in Romanian unless a distinction must be made between the subjects of two identical verb forms, or unless special emphasis is being placed on a particular subject. Examples:

Sînt din Statele Unite.	I am/they are from the United States.
Eu sînt din America dar ei sînt din Italia.	I am from America, but they are from Italy.
Eu sînt american, nu Adrian.	I am the one who is American, not Adrian. *or* I'm American, Adrian isn't.

The third person singular present of the verb **a fi** has a long form, **este,** and a short form, **e.** Long or short, the meaning is the same. The short forms are more common in the spoken language.

El este la birou.	He is at the office.
El e la birou.	He's at the office.

When the short form, **e,** follows a word ending in a vowel, it may take a hyphenated form, **-i.**

Ce-i aici?	What's here?
Ea nu-i acasă.	She isn't home.

The third person singular of **a fi** is also used in such expressions as:

E (foarte) bine.	It's (very) good.	E dificil.	It's difficult.
E (foarte) rău.	It's (very) bad.	E simplu.	It's simple.
E adevărat.	It's true.	E complicat.	It's complicated.
E corect.	It's correct.	E excelent.	It's excellent.
E incorect.	It's incorrect.	E interesant.	It's interesting.

In order to express the negative form of the verb, Romanian always uses **nu** before the verb, unlike English, where the negative follows the verb.

Domnul Vlad este inginer?	Is Mr. Vlad an engineer?
(El) nu este inginer.	He is not an engineer.

Note the following example, where **nu** appears twice in different usages.

Christina este doctorandă?	Is Christina a doctoral candidate?
Nu, (ea) nu este doctorandă.	No, she is not a doctoral candidate.

Şi acum, la lucru   Let's Get to Work

The following exercises are designed to help you see if you know the forms of **a fi.** Change the verb form in the titles of exercises A and B to agree with each subject listed.

Exerciţiul A: (Eu) sînt aici în clasă.   *I am here in class.*

1. tu   2. dta.   3. el   4. voi   5. dv.   6. noi   7. ele   8. ea

Exerciţiul B: (Eu) nu sînt acasă dimineaţa.   *I am not at home in the morning.*

1. dta.   2. ea   3. noi   4. el   5. tu   6. ei   7. dv.   8. ele

Exercițiul C: Ocupații   *Occupations*

Andrew wants to know the occupation of several people he has just met at the university. Amelia tells him what she knows about them. Here's an example of what she says:

> Lucia/doctorandă.
>
> Lucia e doctorandă.

1. Radu/student   2. domnul Bogdan/profesor   3. Monica/tehniciană   4. domnișoara Petrescu/secretară   5. Călin/asistent   6. doamna Toma/bibliotecară

Exercițiul D: Noroc, Radu!   *Good luck, Radu!*

Radu, your new Romanian friend, is having a hard time locating some people he wants to get in touch with. Answer his questions, using the cue words in parentheses, according to the example. Remember to make the verb agree with the subject in each sentence. Example:

> Ești la universitate seara? (acasă)
>
> Nu, nu sînt la universitate seara, sînt acasă.

1. Ești la facultate dimineața? (la curs)
2. Amelia e la lucru seara? (la laborator)
3. Voi sînteți la bibliotecă dimineața? (la curs)
4. John și Mary sînt la cofetărie? (la cantină)
5. Doamna profesoară e la birou? (acasă)

Forma interogativă • The Interrogative Form

Yes-or-No Questions

A yes-or-no question is usually indicated in Romanian simply by adding a question mark to a declarative sentence and by ending the sentence with rising pitch.

(Dv.) sînteți americancă?	Are you American?
(Tu) ești acasă dimineața?	Are you at home in the morning?

Question-Word Questions

Question-word questions begin with an interrogative word, for example:

cine?	who?	cum?	how?
ce?	what?	cînd?	when?
cu cine?	with whom?/who . . . with?	unde?	where?
cu ce?	with what?/what . . . with?	de unde?	from where?/where . . . from?

In direct questions, the subject, when expressed, follows the verb. Pitch is highest at the beginning of the sentence, on the interrogative word, and falls at the end.

Cine este el?	Who is he?
Cine-i el?	Who's he?
Unde e Radu?	Where is Radu?
Unde-i Radu?	Where's Radu?
Cînd sînteți acasă?	When are you at home?

Şi acum, la lucru   Let's Get to Work

Exerciţiul A: Naţionalităţi   *Nationalities*

Choose a nationality from the following list and state your chosen nationality. Then ask the person next to you in class what his/her nationality is. Note that in Romanian there are two distinct forms: masculine (ending in a consonant) and feminine (ending in -ă or -că). Use the form that is appropriate for you. Example:

Eu sînt român(că).	I am Romanian.
Şi dumneavoastră?	And you?
Eu sînt american(că).	I am American.

Masculine	Feminine	Translation
canadian	canadiancă	Canadian
italian	italiancă	Italian
belgian	belgiancă	Belgian
norvegian	norvegiancă	Norwegian
argentinian	argentiniancă	Argentinian
brazilian	braziliancă	Brazilian
elveţian	elveţiancă	Swiss

Choose a nationality from the list and ask a classmate if that is his/her nationality. (Note that in Romanian, although country names are capitalized, nouns and adjectives indicating nationality are not.) Example:

Sînteţi român(că)?	Are you Romanian?
Da, sînt român(că).	Yes, I am Romanian.
Nu, sînt american(că).	No, I am American.

Stăm de vorbă   Let's Talk

Unde e?   *Where is he/she?*

Some of your lucky friends are on vacation in Europe while you're sweating it out here, learning Romanian. Tell in what country and city each one of them is. Example:

Unde-i Linda? (Spania/Madrid)

Linda e în Spania, la Madrid.

1. Unde-i Paul? (Franţa/Paris)   2. Unde-i Tincuţa? (Polonia/Varşovia)   3. Unde-i Dan? (Germania/Frankfurt)   4. Unde-i Elena? (Grecia/Atena)   5. Unde-i Cristian? (Italia/Florenţa)   6. Unde-i Cornelia? (Anglia/Londra)

De unde e?   *Where is he/she from?*

The students Andrew knows come from all over the world. Now he is explaining where each of his colleagues comes from and what his/her nationality is. Example:

De unde-i Amelia? (Statele Unite)

Amelia e din Statele Unite. (Ea) e americancă.

1. De unde-i Victor? (Canada)   2. De unde-i Dominique? (Belgia)   3. De unde-i Karen? (California)   4. De unde-i Adrian? (România)   5. De unde-i Christine? (Ohio)   6. De unde-i Luciano? (Italia)

Sînt român(că)   *I am Romanian*

Well, even if you're not Romanian, pretend that you are. Choose a place on the map you'd like to pretend you're from and have another student try to guess where it is. Then reverse roles. Example:

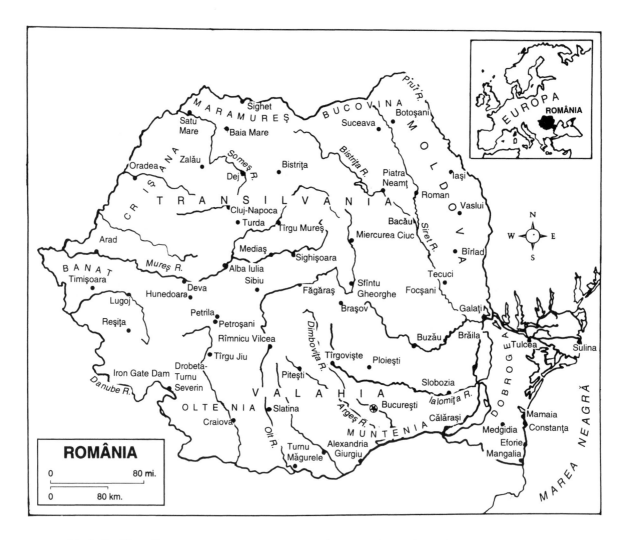

Eşti din Deva?	Are you from Deva?
Nu, nu sînt din Deva.	No, I am not from Deva.
Da, sînt din Deva.	Yes, I am from Deva.

Jurnal

Facem cunoştinţă   *Getting acquainted*

Amelia and Andrew, our two American companions for this Romanian experience, are happy to have this opportunity to introduce themselves. As you can see, they've already gained some proficiency in Romanian. Let's read what they have to say so as to get better acquainted with our two new friends.

Bună!   Hi!
Mă numesc Amelia Damian. Sînt din Statele Unite,
și sînt americancă de origine română. Eu sînt studentă
la engleză,[1] dar aici, la București, sînt studentă la limba
română.[2] Îmi pare bine că[3] sînt studentă aici la univer-
sitate. E adevărat că nu e ca[4] acasă. Aici totul[5] e diferit.[6]
E diferit, dar e foarte interesant.

1. English
2. Romanian language
3. that
4. like
5. everything
6. different

Salut!   Hi!
Eu sînt Andrew Johnson. Și eu[1] sînt american. Sînt doc-
torand în studii internaționale.[2] Acum sînt student la
limba română. În general sînt mulțumit[3] aici la univer-
sitate. E adevărat că uneori[4] sînt foarte ocupat.[5] Dar cine
nu e ocupat? Toată lumea[6] e ocupată. Asta-i viața![7]

1. I, too/also
2. international studies
3. content
4. sometimes
5. busy
6. everybody
7. That's life!

Ați înțeles?   Did You Understand?

Despre Amelia și Andrew   *About Amelia and Andrew*
Answer the following questions based on the information given above.

1. De unde e Amelia?
2. E româncă, ori americancă?
3. La ce e studentă?
4. Ce spune [says] ea în concluzie?
5. Cine e Andrew?
6. E student, ori doctorand?
7. E mulțumit Andrew la universitate?
8. Dar dumneavoastră, sînteți mulțumit(ă)?

Și eu . . .   *I, too . . .*
Și 'and,' when preceding a pronoun or a phrase, may mean 'also' or 'too.' Example:

Eu sînt din România.   I am from Romania.
Și eu sînt din România.   I, too/also, am from Romania; I am from
                               Romania, too.

Following the example above, add **și** to introduce each of the following sentences so as to convey
the meaning 'also, too.'
1. Eu sînt american(că).   2. Tu ești student la română?   3. Noi sîntem zilnic la curs.   4. Voi
sînteți seara acasă?   5. Ei sînt din București.   6. Dumneata ești din Timișoara?

E student(ă) la . . .   *He/she is a student in . . .*
Use the following list of some of the subjects you can find at an American or a Romanian
university to tell us what some of your friends are majoring in. Examples:

Linda e studentă la teatru.   Linda is a theater student.
Andrei e student la conservator.   Andrei is a student at the conservatory.

filologie	philology	științe economice	business, economics
(limba) română	Romanian (language)	ziaristică	journalism
(limba) engleză	English (language)	filosofie	philosophy

medicină	medicine	politehnică	engineering
drept	law	automatică	computer science
teatru	theater	matematică	mathematics
bele-arte	fine arts	fizică	physics
conservator	conservatory (music)	chimie	chemistry
educaţie fizică	physical education	biologie	biology
istorie	history	geologie	geology

Un joc   A game

In a small group, or with your entire class, play this guessing game. One student is chosen as the leader, and the others try to guess his or her major by asking questions like: **Eşti student(ă) la politehnică?** The leader gives negative responses, for example, **Nu sînt student(ă) la politehnică,** until someone guesses correctly. The student who has guessed the correct major then becomes the leader and the game continues. Ready? Begin!

Reporter la lucru   Reporter at work

Answer the following questions, or use them to interview another student in your class.

1. Cum vă numiţi?
2. De unde sînteţi?
3. Sînteţi student(ă) ori doctorand(ă)?
4. La ce sînteţi student(ă)/ doctorand(ă)?
5. E interesant aici la universitate?
6. Dar în clasă, cum e?
7. Sînteţi zilnic la clasă? Dar la laborator?
8. Unde sînteţi la amiază? Dar după masă?

Ortoepie • Pronunciation

Sistemul vocalic al limbii române   System of vowel articulation in Romanian

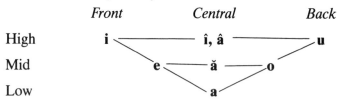

	Front	Central	Back
High	i	î, â	u
Mid	e	ă	o
Low		a	

1. Low: **a** is pronounced with the mouth fully open, more open than in English. Romanian **a** is closest to the *a* of English 'ah,' 'father.' Examples: **absent, avantaj, activitate**

2. Mid: **e, ă,** and **o** are articulated with the mouth partly open. Romanian **e** is pronounced like the vowel of English 'let.' Examples: **elev, student, secretară.** In initial position **e** is preceded by a *y* sound in a small number of words. Examples: **eu, este, el, ei, ea, ele, eşti, e**

Romanian **ă** is similar to the *u* of English 'burn,' 'turn.' Examples: **clasă, acasă, cămin, cantină**

Romanian **o** is pronounced like the vowel of English 'oak,' 'hotel.' Examples: **profesor, doctorand, acolo**

3. High: **i, u, î,** and **â** are pronounced with the mouth only slightly open. These high vowels are tenser than the English vowels we compare them to.

Romanian **i** is like the *ee* of English 'sheep,' 'feed.' Examples: **italian, diferit, complicat**

Romanian **u** is like the *u* and *oo* of English 'rule' and 'tool,' respectively. Examples: **curs, universitate, facultate**

Romanian **î** is produced by positioning the tongue as for **u,** but without rounding the lips. Examples: **sînt, în, curînd, mînă**

Romanian **â** is the same sound as **î,** but it occurs only in words containing the root **român-** and in a few proper names. Examples: **România, român, româncă, Brâncuşi, Agârbiceanu**

Vocabular

Substantive

activitate   *activity*
asistent   *assistant lecturer*
bibliotecar   *librarian*
bibliotecă   *library*
birou   *office*
cantină   *cafeteria, dining hall*
cămin   *dormitory*
clasă   *class*
cofetărie   *coffee shop*
curs   *course*
dialog   *dialogue*
disco   *discotheque*
doamnă   *Mrs., madam*
elev   *elementary/high school student*
facultate   *department*
inginer   *engineer*
laborator   *laboratory*
librărie   *bookstore*
limba engleză   *the English language*
limba română   *the Romanian language*
lucru   *work*
naţionalitate   *nationality*
ocupaţie   *occupation*
profesoară   *female teacher, professor*
profesor   *male teacher, professor*
reporter   *reporter*
restaurant   *restaurant*
secretar   *secretary*
student   *male student*
studentă   *female student*
tehnician   *technician*
ţară   *country*
universitate   *university*

Verbe

a fi   *to be*

Adjective

adevărat   *true*
bun   *good*
complicat   *complicated*
corect   *correct*
dificil   *difficult*
excelent   *excellent*
incorect   *incorrect*
interesant   *interesting*
simplu   *simple*

Adverbe

acasă   *(at) home*
acolo   *there*
acum   *now*
aici   *here*
bine   *good, well*
chiar   *even*
cînd   *when*
cum   *how*
de unde   *from where*
dimineaţa   *in the morning(s)*
după masa   *in the afternoon(s)*
la amiază   *at noon, noontimes*
mai tîrziu   *later*
mîine   *tomorrow*
rău   *bad*
seara   *in the evening(s)*
unde   *where*
zilnic   *daily, every day*

Pronume

ce *what*
cine *who*

Pronume personale

dumneata *you (sg.; familiar-polite)*
dumneavoastră *you (sg. and pl.; polite)*
ea *she, it*
ei *they (m)*
el *he, it*
ele *they (f)*
eu *I*
noi *we*
tu *you (sg.)*
voi *you (pl.)*

Prepoziţii

ca *as, like*
cu *with*
din *from*
în *in*
la *at, to*

Conjuncţii

ca *as, than*
că *that*
dacă *if*
deci *thus, therefore*
şi *and*

Expresii

bun venit *welcome*
bună *hi*
bună dimineaţa *good morning*
bună seara *good evening*
bună ziua *hello*
Cum vă numiţi? *What is your name?*
de origine română *of Romanian origin*
îmi pare bine *I'm glad*
la revedere *good-bye*
luaţi loc *be seated, take your seats*
mă numesc . . . *my name is . . .*
pe curînd *see you soon*
pe mîine *see you tomorrow*
salut *hi*
sărut mîna *hello/good-bye (formal)*
vă rog *please*

2

Ce mai faceţi?

Dialog

În drum spre universitate

Mircea: Bună, Amelia. Ce mai faci?
Amelia: Bine, mulţumesc. Şi tu?
Mircea: Nu prea rău.
(They see Sorin coming)
Sorin: Sărut mîna Amelia! Salut Mircea!
Ce mai faceţi?
Amelia: Mulţumim, bine. Sîntem în drum
spre universitate.
Mircea: Dar tu Sorin, unde mergi?
Sorin: Mai întîi merg la un curs şi după
aceea la bibliotecă.
Amelia: Foarte bine. Atunci mergem
împreună.
Sorin: Cu plăcere.

On the Way to the University

Hi, Amelia. How are you?
Fine, thanks. And you?
Not too bad.

Hello Amelia! Hi Mircea!
How are you?
Fine, thank you. We are on our way to
the university.
And you, Sorin, where are you going?
First I'm going to class and then to the library.

Great! Then let's go together.

With pleasure.

Cultură/Civilizaţie

Dezvoltarea poporului român • The Development of the Romanian People

The first record of the Carpatho-Danubian region (including the area down to the Black Sea) dates from some 2500 years ago; traces have been found of habitation in the area from the Paleolithic Age. The great Indo-European migration of the third millennium B.C. brought significant changes in the ethnic composition of the Carpatho-Danubian area. During the Bronze Age (second millennium B.C.), the Thracian people became prominent in that region. Later, in the first millennium B.C., the Dacians, or Getae, became culturally differentiated from the other Thracian tribes of the Balkan peninsula.

The inhabitants of Wallachia, Moldavia, and the Dobrudja were called Getae by the Greeks, and the inhabitants of Transylvania and the Banat were called Dacians, or Dais, by the Romans. Both populations spoke the same language. Under the rule of Burebista, Getae and Dacians united for the first time in a single state, and Dacia reached the peak of its power. Dacia posed a great challenge to the Romans. Julius Caesar had considered invading

2.1 The Dacian King Decebal, memorial statue in Deva

it, but he was murdered before he could do so. Burebista was killed soon after Caesar, and the Dacian state was temporarily divided, though it quickly reunited and regained strength under the rule of Decebalus (r. A.D. 87–106).

Earlier Roman advances in the Balkan peninsula had resulted in a number of clashes with the Geto-Dacians, but major conflict began in A.D. 85 and lasted for twenty years. Pressed by urgent economic and strategic interests, the Roman emperor Trajan (r. A.D. 98–117) undertook the conquest of Dacia. After fierce battles in two campaigns (A.D. 101–02 and 105–06), the Dacian capital of Sarmizegethusa finally fell to the Romans and was fired by its own inhabitants. Decebalus, seeing that there was no hope for victory, committed suicide. His head and his right hand were brought to Trajan, and in August 106 Dacia became a Roman province.

Dacia remained under Roman rule for 165 years, from A.D. 106 to 271. By developing ties with the Roman world, adopting the Latin language, and assimilating Roman culture, the Dacians became romanized, and a new Latin-speaking Daco-Roman people was formed. This romanizing process began in the cities, where Romans outnumbered the rest of the population. Urban life, with its amenities, material advantages, and lively cultural environment, appealed to the Dacians who lived within the city walls or in surrounding areas. Dacians who came in contact with Roman officials, colonists, or soldiers had to speak Latin, and knowledge of Latin was a necessity for anyone who wanted to advance in society. Romanization occurred in different ways in the villages and rural areas, where Dacians formed the majority of the inhabitants. Colonial landowners had Dacian laborers or Dacian tenants who had to learn Latin to deal with their masters. But it was especially through military service that rural Dacians became romanized. Most soldiers had families who lived near the military camps, and both the soldiers and their families had to speak Latin to communicate with the authorities. Thus Latin was imposed on the native Dacian language, and eventually the Romanian language emerged.

After the withdrawal of the Roman army and administration in A.D. 271, the Daco-Romans engaged in farming and herding, while recurrent invasions by migratory peoples (Goths, Huns, Gepids, Avars, Slavs, Cumans, Tartars) continued until the twelfth century. By the sixth century the Romanian people and the Romanian language had become distinct. Both people and language established themselves further during the next two or three centuries. Christianity, which had come to Dacia with the Roman army, quickly became the country's religion.

Adapted from Dinu Giurescu, *Illustrated History of the Romanian People.*

Structuri şi vocabular

Cum ne adresăm · How We Speak to Each Other

An American traveling to Romania may be surprised to see how much Romanian varies depending on the speakers and the situation. The dialogue that opens the lesson and the two short exchanges below reflect different levels of diction, ranging from the very casual to the very formal.

In the dialogue that opens the lesson the conversation takes place in an informal setting. The people talking to each other use the familiar, casual language commonly used by students, friends, and people who know each other well. Formal greetings are replaced by informal ones, such as **Salut** or **Noroc** (used especially by men) as well as **Bună**—expressions that are used like 'Hi!' in English. The informal expression **Ce mai faci?** and the corresponding **tu** form of the verb are used.

In the first short dialogue below, conversation still takes place in an informal setting (two adult acquaintances are talking to each other), and therefore **Ce mai faci?** is still the appropriate way to ask how things are. This time, however, the pronoun **dumneata** is used instead of the very familiar **tu.** This indicates a less close relationship between the speakers. **Dumneata** is the most frequent form of address among adult acquaintances, coworkers, superiors talking to a subordinate, and young people speaking to an older person they know well or to an older relative.

Ce mai faci?	How are you?
Bine, mulţumesc. Dar dumneata?	Fine, thanks. How about you?
Nu prea bine . . .	Not too well . . .

Our next dialogue takes place on a formal conversational level. In such situations, **Ce mai faceţi?** is used to ask how things are, and the proper pronoun is **dumneavoastră.** This formal style of address is used in Romania in all formal (public) settings and among people who have just met.

Ce mai faceţi?	How are you?
Foarte bine. Dar dumneavoastră?	Very well. How about you?
În general, bine.	Fine, in general.

It is up to you to determine the degree of formality or familiarity to use before conversing with someone in Romanian. When in doubt, it's probably safer to use a more formal form. Good luck, or, as Romanians say, **Noroc!**

Now try your hand at your first "real" conversation in Romanian. Combine the greetings you have learned in order to say hello to (a) a person you already know (a fellow student, a colleague, an elderly friend, or your professor); and (b) a person you are meeting for the first time (identify yourself and ask how things are).

Expresii adjectivale cu a fi · Adjectival Expressions with **a fi**

So far we have used the verb **a fi** to tell who or where you or other people are and your nationality or occupation or that of others. **A fi** may also be used to describe someone's personality, in which case it is followed by an adjective that agrees in gender and number with the subject.

În general   *In general*

Ask a person in your class which of the adjectives on the following list characterizes him or her best. Remember to use the appropriate masculine (ending in a consonant) or feminine (ending in -ă) form of the adjective. Example:

> optimist/pesimist [optimistic/pessimistic]
> Eşti optimist(ă) ori pesimist(ă) în general?
> Sînt . . . /Nu sînt . . .

Here are your choices:

calm/agitat	calm/restless
prudent/imprudent	careful/careless
disciplinat/nedisciplinat	well trained/badly trained
fericit/trist	happy/sad
simpatic/antipatic	nice, friendly/unpleasant

Extraordinar!   *Extraordinary!*

Amelia and Andrew certainly like their new Romanian friends, Corina and Sorin. Use the adjectives below to make statements about Corina and Sorin. Here's an example, using **drăguţ(ă)** 'nice.'

Sorin e extraordinar de drăguţ.
Şi Corina e extraordinar de drăguţă.

inteligent(ă)	intelligent	amabil(ă)	kind, amiable
modest(ă)	modest	remarcabil(ă)	remarkable, noteworthy
entuziast(ă)	enthusiastic	talentat(ă)	talented
sincer(ă)	sincere	timid(ă)	timid, shy
bun(ă)	good	interesant(ă)	interesting

Depinde   *It depends*

Use the scale below to tell us which of the qualities or feelings in the two preceding exercises always, sometimes, or never apply to you or others. Note that in Romanian a verb is in the negative form when used with a negative adverb, for example, **niciodată** 'never.' Examples follow the scale.

întotdeauna	uneori	nu . . . niciodată
always	sometimes	never

Amelia e întotdeaună calmă.	Amelia is always calm.
(Eu) nu sînt niciodată modest(ă). *ori*	I am never modest. *or*
(Eu) nu-s niciodată modest(ă).	I'm never modest.

Substantivul şi articolul nehotărît: • The Noun and the Indefinite Article:
Singular   Singular

One way in which Romanian differs from English is that all Romanian nouns have a gender, either masculine, feminine, or neuter. The two basic criteria for identifying the gender of nouns in Romanian are (1) the noun's ending, and (2) its meaning.

Most masculine nouns end in a consonant and designate male beings, masculine professions, certain plants or trees, and so on. Examples are **student, reporter, profesor, bibliotecar,** and **copac** 'tree.' Note, however, that a limited number of masculine nouns end in a vowel or semivowel. Examples:

-u	metru [meter]	tigru [tiger]	bou [ox]
-e	cîine [dog]	perete [wall]	burete [eraser]
-ă	tată [father]	papă [pope]	vlădică [bishop]

Feminine nouns end in the vowels **-ă** or **-e,** and include females and feminine professions, as well as inanimate objects. Examples are **studentă, universitate, librărie, clasă, facultate,** and **cofetărie.** A limited number of feminine nouns end in **-a** or **-ea.** These include **basma** 'scarf,' **stea** 'star,' **pijama** 'pajamas,' and **cafea** 'coffee.'

Most neuter nouns end in a consonant or in **-u.** They are almost always words for inanimate objects. Examples are **curs, restaurant, laborator, cămin,** and **birou.** Note also that a few neuter nouns end in **-o (stereo, radio)** or in **-i (sandvici, ceai).**

Articolul nehotărît: Nominativ-acuzativ • The Indefinite Article: Nominative-Accusative

		Masculine	*Feminine*	*Neuter*
Singular	un {	băiat	o { fată	un { hotel
		student	carte	muzeu
			librărie	

The Romanian indefinite articles **un** and **o** correspond to 'a, an' in English. The use of **un** and **o** is determined by the gender of the noun modified. **Un** precedes a masculine or a neuter noun, and **o** a feminine noun.

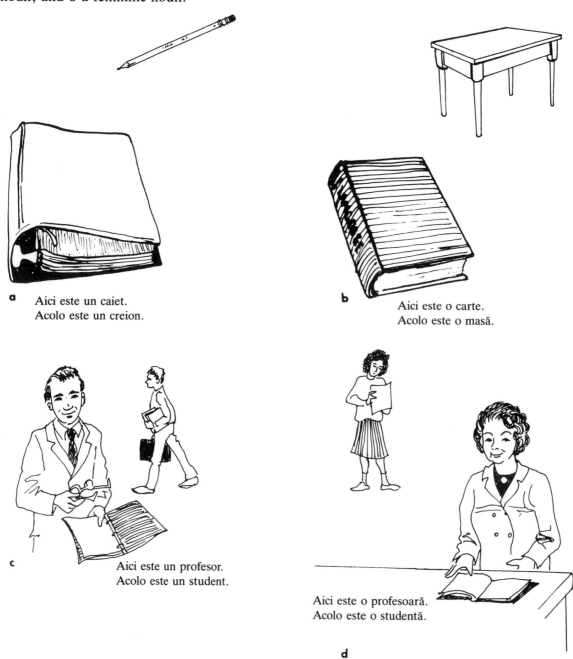

a   Aici este un caiet.
Acolo este un creion.

b   Aici este o carte.
Acolo este o masă.

c   Aici este un profesor.
Acolo este un student.

Aici este o profesoară.
Acolo este o studentă.

d

The most common uses of the indefinite article in Romanian correspond to English usage, as in **aici este un restaurant bun** 'here is a good restaurant' and **acolo este o cantină mare** 'there is a large cafeteria.' The indefinite article is, however, omitted in Romanian when nationalities, occupations, or professions follow the verb **a fi,** while in English the indefinite article is generally used. Examples: **eu sînt american(că)** 'I am (an) American'; **el este bibliotecar** 'he is a librarian.'

But if the nationality, occupation, or profession is modified, the indefinite article must be included. Compare the following pairs:

(1) Sorin este inginer.   Sorin is an engineer.

     Sorin este un inginer bun.   Sorin is a good engineer.

(2) Maria Ionescu este reporteră.   Maria Ionescu is a reporter.

     Maria Ionescu este o reporteră bună.   Maria Ionescu is a good reporter.

As you can see, adjectives agree in gender and number with the noun they modify. Adjectives usually follow the noun in Romanian. (Exceptions are discussed in lesson 19.) Rules to remember are:

1. Generally, use /**a fi** + nationality, occupation, or profession/ without the definite article.

2. Use /**a fi** + **un, o** + nationality, occupation, or profession/ when the noun is modified by an adjective.

3. Adjectives follow the noun.

Şi acum, la lucru   Let's Get to Work

Exerciţiul A: Egalitate   *Equality*

Men and women may be more alike than you believe. Amelia thinks that the women at the university are remarkable, and Andrew confirms that the men are, too. Tell us what each of them has to say. Example:

     Ana e o studentă disciplinată. (Dan)   Ana is a disciplined student.

     Şi Dan e un student disciplinat.   Dan is a disciplined student, too.

1. Doamna Bogdan e o profesoară foarte bună. (Domnul Bogdan)
2. Maria e o tehniciană talentată. (Victor)
3. Doina e o bibliotecară bună. (Doru)
4. Lucia e o secretară excelentă. (Dinu)
5. Mona e o elevă remarcabilă. (Marius)

Exerciţiul B: Portret   *Portrait*

Use the adjectives you have learned to describe a person you know. Remember that adjectives modifying a feminine noun require a feminine ending. Examples:

     un băiat   Răzvan e un băiat simpatic.   Răzvan is a nice boy.

     o fată   Amelia e o fată simpatică.   Amelia is a nice girl.

1. un băiat   2. un bărbat [a man, male]   3. un prieten [a male friend]   4. un coleg [a male colleague, fellow student]   5. un om [a man, human being]   6. o fată [a girl]   7. o femeie [a woman]   8. o prietenă [a female friend]   9. o colegă [a female colleague, fellow student]   10. o persoană [a person]

Exerciţiul C: Nimeni nu e perfect   *Nobody's perfect*

Describe yourself by completing the sentences below. Use as many vocabulary words and be as honest as possible.

1. Mă numesc . . .
2. Sînt din . . .
3. Sînt student(ă) la . . .
4. Sînt un student/o studentă . . .
5. În clasă sînt întotdeauna . . .
6. Nu sînt niciodată . . .

7. Dar uneori sînt . . .

8. Cînd sînt cu un prieten/o prietenă . . .

9. Acasă sînt . . .

10. În general sînt . . .

Pronumele demonstrativ singular • The Singular Demonstrative Pronoun

The following demonstrative pronouns are used in Romanian:

	Masculine/Neuter	*Feminine*	*Translation*
Nominative-accusative	acesta	aceasta	this (one)
	acela	aceea	that (one)

Demonstratives agree in gender and in number with the noun to which they refer.

Masculine:	Acesta/Acela este un prieten.	This (one)/That (one) is a friend.
Neuter:	Acesta/Acela este un hotel.	This (one)/That (one) is a hotel.
Feminine:	Aceasta/Aceea este o colegă.	This (one)/That (one) is a colleague.

To ask 'What is this/that (one)?' 'Who is this/that (one)?' note the following possible formulas.

Cine este acesta/acela?	Who is this/that (one)? (male)
Cine este aceasta/aceea?	Who is this/that (one)? (female)
Ce este acesta/acela?	What is this/that (one)? (masculine, neuter)
Ce este aceasta/aceea?	What is this/that (one)? (feminine)

When you don't know what something is, and thus don't know its gender, use the feminine form of the demonstrative to ask.

Ce este aceasta/aceea?	What is this/that?

Şi acum, la lucru   Let's Get to Work

Exerciţiul A: Ce este acesta?   What is this?

The following pictures illustrate objects often found in a classroom. Your instructor or your classmates will ask you what each object is. Here is your chance to impress them. Give a correct response in Romanian by identifying each picture. Example:

Ce este acesta?	What is this?
Acela este un ceas.	That is a watch. (*or* clock)

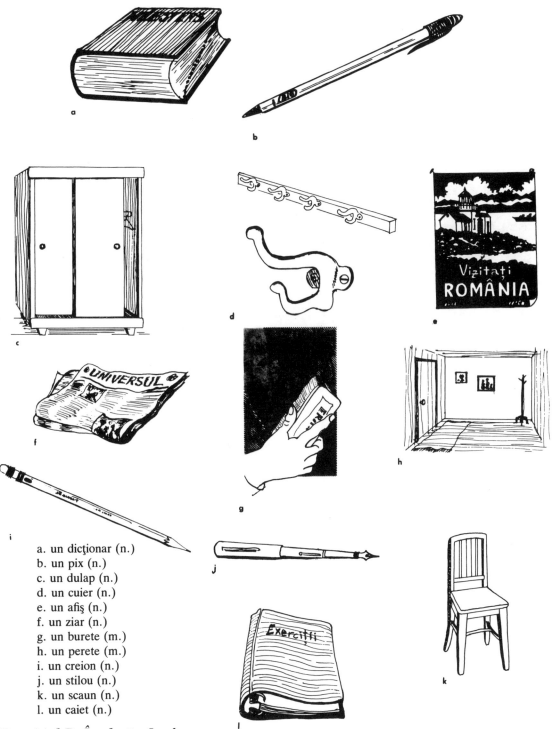

a. un dicţionar (n.)
b. un pix (n.)
c. un dulap (n.)
d. un cuier (n.)
e. un afiş (n.)
f. un ziar (n.)
g. un burete (m.)
h. un perete (m.)
i. un creion (n.)
j. un stilou (n.)
k. un scaun (n.)
l. un caiet (n.)

Exerciţiul B: În clasă   *In class*

1. Building on your vocabulary, use the model below to ask your classmates the identity of different objects illustrated in the drawing of the classroom. All the objects are feminine. Be sure to indicate the letter of the object you are asking about. Example:

(j) Ce este aceasta?   What is this?

    Aceea este o fereastră.   That is a window.

a. o uşă b. o catedră c. o bancă d. o servietă e. o hartă f. o carte g. o masă h. o tablă i. o cretă j. o fereastră

2. Using the expressions given below, explain where each object is located in the classroom illustrated. Examples:

În faţă e o catedră.

Lîngă catedră e un scaun.

In front is the teacher's desk.

Next to the teacher's desk is a chair.

la dreapta	on the right	în faţă	in front
la stînga	on the left	în spate	in back
lîngă	next to	pe	on
aproape (de)	near (the)	sub	under

Prezentul indicativ al verbelor în -e • The Present Indicative of Verbs Ending in -e

The group of Romanian verbs ending in **-e** includes all regular verbs whose infinitive ends in **-e,** verbs like **a cere** 'to ask for,' **a merge** 'to go,' and **a face** 'to do, make.' The present indicative of verbs in this category follows a regular pattern of conjugation. Only the endings change, depending on the person and number (though not the gender) of the subject. Sample paradigms appear below.

Subject	a cere	a merge	a face	Ending
eu	cer	merg	fac	Ø
tu/dta.	ceri	mergi	faci	-i
el/ea	cere	merge	face	-e
noi	cerem	mergem	facem	-em
voi/dv.	cereţi	mergeţi	faceţi	-eţi
ei/ele	cer	merg	fac	Ø

To form the present indicative of verbs ending in **-e,** first isolate the stem of the verb. As you can see, the stem results when the initial **a** and final **-e** of the infinitive are dropped (**a cere** > **cer**; **a merge** > **merg**; **a face** > **fac**). Endings are added to this stem.

Tu faci un exercițiu.	You are doing an exercise.
Ea cere un stilou.	She is asking for a fountain pen.
Voi mergeți acasă acum?	Are you going home now?
Noi nu mergem cu Radu.	We are not going with Radu.

There is only one present indicative tense in Romanian. It corresponds to three present tense forms in English:

tu mergi { you are going / you go / you do go   ea cere { she is asking for / she asks for / she does ask for

In the **-e** group of verbs, the first person singular and the third person plural are identical.

The verb **a face** has, as its primary meaning, 'to do, be doing' or 'to make, be making.'

Ce faci aici?	What are you doing here?
George face o supă.	George is making soup.

As you have seen in the first part of this lesson, **a face,** preceded by **mai,** is also used idiomatically to ask how things are or how one is doing.

Ce mai faci?	How are you?
Ce mai face Radu?	How is Radu doing?
Ce mai fac Dan și Anda?	How are Dan and Anda?
Ce mai faceți?	How are you?

A merge followed by the preposition **în** or **la** means 'to go to.' The preposition used depends on the destination. **A merge în** is used with the names of continents, countries, regions, and states. Examples:

a merge în Europa	to go to Europe
a merge în România	to go to Romania
a merge în Transilvania	to go to Transylvania
a merge în Ohio	to go to Ohio

A merge la is followed by the names of cities, towns, villages, and any other place, except those that require **în.** Examples:

a merge la București	to go to Bucharest
a merge la Făgăraș	to go to Făgăraș
a merge la Sibiu	to go to Sibiu
a merge la Columbus	to go to Columbus
a merge la o cofetărie	to go to a cafe

Și acum, la lucru   Let's Get to Work

Exercițiul A

You are checking to see if you know the forms of the verb **a cere** 'to ask for.' Change the verb form in the pattern sentences to agree with each of the subjects listed.

Eu cer un ceai.   I am asking for a (cup of) tea.
1. tu   2. Radu   3. noi   4. dta.   5. dv.   6. Amelia şi Andrew   7. ea   8. ei
Eu nu cer nimic.   I am not asking for anything.
1. dta.   2. el   3. tu   4. voi   5. dv.   6. ele   7. noi   8. Sorin şi Dan

Exerciţiul B: La restaurant   *At the restaurant*

Imagine that you are with a group of friends in a Romanian restaurant. The waitress is coming.
Tell us what each member of the group is asking for. Example:

> eu/o supă
>
> Eu cer o supă.

1. tu/un sandvici [sandwich]   2. noi/o salată [salad]   3. Andrew/o friptură [roast meat]
4. voi/un tort [cake]   5. Corina/o prăjitură [pastry]   6. el/o bere [beer]

Exerciţiul C: Un weekend lung   *A long weekend*

Some of Amelia's and Andrew's Romanian friends are sitting in a **cofetărie** together talking
about where everyone is going for the long weekend coming up. Tell us what they are saying.
Example:

> Andrew/la Braşov
>
> Andrew merge la Braşov.

1. eu/la munte [mountains]   5. Doina/la o colegă
2. Amelia/la mare [seashore]   6. voi/camping
3. noi/la ţară [country]   7. Lucia şi Sorin/la Cluj
4. tu/la o prietenă la Sibiu   8. Dan/la un prieten

Stăm de vorbă   Let's Talk

Activităţi   *Activities*

Choose one of the adverbs of time on the time line below to ask what plans your friend and
his/her roommate have for today. He or she will answer your question with one of the activities
from the list. Example:

| acum | Ce faceţi acum? | What are you doing now? |
| biblioteca | Mergem la bibliotecă. | We are going to the library. |

acum	astăzi	astăzi după masă	astă-seară
now	today	this afternoon	this evening

1. concert   2. muzeu   3. expoziţie [exhibition]   4. restaurant   5. teatru [theater]   6. magazin [store]   7. piaţă [market]   8. film [movie, film]   9. operă   10. cămin   11. disco
12. un spectacol [a show]

Un film bun   *A good movie*

Sanda and Amelia are planning to go to a movie together. You take one role and have a
classmate take the other so as to practice this dialogue.

Sanda: Ce faci astăzi?
Amelia: Merg la operă cu Corina şi Andrew.
Sanda: Dar mîine [tomorrow] ce faci?
Amelia: Nimic deosebit [nothing special]. De ce [why]?

Sanda: E un film bun în oraş [city].
Amelia: Ce film?
Sanda: Un film istoric [historical film], "Columna."
Amelia: Foarte interesant.
Sanda: Atunci, mergem împreună?
Amelia: Cu plăcere.

Conversaţie *Conversation*

Now let's talk about what Amelia is doing this evening, and about what you might be doing. Answer the following questions.

1. Ce face Amelia astăzi?
2. Dar dumneavoastră, ce faceţi?
3. Cu cine merge Amelia la operă?
4. Dumneavoastră mergeţi uneori la operă? Dar la teatru?
5. Unde merge Amelia mîine seară? Cu cine?
6. Dar dumneavoastră mergeţi la film astăzi?
7. Este un film bun în oraş?

Cultural note: *Columna* is the title of a popular Romanian movie based on a historical reconstruction of the story of the Daco-Roman origins of the Romanian people. The title of the movie refers to Trajan's Column in Rome, on which scenes from the Roman conquest of Dacia (A.D. 101–06) appear.

Jurnal

Amelia has decided to keep a diary in order to record her Romanian experience. This is her first entry, which describes her daily schedule and her life as a foreign student in Romania.

Sîntem un grup simpatic *We are a pleasant group*

E seară. Sînt la cămin. În <u>cameră</u> e plăcut. Nu e   *[my] room*
ca acasă, dar în general sînt mulţumită. E
adevărat că uneori sînt obosită. Dar cine nu
e obosit uneori? <u>Iată</u>, de exemplu ce fac eu   *here is*
zilnic:

Dimineaţa sînt <u>de obicei</u>, la universitate.   *usually*
Mai întîi merg la un curs de limba română şi <u>apoi</u>   *afterward*
merg la un curs de cultură şi civilizaţie. E un
curs foarte interesant. La amiază nu merg
niciodată acasă. De obicei merg la un <u>bufet
expres</u> ori merg la cantină.   *fast-food restaurant*

După masa fac tema la laborator ori la
bibliotecă. Apoi <u>merg pe jos</u> spre casă. În drum   *walk, go on foot*
este o cofetărie, unde merg de obicei şi Andrew
cu Corina. Dacă ei sînt la cofetărie, merg şi eu
acolo. E foarte plăcut cînd sîntem împreună!
Stăm de vorbă ori <u>facem o plimbare</u> pe   *take a walk*
bulevard.

Cu noi în grup sînt şi Roxana şi Sorin.
Roxana e studentă la medicină. Sorin <u>în schimb</u>   *however*
e din Cluj şi e student la automatică. Noi
mergem uneori la film, la disco ori la un
spectacol împreună. În general sîntem un grup
<u>vesel</u> şi simpatic.   *cheerful*

Reţineţi   Remember

de obicei	usually	după (+ noun)	afterward
mai întîi	first (of all)	a face o plimbare	to take a walk
apoi (+ verb)	after	a merge pe jos	to walk, go on foot
a crede	to believe		

   cred, crezi, crede, credem, credeţi, cred

Despre Amelia   About Amelia

What have you learned from Amelia's first diary entry? Answer the following questions based on what she wrote.

1. Unde e Amelia astă-seară?
2. Cum e în cameră?
3. E mulţumită Amelia la cămin?
4. Ce face ea de obicei dimineaţa?
5. Merge acasă la amiază?
6. Dar după masa ce face în general?
7. Cu cine este prietenă Amelia?
8. Unde merg ei împreună şi cînd?

Interviu   Interview

A reporter from *Viaţa studenţească* (*Student life*) has been assigned to write an article on an American exchange student in Romania. The following are her questions. Choose a friend in your class and play the roles of the reporter and the student she interviews.

1. Crezi că aceasta este o universitate bună?
2. Crezi că acesta este un curs interesant?
3. Eşti ocupat(ă) în general?
4. Ce faci de obicei dimineaţa?
5. La amiază mergi la cantină ori la bufet expres?
6. Este o cofetărie bună lîngă universitate?
7. Mergi uneori la cofetărie? La ce cofetărie?
8. Dar după masa, ce faci în general?
9. Eşti mulţumit(ă) aici la universitate?

Ortoepie • Pronunciation

Consoanele c, g   The consonants c, g

The Romanian voiceless stop **c** is pronounced like English *k* without aspiration, and it can sound rather like English *g* to our ears. The voiced stop **g** is pronounced like the *g* of English 'golf' or 'garden.'

Repeat the following group of words to practice saying Romanian **c** and **g** properly.

carte	acum	lac	garaj	legal	merg
caiet	ocupat	soc	gînd	ignora	coleg
cînd	bancă	suc	grup	iriga	lung
cred	lucru	cuc			

The digraphs ce, ci and ge, gi

When the consonants **c** and **g** are followed by the vowels **e** and **i,** they are pronounced like English *ch* and *g* in such words as 'church,' 'cheese,' 'check,' and 'George,' 'gem,' 'gin,' 'engine.'

Repeat the following words:

ce	cine	general	gimnastică
cer	deci	geolog	inginer
face	niciodată	merge	Belgia
obicei	atunci	Georgeta	mergi

Read the following sentences aloud, paying special attention to the **ce, ci** and **ge, gi** sounds.

1. Ce mai faceți?
2. Ce mai faci, Gigel?
3. Cine este aici?
4. Cecilia face gimnastică.
5. Lucia cere un ceai.

Vocabular

Substantive

Masculine

băiat *boy*

bărbat *man, male; husband*

coleg *(male) colleague*

munte *mountain*

perete *wall*

prieten *(male) friend*

Feminine

activitate *activity*

bancă *bench, bank*

bere *beer*

cafea *coffee*

cameră *room*

carte *book*

catedră *teacher's desk*

colegă *(female) colleague*

cretă *chalk*

expoziție *exhibition*

fată *girl*

femeie *woman*

fereastră *window*

friptură *roast meat, steak*

hartă *map*

mare *sea*

masă *table*

mîncare *food*

operă *opera*

opinie *opinion*

persoană *person*

piață *market*

prăjitură *pastry*

prietenă *(female) friend*

salată *salad*

servietă *briefcase*

supă *soup*

tablă *blackboard*

Neuter

afiș *poster*

burete *blackboard eraser*

caiet *notebook*

ceai *tea; party*

concert *concert*

creion *pencil*

cuier   *rack (for clothes)*
dulap   *closet, cabinet*
exerciţiu   *exercise*
film   *movie, film*
grup   *group*
magazin   *store*
muzeu   *museum*
obicei   *custom, habit*
obiect   *object*
oraş   *city, town*
sandvici   *sandwich*
scaun   *chair*
spectacol   *performance, show*
stilou   *fountain pen*
teatru   *theater*
tort   *cake*
ziar   *newspaper*

Verbe

a cere   *to ask for*
a crede   *to believe*
a face   *to do, make*
a merge   *to go*

Adjective

agitat   *restless*
amabil   *kind, amiable*
antipatic   *unpleasant*
bun   *good*
calm   *calm*
disciplinat   *well trained*
drăguţ   *cute, kind, nice*
entuziast   *enthusiastic*
extraordinar   *extraordinary*
fericit   *happy*
imprudent   *careless*
inteligent   *intelligent*
interesant   *interesting*
irezistibil   *irresistible*
istoric   *historical*
liber   *free*
modest   *modest*

mulţumit   *content*
nedisciplinat   *ill trained*
obosit   *tired*
ocupat   *busy*
optimist   *optimistic*
perfect   *perfect*
pesimist   *pessimistic*
remarcabil   *remarkable, outstanding*
simpatic   *nice, friendly*
sincer   *sincere*
talentat   *talented*
timid   *timid, shy*
vesel   *cheerful*

Pronume

nimeni   *nobody, no one*
nimic   *nothing*

Adverbe

apoi   *afterward, then*
astăzi   *today*
astăzi după masă   *this afternoon*
astă-seară   *this evening, tonight*
atunci   *then*
de obicei   *usually*
după aceea   *after that, afterward*
împreună   *together*
în general   *in general*
întotdeauna   *always*
mai întîi   *first (of all)*
niciodată   *never*

Expresii

a face o plimbare   *to take a walk*
a merge pe jos   *to walk*
bufet expres   *fast-food restaurant*
cu plăcere   *with pleasure*
depinde   *it depends*
în schimb   *instead, however*
nimic deosebit   *nothing special*
toată lumea   *everybody*

3

Între prieteni buni

Dialog

O veste bună

Barbu: Alo! 14-08-97?
Domnul: Nu, aici e 13-02-96.
Barbu: Scuzați, vă rog.
Domnul: Nu face nimic.
(*Barbu dials the number again*)
Barbu: Alo! Casa Ardeleanu?
Corina: Da. Cine e la telefon?
Barbu: Aici e Barbu Niculescu.
Corina: A! Tu ești, Barbu? Bună!
Barbu: Sărut mîna, Corina. Am o veste bună!
Corina: Ce veste?
Barbu: Radu are un ceai mîine seară.
Corina: Foarte bine.
Barbu: Tu nu mergi?
Corina: Dacă sînt invitată, merg.
Barbu: Sigur că ești invitată. Și Amelia și Andrew sînt invitați.
Corina: Dacă merge și Amelia, atunci merg și eu.
Barbu: Excelent!

Some Good News

Hello! 14-08-97?
No, this is 13-02-96.
Pardon/Excuse me, please.
It's O.K.

Hello! Is this the Ardeleanu residence?
Yes. Who is calling?
This is Barbu Niculescu.
Ah! It's you, Barbu? Hi!
Hello, Corina. I have good news.

What news?
Radu is having a party tomorrow evening.
How nice.
Aren't you going?
I'll go if I'm invited.
Of course you're invited. Amelia and Andrew are invited, too.
If Amelia is going, then I'll go, too.

Great!

Cultură/Civilizație

Studenții în timpul liber • Students in Their Free Time

What is it like to be a student in Romania, you might ask? Well, it is different from what it's like here, but this does not mean that there are not similarities. The dreams, goals, and aspirations of young Romanians are very much like those of American young people. Differences appear in the mentality of Romanians, in their life style, and in their interactions with each other.

Typical Romanian college students, for instance, unlike their American counterparts,

31

depend on scholarships or on their parents for financial support because students, in general, cannot hold jobs or have their own apartments until they graduate. Consequently, unless they attend a university that is far from their home, they continue to live with their parents. If they go away to school, they usually live in dormitories or **în gazdă** 'as lodgers' with relatives or with friends of the family. Sometimes they share a room with a sibling or a **coleg de cameră** 'roommate.'

Colegi şi prieteni   Classmates and Friends

In this close-knit, family-oriented society, young people grow up surrounded not only by their immediate family and grandparents, but also by their other relatives. As a result, Romanian young people are more group-oriented than American young people seem to be. Although they are very busy with their studies, they still very much enjoy spending their free time with **colegi** and **prieteni**, two terms used frequently by students in Romania.

Romanian students will always admit that they have many **colegi** 'classmates' with whom they associate, but they will probably add that they have just a few **prieteni** 'friends.' **"Prietenul e ca vinul: cu cît e mai vechi, cu atît e mai bun,"** goes an old Romanian saying, "A good friend is like wine—the older the better." Friendship is a rare and precious lifelong relationship. **Colegi** are different. They are usually classmates or fellow students at the same school or university, with whom one may spend time not only in university functions, but also outside of class, although the closeness that one feels with **prieteni** is lacking.

Pe baricade   On the Barricades

Romanian youth have traditionally been at the fore of revolutionary movements, and December 1989 was no exception. Following this historic event, students worked to bring about the establishment of new democratic political and social structures. They also formed a number of nonpolitical independent student organizations or movements: **organizaţii ori mişcări studenţeşti**. Among the many free press newspapers that appeared in early 1990 throughout Romania were numerous student publications, newspapers, and journals—**ziare şi reviste studenţeşti**—in every university center. Students take their role as reformers seriously and devote much of their free time to debating, analyzing, and proposing changes in Romanian society. Educational reform is, of course, one of the areas closest to their interests.

După ore   After Class

How do Romanian students spend their free time? Well, most of their activities are centered around places that do not involve spending much money. Sounds familiar, doesn't it? It is very common, in any university city in Romania, to see groups of students spending their free time in a nearby **cofetărie, la cinema, la dans** 'dancing' in a disco, strolling on the boulevard, in the **grădină botanică** 'botanical garden,' or in one of the many beautiful parks within walking distance in all Romanian cities and towns, or engaging in a number of sports activities.

One of the group activities Romanians enjoy most is parties. There is no better place to see the joviality of the Romanian people than when they are partying. No matter how old or young, they always look forward to an occasion for **o petrecere** 'a party' every now and then.

The most popular parties among young people are the afternoon or early evening parties—**ceaiuri**. Attended by **colegi şi prieteni, un ceai** takes place in the house or the apartment of one of the friends who, along with his or her parents, organizes the event. The key to the

3.1 "La teiul lui Eminescu," a romantic moment in front of Eminescu's tree, Iaşi

success of a party like **un ceai** is the music. What type of music do Romanian young people prefer? Pop, rock, and American country music are very much in favor among young Romanians. The most popular American singers are very popular there also. In addition, Romanians have their own popular singing groups and stars. During **un ceai** it is common to see young people sitting around a stereo or cassette recorder, listening to music, dancing, and very often singing traditional Romanian songs together.

Of course, people also spend their time talking to each other. Lively discussions can take place on a variety of topics. A school-related subject can very well lead to comments on a recent political event, a new book, an artistic event in town, or whatever is new in the world. Such discussions are never intense, and their lighthearted atmosphere is always maintained by the numerous **bancuri** 'jokes' Romanians like to tell.

Structuri şi vocabular

La telefon • The Telephone

Look at the picture below. Who is calling whom? Well, Barbu is trying to call Corina. Repeat the sentences below that describe this situation.

1. Iată o cabină telefonică.
2. În cabină e un telefon public.
3. Aici e o carte de telefon.
4. Numărul de telefon e . . .
5. Prefixul [area code] este . . .
6. El face numărul [dials the number].
7. Numărul e greşit [wrong].
   corect [correct].
   ocupat [busy].
8. Face numărul din nou [again].
9. Nu răspunde [no answer]!

Read the first six lines of the dialogue **"O veste bună."** There are several things to note:

1. When answering the phone, Romanians say **Alo!** or **Alo, da!**
2. The most common way of starting a telephone conversation in Romanian is by checking to see if you have the right number of place. For example:
   Alo! 32.14.69?
   Alo! Casa Popescu?
   Alo! Hotelul Bucureşti?
3. To find out who is calling, Romanians ask such questions as:
   Alo! Cine e la telefon?
   Alo! Cine-i acolo?

Verbul a spune • The Verb **a spune**

Continue reading the dialogue, noting the following new vocabulary: **a spune** 'to say,' 'to tell' is a regular **-e** verb with the exception of the second person singular form, which is **spui**. The present indicative forms of this verb, with examples of their use in sentences, are:

spun	Eu spun o glumă.	I am telling a joke.
spui	Ce spui?	What are you saying?
spune	El spune că e ocupat.	He says that he is busy.
spunem	Noi nu spunem nimic.	We are not saying anything.
spuneți	Spuneți repede!	Say it quickly!
spun	Ei spun că sînt liberi acum.	They say that they are free now.

Rețineți *Remember*

Nu mai spune!	No kidding!
a fi invitat(ă)	to be invited (m/f sg.)
a fi invitați(te)	to be invited (m/f pl.)
o veste bună	good (piece of) news
o veste proastă	bad (piece of) news
numai	only
nu numai	not only
scuzați	pardon, excuse me
Nu face nimic.	It's O.K.

Numeralul cardinal 0–19 • The Cardinal Numbers 0–19

To count or add from one to ten in Romanian, the following cardinal numbers are used:

unu (m, n), una (f)	one	șase	six
doi (m), două (f, n)	two	șapte	seven
trei	three	opt	eight
patru	four	nouă	nine
cinci	five	zece	ten

The word for *zero* in Romanian is **zero**.

The numbers from eleven to nineteen are formed by inserting **-spre-** between the words for one through nine (which are sometimes slightly shortened) and the number **zece**. The formula is thus unit + **-spre-** + **zece**.

unsprezece	eleven	cincisprezece	fifteen
doisprezece (m),	twelve	șaisprezece	sixteen
douăsprezece (f, n)		șaptesprezece	seventeen
treisprezece	thirteen	optsprezece	eighteen
paisprezece	fourteen	nouăsprezece	nineteen

Shortened forms are **un-** for **unu/a** in **unsprezece**, **pai-** for **patru** in **paisprezece**, and **șai-** for **șase** in **șaisprezece**.

When used in spoken, colloquial Romanian, **-sprezece** is reduced to **-șpe**. Note that contracted forms of the numbers have only two or three syllables. Stress is on the first syllable.

When giving a telephone number orally, Romanians say each numeral individually, using only the numbers zero through nine. In such situations, the number **șapte** is sometimes pronounced **șepte** so as to avoid possible confusion with **șase**.

To ask for someone's telephone number, say:

Ce număr de telefon ai/aveți/are/au?   What is your/his/her/their telephone number?

Bucharest has six-digit telephone numbers; other cities and towns have only five. What we call the area code is called **prefix** in Romanian.

If you need to do simple mathematical calculations in Romanian, use **şi cu** or **plus** for addition, **fără** or **minus** for subtraction, **ori** or **înmulţit cu** for multiplication, and **împărţit la** for division. The way to ask for the answer to a mathematical problem is: **Cît fac?** 'How much does it make?' to which the response is **Fac . . .** 'That makes . . .' followed by the answer.

1 + 1 = ?	Cît fac unu şi cu unu?	How much is one plus one?
1 + 1 = 2	Unu şi cu unu fac doi.	One plus one is two.
5 − 2 = ?	Cît fac cinci fără doi?	How much is five minus two?
5 − 2 = 3	Cinci fără doi fac trei.	Five minus two is three.
3 × 4 = ?	Cît fac trei ori patru?	How much is three times four?
3 × 4 = 12	Trei ori patru fac doisprezece.	Three times four is twelve.
10 ÷ 2 = ?	Cît fac zece împărţit la doi?	How much is ten divided by two?
10 ÷ 2 = 5	Zece împărţit la doi fac cinci.	Ten divided by two is five.

Şi acum, la lucru   Let's Get to Work

Exerciţiul A
Repeat the numbers:

1, 2, 3, 4, 5, 6, 7, 8, 9, 10, 11, 12, 13, 14, 15, 16, 17, 18, 19

Exerciţiul B
Count:

1. de la 1 la 19
2. din doi în doi [by twos]
3. din cinci în cinci [by fives]
4. invers [backwards], de la 19 la 1

Exerciţiul C: O invitaţie la un ceai   An invitation to a party
Radu is planning his party. He has made a list of the friends he wants to invite by phone. Andrew is dictating to him each number from the **carte de telefon**. What do they say? Example:

Anda/40.55.27

Ce număr de telefon are Anda?
Patru-zero, cinci-cinci, doi-şapte.

1. Sorin/11.32.74   2. Bogdan/22.61.98   3. Corina/43.59.70   4. Cristina/52.64.85
5. Liviu/55.00.29   6. Anca/26.74.18

Exerciţiul D: Cît fac?   How much does that make?
Radu's little sister, Puşa (Dolly), is having trouble learning arithmetic. Radu is trying to help her by making up simple problems for her to solve. With a classmate, play the roles of Radu and Puşa. Adapt the examples of the use of **Cît fac?** given earlier.

Verbul a avea: Indicativ prezent · The Verb a avea: Present Indicative

(eu)	am	I have	(noi)	avem	we have
(tu/dta.)	ai	you have	(voi/dv.)	aveţi	you have
(el/ea)	are	he, she, it has	(ei/ele)	au	they have

The verb **a avea,** like the verb **a fi,** is an irregular verb. It does not follow a regular pattern of conjugation. (In addition, notice in the examples below that Romanian does not always use an indefinite article where English would. Try to be aware of these differences.)

Ai o cameră bună?	Do you have a nice room?
(Noi) avem examen astăzi.	We have an examination today.
Ei nu au maşină.	They do not have a car.
Eu nu am dicţionar.	I don't have a dictionary.

The present tense of **a avea,** like that of all other verbs in Romanian, corresponds to three present tense constructions in English. In the affirmative these may be translated as in the following example:

Eu am o problemă.
> I have a problem.
> I am having a problem.
> I do have a problem.

To express the negative of **a avea,** add **nu** before the affirmative verb form:

Eu nu am examen astăzi.
> I do not have an exam today
> I have no exam today.
> I am not having an exam today.

In the negative, **nu** often appears as **n-** before forms of **a avea,** and may be translated as follows:

n-am	I don't have		n-avem	we don't have
n-ai	you don't have		n-aveţi	you don't have
n-are	he doesn't have		n-au	they don't have

Şi acum, la lucru   Let's Get to Work

Exerciţiul A

Give the correct form of the verb **a avea** according to the subject indicated below.

1. Eu am un curs interesant.   I have an interesting class.
    a. tu b. voi c. Radu d. ei e. noi f. dta. g. dv. h. Anda şi Linda
2. Eu n-am timp acum.   I don't have the time now.
    a. voi b. ea. c. tu d. ei e. ele f. dta. g. Cecilia h. dv.

Exerciţiul B

Formulate a question using the words provided and the appropriate form of **a avea** to ask a friend if he/she has the various items listed. Example:

un apartament bun [a good apartment]   Ai un apartament bun?

Da, am un apartament bun.

Nu, n-am un apartament bun.

1. o cameră la cămin [a room in the dormitory]   2. un radio bun [a good radio]   3. un casetofon [a tape recorder]   4. un televizor alb-negru [a black-and-white television]   5. un televizor în culori [a color television]   6. un telefon în cameră [a phone in the room]   7. un disc cu muzică populară [a pop music record]   8. o bandă cu muzică "rock" [a rock music tape]

Exercițiul C: Cine are . . . ?   *Who has . . . ?*

1. Ai o carte pe [on] bancă? Dar eu am o carte pe catedră?
2. Cine are un creion? Dar un ceas? Avem un ceas pe perete?
3. Avem cretă la tablă? Dar burete avem?
4. (Mary), ai un curs astăzi după masă? Dar astăzi seară?
5. Cine are un coleg de cameră? Cum este el?
6. Cine are o colegă de cameră? Cum e ea?

Exercițiul D: Merge bine?   *Does it work well?*

Compose a sentence using the words provided and the appropriate form of **a avea**. When a friend asks if the thing you mention works well, answer affirmatively or negatively. Example:

noi/un stereo

> Noi avem un stereo.
> Merge bine?
> Da, merge (foarte) bine.
> Nu, nu merge prea bine.

1. voi/un radio   2. Sorin/o mașină [car] "Dacia"   3. eu/un casetofon   4. tu/un televizor în culori   5. Cristina/un televizor alb-negru   6. Adrian și Lucia/o mașină "Oltcit"

Stăm de vorbă   Let's Talk

Ce ai?   *What do you have?*

Use the verb **a avea** you have just learned and vocabulary you know to answer the following questions.

1. Ai un apartament ori o cameră la cămin?
2. E un apartament (o cameră) confortabil(ă)?
3. Ai telefon în cameră?
4. Ce număr de telefon ai?
5. Ai un televizor? Alb-negru, ori în culori?
6. Ai un stereo, ori un casetofon?
7. Ce mașină ai? Merge bine?

Cultural note: The most commonly seen cars in Romania are the Dacia and the Oltcit. Both are Romanian made, and like all European cars they are of small to medium size, economical, and comfortable. Do many Romanians have a car? Yes, many do, and many more want to have one. But life in Romania does not revolve so much around cars as it does in America. There is at most one car in a Romanian family, and only the parents drive it. To drive a car one needs a **permis de conducere** 'driver's license' for which one must pass a very difficult test. For many students a car remains a dream for the years after graduation. Until then, young people, like many other Romanians, use public transportation or walk—**merg pe jos.** After all, we must remember that most places are nearby, often within walking distance, and that Romanians, like most Europeans, enjoy walking.

3.2 "Dacia" car factory in Piteşti

Substantivul şi articolul nehotărît: • The Noun and the Indefinite Article:
Nominativ-acuzativ plural   Nominative-Accusative Plural

To form the plural of nouns (regardless of gender) replace the singular endings by the plural endings given in the table below.

Gender	Singular	Nominativ-Acuzativ Ending	Plural	Ending
Masculine	elev	**Ø**	elevi (elevⁱ)	**-i**
Feminine	elevă	**-ă**	eleve	**-e**
	maşină	**-ă**	maşini	**-i**
	librărie	**-e**	librării	**-i**
	(cafea)	**(-ea)**	(cafele)	**(-le)**
Neuter	curs	**Ø**	cursuri	**-uri**
	caiet	**Ø**	caiete	**-e**

For masculine nouns, **-i** is the main plural ending. In final unstressed position, however, **-i** is a whispered sound, as is indicated by the use of superscript i in the table. Other examples are:

profesori (profesor[i])   reporteri (reporter[i])
ingineri (inginer[i])   elevi (elev[i])
bibliotecari (bibliotecar[i])   secretari (secretar[i])

For feminine nouns the singular ending **-ă** changes to **-e,** and the ending **-e** changes to **-i.** Examples:

ingineră/inginere   bere/beri
secretară/secretare   librărie/librării
cameră/camere   cofetărie/cofetării
clasă/clase   expoziţie/expoziţii

But as you can see from the table, there are some feminine nouns ending in **-ă,** like **maşină** (plural **maşini**), that change the ending **-ă** to **-i** instead of **-e.** Examples:

bibliotecă/biblioteci   prăjitură/prăjituri
uşă/uşi   friptură/fripturi

How, then, can one know which feminine nouns in **-ă** take an **-e** in the plural, and which take **-i?** There is no rule, but the overwhelming majority of feminine nouns in **-ă** take a plural in **-e.** Feminine nouns with a plural in **-i** are exceptions, as are nouns like **cafea** 'coffee,' **pijama** 'pajama,' and **basma** 'scarf,' whose plurals are **cafele, pijamale,** and **basmale,** respectively.

For neuter nouns, the two plural endings **-uri** and **-e** are used according to the following rules. The characteristic ending is **-uri** (1) for almost all monosyllabic (one-syllable) neuter nouns: **pix/pixuri, bar/baruri, ceas/ceasuri, grup/grupuri**; and (2) **-uri** also forms the plural of neuter nouns ending in **-o** and **-ou,** regardless of the number of syllables: **radio/radiouri, stilou/stilouri, birou/birouri.**

For most of the polysyllabic (more than one syllable) neuter nouns the plural ending is **-e.** Examples:

scaun/scaune   cuier/cuiere   oraş/oraşe
cămin/cămine   concert/concerte   magazin/magazine
hotel/hotele   spectacol/spectacole   automat/automate
ziar/ziare   computer/computere   restaurant/restaurante
afiş/afişe   dicţionar/dicţionare   examen/examene

The plural of the indefinite article in the nominative and the accusative is **nişte,** which corresponds to English 'several, some.' Unlike its singular counterparts **un** and **o,** the indefinite article **nişte** has only one form, regardless of the gender of the noun it modifies. Examples:

Masculine	un prieten	a (male) friend	nişte prieteni	some (male) friends
Feminine	o prietenă	a (female) friend	nişte prietene	some (female) friends
Neuter	un apartament	an apartment	nişte apartamente	several apartments

Şi acum, la lucru   Let's Get to Work

Exerciţiul A

Repeat and substitute:

1. Merg la munte cu nişte prieteni/colegi/reporteri/profesori
2. La hotel sînt două prietene/colege/reportere/profesoare
3. Noi avem două cursuri/pixuri/stilouri/discuri/stereouri
4. Aici sînt nişte scaune/cuiere/afişe/ziare/dicţionare

Exercițiul B

Your roommate is forever curious. With a friend in your class, formulate his/her questions and then answer them. Example:

>   birou/profesor   Cine-i în birou?   Who's in the office?
>
>   Sînt niște profesori.   There are some professors.

1. bibliotecă/bibliotecar   2. cameră/colegă   3. laborator/ingineră   4. clasă/elev   5. birou/secretară   6. magazin/prieten

Exercițiul C

You are trying to find out as much information about the university area as possible. Formulate questions for each of the following things you wonder about and have a friend in the class answer them. Example:

>   un hotel   Este un hotel lîngă universitate?
>
>   Da, sînt niște hotele lîngă universitate.

1. un magazin   2. un restaurant   3. un cămin   4. un apartament

Stăm de vorbă   Let's Talk

La restaurant   *The restaurant*

Play the roles of a customer and waiter with a classmate, and create a short dialogue for each of the following items. Example:

>   friptură   Vă rog, două fripturi.   Two orders of roast (meat), please.
>
>   Poftiți două fripturi.   Here are two orders of roast (meat).
>
>   Mulțumesc.   Thank you.
>
>   Cu plăcere!   You're welcome.

1. prăjitură   2. supă [soup]   3. desert [dessert]   4. bere   5. sandvici   6. ceai   7. cafea   8. înghețată [ice cream]

Un suplinitor   *A substitute teacher*

Doamna Bogdan isn't feeling well, so Adrian, her **asistent,** is preparing the lesson plan for tomorrow. Here is a list of cue words based on which Adrian is making up questions. What are they? Note that you have to give the plural form of the first noun in each phrase. Example:

>   un student/la tablă   Sînt studenți la tablă?

1. un scaun/la catedră   2. un caiet/pe bancă   3. o cretă/la tablă   4. un afiș/pe perete   5. un tablou [painting]/lîngă ușă   6. un pix/pe masă

În clasă   *In class*

Now look around your classroom and see if you can answer when Adrian or another student in the class asks you the questions in the preceding exercise.

Adjective cu patru terminații • Adjectives with Four Endings

As you already know, adjectives in Romanian change their ending to agree in gender and number with the noun or pronoun they modify. Most adjectives have four forms, as follows.

	Singular	*Plural*
Masculine	Ø or -u	-i
Feminine	-ă	-e
Neuter	Ø or -u	-e

Notice that the neuter adjective has the same ending as the masculine in the singular and the same ending as the feminine in the plural. The table below gives examples of each adjectival ending.

	Singular	*Plural*	
Masculine	un profesor bun (Ø) un om simplu (-u) un student mediocru (-u)	profesori buni oameni simpli studenţi mediocri	(-i)
Feminine	o profesoară bună o femeie simplă ⎱ (-ă)	profesoare bune femei simple	(-e)
Neuter	un curs interesant (Ø) un examen simplu (-u)	cursuri interesante examene simple	(-e)

The final **-u** in adjectives like **simplu** occurs only when it is preceded by a consonant + **l** or consonant + **r,** as in **simplu** or **mediocru.** In such phonetic contexts, final **-i** is not the usual whispered ⁱ, but is pronounced as a full vowel, **i.** We have thus **buni [bunⁱ],** but **simpli [simpli], mediocri [mediocri].**

When an adjective describes a mixed group of masculine and feminine nouns, it takes the masculine plural form. Example:

Sorin, Amelia şi Andrew sînt prieteni buni.

Nouns expressing nationality follow the pattern of four-form adjectives. They are not capitalized.

John e american.   John şi Jim sînt americani.
Mary e americancă.   Mary şi Kathy sînt americance.

But **John, Jim şi Mary sînt americani.**

To elicit descriptions of people or things, use the interrogative **Cum e/sînt/sînteţi . . . ?** 'How is/are . . . ?' 'What is a thing or person like?'

Cum e Amelia?   E drăguţă şi modestă.
Cum sînt Sorin şi Radu?   Sînt foarte simpatici.

Şi acum, la lucru Let's Get to Work

Exerciţiul A

Domnul and doamna Bogdan have many characteristics in common. Describe each of them using the adjectives below. Example:

remarcabil   Domnul Bogdan e un bărbat remarcabil.
remarcabilă   Şi doamna Bogdan e o femeie remarcabilă.

1. calm   2. vesel   3. sincer   4. drăguţ   5. simpatic   6. bun

Exerciţiul B: Reclame *Advertisements*

Choose adjectives from the list below to describe the advantages of the following automobiles. Then have a classmate comment on each pair. Example:

un Volkswagen şi o Toyota	Aici avem un Volkswagen şi o Toyota.
	Sînt maşini rezistente şi economice.
	Da, şi sînt confortabile.
bun	elegant
rezistent [sturdy]	practic [practical]
modern	confortabil
economic [economical]	convenabil [suitable, convenient, not too expensive]
scump [expensive]	ieftin [inexpensive, cheap]

1. un Chevrolet şi un Oldsmobile 2. un Mercedes şi un Cadillac 3. un Chrysler şi un Oltcit 4. un Renault şi un Peugeot 5. un Dodge şi o Honda 6. un Ford şi un Lincoln Continental

Exerciţiul C: Ce maşină ai? *What car do you have?*

You are discussing cars with your classmates. Tell what kind of car you own (pretend to own one if you don't), and when a classmate asks you what it is like (**Cum e?**), answer according to the model, using the adjectives above and the adverbs below.

foarte [very]   relativ [relatively]   destul de [enough, rather]

Example:

Eu am o maşină "Dacia."

Cum e?

E o maşină destul de bună.

Exerciţiul D: În vitrine *In shop windows*

You are window shopping in Bucharest with your friends. Using the words below, tell what you see in the shop windows. Example:

aici/nişte/pix bun şi ieftin   Uite aici sînt nişte pixuri bune şi ieftine.

1. aici/nişte/ceas elegant, dar scump 2. acolo/trei/disc bun şi modern 3. aici/două/radio simplu dar bun 4. acolo/nişte/stilou excelent şi ieftin

Stăm de vorbă Let's Talk

Spuneţi, vă rog *Please speak*

Your roommate asks you about some of the people you have recently met in Bucharest. You answer him using the adjectives **sincer, bun, simpatic, drăguţ, vesel, remarcabil, calm, amabil.** Example:

Anca şi Ionel (prieten)   Spune, cine sînt Anca şi Ionel?

Sînt doi prieteni buni şi drăguţi.

1. Aurora şi Rodica (prieten) 2. Domnul şi doamna Toma (profesor) 3. Lucia, Ana şi Delia (secretar) 4. Adrian şi Monica (coleg) 5. Domnul Pop şi domnişoara Filip (bibliotecar) 6. Daniela şi Irina (coleg)

În tot răul e şi un bine *In all that's bad, there's something good*

Emil and Doina are discussing their experiences as students in Bucharest. With another student in your class, play their roles. Emil complains about a situation; Doina sees the bright side of it (use the words in parentheses for this); then Emil confirms by using one of the expressions from the choices below:

așa e	e adevărat	într-adevăr
that's right	that's true	indeed

Example:

Emil: Nu sînt apartamente ieftine în oraș. (confortabil)
Doina: Da, dar sînt confortabile.
Emil: Așa e, sînt confortabile.

1. Nu sînt cămine moderne la universitate. (convenabil)
2. Sînt hotele foarte scumpe în centru. (elegant)
3. Nu sînt programe multe la televizor. (educativ)
4. Lîngă universitate nu sînt restaurante elegante. (foarte bun)
5. Nu sînt cantine foarte bune. (ieftine)

Jurnal

Mergem la un ceai!   *We are going to a party*

Radu are un ceai astăzi după masă. În casă e
o atmosferă foarte plăcută. Pe masă sînt   *atmosphere*
gustări: salam, icre, măsline, brînză   *appetizers/salami/caviar/olives/cheese*
și ouă umplute. Dar nu sînt   *deviled eggs*
numai gustări. Iată acolo sînt și prăjituri.
Radu e într-adevăr o gazdă foarte   *host*
ospitalieră. Toată lumea e veselă și   *hospitable*
bine dispusă. Colegi și colege, în grupuri,   *in a good mood*
stau de vorbă. Dar ce spun ei?

Radu meets Amelia's friends

Amelia: Iată două colege, Amy Simon și Mary Brown.
Radu: Sînt colege americane, evident!
Amelia: Da, sîntem prietene bune.
Radu: Îmi pare bine . . .

Telling jokes

Anca: Cine spune un banc [a joke] bun?
Ileana: Ionel spune bancuri [jokes] bune.
Ionel: Eu? Dacă spuneți voi, uite am un banc bun.
Anca: Hai, spune repede!

Și așa, cu muzică, dans și bancuri bune, petrecem [we spend] împreună o seară minunată [wonderful].

Ați înțeles?   Did You Understand?

According to the information provided in the introductory text, are the following statements true (**adevărat**) or false (**fals**)? If a statement is false, correct it to make it true.

1. Radu are astă-seară o petrecere acasă.
2. Pe masă sînt gustări și prăjituri.
3. Ca gustări Radu are numai icre, măsline și pîine [bread].
4. E o atmosferă plăcută și toată lumea petrece bine.

Reţineţi   *Remember*

1. a petrece
a petrece bine	to have a good time	Noi petrecem bine.
a petrece (timpul/vremea)	to spend time	Eu petrec timpul acasă.
petrecere, petreceri	party, parties	Merg la o petrecere.

2. a avea nevoie de | to need (+ noun) | Am nevoie de bani [money]. |
   | de ce (+ a avea) nevoie? | What does one need? | De ce ai nevoie? |

3. a fi bine dispus(ă/i/e) | to be in a good mood | Ei sînt bine dispuşi. |
   | a fi prost dispus(ă/i/e) | to be in a bad mood | Este prost dispus(ă). |

Unde petrecem vacanţa?   *Where are we spending the vacation?*

Corina and her friends are talking about their summer vacation plans. Tell us where they are going. Example:

> eu petrec/Bucureşti
>
> Eu petrec vacanţa la Bucureşti.

1. tu petreci/munte   2. Cristina petrece/plajă [beach]   3. noi petrecem/Europa   4. voi petreceţi/ţară   5. Amelia şi Andrew petrec/mare   6. eu . . . ?

De ce avem nevoie?   *What do we need?*

Complete the sentences below, explaining what is needed in each situation, using the proper from of **a avea nevoie de** and the vocabulary you know. Example:

> Eu merg la librărie pentru că . . .   am nevoie de nişte pixuri, caiete,
>
>   şi un stilou.

1. Eu merg la magazin pentru că . . .   2. Sorin are un stereo, dar . . .   3. Avem gustări, dar . . .   4. Pentru petrecere, voi . . .   5. Ei au un apartament, dar . . .

Dramatizare   *Skits*

1. Form groups of four or five with your classmates and act out the dialogues in **"Mergem la un ceai!"**
2. Now imagine that you and the others in your group are attending a party in Romania. Using the dialogues as a model and adapting them to your ideas and situation, act out dialogues of your own.

Ortoepie • Pronunciation

i vocală, semivocală; i în poziţie finală   *i as vowel, semivowel; i in final position*

The letter **i** is pronounced four different ways in Romanian:

i [i]

As a vowel the letter **i** is a front-articulated, closed, unrounded vowel sound similar to the sound spelled *ee* in English words like 'seed' and 'feed.' Compare the pronunciation of the vowel **i** in the following English words and their Romanian equivalents. (In the Romanian words each **i** is shown in boldface.)

English	Romanian
fix	fix

sincere   sincer
timid   timid
intelligent   inteligent
irresistible   irezistibil
impossible   imposibil

Repeat the following words. Pay special attention to the pronunciation of the vowel **i.**

1. **I**na, **I**ca, **i**nteresant, **i**mprudent
2. p**i**x, s**i**gur, b**i**ne, m**i**nunat
3. maş**i**nă, cant**i**nă, dep**i**nde, prăj**i**tură
4. Sor**i**n, obos**i**t, af**i**ş, magaz**i**n

i [y]

The letter **i** can also occur as a semivowel in a diphthong. A diphthong occurs when there are two vowel sounds in one syllable, as in 'joy' or 'noise.' The shorter vowel becomes a semivowel.

Repeat the following words containing the letter **i** as a semivowel.

ai [ay]	pa**i**sprezece, şa**i**sprezece	**ui** [uy]	u**i**te, pu**i**
ei [ey]	fem**ei,** tr**ei,** de obic**ei**	**ia** [ya]	bă**i**at, v**ia**ţă
ii [iy]	librăr**ii,** cofetăr**ii**	**ie** [ye]	**ie**ftin, cu**ie**r, ca**ie**t
îi [îy]	mî**i**ne, pî**i**ne, cî**i**ne	**io** [yo]	**io**dat, **io**lă
oi [oy]	n**oi,** v**oi,** d**oi**	**iu** [yu]	**iu**te, gen**iu**

-i [ⁱ]

When it appears at the end of a word after a consonant, as we have previously seen, final **-i** is a nonsyllabic, devoiced sound.

inginer/ingineri [inginerⁱ]   vesel/veseli [veselⁱ]
reporter/reporteri [reporterⁱ]   calm/calmi [calmⁱ]
prieten/prieteni [prietenⁱ]   sincer/sinceri [sincerⁱ]
secretar/secretari [secretarⁱ]   drăguţ/drăguţi [drăguţⁱ]

But remember that unstressed final **-i** is a full vowel when preceded by a consonant plus **l** or **r.** Practice the pronunciation of the following words containing these phonetic clusters.

simplu/simpli   metru/metri
mediocru/mediocri   kilometru/kilometri

-i [Ø]

The letter **i** has no phonetic value in final position after **c** and **g** in words like **bănci** and **colegi.**

Vocabular

Substantive

Masculine

doctor(i) *doctor*
frate (fraţi) *brother*
nebun(i) *lunatic*
om (oameni) *man, human being*
pacient (pacienţi) *patient*
suplinitor(i) *substitute teacher*

Feminine

apă (e) *water*
~ minerală *mineral water*
atmosferă (e) *atmosphere*
bandă (benzi) *tape*
băutură (e) *beverage*
brînză (brînzeturi) *cheese*
icre *caviar*
femeie (femei) *woman*
gazdă (e) *host*
glumă (e) *joke*
gustare (ări) *appetizer*
îngheţată (e) *ice cream*
maşină (i) *car*
măslină (e) *olive*
muzică (i) *music*
petrecere (i) *party*
plajă (e) *beach*
problemă (e) *problem*
vitrină (e) *shop window*

Neuter

banc(uri) *joke*
casetofon (oane) *tape recorder*
ceai(uri) *tea; party*
chef(uri) *party*
computer(e) *computer*
disc(uri) *record*
număr (numere) *number*
ou (ouă) *egg*

radio(uri) *radio*
stereo(uri) *stereo*
tablou(ri) *painting*
telefon (oane) *telephone*
televizor (oare) *television*
~ în culori *color*
~ alb-negru *black and white*
vin *wine*

Verbe

a avea *to have*
a petrece *to spend (time)*
a spune *to say, to tell*

Adjective

4 terminaţii
amabil *kind; amiable*
confortabil *comfortable*
convenabil *suitable, convenient*
economic *economical*
elegant *elegant*
ieftin *cheap*
mediocru *mediocre*
minunat *wonderful*
modern *modern*
nebun *crazy*
normal *normal*
ospitalier *hospitable*
rezistent *sturdy, strong*
scump *expensive*
superb *superb*

Adverbe

aşa *so, as*
cam *rather*
destul (de) *enough, rather*
lîngă *next to, by*
(nu) numai *(not) only*
(nu) prea *(not) too*
relative *relatively*

Prepoziții

pe   *on*
pentru   *for*

Conjuncții

pentru că   *because*

Expresii

așa e   *that's the way it is*
a avea nevoie de   *to need*
carte de telefon   *telephone book*

coleg de cameră   *roommate*
a fi invitat   *to be invited*
nu face nimic   *it's all right, O.K.*
număr de telefon   *telephone number*
permis de conducere   *driver's license*
a petrece bine   *to have a good time*
poftiți   *please, go right ahead*
scuzați   *excuse me*
telefon public   *public telephone*
o veste bună   *good news*
o veste proastă   *bad news*

4   Viaţa studenţească

Dialog

Mai bine mai tîrziu decît niciodată!

Dinu şi Doru sînt studenţi la politehnică şi sînt colegi de cameră. Ei <u>stau</u> împreună <u>într-un</u> cămin <u>aproape de</u> facultate. Acum sînt acasă. <u>Ascultă</u> muzică şi stau de vorbă:

Dinu: Ce faci? Mergi astă-seară la teatru cu Monica?

Doru: Nu, nu merg. Ea e foarte ocupată. Lucrează la un referat şi stă pînă tîrziu la bibliotecă.

Dinu: E bine că noi nu avem nici examene nici lucrări de control deocamdată.

Doru: Cum nu avem examene? Avem o lucrare de control la fizică poimîine.

Dinu: Nu cred! Eşti sigur că e poimîine?

Doru: Da, sînt sigur. Dar de ce eşti aşa îngrijorat? Cine studiază zilnic n-are probleme la examene.

Dinu: Lasă filozofia şi spune cîte capitole avem de recapitulat?

Doru: Trei!

Dinu: Trei capitole??? Imposibil!!!

Doru: Ba e foarte posibil.

Dinu: Atunci, la lucru, că nu e glumă! Recapitulăm astă-seară un capitol şi mîine două.

Doru: De acord. Mai bine mai tîrziu decît niciodată!

Dinu: Bine, bine, domnule moralist, şi acum, la lucru!

Better Late Than Never!

are rooming (lit. staying)/in a
near
They are listening to

What are you up to? Are you going to the theater this evening with Monica?

No, I am not going. She is very busy now. She is working on a research paper and stays until late at the library.

It's good that we have neither exams nor quizzes for the time being.

What do you mean (we don't have exams)? We have a physics quiz the day after tomorrow.

I don't believe it! Are you sure it's the day after tomorrow?

Yes, I'm sure. But why are you so worried? Anyone who studies daily has no problems with exams.

Quit philosophizing and tell (me) how many chapters we have to review.

Three!

Three chapters??? Impossible!!!

Of course it's quite possible.

Then let's get to work, for it's no laughing matter! Let's review one chapter tonight and two tomorrow.

Agreed. Better late than never!

O.K., O.K., Mr. Moralist—and now, to work!

Aţi înţeles?   Did You Understand?

Tell whether the following statements are true (**adevărat**) or false (**fals**) based on the dialogue. If a statement is false, correct it to make it true.

1. Dinu şi Doru sînt colegi de cameră.
2. Ei stau într-un cămin aproape de centru.
3. Mîine seară Doru nu merge la teatru cu Monica.
4. Monica stă acasă şi lucrează la un referat.
5. Dinu şi Doru au o lucrare de control poimîine.
6. Doru spune că cine nu studiază nu are probleme.
7. Astăzi seară ei recapitulează două capitole împreună.

Cultură/Civilizaţie

Învăţămîntul universitar • University Studies

The Romanian education system was and continues to be highly selective, from the middle school to the university. At the end of twelfth grade, students take a comprehensive **examen de bacalaureat** 'baccalaureate examination,' which they must pass in order to receive a high school diploma. Students may retake the exam after a first failure, but a second failure is final. In order to enter a university, students must take still another test, the **examen de**

4.1 Engineering students in the classroom

admitere 'admissions examination.' They are then ranked and placed on a list for university admission based on the grades they receive on this exam. Only the best are accepted, since universities have a limited number of places. Students must choose their specialty when they matriculate. They then follow a program of studies that resembles graduate programs in the United States.

Programa analitică   Curriculum

The curriculum is designed for four to six years of study. A number of courses are **cursuri obligatorii** 'required courses,' but a student may also take some **cursuri opționale** 'electives.' The academic year begins in October and ends in June. The school year is divided into two semesters, with a vacation in December. During the academic year, students attend **prelegeri** 'lectures,' **seminarii** 'seminars,' and lab and recitation sessions. They work on **referate** 'term papers' and study daily for courses and periodic **lucrări de control** 'quizzes.'

Exams are taken during a period of fifteen to twenty days at the end of each semester called **sesiune de examene** 'exam period.' During the **sesiune** no courses meet. Students spend their time studying alone or with a friend for their written and oral exams. Grades (**note**) in Romania are based on a scale from 1 to 10, with the following ranking: 9 and 10 = **note foarte bune**; 8 = **notă bună**; 7 = **notă mediocră** 'fair grade'; 6 = **notă mică** 'low grade'; 5 = **notă de trecere** 'passing grade.' Any grade below five is failing. The grade 1 is given (heaven forbid!) for cheating. Anyone who wants trouble will certainly get it if he or she cheats, since cheating means both failure and dismissal—which Romanian students know, and know well.

In order to graduate, students must choose a topic for their **lucrare de diplomă,** which can best be compared to the American master's thesis. Candidates defend their thesis during their last semester of university studies.

So what happens if a student does not pass an exam? In such a situation the student is considered a **restanțier,** because he has **o restanță**—a requirement not fulfilled, like our incompletes. The student must retake the exam in the fall before classes begin. Failing on a **restanță** means that the student will be declared **repetent,** and must repeat the entire academic year.

După absolvire   After Graduation

One of the aspects of the educational system strongly opposed by the students after the December 1989 revolution was the **sistemul de repartiție**—the job distribution system for young graduates in Romania. After receiving a university degree, graduates were given a job by the **comisia de repartiție** 'job distribution board,' a job the **absolvenți** 'graduates' had to accept. Now students have gained the right to refuse the job assigned to them, but if they refuse it it becomes their responsibility to find a job for themselves.

Ați înțeles?   Did You Understand?

1. Give the Romanian equivalent of the following words or expressions: a. good (high) grade(s)   b. low grade(s)   c. passing grade(s)   d. fair grade(s)   e. required course(s)   f. elective course(s)   g. quiz/quizzes   h. term paper(s)
2. Use the above expressions to formulate statements in Romanian about your work or that of a friend or classmate.
3. Define in English the following expressions: a. examen de bacalaureat   b. sesiune de examene   c. lucrare de diplomă   d. examen de admitere   e. comisie de repartiție   f. restanță și restanțier

Structuri şi vocabular

Prepoziţii • Prepositions

Prepoziţia de   The Preposition **de**

The basic meaning of the preposition **de** is 'of.'

la nord de universitate	north of the university
o casă de lemn	a house of wood/a wooden house

De may also be used in expressions of the form /noun + **de** + descriptive noun/. Some of these constructions are translated into English as if they were adjective + noun constructions. In any case, the two nouns do not have to agree in gender and number as if they were adjectives.

carte de română	Romanian book
profesor de română	Romanian professor/professor of Romanian
oră de română	Romanian class
coleg de lucru	(male) colleague, fellow worker
colegă de clasă	(female) classmate
colegi de facultate	colleagues, fellow department members
colege de cameră	(female) roommates
lucrare de control	quiz

The preposition **de** also occurs in the construction /inflected form of **a avea** + **de** + past participle of a second verb/. The emphasis here is on one's obligation to do something.

Am de studiat.	I have to study.
Ai de recapitulat.	You have to review.
Avem ceva de făcut.	We have something to do.

Another way of using the preposition **de** is in such idiomatic expressions as:

Eşti de acord?	Do you agree?
Sînt de acord.	I agree.
Noi nu sîntem de acord.	We don't agree.
Nu e de glumă!	It's no laughing matter!
De exemplu . . .	For example . . .
Am de lucru.	I have work to do.

Reţineţi   *Remember*

aproape	nearby	departe	far away
aproape de	close to	departe de	far from

Prepoziţia în, într-   The Preposition **în, într-**

The preposition **în** has a special form, **într-**, which is used before words beginning with a vowel, for example, the articles **un** and **o.** Compare the following examples:

Eu stau aici în cartier.	I live here in the neighborhood.
Stau într-un cartier aproape.	I live in a nearby neighborhood.
Eu lucrez în fabrică.	I work in a factory.
Lucrez într-o fabrică departe.	I work in a factory far away.

Read the following statements and formulate questions according to the example:

Stau într-un bloc aproape.	I live in a nearby apartment building.
Stai într-un bloc aproape?	Do you live in a nearby apartment building?
Lucrez într-o şcoală în centru.	I work in a school downtown.
Lucrezi într-o şcoală în centru?	Do you work in a school downtown?

1. Stau într-un bloc în centru.   2. Stau într-o casă aproape de universitate.   3. Stau într-un cartier departe de aici.   4. Lucrez într-un birou în centru.   5. Lucrez într-o fabrică aproape.   6. Lucrez într-un cartier aproape de gară [train station].

Pronume şi adjective nehotărîte   Indefinite Pronouns and Adjectives

The indefinite pronouns and adjectives **unii** 'some' and **alţii** 'others' are used when referring to masculine plural nouns (or a mixed group), while **unele** 'some' and **altele** 'others' are used for feminine or neuter plural nouns. Examples:

Unii profesori sînt stricţi [strict], alţii sînt toleranţi [tolerant].

Unele fete lucrează zilnic, altele nu lucrează.

Unele cursuri sînt complicate, altele sînt simple.

Prezentul indicativ al verbelor în -a • The Present Indicative of Verbs Ending in **-a**

The group of verbs ending in **-a** includes all regular verbs whose infinitive ends in **-a**. The present indicative of these verbs has two different patterns of conjugation, so the verb class is divided into two groups.

Group 1 comprises verbs like **a observa** 'to notice,' 'to observe,' **a asculta** 'to listen,' and **a intra** 'to enter,' 'to come in,' 'to go in.' This group forms the present indicative by adding the endings shown below to the stem of the verb.

a observa	*a asculta*	*a intra*	*Formation*
observ	ascult	intru	stem + **Ø** or **-u**
observi	asculţi	intri	stem + **-i**
observă	ascultă	intră	stem + **-ă**
observăm	ascultăm	intrăm	stem + **-ăm**
observaţi	ascultaţi	intraţi	stem + **-aţi**
observă	ascultă	intră	stem + **-ă**

Eu observ o greşeală pe tablă.	I notice a mistake on the blackboard.
Mircea observă trei greşeli în caiet.	Mircea notices three mistakes in the notebook.
Tu nu asculţi muzică clasică?	Don't you listen to classical music?
Noi ascultăm atent acum.	We are listening attentively now.

In this group of verbs, the first person singular form has as its ending either **Ø** or **-u.** The **-u** ending occurs when the stem of the verb ends in the cluster consonant + **l** or consonant + **r.** The sentence below contains a verb with a stem ending in consonant + **r.**

Eu intru repede în clasă.	I enter the classroom quickly.

The third person singular and the third person plural are identical in the present indicative of all verbs ending in **-a.** Compare:

El/Ea observă, ascultă, intră.	He/She notices, listens, goes in.
Ei/Ele observă, ascultă, intră.	They notice, listen, go in.

The verb **a sta** 'to stay,' 'to live' is an irregular verb that ends in **-a.** It has the following present indicative forms:

stau	Eu stau acasă astăzi.	I'm staying home today.
stai	Tu stai la laborator.	You're staying at the laboratory.
stă	Dan stă lîngă universitate.	Dan lives next to the university.
stăm	Noi nu stăm în centru.	We're not staying downtown.
staţi	Voi nu staţi la hotel?	Aren't you staying at a hotel?
stau	Dinu şi Doru stau la cămin.	Dinu and Doru live in the dorm.

Group 2 of verbs in **-a** comprises verbs like **a lucra** 'to work,' **a recapitula** 'to review,' and **a dansa** 'to dance.' This group follows a special pattern of conjugation, with the infix **-ez-** or its variant, **-eaz-,** added between the stem of the verb and the present indicative endings. In the vocabulary lists the infix **-ez-** is given in parentheses following the infinitive of all group 2 verbs.

a lucra (ez)	*a recapitula (ez)*	*a dansa (ez)*	
lucrez	recapitulez	dansez	stem + **-ez**
lucrezi	recapitulezi	dansezi	stem + **-ez-** + **-i**
lucrează	recapitulează	dansează	stem + **-eaz-** + **-ă**
lucrăm	recapitulăm	dansăm	stem + **-ăm**
lucraţi	recapitulaţi	dansaţi	stem + **-aţi**
lucrează	recapitulează	dansează	stem + **-eaz-** + **-ă**

Eu recapitulez pentru examen.	I am reviewing for the exam.
Tu lucrezi zilnic?	Do you work every day?
Noi nu lucrăm astăzi seară.	We are not working this evening.
Voi recapitulaţi împreună?	Are you reviewing together?

The infix **-ez-** occurs in the first and second person singular forms, while the infix **-eaz-** occurs in the third person singular and plural.

> eu lucrez, recapitulez, dansez
>
> tu lucrezi, recapitulezi, dansezi
>
> el/ea, ei/ele lucrează, recapitulează, dansează

The first and second persons plural take no infix. Instead, the endings **-ăm** and **-aţi** are added directly to the verbal stem.

> noi lucrăm, recapitulăm, dansăm
>
> voi lucraţi, recapitulaţi, dansaţi

The present indicative endings for this group of verbs are almost identical to those of the verbs in group 1. The only difference is that **-u** never occurs in the first person singular. If there is an **-i-** in the stem, the third person singular and plural ending, **-ează,** becomes **-ază,** and the first person plural ending, **-ăm,** becomes **-em.**

a studia	*to study*	
studiez	Eu studiez la bibliotecă.	I study at the library.
studiezi	Tu studiezi de obicei acasă.	You usually study at home.
studiază	Ea studiază pentru examene.	She is studying for exams.
studiem	Noi nu studiem niciodată destul.	We never study enough.
studiaţi	Dumneavoastră studiaţi împreună?	Do you study together?
studiază	Ele studiază cu nişte colegi.	They study with some classmates.

Şi acum, la lucru   Let's Get to Work

Exerciţiul A

Change the verbs in the pattern sentences to agree with each of the subjects listed beneath them.

Eu ascult atent în clasă.

1. Emil   2. tu   3. noi   4. Anca şi Mihai   5. dumneavoastră   6. dumneata

Eu intru în magazin.

1. ei   2. noi   3. Vlad   4. ele   5. tu   6. dumneavoastră

Exerciţiul B: În cartier   *In the neighborhood*

Ovidiu and Marius are on the balcony of their newly assigned room in their dormitory, looking to see what is on the street below. Play their roles with a friend in your class. Example:

> o bancă/o poştă [a post office]
>
> Observi că avem o bancă aproape?
>
> Unde e?
>
> Uite acolo, lîngă poştă.

1. un restaurant/cinematograf   2. o cofetărie/piaţă   3. un bufet expres/alimentară [grocery store]

Exerciţiul C

Andrew is taking a survey of what his friends do and how often. Use the scale below to formulate his questions.

des/adesea	de obicei	rar	din cînd în cînd
often	usually	seldom	every once in a while

Example:

> a sta/la laborator după cursuri   Voi staţi de obicei la laborator după cursuri?

1. a sta/acasă seara   2. a asculta/muzică clasică   3. a merge/la restaurant   4. a spune/bancuri   5. a lucra/după masa   6. a recapitula/la română   7. a studia/împreună   8. a dansa/la petreceri

Exerciţiul D

You would like to find out still more about your classmates and their habits. Ask questions using the cue words below and see what kinds of answers you get. Example:

> a studia/astăzi după masă
>
> Tu studiezi astăzi după masă?   Are you studying this afternoon?
>
> Da, eu studiez întotdeauna după masa.   Yes, I always study in the afternoon.
>
> Şi eu studiez în general după masa.   I, too, generally study in the afternoon.

1. a lucra/astăzi după masă   2. a recapitula/astăzi dimineaţă   3. a sta/la bibliotecă astăzi după masă   4. a merge/la laborator astăzi dimineaţă

Reţineţi   *Remember*

astăzi, azi	today
astăzi dimineaţă	this morning
astăzi după masă	this afternoon
astă-seară, deseară	this evening

When words like **dimineaţă, după masă,** and **seară** are used adverbially to indicate that an activity or an event takes place habitually or regularly during a certain part of the day, there is no diacritical sign over the final **-a.**

Nu sîntem acasă dimineaţa (de obicei).

We are not home in the morning.

Eu studiez după masa (în general).

I study in the afternoon.

Noi ascultăm muzică adesea seara.

We often listen to music in the evening.

Stăm de vorbă   Let's Talk

Un student american: John Smith   *An American student: John Smith*

The drawings below are meant to illustrate the life of a typical American student. Study each one and make up as many sentences about it as you can. The model provides you with some ideas for sentences for the first picture, using **a sta.** Example:

> Un student american stă de obicei într-un apartament.
>
> El stă în general aproape de universitate.
>
> Uneori stă singur [alone] dar adesea are colegi de cameră.

1. a sta

2. a studia

3. a recapitula

4. a asculta

5. a avea nevoie de

6. a lucra

7. după lucru

Un student român   *A Romanian student*

Based on the cultural information you have read thus far about Romanian students and their life style, decide whether the following statements are true (**adevărat**) or false (**fals**). If a statement is false, reword it to make it true.

1. Un student român stă de obicei la cămin ori în gazdă.
2. Nu stă niciodată cu familia ori cu părinţii [parents].
3. Are multe cursuri dificile şi studiază zilnic acasă ori la bibliotecă.
4. Are examene şi referate, dar nu are lucrări de control.
5. Lucrează adesea într-o fabrică ori într-un restaurant.
6. Nu are nevoie de bani pentru taxe la universitate.

Despre John şi despre dumneavoastră   *About John and about you*

Look at the drawings in the exercise "**Un student american: John Smith**" once more and answer the following questions about John. Then answer the questions as if they were addressed to you.

1. John stă aproape ori departe de universitate? Dar dumneavoastră?
2. Stă singur ori are colegi de cameră? Şi dumneavoastră?
3. Studiază John zilnic? Dumneavoastră studiaţi zilnic?
4. La ce recapitulează John? Dar dumneavoastră, cînd recapitulaţi, şi la ce?
5. Are John un stereo în cameră? Dar dumneavoastră?
6. Unde lucrează John? Cînd lucrează? Dumneavoastră lucraţi? Unde? Cînd?
7. Ce face John după lucru? Dar dumneavoastră, ce faceţi?
8. Credeţi că John e un exemplu bun? Dacă da, de ce? Dacă nu, de ce? Credeţi că dumneavoastră sînteţi un exemplu bun? Dacă da, de ce? Dacă nu, de ce?
9. Credeţi că el are note bune în general? Dar dumneavoastră?

Alternanţe fonetice · Phonetic Alternations

Romanian is well known for the number and variety of phonetic alternations in the stems of words. These phonetic alternations occur according to the following basic rules.

Consonantal Alternations	
Rule	*Example*
d before final **-i** > **z**	doctorand > doctoranzi
t before final **-i** > **ţ**	student > studenţi
s before final **-i** > **ş**	urs > urşi [bear]
sc before final **-e** or **-i** > **şt**	vorbesc > vorbeşti [speak]
st before final **-e** or **-i** > **şt**	turist > turişti

Vocalic Alternations	
Rule	*Example*
accented **e** > **ea** before **ă**	lucrez > lucrează
	recapitulez > recapitulează
	negru > neagră [black]
accented **ea** > **e** before **e** or **i**	fereastră > ferestre
	dimineaţă > dimineţi
	seară > seri
accented **o** > **oa** before **ă** or **e**	domn > doamnă
	creion > creioane
	laborator > laboratoare
accented **oa** > **o** before **i**	şcoală > şcoli
	noapte > nopţi
	frumoasă > frumoşi [beautiful]
accented **a** > **ă** before **i,** especially in feminine nouns	bancă > bănci
	carte > cărţi
	ţară > ţări
accented **a** following **p, b, f, v, m** > **e** before **e** or **i**	pară > pere
	bandă > benzi
	fată > fete
	vară > veri
	masă > mese

Şi acum, la lucru   Let's Get to Work

Exerciţiul A

Repeat the singular and plural forms of the nouns given as examples of consonantal alternations. What rules apply to the plural forms of these nouns? Use these rules in the following exercise.

Exerciţiul B

A classmate is interested in finding out something about the following pairs of your friends. Use the cue words to answer your classmate's questions. Example:

>Mihai şi Călin/băiat inteligent dar timid
>
>Cum sînt Mihai şi Călin?
>
>Sînt băieţi inteligenţi, dar timizi.

1. Radu şi Dan/doctorand serios şi competent   2. D-nul şi d-na Dumitrescu/profesor excelent dar strict   3. Andrei şi Barbu/student modest şi serios   4. Dinu şi Doru/asistent excelent dar ocupat   5. Mihai şi Cristian/prieten sincer şi devotat [devoted]

Exerciţiul C

Repeat the singular and plural forms of the nouns that undergo the **a ~ ă** vowel alternation before **-i** in the plural. Apply this rule wherever appropriate in the following exercise.

Exerciţiul D: Observaţii   *Remarks*

Andrew is talking to his Romanian friend Radu about some of the things he has noticed. Incorporate the following phrases in sentences, changing the singular forms to plurals. Example:

>universitate/foarte bună
>
>Observ că aveţi universităţi foarte bune.

1. facultate/bună în general   2. stradă/plăcută aici în cartier   3. bancă/convenabilă aproape   4. carte/interesantă în bibliotecă   5. hartă/excelentă în clasă

Exerciţiul E

What is the plural form of **creion**? How do you explain the vowel alternation that takes place in the plural form of this noun? Apply this rule in forming the plurals of the following nouns:

1. televizor _____	3. calculator _____
2. casetofon _____	4. telefon _____

Stăm de vorbă   Let's Talk

1. Sînt universităţi excelente în Statele Unite?
2. Ce universităţi credeţi că sînt într-adevăr foarte bune?
3. Credeţi că noi avem profesori competenţi aici la universitate? Sînt stricţi?
4. Aveţi prieteni doctoranzi? Dacă da, cum sînt ei?
5. Sînt băieţi disciplinaţi şi serioşi în clasă?
6. Sînt fete inteligente şi serioase în clasa de română?
7. Aveţi prieteni devotaţi şi simpatici aici la universitate?

Numeralul cardinal 20–99 • Cardinal Numbers 20–99

Listed below are the cardinal numbers from twenty to ninety-nine by tens, with examples of how to count between tens. Repeat these numbers:

20	douăzeci	31	treizeci şi unu/una
21	douăzeci şi unu/una	32	treizeci şi doi/două
22	douăzeci şi doi/două	40	patruzeci
23	douăzeci şi trei	41	patruzeci şi unu/una
24	douăzeci şi patru	42	patruzeci şi doi/două
25	douăzeci şi cinci	50	cincizeci
26	douăzeci şi şase	60	şaizeci
27	douăzeci şi şapte	70	şaptezeci
28	douăzeci şi opt	80	optzeci
29	douăzeci şi nouă	90	nouăzeci
30	treizeci	99	nouăzeci şi nouă

In Romanian the tens are formed with the numbers two to nine + **zeci** (the plural of **zece,** which is considered a feminine noun). We have thus /unit + **zeci**/. Note, however, that for sixty the form is **şaizeci,** as one might expect from **şaisprezece.**

Beginning with twenty, the numbers one to nine are added to the tens using the conjunction **şi** 'and' to join the two numbers. We have thus /ten + **şi** + unit/.

When a number is followed by a noun, the following rules apply:

1. From one to nineteen, nouns follow the number directly.

În clasă sînt cincisprezece studenţi.	In class there are fifteen students.
Radu are nouăsprezece discuri americane.	Radu has nineteen American records.

2. Beginning with twenty, the preposition **de** links the number and the noun.

În clasă sînt douăzeci de studenţi.	In class there are twenty students.
Patruzeci şi trei de fete stau la cămin.	Forty-three girls live in the dormitory.

Şi acum, la lucru   Let's Get to Work

Exerciţiul A: Număraţi   *Count*

1. de la unu la zece [from one to ten]
2. de la douăzeci la treizeci [from twenty to thirty]
3. din doi în doi, de la treizeci la patruzeci [by twos from thirty to forty]
4. din cinci în cinci, de la cincizeci la şaptezeci [by fives from fifty to seventy]

Exerciţiul B: Identificaţi numerele   *Name the numbers*

11, 21, 17, 42, 60, 90, 81, 34, 57, 72, 98, 83, 71, 59, 86

Exerciţiul C: Repetaţi şi substituiţi   *Repeat and substitute*

1. doisprezece băieţi/studenţi/asistenţi/doctoranzi   2. şaisprezece băieţi/cărţi/caiete/creioane/pixuri   3. treizeci şi două de fete/studente/asistente/doctorande   4. şaizeci şi şapte de turişti/americani/bărbaţi/femei

Stăm de vorbă   Let's Talk

Use the vocabulary you know and the numbers you have learned to make up true or false statements about the people or objects in your class. If a statement is true, your classmates will answer **Sînt de acord** 'I agree.' If a statement is false, they will say **Nu sînt de acord** 'I don't agree' and correct it. Sample sentences include such statements as:

În clasă sînt nouă ferestre.

Noi avem doi profesori la limba română.

Astăzi în clasă sînt douăzeci şi unu de studenţi.

Pe catedră sînt şaptesprezece cărţi.

Pronumele şi adjectivul • The Interrogative Pronoun and interogativ cîţi, cîte   Adjective **cîţi, cîte**

To ask how many, Romanian uses **cîţi** when referring to masculine plural nouns and **cîte** for feminine and neuter plural nouns. (The singular forms of these pronouns—**cît, cîtă** 'how much' are introduced in lesson 7.) **Cîţi** and **cîte** are used in Romanian, as in English, in two different ways: (1) as adjectives, when they accompany (modify) a noun; and (2) as pronouns, when they replace a noun (when they are used alone). Examples:

Masculine	Adjective:	Cîţi băieţi lucrează aici?	How many boys work here?
	Pronoun:	Cîţi lucrează?	How many are working?
Feminine	Adjective:	Cîte fete sînt în clasă?	How many girls are (there) in the class?
	Pronoun:	Cîte sînt în clasă?	How many are in the class?
Neuter	Adjective:	Cîte referate avem?	How many term papers do we have?
	Pronoun:	Cîte avem?	How many do we have?

Şi acum, la lucru   Let's Get to Work

Exerciţiul A: Chestionar   *Questionnaire*

The university registrar in Bucharest is compiling information on foreign students. Fill in the blanks with either **cîţi** or **cîte.**

1. _____ studenţi străini [foreign] sînt la universitate? (99)
2. _____ studiază limba română trimestrial [each quarter]? (88)
3. _____ cursuri de limba română aveţi zilnic? (2)
4. _____ examene aveţi trimestrial la limba română? (6)
5. _____ lucrări de control? (4)
6. _____ studenţi străini şi _____studente străine stau la cămin? (22/46)

Now spell out and say the numbers in parentheses to answer the questions.

Exerciţiul B: Turişti străini   *Foreign tourists*

We are at the registration desk of the Hotel Intercontinental in Bucharest. Two receptionists are writing a report on the number of male and female foreign tourists. Formulate their questions and answers. Examples:

canadian (15)   Cîţi canadieni şi cîte canadience sînt?

                                          Sînt cincisprezece canadieni şi canadience.

1. belgian (23)   2. italian (34)   3. elveţian (19)   4. norvegian (57)   5. argentinian (60)
6. brazilian (18)
Note the **ia** ~ **ie** vowel alternation before final **-i** and **-e** in the plural of these nouns.

Stăm de vorbă   Let's Talk

Spune, te rog!   *Tell me, please!*

These questions are addressed to you. Answer them yourself or use them in a conversation with one of your classmates.

1. Stai într-un apartament, ori într-o casă individuală?
2. Cîte camere sînt în apartament (casă)?
3. Ai colegi ori colege de cameră? Cîţi, ori cîte?
4. Lucrezi, ori numai studiezi? Unde lucrezi?
5. Cîte ore lucrezi săptămînal [each week]?
6. Cîţi colegi (cîte colege) de lucru ai? Sînt simpatici (simpatice)?
7. Ai timp de studiat? Cîte ore [hours] studiezi zilnic?
8. Ai note bune în general? Dar la limba română, ce note ai?

Jurnal

Sistemul de învăţămînt din România   *The Romanian educational system*

Amelia is trying to summarize some of the characteristics of the Romanian educational system. Here are her notes. See if you can answer the questions about Romanian students and their studies that follow the notes.

Eu cred că sistemul de învăţămînt din România
este foarte selectiv şi <u>riguros structurat</u>. Cine este   *rigorously structured*
deci <u>acceptat</u> la universitate în România? Ce   *accepted*
<u>tipuri</u> de cursuri sînt în universităţi? Cum   *types*
e <u>sistemul de notare</u>? Iată numai unele din   *grading systems*
<u>întrebările</u> prezentate <u>în următorul</u>   *questions/in the following*
<u>sondaj de opinie</u>.   *opinion poll*

Un student român   *A Romanian student*

What else do you know about Romanian students and their studies? See if you can answer these multiple-choice questions.

1. În România este acceptat la universitate _____.
   a. numai cine are note mici
   b. cine are mulţi prieteni profesori
   c. cine are noroc la examene
   d. un tînăr [young person] foarte bine pregătit [prepared]
2. Un student român _____.
   a. are sesiune de examene săptămînal
   b. are numai cursuri obligatorii
   c. are cîteva cursuri opţionale
   d. nu merge niciodată la cursuri
3. Un student e restanţier cînd _____.
   a. studiază şi e bine pregătit
   b. are note mari la examene

     c. are note de trecere

     d. nu răspunde [answers] corect la examen

  4. În sesiunea de examene _____.

     a. unii colegi studiază împreună

     b. sînt cursuri zilnic

     c. mulți studenți merg la petreceri

     d. un student bun e întotdeauna desperat

Reporter la lucru Reporter at work

Romanian students are also eager to learn about students and their university studies in other countries. Amelia has been interviewed about student life in the United States. With a friend in your class, play the roles of the interviewer and Amelia.

  1. De la ce universitate sînteți?

  2. Sînt taxe mari [high tuition] la universitate?

  3. Sînt multe burse [scholarships] la universitate?

  4. Dumneavoastră aveți bursă?

  5. Cîte cursuri aveți semestrial sau trimestrial? Cîte sînt obligatorii și cîte opționale?

  6. Aveți uneori probleme la cursuri? La ce cursuri?

  7. Aveți profesori competenți? Ce puteți spune despre ei?

  8. În general, sînteți mulțumit(ă), ori nu, aici la universitate?

Ortoepie • Pronunciation

Diftong și hiat Diphthongs and hiatus

A diphthong is formed of a vowel plus semivowel or semivowel plus vowel group within one syllable. Repeat the following words containing diphthongs:

ai	/ay/	mai, numai
au	/aw/	sau, automat, automobilist
ei	/ey/	obicei, trei
ou	/ow/	ou, stilou
iu	/yu/	sandviciuri, Iulian
uă	/wə/	două, ouă, nouă
oa	/wa/	oameni, profesoară, persoană
ea	/ya/	Ileana, cafea

When adjacent vowels belong to two separate syllables, we have a hiatus. Repeat the following to compare diphthongs and hiatus.

Diphthong			*Hiatus*		
ie	/ye/	ieftin cuier caiet femeie nevoie	**ie**	/i-e/	cartier baterie colecție fotografie meditație
ou	/ow/	birou tablou stilou	**ou**	/o-u/	birouri tablouri stilouri

Vocabular

Substantive

Masculine

absolvent(i)   _(male) graduate_
ban(i)   _coin, money_
candidat(i)   _(male) candidate_
copil (copii)   _child_
salariat(i)   _(male) employee_
specialist(i)   _(male) specialist_

Feminine

absolventă (e)   _(female) graduate_
acţiune (i)   _action_
alimentară (e)   _grocery store_
bursă (e)   _scholarship_
candidată (e)   _(female) candidate_
fabrică (i)   _factory_
frecvenţă (e)   _attendance_
lozincă (i)   _banner, slogan_
luptă (e)   _fight, struggle_
mînă (mîini)   _hand_
poştă (e)   _post office_
revoluţie (i)   _revolution_
salariată (e)   _(female) employee_
selecţie (i)   _selection_
specialistă (e)   _(female) specialist_
şcoală (şcoli)   _school_
taxă (e)   _tuition_
viaţă (vieţi)   _life_

Neuter

bloc(uri)   _apartment building_
cartier(e)   _neighborhood_
caz(uri)   _case_
liceu (licee)   _high school_
nivel(e)   _level_
post(uri)   _job, position_
referat(e)   _term paper_
sacrificiu (cii)   _sacrifice_
serviciu (cii)   _job_

Verbe

a asculta   _to listen_
a dansa (ez)   _to dance_
a demonstra (ez)   _to demonstrate_
a desfiinţa (ez)   _to abolish_
a intra   _to enter_
a înţelege (înţeles)   _to understand_
a lucra (ez)   _to work_
a observa   _to notice_
a recapitula (ez)   _to review_
a studia (ez)   _to study_
a ţine (ţinut)   _to keep, hold_

Adjective

4 terminaţii

acceptat   _accepted_
atent   _attentive, careful_
devotat   _devoted_
pregătit   _prepared_
repartizat   _assigned_
riguros (şi), riguroasă (e)   _rigorous_
serios (şi), serioasă (e)   _serious_
sever   _strict_
singur   _alone_
străin   _foreign_
uman   _human_

Adverbe

adică   _that is to say_
aproape   _nearby_
deocamdată   _for the time being_
departe   _far, distant_
des, adesea   _often_
din cînd în cînd   _from time to time_
frecvent   _frequently_
oricît   _however much, however long_
poimîine   _the day after tomorrow_
rar   _rarely_
săptămînal   _weekly_
semestrial   _each semester_
trimestrial   _quarterly_

Prepoziţii

aproape de   *near*
departe de   *far*

Pronume

altele (f, pl.)   *others*
alţii (m, pl.)   *others*
care   *which*
cîte (f, pl.)   *how many*
cîţi (m, pl.)   *how many*
nici . . . nici   *neither . . . nor*
unele (f, pl.)   *some*
unii (m, pl.)   *some*

Expresii

asta-i viaţa!   *that's life!*
a avea acces   *to have access*

a avea de lucru   *to have work to do*
a avea de studiat   *to have to study*
a avea noroc   *to have good luck*
carte de română   *Romanian book*
coleg(ă) de lucru   *colleague, coworker*
coleg(ă) de clasă   *classmate*
de exemplu   *for example*
a fi de acord   *to agree*
încă o dată   *once more*
la lucru!   *to work!*
lucrare de control   *quiz*
notă   *grade*
  ~ **mare**   *high grade*
  ~ **mică**   *low grade*
  ~ **de trecere**   *passing grade*
profesor de română   *Romanian professor*

5

Viaţa citadină

Dialog

La ce oră?

Ioana şi Tudor Georgescu sînt doi <u>tineri</u> asistenţi
la facultatea de drept. Ei sînt <u>căsătoriţi</u> şi
<u>locuiesc</u> într-o <u>garsonieră</u> în centru. Garsoniera
nu e <u>mare</u> dar, sînt mulţumiţi. Acum Ioana şi
Tudor sînt acasă. E <u>duminică</u> după masă. La
radio e un concert <u>simfonic</u> bun, aşa că ei
ascultă concertul şi stau de vorbă:

young
married
live/efficiency apartment
large

Sunday
symphonic

At What Time?

Ioana:	La ce oră mergem la familia Bogdan?
Tudor:	Pe la trei.
Ioana:	Şi cît e ceasul acum?
Tudor:	E două fără un sfert. Nu e prea tîrziu.
Ioana:	Dar, apropo! Unde sînt florile?
Tudor:	Florile? Care flori?
Ioana:	Florile pentru doamna Bogdan.
Tudor:	Ah! Sînt în bucătărie.
Ioana:	Foarte bine. Şi adresa?
Tudor:	Uite aici am adresa exactă: Strada Mihai Eminescu, Numărul 8, Blocul B, Scara 1, Etajul 2, Apartamentul 7.
Ioana:	Ştii că nu stau prea departe.
Tudor:	Atunci putem merge pe jos pînă acolo.
Ioana:	Bună idee!

At what time are we going to the Bogdans'?
Around three o'clock.
And what time is it now?
It's a quarter to two. It's not too late.
But, by the way, where are the flowers?
Flowers? What flowers?
The flowers for Mrs. Bogdan.
Oh, they're in the kitchen.
Fine. And the address?
Here's the exact address. Mihai Eminescu Street number 8, apartment building B, stair 1, second floor, apartment 7.
You know (that), they don't live very far away.
Then we can walk there.
Good idea!

Aţi înţeles? Did You Understand?

1. Cine sînt Ioana şi Tudor Georgescu?
2. Unde locuiesc? Sînt mulţumiţi?
3. Ce fac astăzi după masă?
4. La ce oră merg în vizită [are they going to visit]? La cine?
5. Cît e ceasul acum? E tîrziu?

5.1   "Calea Victoriei" in the heart of Bucureşti

6. Pentru cine sînt florile din bucătărie?
7. Ce adresă are familia Bogdan?
8. D-nul şi d-na Bogdan locuiesc aproape de Ioana şi Tudor?

Cultură/Civilizaţie

Românii şi România urbană • Romanians and Urban Romania

What is it like to live in Romania? It is like living in a country no larger than the state of Oregon with a population the size of Canada's! In other words, in Romania, within a relatively small territory (91,700 sq. mi.), there are more than twenty-three million people. That comes out to a population density of more than 250 inhabitants per square mile. An American must learn to view the style of life and physical surroundings with a different concept of country size when trying to understand the culture and mentality of a European country like Romania.

Toate drumurile duc la Roma   All Roads Lead to Rome

"All roads lead to Rome," said Romania's ancestors. Romanians see Bucureşti [Bucharest], the capital of their country, as the most important political, administrative, economic, and cultural center in Romania. More than two million people live in this city, the largest in the country.

5.2   The medieval center of Sibiu

There are many other major urban centers as well as smaller cities and towns spread throughout the country, with populations ranging up to 400,000. Most cities and towns were founded hundreds of years ago, but some have been established more recently. Although diverse in landscape and historical background, these urban settlements share many common features.

Totul tinde spre centru   Everything Is Drawn to the Center

Founded initially by small communities on space limited to their needs, the centers of many urban settlements in Romania still reflect the life style of earlier times. In the center of old Romanian towns and cities it is not unusual to find beautiful old **biserici** 'churches,' the old **primărie** 'city hall,' old schools, and shops, all surrounded by residential buildings lining the streets that converge on the **centru,** the downtown area and the heart of the city.

Traditionally the **centru** was—and still is—viewed as the most important part of an urban settlement. This is why many Romanians, even these days, prefer to live **în centru,** and this is why residential areas in Romanian towns and cities are not separated from business areas, as they often are in the United States.

No matter how far away in a city Romanians work or live, the **centru** is where they come to do some of their shopping, to stroll along the boulevard, to go to concerts, the theater, or to the movies, or to meet a friend and spend some time in the old cafes or in one of the parks. After all, this is the urban life style, and the city center is where the action is! It will probably always be so in Romanian cities.

Structuri şi vocabular

Read and translate the following lines from the introductory dialogue in this chapter.

> Dar apropo! Unde sînt florile?
> Florile? Care flori?

Care 'which' can be used in Romanian as an interrogative adjective to ask not only about things but also about people. Compare the following examples:

Care flori?	Which flowers?
Care student?	Which student?

(In colloquial English, **care** is often translated 'what' instead of 'which.')

When used as an interrogative pronoun, **care** means 'which?' or 'which ones?'

Care din doi?	Which of the two?
Care este mai bun?	Which one is better?

Care is also used in Romanian as a relative pronoun or adjective meaning 'who,' 'which,' or, restrictively, 'that.' For more on **care**, see lessons 10 and 17.

Am un prieten care e student aici.	I have a friend who is a student here.
Autobuzul care vine, merge în centru.	The bus, which is coming, goes downtown.
Autobuzul care vine, merge în centru.	The bus that is coming [but no other bus] goes downtown.

Verbul a putea • The Verb **a putea**

In the dialogue, find the Romanian for 'we can walk.' Note that the verb **a putea** 'can, to be able to' is an irregular verb. Its present indicative forms are:

pot	Eu pot lucra numai după masa.	I can work only in the afternoon.
poți	Poți merge la lucru pe jos?	Can you walk to work?
poate	Ionel nu poate cere bani de la părinți.	Ionel can't ask his parents for money.
putem	Putem studia împreună astăzi.	We can study together today.
puteți	Puteți recapitula două capitole.	You (pl.) can review two chapters.
pot	Anca și Dan nu pot merge la ceai.	Anca and Dan can't go to the party.

In Romanian, as in English, the conjugated form of **a putea** 'can' can be followed directly by the infinitive of another verb. This type of construction is exceptional in Romanian. In general, when one verb follows another, both verbs must agree with the subject. In English the second verb is usually in the infinitive. Compare the following examples:

I am going to study now.	Eu merg să studiez acum.
We are staying home to review.	Noi stăm acasă să recapitulăm.

Note that in Romanian **să** introduces the second verb. For now, avoid using third person singular and plural verb forms. They are presented in lesson 7.

Rețineți   *Remember*

a merge în vizită	to visit
La cine mergi/mergeți în vizită?	Whom are you going to visit?

a merge în vizită la ⎧ un prieten — a friend
⎨ niște prieteni — some friends
⎪ familia Bogdan — the Bogdan family
⎩ Rodica — Rodica

Zilele săptămînii · The Days of the Week

Listed below are the Romanian words for the days of the week. Note that they are feminine nouns, and that they are not capitalized.

luni	Monday
marţi	Tuesday
miercuri	Wednesday
joi	Thursday
vineri	Friday
sîmbătă	Saturday
duminică	Sunday

The names of the days of the week are never preceded by prepositions when they refer to an event that takes place on a particular day.

Avem examen luni.	We have an exam (on) Monday.
Lucrez miercuri.	I am working (on) Wednesday.
	(meaning this coming Wednesday)

To ask what day it is, use the following question. Note the forms an answer might take.

Ce zi e astăzi?	What day is today?
Astăzi e vineri.	Today is Friday.
E vineri.	It's Friday.

When the name of a day is followed by a qualifier or when one wishes to indicate a habitual or regularly occurring event, the definite form of the day is used.

lunea	on Mondays	vinerea	on Fridays
marţea	on Tuesdays	sîmbăta	on Saturdays
miercurea	on Wednesdays	duminica	on Sundays
joia	on Thursdays		

Examples:

Lucrez lunea de obicei.	I usually work on Mondays.
Miercurea aceasta sînt ocupat(ă).	This Wednesday I'm busy.

Reţineţi *Remember*

(o) zi	(a) day	Cînd ai (o) zi liberă?
ziua	the day/during the day	Ziua sînt ocupat(ă).
zile	days	Avem două zile libere.
zilele	the days/during the days	Ce faci în zilele libere?
zilnic	daily	Noi avem cursuri zilnic.
în fiecare zi	every (each) day/daily	Cine studiază în fiecare zi?

Şi acum, la lucru   Let's Get to Work

Exerciţiul A: Răspundeţi la întrebări   *Answer the questions*

1. Ce zi este astăzi?
2. Ce zi e mîine? Ce zi e poimîine?
3. În ce zile aveţi curs de limba română?

    4. În ce zile nu aveţi cursuri?

    5. Lucraţi? În ce zile lucraţi?

Exerciţiul B: Program zilnic   *Daily schedule*

Here is your daily schedule. Tell a classmate what you do on a particular day, and ask what she/he does.

    1. Eu am cursuri luni dimineaţa, dar tu?

    2. Marţi după masă merg la laborator, şi tu?

    3. Eu lucrez miercuri seara, dar tu cînd lucrezi?

    4. Joi dimineaţa merg la cantină, şi tu ce faci?

    5. Cred că merg vineri seara la operă, şi tu ce faci?

    6. Sîmbătă dimineaţa stau acasă şi studiez, dar tu?

    7. Eu merg la biserică duminica dimineaţa. Tu ce faci?

Ora • The Time

Cît e (este) ceasul? and **Ce oră e?** are the two most commonly used phrases for asking what time it is. In more formal speech these questions are usually followed by **vă rog** 'please.' To answer these questions the following time expressions are used:

Cît e ceasul?   *What time is it?*

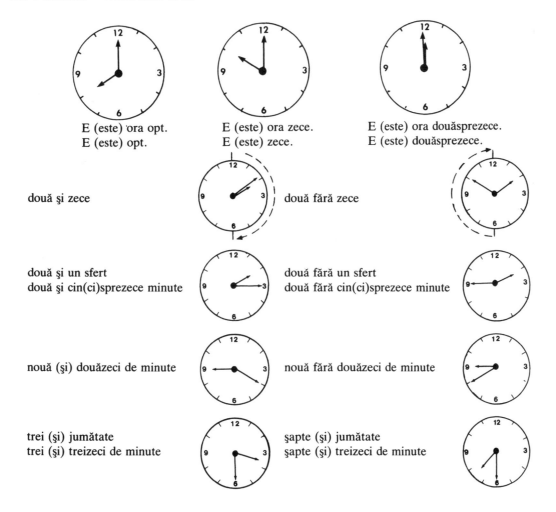

E (este) ora opt.   E (este) ora zece.   E (este) ora douăsprezece.
E (este) opt.   E (este) zece.   E (este) douăsprezece.

două şi zece   două fără zece

două şi un sfert   două fără un sfert
două şi cin(ci)sprezece minute   două fără cin(ci)sprezece minute

nouă (şi) douăzeci de minute   nouă fără douăzeci de minute

trei (şi) jumătate   şapte (şi) jumătate
trei (şi) treizeci de minute   şapte (şi) treizeci de minute

When telling at what time or for how long a certain event takes place, Romanian uses the following question-answer patterns.

1. La ce oră?   At what time?   La ce oră sîntem invitaţi?
   La ora . . .   At . . .   La ora şapte seara.
2. Pe la ce oră?   About what time?   Pe la ce oră mergem?
   Pe la . . .   At about . . .   Pe la unsprezece.
3. Pînă la ce oră?   Until what time?   Pînă la ce oră stăm?
   Pînă la . . .   Until . . .   Pînă la nouă.
4. o jumătate de oră   a half hour   Eu stau o jumătate de oră la cantină.
   un sfert de oră   a quarter of an hour   Stăm un sfert de oră la laborator.

As in English, expressions for different times of the day like **dimineaţa, la amiază** 'at noon,' **după masa, seara,** and **noaptea** 'at night' may be used when one needs or wants to be more specific about when during the day a certain event takes place.

Sîmbătă la şapte seara e un program interesant la televizor.   At seven on Saturday evenings there is an interesting program on television.

Noi mergem la aeroport la douăsprezece noaptea.   We are going to the airport at twelve at night.

Note the following additional expressions related to time-telling in Romanian.

minut	a minute	E unsprezece şi un minut.
minute	minutes	E unu şi cinci minute.
secundă	a second	E două şi o secundă.
secunde	seconds	E trei şi patru secunde.
fix	exactly	E opt fix.
deja	already	E cinci şi zece deja.
tîrziu	late	E tîrziu deja.
devreme	early	E devreme.
la timp	on time	Noi venim la timp la curs.
cît timp?	(for) how long?	Cît timp stai la bibliotecă?

Şi acum, la lucru   Let's Get to Work

Exerciţiul A: Cît e ceasul?   *What time is it?*

The following exercise will help you learn to tell time in Romanian. Repeat each pattern sentence and replace the underlined word with the other times as indicated.

1. E unu.   două/trei/patru/cinci/şase/şapte
2. E opt şi un sfert.   nouă/zece/unsprezece/douăsprezece
3. E zece fără un sfert.   nouă/opt/şapte/şase
4. E două şi jumătate.   şase/şapte/cinci/patru/trei

Exerciţiul B: Cît e ora?   *What time is it?*

1. Add five minutes to the hour. Example:

   E şapte.
   Studentul 1: E şapte şi cinci.
   Studentul 2: E şapte şi zece.

(Continue with several more students, adding five minutes each time.)

2. Add ten minutes to the hour, following the example given above.
3. Add fifteen minutes to the hour, following the example given above.

Stăm de vorbă   Let's Talk

La Bucureşti   In Bucharest

Marius always seems to find time to do various things. Here he is arranging his schedule with his friends. With a classmate play his and his friends' roles as they decide at what time they are going to various places in Bucharest. Example:

>   cofetăria "Capşa"/8:30
>
>   Pe la ce oră mergem la cofetăria "Capşa"?
>
>   Pe la opt şi jumătate.

1. Muzeul de Artă/9:30   2. Teatrul Naţional/11:15   3. Arcul de Triumf/1:50   4. Muzeul Satului/2:25   5. restaurantul "Cina"/6:15   6. operă/7:45

Pînă la ce oră?   Until what time?

Roxana is trying to find out when Marius and his friends will be back from their various activities. Using the places and times indicated in the preceding exercise, play her role and have a friend play Marius's. Example:

>   Pînă la ce oră staţi la cofetăria "Capşa"?
>
>   Pînă la nouă şi jumătate.

Substantivul şi articolul hotărît • The Definite Form of Nouns

Singular-plural (nominativ-acuzativ)   Singular and Plural (Nominative-Accusative)

The Romanian definite article (unlike its English counterpart, 'the') is placed at the end of the noun. It is added to the indefinite form of the noun in the nominative and the accusative as illustrated below.

	Indefinite	*Singular Definite*	*Article*	*Indefinite*	*Plural Definite*	*Article*
Masculine	elev	elevul	} -ul	elevi	elevii	} -i
	bărbat	bărbatul		bărbaţi	bărbaţii	
	erou	eroul	-l	eroi	eroii	
Neuter	curs	cursul	} -ul	cursuri	cursurile	} -le
	caiet	caietul		caiete	caietele	
	radio	radioul		radiouri	radiourile	
	tramvai	tramvaiul		tramvaie	tramvaiele	
	tablou	tabloul	-l	tablouri	tablourile	
Feminine	elevă	eleva	} -a	eleve	elevele	} -le
	carte	cartea		cărţi	cărţile	
	femeie	femeia		femei	femeile	

Note the following exceptions. Masculine nouns: **frate** 'brother,' **perete** 'wall,' definite forms **fratele, peretele,** form of the article, **-le**; feminine noun: **cafea** 'coffee,' definite form **cafeaua,** form of the article, **-ua**. Plural forms of these nouns take the regular masculine and feminine plural definite articles, **-i** and **-le**. As you can see from the table, the definite article must agree in number and gender with the noun.

Singular forms of the article

For masculine and neuter nouns **-ul** is the main definite article added to the indefinite singular noun. If the noun ends in **-u,** the definite article is shortened to **-l.** The article **-le** is added only to the few masculine nouns ending in **-e.** In addition to the examples above, **cîine** 'dog,' **cîinele** 'the dog' and **burete** 'eraser,' **buretele** 'the eraser' are commonly occurring words that take **-le** as a definite article.

For feminine nouns, **-a** is the usual definite article. To express the definite form of feminine nouns follow these rules:

1. If the noun ends in **-ă** drop the diacritic (**clasă** > **clasa**).
2. If the noun ends in **-e** add **-a** (**universitate** > **universitatea**).
3. If the noun ends in **-ie** drop the **-e** and add **-a** (**cofetărie** > **cofetăria**).
4. For the limited number of feminine nouns that end in a stressed vowel, add **-ua** (**zi** > **ziua**).

Plural forms of the article

For all masculine nouns, the definite article **-i** is added to the plural indefinite noun. The pronunciation of **-ii** at the end of definite plural nouns, may be /i/, /iy/, or /ii/, depending on the preceding consonant.

For all neuter and feminine nouns, the definite article **-le** is added to the plural indefinite noun. When the definite article **-le** is added, the final short **-i** in the indefinite form becomes a full vowel.

Retineţi   Remember

1. Usage of the definite article in Romanian to talk about a specific noun in a specific context is like English usage. In such cases, the Romanian definite article corresponds to English 'the.' Example:

   Cursurile sînt interesante.   The courses are interesting.

2. But the definite article is required in Romanian (and not in English) to denote a general category. Examples:

   Viaţa e scurtă.   Life is short.

   Omul e o fiinţă raţională.   Man is a rational being.

3. And in contrast to English, the Romanian definite article is usually omitted in nouns following prepositions (except **cu**) unless a modifier follows. Examples:

   Mergem la restaurant.   We are going to a restaurant.

   Mergem la restaurantul acesta.   We are going to this restaurant.

   But note **lucrez cu profesorul astăzi** 'I am working with the professor today.'

Şi acum, la lucru   Let's Get to Work

Exerciţiul A: Inspecţie   Inspection

A school inspector has just arrived in a university office. He is asking a clerk about the following people. With a classmate, follow the model and play their two roles in the following exercises. Example:

profesor/la curs

Unde e profesorul?

Profesorul e la curs.

1. asistent/în clasă 2. bibliotecar/în bibliotecă 3. secretar/în birou 4. tehnician/în laborator 5. suplinitor/acasă 6. student/pe coridor

Rephrase the questions and answers by changing the subject of each sentence from singular to plural. Example:

> profesori/la curs
> Unde sînt profesorii?
> Profesorii sînt la curs.

Exercițiul B: La restaurant   At a restaurant

Mihai and Mioara are dining in one of the university restaurants. Mihai wants to make sure Mioara is enjoying her meal and asks her how everything is. With a friend, play their roles. Example:

> friptură/gustoasă [tasty]
> Cum e friptura?
> Friptura e gustoasă.

1. salată/destul de bună 2. supă/gustoasă 3. înghețată/foarte bună 4. pîine/excelentă 5. cafea/bună 6. prăjitură/minunată

Stăm de vorbă   Let's Talk

Sîntem nemulțumiți   We are dissatisfied

A number of students have had it with their university situation. They have gotten together to discuss their complaints so that they can present them to the university administration. Formulate their statements using the choices below.

prea	exagerat de	foarte	extrem de
too	too much	very	extremely

Examples:

> clase/mari > Clasele sînt exagerat de mari.
> studenți/obosiți > Studenții sînt extrem de obosiți.

1. examene/lungi [long] 2. cursuri/dificile 3. profesori/severi 4. asistenți/ocupați 5. cămine/departe 6. vacanțe/scurte [short]

Prezentul indicativ al verbelor în -i • The Present Indicative of Verbs Ending in -i

Regular verbs that end in **-i** in the infinitive follow two distinct patterns of conjugation in their present indicative form.

Group 1 includes verbs like **a fugi** 'to run,' **a sări** 'to jump,' and **a ieși** 'to exit, to go out.' The present indicative of verbs in this group is formed by adding the endings given in the table below to the stem of the verb.

a fugi	*a sări*	*a ieși*	*Ending*
fug	sar	ies	**Ø**
fugi	sari	ieși	**-i**
fuge	sare	iese	**-e**
fugim	sărim	ieșim	**-im**
fugiți	săriți	ieșiți	**-iți**
fug	sar	ies	**Ø**

Sample sentences:

Noi nu fugim în clasă.	We do not run in class.
Fugiţi uneori după autobuz?	Do you sometimes run for the bus?
Timpul fuge!	Time flies!
Profesorul iese mai întîi.	The professor goes out first.
Studenţii ies după profesor.	The students go out after the profesor.
El sare de la un subiect la altul.	He jumps from one subject to another.
Copiii sar coarda în parc.	Children jump rope in the park.

The verbs in this group follow a pattern of conjugation similar to that of verbs in **-e.** Differences occur only in the first and second persons plural (**noi/voi**), where the endings are **-im** and **-iţi,** respectively, instead of **-em** and **-eţi.** Note that these endings are accented. We have thus:

> Noi fugim, ieşim, sărim   *but*   mergem, facem, credem
>
> Voi fugiţi, ieşiţi, săriţi   *but*   mergeţi, faceţi, credeţi

Two common verbs in this group are: **a şti** 'to know' and **a veni** 'to come.' These verbs are irregular. Their present indicative forms are:

a şti		*a veni*	
ştiu	ştim	vin	venim
ştii	ştiţi	vii	veniţi
ştie	ştiu	vine	vin

Şi acum, la lucru   Let's Get to Work

Exerciţiul A

Repeat the pattern sentences, changing the verb to agree with the subjects that follow each sentence.

    1. Eu fug repede la autobuz.
        a. voi   b. tu   c. Maria   d. ele   e. dumneata   f. fetele
    2. Eu ies din clasă imediat.
        a. profesorul   b. noi   c. dumneavoastră   d. băieţii   e. tu   f. Emilia

Exerciţiul B: Punctualitate   *Punctuality*

Some of us are always on time; others are always late. Make up sentences for the different people listed below by using the correct form of **a veni.** Example:

> eu/tîrziu acasă
>
> Eu nu vin niciodată tîrziu acasă.

1. eu/devreme la universitate   2. profesoara/tîrziu la birou   3. voi/la timp la consultaţii [office hours]   4. noi/tîrziu la examen   5. tu/la timp la curs

Stăm de vorbă   Let's Talk

Dar dumneavoastră?   *How about you?*

Answer the following questions about punctuality in various situations.

    1. Veniţi devreme dimineaţa la universitate? La ce oră?
    2. Veniţi întotdeauna la timp la clasă?

3. Dar profesorul vine la timp? La ce oră vine?

4. Cine vine uneori tîrziu la curs?

5. Cînd veniţi tîrziu, intraţi ori nu intraţi în clasă?

6. Ce spuneţi cînd intraţi în clasă?

Cine ştie? *Who knows?*

Using the words below, formulate questions to ask your classmates. They will answer in one of the ways illustrated. Example:

cînd/a avea/examen

Ştii cînd avem examen?	Do you know when we're having the test?
Sigur că ştiu. Avem examen [name a day].	Of course I know. We're having the test . . .
Îmi pare rău, dar nu ştiu.	I'm sorry, but I don't know.

1. cînd/a avea/consultaţii 2. unde/a fi/examenul 3. cine/a veni/la film sîmbătă 4. cine/a fi/eu 5. ce număr de telefon/a avea/[give a name]

Altă categorie de verbe în -i Another Category of Verbs Ending in -i

Group 2 of verbs in **-i** comprises a large number of verbs including **a locui** 'to reside, to live,' **a găsi** 'to find,' and **a dori** 'to wish, to want.' Such verbs follow a special pattern of conjugation, adding the infix **-esc-** or **-eşt-** to the stem of the verb before the ending.

a locui	*a găsi*	*a dori*	*Infix*	*Ending*
locuiesc	găsesc	doresc	**-esc-**	**Ø**
locuieşti	găseşti	doreşti	**-eşt-**	**-i**
locuieşte	găseşte	doreşte	**-eşt-**	**-e**
locuim	găsim	dorim	**Ø**	**-im**
locuiţi	găsiţi	doriţi	**Ø**	**-iţi**
locuiesc	găsesc	doresc	**-esc-**	**Ø**

Ioana şi Tudor locuiesc într-o garsonieră.	Ioana and Tudor live in an efficiency apartment.
Unde locuieşte Sorin?	Where does Sorin live?
Nu găsiţi apartamente ieftine şi bune.	You don't find cheap, good apartments.
Eu doresc o casă mare şi frumoasă.	I want a big, beautiful house.

If we compare group 2 verbs with group 1 verbs, we can see that the present indicative endings are identical. The infix **-esc-** occurs in the first person singular and third person plural, while the infix **-eşt-** occurs in the second and third persons singular.

eu/ei locuiesc, găsesc, doresc

tu/dta. locuieşti, găseşti, doreşti

el/ea locuieşte, găseşte, doreşte

Since there is no rule for determining which verbs fall into group 1 and which into group 2, the infix **-esc-** is included in parentheses after the infinitives of all group 2 verbs.

5.3   Urban renewal, downtown Piatra Neamţ

Şi acum, la lucru   Let's Get to Work

Exerciţiul A

Repeat the pattern sentence by changing the verb form to agree with each of the subjects in parentheses.

    1. Eu locuiesc într-un cartier nou.   tu/ea/noi/voi/ei

    2. Eu doresc o notă bună.   dta./voi/Anca/noi/studenţii

    3. Eu nu găsesc cartea de română.   Monica/ele/noi/profesorul

Exerciţiul B: Cartiere noi   New neighborhoods

The following persons live in one of the new neighborhoods listed in parentheses. Make up sentences telling where they live. Example:

    eu/Floreasca

    Eu locuiesc în cartierul Floreasca.

1. eu/Drumul Taberei   2. noi/Pantelimon   3. familia Ionescu/Giuleşti   4. dta./Berceni
5. dv./Titan   6. Adrian/Balta Albă

Exerciţiul C: O casă nouă   A new house

The Popescu family has just moved into a new house. Use the questions below as a guide in describing the house shown in the drawing.

    Familia Popescu are o casă mare ori mică? Cîte camere sînt în casă?

    Este un salon în casă? Ce camere sînt lîngă salon?

    Unde e bucătăria? Dar sala de baie? Cîte dormitoare sînt în casă?

1. spălătorie	5. sală de baie	8. camera copiilor
2. bucătărie	6. antreu	9. hol
3. sufragerie	7. dormitor	10. dormitor
4. salon		11. mansardă

Exercițiul D: Unde locuiți? *Where do you live?*

Now that you have described the Popescus' house, describe your own apartment or house, or, if you wish, someone else's you like better.

Stăm de vorbă   Let's Talk

Ce doreşti?   *What do you want?*

Some friends have come to visit you, so ask them if they would like one of the things below. Example:

    o cafea

Doreşti o cafea?	Would you like a (cup of) coffee?
Nu, mulţumesc, nu doresc.	No, thank you, I wouldn't.
Da, doresc o cafea. Mulţumesc.	Yes, I would like a (cup of) coffee. Thank you.

1. un ceai   2. o pepsi   3. o gustare   4. o prăjitură   5. o îngheţată   6. un pahar [glass] de apă

Un bloc cu patru etaje   *A four-story apartment building*

Pictured below is a four-story apartment building. Note that it actually has seven levels. Use the patterns in the following example or make up your own questions to ask your classmates their address and which floor they live on. Examples:

    Pe ce stradă locuieşti/locuiţi?

    Locuieşti/locuiţi la mansardă?

    La ce etaj locuieşti/locuiţi?

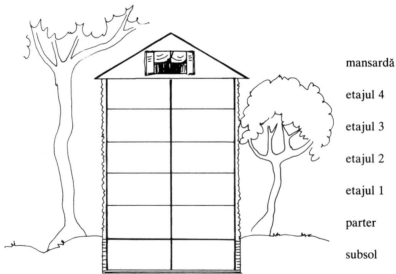

mansardă

etajul 4

etajul 3

etajul 2

etajul 1

parter

subsol

Sugestii   *Suggestions*

You have just met a student who is taking first-quarter Romanian and who wants your advice about what to do in order to get a good grade in the course. Use the words below to formulate your recommendations. Example:

    a locui aproape de universitate

    E bine să locuieşti aproape de universitate.

    1. E important să . . . a veni la timp la curs/a merge la laborator zilnic/a studia zilnic

    2. E bine să . . . a merge la consultaţii/a asculta benzile atent/a şti vocabularul bine

Adjective cu două şi trei forme • Adjectives with Two and Three Forms

In addition to the four-form adjectives in Romanian, there are also some adjectives that have only two or three forms.

Two-Form Adjectives

Two-form adjectives usually end in **-e.** These adjectives have only one form in the singular, that ending in **-e,** and another form for the plural that ends in **-i.** The adjective **mare** 'big, large' belongs to this category.

	Singular	*Plural*
Masculine	(un) băiat mare	(nişte) băieţi mari
Neuter	(un) apartament mare	(nişte) apartamente mari
Feminine	(o) casă mare	(nişte) case mari

Another two-form adjective is **vechi** 'old.' This adjective follows a different pattern from that of **mare.**

	Singular	*Plural*
Masculine	(un) prieten vechi	(nişte) prieteni vechi
Neuter	(un) bloc vechi	(nişte) blocuri vechi
Feminine	(o) maşină veche	(nişte) maşini vechi

Three-Form Adjectives

The group of adjectives with three forms includes words like **mic** 'little, small' and **nou** 'new.' Adjectives in this category have one form for the masculine and neuter singular (Ø ending), a second form for the feminine singular (**-ă** ending), and a plural ending in **-i.**

	Singular	*Plural*
Masculine	(un) elev mic, nou	(nişte) elevi mici, noi
Neuter	(un) magazin mic, nou	(nişte) magazine mici, noi
Feminine	(o) masă mică, nouă	(nişte) mese mici, noi

Şi acum, la lucru   Let's Get to Work

Exerciţiul A

In order to practice the neuter and feminine singular forms of the adjectives you have just learned, repeat the following phrases:
1. un bloc nou 2. un cartier vechi 3. un apartament mare 4. un garaj mic 5. o casă nouă 6. o garsonieră veche 7. o cameră mare 8. o bucătărie mică

Exerciţiul B

Repeat the following sentences, replacing the underlined words with those in parentheses as in the example. Note the neuter and feminine plural forms of the adjectives. Example:

> Aici în cartier blocurile sînt noi. (case)

> Şi casele sînt noi.

1. În centru, blocurile sînt vechi. (case) 2. Camerele sînt mari în general. (garsoniere)
3. Dar mansardele sînt mici. (garaje) 4. Cartierele noi sînt departe de centru. (locuinţe)

Stăm de vorbă   Let's Talk

Use the adjectives you have learned to describe your classroom. Answer the following questions.

1. Sîntem într-o clasă mare, ori mică?
2. Catedra e nouă, ori veche?
3. Dar scaunul e nou, ori vechi?
4. Cartea de română e nouă, ori veche?
5. Tabla e mare, ori mică?
6. Băncile sînt vechi, ori noi?
7. Ferestrele sînt mari, ori mici?
8. Make up your own question using two- and three-form adjectives.

Jurnal

Într-o casă nouă   *In a new house*

Familia Dimitriu are o locuință nouă. Ei stau la   *residence*
etajul trei într-un apartament cu patru camere:
două dormitoare, o sufragerie și un birou.
Camerele sînt așezate pe un hol larg. Pe hol   *situated*
la stînga este bucătăria iar la dreapta baia. Din   *the bathroom*
sufragerie ieși într-un balcon spațios cu multe
ghivece cu flori.   *flowerpots*

Blocul are încălzire centrală și garaj, iar   *central heating*
chiria nu este prea mare. Nu departe de   *the rent*
casa lor este un complex comercial,   *their/shopping center*
o grădiniță și o școală nouă. Copiii pot merge la   *kindergarten*
școală singuri ori cu alți copii din cartier.

Prietenii mei regretă însă că nu au curte și   *however/back yard*
grădină. E bine totuși că au un parc mare și   *though*
un ștrand aproape. Mai au avantajul că locuința   *swimming pool/the advantage*
e aproape de institutul la care lucrează.

Ați înțeles?   Did You Understand?

Răspundeți la întrebări   *Answer the questions*

1. Cum sînt blocurile într-un cartier nou?
2. Puteți descrie [describe] un tip comun [common] de apartament?
3. Care sînt avantajele și dezavantajele pentru cine locuiește la bloc?
4. Sînt chiriile mari în România? Dar în America?
5. Preferați să locuiți la bloc, ori într-o casă particulară [private]? De ce da? De ce nu?

De vînzare   *For sale*

You have just become a real estate agent and have the following clients who are very anxious to find suitable housing immediately. Describe what will appeal to each of them.

5.4 Modern rural home in Vama, Suceava

1. un medic cu cinci copii   2. doi tineri căsătoriți   3. un "star" de cinema   4. doi pensionari [retired people] modești

Ortoepie • Pronunciation

che, chi; ghe, ghi

When the consonant clusters **ch** and **gh** are followed by **e** or **i**, they approximate the *k* and *g* sounds of English 'key,' 'cue,' 'kiss,' and 'get,' 'guess,' 'guilt.' Repeat the following words, which contain these clusters:

ochi	chef	unghi	ghete
urechi	chitară	junghi	Gheorghe
vechi	chibrit	triunghi	înghețată
perechi	chiar	unghie	gheață

It is important to remember that Romanian **ch** is never pronounced like the English *ch* of words like 'lunch' and 'much.' Compare and contrast the spelling and the pronunciation of the following Romanian and English words containing this consonant cluster:

Romanian		English	
chin	[kʹin]	chill	[tʃil]
chip	[kʹip]	chip	[tʃip]
China	[kʹina]	China	[tʃainə]

Repeat the following sentences, paying special attention to the phonetic clusters you have just learned.

Gheorghe are o casă veche.
Cine are un ghid turistic?
Aceasta este o chitară veche.

Chiria e chiar mică.
China e o țară mare.
Eu cer o înghețată.

Vocabular

Substantive

Masculine

medic(i) *doctor*

membru (membri) *member*

pensionar(i) *(male) retired person*

soţ(i) *husband, (pl.) couple*

Feminine

adresă (e) *address*

baie (băi) *bathroom*

bucătărie (i) *kitchen*

chirie (i) *rent*

chitară (ări) *guitar*

clădire (i) *building*

curte (ţi) *backyard*

debara(le) *pantry*

duminică *Sunday*

floare (flori) *flower*

garsonieră (e) *efficiency apartment*

grădină (i) *garden*

grădiniţă (e) *kindergarten; little garden*

idee (idei) *idea*

întreprindere (i) *company, firm*

joi *Thursday*

literă (e) *letter*

locuinţă (e) *dwelling, residence*

luni *Monday*

mansardă (e) *attic apartment*

marţi *Tuesday*

miercuri *Wednesday*

pensionară (e) *(female) retired person*

proprietate (ăţi) *property*

scară (scări) *stairway, stairs*

sîmbătă *Saturday*

soluţie (i) *solution*

soţie (i) *wife*

sufragerie (i) *dining room*

vineri *Friday*

zi (zile) *day*

Neuter

avantaj(e) *advantage*

balcon (oane) *balcony*

bulevard(e) *boulevard*

dezavantaj(e) *disadvantage*

dormitor (oare) *bedroom*

etaj(e) *floor*

fapt(e) *fact*

garaj(e) *garage*

geam(uri) *(window) glass*

ghid(uri) *guidebook*

ghiveci (e) *flowerpot*

pahar(e) *(drinking) glass*

salon (oane) *living room*

ştrand(uri) *swimming area*

tip(uri) *type*

transport(uri) *transportation*

Verbe

a aduce (adus) *to bring*

a descrie (descris) *to describe*

a dori (esc) *to wish, want*

a fugi *to run*

a găsi (esc) *to find*

a ieşi *to exit, go out*

a locui (esc) *to reside, live*

a prefera *to prefer*

a promite (promis) *to promise*

a putea (putut) *can, be able*

a rezolva *to solve*

a sări *to jump*

a şti (ştiut) *to know*

a veni *to come*

Adjective

4 terminaţii

aşezat *situated, placed*

comun *common*

exact *exact*

frumos (şi), frumoasă (e) *beautiful, pretty*

gustos (şi), gustoasă (e) *tasty*

însoţit   *accompanied*
liber   *free*
nemulţumit   *discontented*
particular   *private*
scurt   *short*
tînăr (tineri), tînără (e)   *young*

3 terminaţii
lung(ă, i)   *long*
mic(ă, i)   *small, little*
nou, nouă, noi   *new*

2 terminaţii
mare, mari   *big, large*
veche, vechi   *old*

Adverbe

deja   *already*
devreme   *early*
în fiecare zi   *every day*

însă   *but, however*
tîrziu   *late*
totuşi   *however, still*

Expresii

Ce oră e?   *What time is it?*
Cît e ceasul?   *What time is it?*
complex comercial   *shopping center*
cu toate că   *although*
îmi pare rău (că)   *I'm sorry (that)*
încălzire centrală   *central heating*
la ce oră   *at what time*
a merge în vizită   *to visit*
pe la ce oră   *about what time*
pînă la ce oră   *until what time*
punct(e) de vedere   *point(s) of view*
sigur că   *of course*

6

Impresii noi

Dialog

O vizită-surpriză

Căminul studenţesc. Camera numărul 57. Iată
soneria. Sub sonerie scrie discret: Andrew şi
Luciano. Deci aici locuiesc prietenii noştri! Ei
sînt acasă acum. Luciano scrie o scrisoare şi
Andrew caută ceva.

Luciano: Ce cauţi?
Andrew: Cartea mea de română.
Luciano: Vezi, nu-i pe etajeră?
Andrew: Nu, acolo sînt numai cărţile tale.
Luciano: Poate e pe noptiera ta.
Andrew: Văd numai ceasul meu acolo.
Luciano: Nu e cumva sub patul tău?
Andrew: Sub patul meu? Da! Uite că e aici!
Luciano: Ce dezordine e în camera noastră!
(*They hear the doorbell ring*)
Andrew: Sună cineva! (*He goes to the door*)
    Ah, tu eşti, Mihai! Pofteşte înăuntru!
Luciano: Bună, Mihai! Ce surpriză!
Mihai: Am fost la un magazin aproape şi am
    venit să văd unde staţi.
Andrew: Bine ai făcut. Iată, acuma ai ocazia
    să vezi ce "ordonaţi" sîntem.
Mihai: E adevărat că puteţi fi mai ordonaţi.
Andrew: Te rog ia loc, Mihai!
Mihai: Mulţumesc.

A Surprise Visit

doorbell/under/is written

a letter
is looking for/something

What are you looking for?
My Romanian language book.
Look (lit. see), isn't it on the shelf?
No, only your books are over there.
Maybe it's on your nightstand.
I see only my clock there.
Is(n't) it by any chance under your bed?
Under my bed? Yes! Here it is!
What a mess our room is!

*Someone is ringing! Oh, it's you, Mihai! Come
in!*
Hi, Mihai! What a surprise!
*I was at a store nearby and I came to see where
you live.*
*That was good of you. See, now you have the
chance to see how tidy (lit. organized) we are.*
It's true that you could be tidier.
Please have a seat, Mihai!
Thank you.

Aţi înţeles? Did You Understand?

Based on the information provided in the dialogue, tell us if the following statements are true
or false.

1. Andrew şi Luciano sînt studenţi străini.
2. Ei sînt colegi de cameră şi locuiesc la cămin.
3. Andrew caută caietul de limba română.
4. Andrew nu vede nimic sub pat, dar vede ceva sub masă.
5. Ce surpriză! La uşă sună un profesor.
6. Luciano spune că e mare dezordine în cameră.
7. Mihai crede că băieţii sînt foarte ordonaţi.

Note that the basic meaning of the pronoun **ce** is 'what' (**Ce surpriză!** 'What a surprise!'). When used adverbially **ce** may also mean 'how' (**Ce ordonaţi sîntem!** 'How well organized we are!'). **Ce** may also appear in relative-interrogative phrases like: **de ce** and **pentru ce** 'why,' 'what for'; **despre ce** 'of/about what,' and many others.

Cultură/Civilizaţie

Centre universitare • University Centers

Where might you live if you were an exchange student or scholar in Romania? Every year a number of Americans go to Romania in exchange programs, especially to four major university centers: **Bucureşti, Cluj, Iaşi,** and **Timişoara.** There are other university centers, such as **Braşov, Craiova, Galaţi,** and more are being established or reestablished. The university centers were the focal point of the December 1989 revolution, and they continue to be the places where postrevolutionary changes in Romanian society are set in motion.

Bucureşti, known as **Micul Paris** 'Little Paris,' was founded in the fourteenth century. In the seventeenth century it became the new capital city of Wallachia, one of the main provinces of present-day Romania. After the unification of Moldavia and Wallachia, **Bucureşti** became the capital city of the new state. The same year, the university was established by unifying the existing colleges of arts, sciences, philosophy, and law. Today the city is Romania's principal university center, with approximately 75,000 students registered in its fifty or more academic institutions.

Cluj-Napoca, a city of some 350,000 inhabitants, is known as the "city of schools." Situated in northwestern Transylvania, Cluj-Napoca is considered one of the most important cultural centers in the country. It has two theaters and two operas (one Romanian and one Hungarian), numerous museums, and a wealth of gothic and baroque monuments. Cluj-Napoca is also renowned for its botanical garden, known as one of the most beautiful in the country. The surrounding parks, hills, and wooded areas add to the city's attraction. It is an important university center as well. More than 25,000 students are enrolled in several universities of which 13,000 are in the Universitatea Babes-Bolyai, one of the most prestigious universities in the country.

Iaşi, the capital of Moldavia since 1564, might be called the "city of writers" because so many famous men of letters have come from there. Located in northern Moldavia, Iaşi is a city of some 270,000 inhabitants and the former residence of many rulers and historical figures of importance in Romania's history. It played an important role not only in Moldavia's history and economy but also in the political and cultural development of all of Romania. One of the architectural gems of Romania, the **Trei Ierarhi** church, was erected in 1639, and it was here that the first Romanian-language books in Moldavia were printed. The

6.1 University of
Cluj-Napoca

university was established in 1860 and presently has an enrollment of more than 10,000 students in eight colleges.

Timişoara, located on the western edge of Romania, is a major city in the Banat, an area that used to be called "the breadbasket of Europe." An important economic and commercial center, it is now a city of 300,000. Education has long been a primary concern in this city. Since 1776, when the first industrial school was opened, the city has been a pioneer in specialized education. The university, one of Romania's newer institutions of higher learning, was established in 1962, and has 16,000 students enrolled in nineteen colleges. More recently, **Timişoara** has come to be known as the **oraş-erou** 'heroic city,' because it was here that the revolution of December 1989 began.

6.2   University of Iași

Structuri și vocabular

Verbele a scrie, a căuta, a vedea • The Verbs **a scrie, a căuta, a vedea**

Read the introductory text to the dialogues. Note first the present indicative form of the verbs:

a scrie	*'to write'*	*a căuta*	*'to look for'*
scriu	scriem	caut	căutăm
scrii	scrieți	cauți	căutați
scrie	scriu	caută	caută

Pronume și adverb nehotărît cineva, • The Indefinite Pronoun and Adverb
ceva, undeva, cîndva, cumva   **cineva, ceva, undeva, cîndva, cumva**

As you can see, the indefinite pronoun **ceva** 'something' is formed from the pronoun **ce** plus **-va,** and **cineva** 'somebody, someone' is formed with **cine** plus **-va.**

E cineva la ușă?	Is someone at the door?
El scrie ceva pe tablă.	He is writing something on the blackboard.

A similar pattern is used to form the indefinite adverbs **undeva** 'somewhere,' **cîndva** 'some time,' and **cumva** 'somehow, perhaps, maybe, by any chance.'

Magazinul e undeva aproape.	The store is somewhere nearby.
A fost cîndva o casă frumoasă.	It was once a beautiful house.
Ești cumva îngrijorat(ă)?	Is he/she worried, maybe?

Mobilier • Furniture

Look at the picture here and repeat the following words related to **mobilă** 'furniture':

Feminine		*Neuter*	
Singular	*Plural*	*Singular*	*Plural*
1. perdea	perdele	8. covor	covoare
2. canapea	canapele	9. pat	paturi
3. etajeră	etajere	10. cearşaf	cearşafuri
4. noptieră	noptiere	11. cuier	cuiere
5. pernă	perne	12. fotoliu	fotolii
6. pătură	pături	13. dulap	dulapuri
7. lampă	lămpi	14. tablou	tablouri

Now read the dialogues. What are the **eu** and **tu** forms of the verb **a vedea** 'to see'? Its present indicative forms are:

văd	vedem
vezi	vedeţi
vede	văd

Use the vocabulary you know and the verb **a vedea** to describe the room illustrated.

Reţineţi   *Remember*

E ordine.	It is neat.
E dezordine.	It is messy.
Sînt ordonat(ă).	I am well organized.
Sîntem dezordonaţi (e).	We are disorganized.
Pofteşte înăuntru!	Come in! (familiar form)
Poftiţi înăuntru!	Come in! (formal or plural)
Ia loc!	Have a seat! (familiar form)
Luaţi loc!	Have a seat! (formal or plural)
Gata!	Ready!

Adjectivul posesiv • The Possessive Adjective

To express the idea of ownership in Romanian the following possessive adjectives are used.

Singular		Plural		Translation
Masculine/Neuter	*Feminine*	*Masculine*	*Feminine/Neuter*	
meu	mea	mei	mele	my
tău	ta	tăi	tale	your (sg.)
său	sa	săi	sale	his, her, its
nostru	noastră	noştri	noastre	our
vostru	voastră	voştri	voastre	your (pl.)
lor	lor	lor	lor	their

Like any other adjective, the possessive adjective in Romanian follows the noun and agrees in gender and in number with it.

Prietenul meu e ocupat astăzi.	My friend is busy today.
Eu studiez de obicei în camera mea.	I usually study in my room.
Prietenii mei locuiesc aproape.	My friends live nearby.
Unde sînt caietele mele?	Where are my notebooks?

As you can see from the examples above, the posessive adjective (unlike in English) always follows the noun, which is in the definite form unless it follows a preposition.

Său, sa, săi, and **sale** are used to express both 'his' and 'her.' In order to indicate the gender of the possessor the invariable pronouns **lui** 'his' and **ei** 'her' may be used.

profesorul său	his *or* her professor
profesorul lui	his professor
profesorul ei	her professor

When the possessor is indicated by his or her proper name in Romanian, use the possessed noun + **lui** + the proper name:

El e prietenul lui Mihai.	He is Mihai's friend.
E maşina lui Cristinel.	It is Cristinel's car.
Fraţii lui Victor sînt la Cluj.	Victor's brothers are in Cluj.

The invariable form **dumneavoastră** 'your' is also used as a possessive when speaking more formally.

Prietenul dumneavoastră e în birou.	Your friend is at the office.
Copiii dumneavoastră sînt foarte drăguţi.	Your children are very cute.
Aici sînt numai cărţile dumneavoastră.	There are only your books here.

Şi acum, la lucru   Let's Get to Work

Exerciţiul A

Octavian, a friend of Sorin's, has a new apartment and has brought a picture of it to show Sorin. Play their roles. Example:

> apartament
> E apartamentul tău?
> Da, e apartamentul meu.
> Nu, nu e apartamentul meu.

1. birou (da) 2. radio (nu) 3. magnetofon (da) 4. televizor (nu) 5. telefon (da) 6. frate (nu)

Exercițiul B: Nimic nu e perfect Nothing is perfect

Monica is going through a stage of not liking anything in her room. She complains to her mother. What is she saying? Example:

> canapeaua/curată [clean]/veche
>
> Canapeaua mea e curată, dar e cam veche.

1. etajera/nouă/prea mare   2. perdeaua/frumoasă/veche   3. perna/bună/mică   4. pătura/confortabilă/murdară [dirty]

Exercițiul C

Imagine that one of your Romanian friends has just arrived in the United States for a visit. You have kindly volunteered your family and friends as hosts for him, and now he is asking you where they live. With a classmate, play the two roles. Example:

> părinții
>
> Unde locuiesc părinții tăi?
>
> Părinții mei locuiesc [name the place].

1. prietenii   2. colegii   3. frații   4. bunicii [grandparents]

Stăm de vorbă Let's Talk

Prima zi în casă nouă The first day in a new house

Doamna Popescu and her large family have just moved to a new house. She is about to lose her mind unpacking and sorting and trying to find out whose the following items are. Her older son is helping her. Using the cue words, ask questions and give answers for her and her son. Example:

> discurile/Mihai
>
> Sînt discurile tale?
>
> Nu, nu sînt discurile mele, sînt discurile lui Mihai.

1. pernele/Radu   2. cearşafurile/Anca   3. păturile/Liviu   4. benzile/Ioana   5. cărțile/Mircea   6. caietele/Laura

O cameră la cămin A dormitory room

Describe a typical American student's dormitory room. Since the people you are describing it to have never seen such a room, try to bring a picture.

Condiții de locuit Living conditions

Imagine that you are talking to a Romanian friend who wants to find out about housing at your university. Answer your friend's questions.

1. Locuieşti la cămin, ori într-un apartament?
2. Ai colegi/e de cameră? Cum sînt colegii tăi/colegele tale?
3. E mică ori e mare camera ta? E ordine, ori e dezordine în camera ta?
4. Dar colegii tăi/colegele tale au camere mari, ori mici?
5. E ordine în camerele lor? Cum e mobila lor?
6. Ai un televizor în cameră? E nou, ori vechi televizorul tău?
7. Ce mobilă ai în cameră? Ai perdele în cameră? Sînt frumoase?
8. Eşti mulțumit(ă) de locuință? De ce da, de ce nu?

Perfectul compus • The Compound Perfect

The **perfectul compus** is one of the most common past tenses in Romanian. It is used to express an action completed in the past. As the name indicates, the **perfectul compus** is a compound tense. It is formed by using an auxiliary verb derived from **a avea** + the past participle of the verb in question. Here are the forms of the **perfectul compus** of several regular verbs.

a căuta	*a înțelege*	*a găsi*
am căutat	am înțeles	am găsit
ai căutat	ai înțeles	ai găsit
a căutat	a înțeles	a găsit
am căutat	am înțeles	am găsit
ați căutat	ați înțeles	ați găsit
au căutat	au înțeles	au găsit

English equivalents of the **perfectul compus** are the present perfect, the simple past, and the emphatic past.

eu am căutat	I have looked for, I looked for, I did look for
tu ai înțeles	you have understood, you understood, you did understand
el a găsit	he has found, he found, he did find

The form of the auxiliary verb changes with the subject, but the forms for **eu** and **noi** are identical.

eu am căutat, am înțeles, am găsit

noi am căutat, am înțeles, am găsit

In the negative form of the **perfectul compus, nu** usually appears as **n-** and always precedes the auxiliary verb.

(Eu) n-am lucrat astăzi.	I didn't work today.
(Ei) n-au înțeles nimic.	They didn't understand anything.
(Voi) n-ați găsit hotelul?	Didn't you find the hotel?

The past participle is invariable and is derived from the infinitive. To form the past participle of regular verbs in Romanian, follow the rules below:

1. Verbs ending in **-a** and **-i** form their past participle by adding **-t** to the infinitive form and dropping the **a** that begins the infinitive.

a lucra > lucrat	a locui > locuit
a studia > studiat	a dori > dorit
a intra > intrat	a ieşi > ieşit
a ajuta > ajutat	a veni > venit
a prefera > preferat	a fugi > fugit
a recapitula > recapitulat	a sări > sărit

2. Verbs ending in **-e** form the past participle by replacing the last letter, or, more commonly, the last two letters of the infinitive, by **-s** or **-ut,** and dropping the initial **a** of the infinitive.

Ending	
-s	*-ut*
a merge > mers	a face > făcut
a spune > spus	a cere > cerut
a aduce > adus	a petrece > petrecut
a scrie > scris	a crede > crezut

3. All verbs that end in stressed **-ea** belong to the **-ut** group of past participles. Examples:

a avea > avut

a putea > putut

a vedea > văzut

4. The verbs **a fi** and **a şti** have irregular past participles: **a fi** becomes **fost,** and **a şti** becomes **ştiut.**

Unde aţi fost luni seară?   Where were you Monday evening?

Ei n-au ştiut adresa voastră.   They didn't know your address.

Common Expressions for Referring to Past Events

ieri	yesterday
ieri dimineaţă	yesterday morning
ieri seară	yesterday evening
alaltăieri	the day before yesterday
în trecut	in the past
anul trecut	last year
trimestrul trecut	last quarter
săptămîna trecută	last week
luna trecută	last month
lunea trecută, marţea trecută, etc.	last Monday, last Tuesday, etc.
de mult	a long time ago
deja	already
nu . . . încă	not yet

Şi acum, la lucru   Let's Get to Work

Exerciţiul A: Ce-am făcut?   *What did I do?*

Your roommate is talking to a friend on the phone, telling what he/she did the past couple of days. Tell us what he/she said. Example:

ieri/a studia la bibliotecă

Ieri (eu) am studiat la bibliotecă.

1. ieri dimineaţă/a recapitula/pentru examen   2. ieri după masă/a lucra/pînă la ora cinci
3. ieri seară/a ieşi/la plimbare pe la şapte   4. alaltăieri/a veni/foarte tîrziu acasă

Exerciţiul B: Nimeni şi nimic   *Nobody and nothing*

Your roommate is still feeling talkative and asks you questions. All of your answers are negative. With another student play these two roles. Example:

a spune ceva/n- . . . nimic

Ai spus ceva?

N-am spus nimic!

1. a scrie ceva acasă/n- . . . nimic   2. a merge cu cineva la petrecere/n- . . . nimeni   3. a aduce cumva niște benzi/n- . . . nimic   4. a înțelege ceva/n- . . . nimic

Exercițiul C: Verificare   *Checking*

Your professor was absent yesterday and is now asking his substitute what went on in class. Take turns asking questions for him and answering for the substitute. Example:

a avea/lucrare de control studenții

Au avut lucrare de control studenții?

Da, au avut lucrare de control.

Nu, n-au avut lucrare de control.

1. a putea/înțelege exercițiile   2. a cere/explicații suplimentare   3. a vedea/bine întrebările la tablă   4. a ști/să răspundă la întrebări

Stăm de vorbă   Let's Talk

Programul meu   *My schedule*

Corina's mother was away last week. Now she is back and is asking Corina what she did during the week. Play their roles. Example:

luni seară/a sta/acasă

Ce-ai făcut luni seară?

Am stat acasă.

1. marți după masă/a fi/la laborator   2. miercuri seară/a avea/de studiat   3. joi dimineață/ a sta/la bibliotecă   4. vineri la amiază/a fi/la cantină   5. sîmbătă seară/a fi/la film   6. du- minică după masă/a avea/de lucru acasă

Deja ori nu . . . încă?   *Already or not yet?*

Form conversation groups and ask each other if you have already done the things listed below. Example:

a fi/la cantină

Ați fost deja la cantină?

Da, am fost deja la cantină.

Nu, noi n-am fost încă la cantină.

1. a merge/la lucru   2. a fi/la laborator   3. a scrie/tema   4. a recapitula/pentru examen 5. a aduce/compoziția [composition]   6. a vedea/filmul "Enigma Otiliei"

Activități   *Activities*

Make original statements by combining elements from each column or by creating your own. Remember that you have to use the correct past participle of the verbs in the last column.

		a asculta/multe concerte la radio
		a studia/pentru un examen dificil
Anul trecut	eu am	a avea/un serviciu foarte bun
Trimestrul trecut	prietenii mei au	a vedea/o casă frumoasă de vînzare
Weekend-ul trecut	colegul meu a	a merge/în vizită la părinţii mei
Săptămîna trecută	noi am	a veni/să facem tema împreună
	prietena mea a	a locui/într-un cartier aproape
	colegele mele au	a face/o prăjitură foarte gustoasă
		a cere/bani la părinţi pentru taxe

Curiozitate *Curiosity*

Let's take this opportunity to find out more about each other. You may use the questions below for your entire class (**Cine a fost deja în Europa?**) or you may address a question to a specific student (**Victor, tu ai fost deja în Europa?**).

1. Cine a fost deja în România?
2. Cine a fost la munte în vacanţă?
3. Cine a petrecut vacanţa la ţară?
4. Cine a văzut "Şaizeci de minute" la televizor?
5. Cine a avut cursuri grele [difficult] trimestrul trecut?
6. Cine a făcut zilnic temele la română?
7. Cine a lucrat vinerea trecută?
8. Cine a avut notă bună la lucrarea de control?
9. Cine a fost nemulţumit cu nota de la examen?
10. Cine a studiat două ore la română ieri seară?
11. Cine a fost la o petrecere sîmbăta trecută?

Participiul trecut • The Past Participle

Besides being used as part of the **perfectul compus,** the past participle may also be used as an adjective to modify a noun. In that case it agrees in gender and number with the noun.

a prefera > preferat, ă, i, e

a face > făcut, ă, i, e

a construi > construit, ă, i, e

In the sentences below, the past participle is used adjectivally. Pay attention to the agreement of adjectival past participle and noun modified.

masculine singular	El e profesorul meu preferat.	He is my favorite professor.
neuter singular	E cursul tău preferat?	Is it your favorite course?
feminine singular	Maşina aceasta e făcută în România.	This car is made in Romania.
masculine plural	Ei sînt profesorii noştri preferaţi.	They are our favorite professors.
neuter plural	Iată discurile lor preferate.	Here are their favorite records.
feminine plural	Aici casele sînt construite bine.	The houses here are well built.

As you can see, the past participle functions as if it were a four-form adjective.

The past participle may also be used with the preposition **de,** as we saw in lesson 4. In such constructions the form of the past participle is invariable, corresponding to the infinitive in English. For example:

Eu am de făcut tema mai întîi.	I have homework to do first.
E imposibil de crezut ce spune el.	It's impossible to believe what he says.
Am avut de scris un exerciţiu dificil.	I had a difficult exercise to write.

Şi acum, la lucru   Let's Get to Work

Exerciţiul A: Cursurile mele preferate   *My favorite courses*

Here is a list of courses your classmates are taking this quarter. Tell us which ones are, or are not, your favorites. Examples:

> biologia > Biologia (nu) e cursul meu preferat.

> fizica şi chimia > Fizica şi chimia (nu) sînt cursurile mele preferate.

1. limba română   2. limba engleză   3. istoria şi filosofia   4. chimia şi microbiologia
5. educaţia fizică   6. matematica şi fizica   7. geologia   8. literatura americană

Exerciţiul B: O plimbare prin oraş   *A stroll through the city*

Amelia is interested in the various things she sees during a walk with Corina. As she mentions each item, Corina tells her what it is made of. Play their roles, using the forms **construit(ă) din** or **făcut(ă) din** in Corina's response.

cărămidă	brick		beton	concrete
piatră	stone		fier	iron
	lemn	wood		

Example:

> o casă mare şi frumoasă

> Uite o casă mare şi frumoasă.

> E construită din cărămidă.

1. un bloc modern   2. o casă nouă   3. un balcon drăguţ   4. un gard interesant   5. o mobilă frumoasă 6.   un dulap vechi, dar frumos

Now rephrase the preceding statements, making them plural. Example:

> nişte case mari şi frumoase

> Uite nişte case mari şi frumoase.

> Sînt construite din cărămidă.

Exerciţiul C: Ce aveţi de făcut?   *What do you have to do?*

Your professor is giving your class a list of things that they must do before the end of the quarter. Speak for him/her, using the cue phrases. Example:

> a recapitula/pentru examen

> Aveţi de recapitulat pentru examen.

1. a studia/două capitole din carte   2. a scrie/trei exerciţii   3. a şti/vocabularul foarte bine   4. a asculta/benzile la laborator   5. a face/o compoziţie cu titlul "O casă în stil românesc"

Mult şi puţin • Much and Little

When used with verbs, **mult** 'much, a lot' and **puţin** '(a) little' are invariable, as are all adverbs in Romanian.

Noi lucrăm mult în general.	In general, we work a lot.
Eu am recapitulat puţin ieri.	I reviewed a little yesterday.

When used as adjectives, they agree in gender and number with the noun they modify. Their forms and meanings are:

	Singular			Plural	
Masculine/Neuter	*Feminine*	*Translation*	*Masculine*	*Feminine/Neuter*	*Translation*
mult	multă	much, a lot	mulţi	multe	many
puţin	puţină	(a) little	puţini	puţine	(a) few

Am petrecut mult timp la bibliotecă.	I spent a lot of time in the library.
Mai e puţin vin în paharul acesta.	There is a little wine in this glass.
Ei ascultă multă muzică clasică.	They listen to a lot of classical music.
Ai puţină cafea?	Do you have a little coffee?
Sînt mulţi băieţi în clasă?	Are there many boys in class?
Nu, sînt puţini (băieţi).	No, there are few (boys).
Au venit multe fete la concert?	Did many girls come to the concert?
Nu, au venit puţine (fete).	No, a few (girls) came.
Radu are multe discuri bune.	Radu has many good records.
Eu am puţine (discuri).	I have few (records).

As you can see from the examples, **mulţi, multe** and **puţini, puţine** can also be used as pronouns when they replace the noun instead of accompanying it.

Şi acum, la lucru   Let's Get to Work

Exerciţiul A: Mult ori puţin?   Much or little?

Use the adverbs **mult** and **puţin** in this exercise as you formulate questions and answers following the example.

> de lucru astăzi
>
> Ai avut mult de lucru astăzi?
>
> Da, am avut mult de lucru.
>
> Nu, am avut puţin de lucru.

1. de studiat weekend-ul trecut   2. de scris la referat   3. de mers pe jos pînă în centru
4. de recapitulat ieri

Exerciţiul B: Multă ori puţină?   Much or little?

Before going shopping Ioana and Tudor are checking to see what they have in the refrigerator and what they need to buy. What do they say? Example:

> bere/brînză
>
> Avem multă bere dar puţină brînză.

1. apă minerală/limonadă   2. pepsi/îngheţată   3. friptură/salată   4. prăjitură/cafea

Exerciţiul C: În cartierul nostru   In our neighborhood

Following are some of the things we can see in the downtown neighborhood where we live. Formulate statements using the appropriate forms of **mult** or **puţin** to describe the area. Example:

case vechi

În cartierul nostru sînt multe (puţine) case vechi.

1. blocuri noi   2. case cu curte mare   3. balcoane cu flori   4. restaurante bune   5. teatre şi cinematografe   6. magazine şi pieţe

Jurnal

Un colţ din "Micul Paris"   *A corner of "Little Paris"*

Astăzi am făcut o plimbare cu Camelia
Dumitrescu, prietena mea, în cartierul
Cotroceni unde locuieşte ea. E un cartier
frumos, un cartier vechi şi <u>liniştit.</u> Aici casele,   *quiet*
<u>prin</u> arhitectura lor variată, au un <u>farmec</u>   *through/charm*
<u>deosebit.</u> Construite din cărămidă şi piatră, ele   *distinct*
<u>lasă</u> o impresie de soliditate şi permanenţă.   *leaves (one with)*
<u>Spre deosebire de</u> America, am observat că în   *unlike*
România curţile au adesea <u>garduri</u> care nu au   *fences*
numai <u>o funcţie</u> de protecţie dar şi o funcţie   *a function*
decorativă. Ce interesant!

Camelia locuieşte într-o casă foarte fru-
moasă. Ea stă la etajul unu împreună cu
părinţii, <u>iar</u> la parter locuiesc bunicii. Cînd   *and (while)*

6.3 A villa in early twentieth-century Romanian style located in the Cotroceni district of Bucureşti

am intrat în holul mare <u>din mijloc</u> am fost
<u>întîmpinată de</u> tatăl lui Camelia. Am fost
invitată în salon unde am petrecut o oră foarte
plăcută cu părinţii şi bunicii lui Camelia.
Doamna Dumitrescu a adus <u>imediat o tavă</u> cu
<u>pahare</u> cu apă, <u>dulceaţă de trandafiri</u> şi o cafea
<u>turcească delicioasă.</u>

    Am avut <u>ocazia</u> să văd o casă de <u>intelectuali</u>
<u>bucureşteni.</u> Am fost impresionată <u>de</u> mobila
frumoasă, de colecţia de tablouri, şi <u>mai ales</u>
de biblioteca <u>vastă</u> cu enciclopedii, albume şi
ediţii de <u>scriitori</u> clasici şi moderni din
<u>literatură</u> română şi <u>universală.</u>

    După vizita plăcută la familia Dumitrescu,
<u>am continuat</u> plimbarea prin cartier. Am văzut
Facultatea de Medicină, <u>Palatul Cotroceni,</u>
deosebit de frumos, şi Grădina Botanică, un colţ
liniştit <u>multicolor.</u> Bucureştiul este
intr-adevăr un oraş <u>plin de surprize</u>!

in the middle
welcomed by

immediately/a tray
glasses/rose-petal preserves
Turkish/delicious
the chance/intellectuals
Bucharest residents/by
especially
vast
writers
world literature

I continued
the Cotroceni Palace

colorful
filled with (full of) surprises

Aţi înţeles?   Did You Understand?

Answer the following questions based on the information provided in the text above.

    1. Ce a făcut Amelia astăzi?

    2. În ce cartier locuieşte Camelia?

    3. Cum e cartierul Cotroceni?

    4. Cum sînt casele în cartierul acesta?

    5. Ce impresie lasă ele?

    6. Cum e casa în care locuieşte familia Dumitrescu?

    7. Cît timp a stat Amelia în vizită? Ce a adus doamna Dumitrescu?

    8. Ce a făcut Amelia apoi? Ce a văzut ea în Cotroceni?

    9. Ce spune ea în concluzie?

Proiect cultural   Cultural Project

Individually or in a group make a display of typical American houses in the area where you live. Be prepared to describe these houses **în exterior** 'outside' and **în interior** 'inside.' Tell us the similarities and the differences between these houses and **case în stil românesc** 'Romanian-style houses.'

Ortoepie • Pronunciation

Consoanele p, t, r   *The consonants* **p**, **t**, *and* **r**

When saying Romanian words containing the consonants **p** and **t**, notice that word-initial **p** and **t** are pronounced without the aspiration we use in English. Their pronunciation is similar to the *p* and *t* in 'open' and 'still.' Say the following words.

    1. patru, pentru, pahar, piatră

    2. noptieră, impresie, imposibil, dulap

3. Tudor, timp, curte, interesant

4. pot, pat, mult, liniştit

Romanian **r** is pronounced very differently from English *r*. It is a trilled or rolled dental sound. Repeat the following words, which contain this sound.

1. radio, repede, românesc

2. oricînd, ordonat, serenadă

3. chitară, pentru, arhitectură

4. covor, cuier, trandafir

Repeat the following sentences, paying special attention to the correct pronunciation of **p, t,** and **r.**

1. Pe noptieră e o lampă şi pe pat sînt perne şi pături.

2. Sînt multe restaurante şi teatre în cartierul nostru.

3. În cameră este un cuier de perete şi un covor lîngă pat.

Vocabular

Substantive

Masculine

bunic *grandfather*

bunici *grandparents*

oaspete (eţi) *guest (m, f)*

oleandru (i) *oleander*

trandafir(i) *rose*

Feminine

bunică (i) *grandmother*

canapea (canapele) *couch*

cărămidă (cărămizi) *brick*

colecţie (i) *collection*

dulceaţă (dulceţuri) *preserves*

etajeră (e) *shelf*

explicaţie (i) *explanation*

funcţie (i) *function*

impresie (i) *impression*

lampă (lămpi) *lamp*

mobilă (e) *furniture*

noptieră (e) *nightstand*

ocazie (i) *occasion*

pătură (i) *blanket*

perdea (perdele) *window curtain*

pernă (e) *pillow*

piatră (pietre) *stone*

scrisoare (scrisori) *letter*

Neuter

album(e) *album*

beton (oane) *concrete*

cearşeaf(uri) *sheet*

colţ(uri) *corner*

covor (covoare) *rug*

cuier(e) *coat hanger, rack*

dulap(uri) *closet, cabinet*

farmec(e) *charm*

fier (sg. or pl.) *iron*

fotoliu (fotolii) *armchair*

gard(uri) *fence*

lemn(e) *wood*

monument(e) *monument*

pat(uri) *bed*

şemineu (şeminee) *fireplace*

trimestru (e) *quarter*

Verbe

a ajuta *to help*

a căuta *to look for, search*

a continua *to continue*

a întîmpina   *to welcome*
a lăsa   *to leave, let*
a scrie (scris)   *to write*
a suna   *to ring*
a vedea (văzut)   *to see*

Adjective

4 terminaţii
curat   *clean*
delicios (şi), delicioasă (e)   *delicious*
dezordonat   *disorganized, messy*
desperat   *desperate*
gelos (şi), geloasă (e)   *jealous*
greu (grei), grea (grele)   *difficult, heavy*
impresionant   *impressive*
îngrijorat   *worried*
liniştit   *quiet*
murdar   *dirty*
ordonat   *organized, tidy*
plin   *full*
vast   *vast, large*

3 terminaţii
românesc, românească
(româneşti)   *Romanian*

Adverbe

cîndva   *sometime*
cumva   *somehow, perhaps, maybe*
ieri   *yesterday*
mult   *much*

oricînd   *anytime*
puţin   *little*
undeva   *somewhere*

Pronume

amîndoi (m)   *both*
amîndouă (f, n)   *both*
ceva   *something*
cineva   *someone*

Conjuncţii

iar   *but, while, and*

Prepoziţii

prin   *through*

Expresii

anul trecut   *last year*
e dezordine   *it is messy*
e ordine   *it is neat*
a fi dezordonat   *to be disorganized*
a fi ordonat   *to be organized*
ia loc   *have a seat (familiar)*
în exterior   *on the outside*
în interior   *on the inside*
în mijloc   *in the middle*
luaţi loc   *have a seat*
mai ales   *especially*
nu-i aşa?   *isn't that so?*
spre deosebire de   *unlike*

7 La cumpărături

Dialog

În Piaţa Unirii

E ora cinci după masă. Astăzi Ioana şi Tudor merg la cumpărături împreună. Acum ei sînt în magazinul "Unirea," un magazin mare cu autoservire. De aici ei cumpăra mai întîi un borcan de gem, o sticlă de ulei şi două conserve de peşte.

    Apoi ei merg la raionul de mezeluri şi brînzeturi, de unde cumpără un sfert de kilogram de parizer şi o jumătate de kilogram de brînză telemea. Ioana şi Tudor plătesc la casă şi, în sfîrşit, ei merg la piaţă să cumpere nişte fructe şi legume.

Ioana:	Cît costă fasolea verde?
Vînzătorul:	Zece lei kilogramul.
Ioana:	E scumpă!
Vînzătorul:	E scumpă, dar e proaspătă. Cîtă doriţi?
Ioana:	Două kilograme.
Vînzătorul:	Mai doriţi ceva?
Ioana:	Da, nişte salată verde şi un kilogram de roşii.
Vînzătorul:	Pungă aveţi?
Tudor:	Da. Uite aici e punga. Cît face în total?
Vînzătorul:	Patruzeci şi doi de lei.
Tudor:	Poftiţi cincizeci de lei.
Vînzătorul:	Mulţumesc. Poftiţi restul!

După ce cumpără şi nişte struguri, Tudor întreabă:

Tudor:	Trebuie să mai cumpărăm ceva?
Ioana:	Nu. E destul pentru astăzi.

In Unirea Market

shopping

self-service
a jar of jelly/a bottle of oil
cans of fish
cold cuts

bologna
feta cheese/pay/cash register
finally
fruits/vegetables

How much are the green beans?
Ten lei per kilo.
That's expensive!
It is expensive, but [they're] fresh. How much would you like?
Two kilos.
Would you like something else?
Yes, some lettuce and a kilo of tomatoes.

Do you have [your own] bag?
Yes. Here's the bag. How much does the total come to?

Forty-two lei.
Here are fifty lei.
Thank you. Here is [your] change.
after/grapes
Do we have to buy anything else?
No, that's enough for today.

În sfîrşit ei merg cu <u>plasele</u> <u>încărcate</u> spre casă.	*net bags/loaded*
În drum Tudor cumpără de la piaţa de flori un <u>buchet de trandafiri</u> pentru Ioana. Ce	*bouquet of roses*
<u>gest</u> delicat!	*gesture*

Aţi înteles?   Did You Understand?

Answer the following questions based on the text and dialogue you have just read.

1. Ce fac Ioana şi Tudor astăzi după masă?
2. În ce magazin intră ei mai întîi?
3. Ce cumpără ei de acolo?
4. De unde cumpără parizer şi brînză telemea?
5. Unde merg Ioana şi Tudor apoi?
6. Cîtă fasole verde au cumpărat de la piaţă?
7. Ce-au mai cumpărat apoi?

Cultură/Civilizaţie

Despre aprovizionare şi cumpărături • About Provisions and Shopping

What is it like to go grocery shopping in Romania? Shopping for food in Romania is generally a daily activity, and it is more time-consuming than in the United States. Before leaving the house be sure to take **o plasă** 'a net bag,' and if you are going to the outdoor market also take **o pungă** 'a paper or plastic bag' or two, since shopping bags are not always provided. You won't be buying too much at one time, because you must walk or take the bus to where you shop and will not be able to fill up a car with groceries once a week as many Americans do.

Magazine alimentare şi cu autoservire   Grocery Stores and Self-Service Stores

There are several different types of food stores. One of the largest types is called **alimentara,** and is a grocery store with different sections, called **raioane,** organized along the lines of an American supermarket. The **autoservire** 'self-serve' is another type of food store in which one can buy primarily canned goods and prepackaged foods. As the name suggests, here you can serve yourself and pay a cashier. If you go to an **autoservire,** you first pick up **un coş** 'a basket,' then walk around and choose what you want from the shelves, finally going to the **casă** 'cash register,' where you pay and load your purchases into your shopping bag.

Magazine specializate   Specialty Stores

There are also a number of small **magazine specializate,** which are such specialized food stores as **carne** 'butcher shop,' **pîine** 'bakery,' **lactate** 'dairy products,' **apicola** 'honey products,' and **gospodina** 'the good housekeeper,' where people can buy **semipreparate,** prepared foods or items that need only to be cooked or baked. Both grocery stores and specialty stores may be found in a **complex comercial** 'shopping center.' Such shopping centers are especially common in newly developed urban areas.

La piaţă   At the Market

In addition to supermarkets and specialty stores, there are also outdoor markets in Romania. If you want to buy fresh fruit, vegetables in season, dairy products, poultry, and so forth,

7.1 Shopping on main boulevard, Bucureşti

7.2 Open air peasant market in Rădăuţi

you can go to the **piaţă,** an outdoor farm market. All major cities and towns have them; they operate during daylight hours in all seasons. Smaller towns have, in general, an outdoor market only once or twice a week. Remember that all purchases you make must be paid for in cash.

Currency: 1 leu = 100 bani
Weights and Measures: 1 Kilogram (Kgr.) = 1,000 grame (gr.)
1 Kgr. = 2.2 lbs.
1 gr. = .035 oz.
1 litru (l.) = 1.057 quarts

Structuri şi vocabular

Verbele a vinde, a cumpăra, • The Verbs **a vinde, a cumpăra,** a aştepta, a plăti   a aştepta, a plăti

Read the introductory text to the dialogue "**În Piaţa Unirii.**" Find the sentences that say 'they are buying,' and 'they pay the cashier.' Now note below the conjugated forms of these verbs, as well as those of the verb **a vinde** 'to sell.' Repeat the present and past tenses of these verbs.

a vinde 'to sell'	a cumpăra 'to buy'	a aştepta 'to wait'	a plăti 'to pay'
Indicativ prezent			
vînd	cumpăr	aştept	plătesc
vinzi	cumperi	aştepţi	plăteşti
vinde	cumpără	aşteaptă	plăteşte
vindem	cumpărăm	aşteptăm	plătim
vindeţi	cumpăraţi	aşteptaţi	plătiţi
vînd	cumpără	aşteaptă	plătesc
Perfectul compus			
am vîndut	am cumpărat	am aşteptat	am plătit

Study the following related vocabulary.

vînzător(i) salesman
vînzătoare saleswoman/saleswomen

Ei sînt vînzători la alimentara.
Maria e vînzătoare aici, iar Dana şi Ana sînt vînzătoare acolo.

cumpărător(i) (male) buyer(s), customers
cumpărătoare (female) buyer(s), customers

Sînt mulţi cumpărători în magazin.
Văd o cumpărătoare la casă şi două cumpărătoare la raionul de mezeluri.

a merge la cumpărături   (to go shopping)
a aştepta la rînd/la coadă   (to wait in line)
a sta la rînd/la coadă   (to stand in line)

Verbul a trebui • The Verb **a trebui**

Imagine that you are going shopping instead of Ioana and Tudor. Read the introductory text once again and make the changes needed in the verb forms, then read and translate the dialogue and the concluding text.

Repeat the question Tudor asks Ioana and note the use of **mai** and the form of the verb:

Trebuie să mai cumpărăm ceva?   Do we have to buy anything else?

The verb **a trebui** 'must, have to' has only one form in all tenses except the **perfectul compus,** which has a different form for the third person plural.

	Indicativ prezent			*Perfectul compus*	
eu			eu		
tu			tu		
el/ea	trebuie să	must, has/have to	el/ea	a trebuit să	had to
noi			noi		
voi			voi		
ei/ele			ei/ele	au trebuit să	had to

Adverbul mai • The Adverb **mai**

To ask if they need to buy something in addition, Tudor uses the adverb **mai.** This adverb has a number of meanings in Romanian. It can be translated by 'more,' 'else,' 'again,' or 'something in addition,' depending on the context. For example:

Mai doriţi cafea?	Would you like some more coffee?
Ce mai doriţi?	What else would you like?

In any case, remember that **mai** indicates something more to be done, or to be added. The rule of thumb for **mai** is to look carefully at its context, then determine which of the above meanings is most suitable. Note that **mai** immediately precedes the verb it modifies. Where the verb form is compound, as in the compound perfect, **mai** comes between the auxiliary and the root verb.

Ce ai mai cumpărat?	What else did you buy?
Am mers să mai cumpăr nişte pîine.	I went to buy (some) more bread.

Reţineţi   *Remember*

mai întîi	first	Mai întîi ei merg la autoservire.
apoi	afterward	Apoi mergem la piaţa de flori.
după + noun	after	După examen am mers imediat acasă.
după ce + verb	after	Am fost obosit(ă) după ce am stat la coadă.
în sfîrşit	finally	În sfîrşit, am găsit adresa.
în timp ce	while	Voi sînteţi liberi, în timp ce noi sîntem ocupaţi.

Şi acum, la lucru   Let's Get to Work

Study the food vocabulary that appears at the end of the lesson before doing the next set of exercises.

Exerciţiul A: Ce trebuie să cumpărăm?   *What do we have to buy?*

Ioana and Tudor are making their shopping list. Tudor asks if they have the first of each pair of items. Ioana answers yes, but they need to buy the second item of each pair. Play their roles with a classmate. Example:

> lapte/unt
>
> Lapte avem?
>
> Da. Dar trebuie să cumpărăm unt.

1. smîntînă/brînză   2. iaurt/frişcă   3. zahăr/ouă   4. sare/piper   5. parizer/şuncă   6. slănină/salam   7. ulei/oţet   8. făină/orez

Exercițiul B: Ce-ai cumpărat? *What did you buy?*

Doamna Popescu has been out shopping. When she returns, her husband asks her where she has been and what she has bought. Doamna Popescu answers. Follow the example in playing these roles with a fellow student. Example:

roșii

D-ul Popescu:	De unde vii?
D-na Popescu:	De la piață.
D-ul Popescu:	Ce-ai cumpărat?
D-na Popescu:	Am cumpărat niște roșii.
D-ul Popescu:	Ce-ai mai cumpărat?
D-na Popescu:	Am cumpărat și . . . (add several items.)

Exercițiul C: Cît costă? *How much does it cost?*

Imagine that you are **la piață** to buy fruit. With a classmate, use the vocabulary below to play the roles of **cumpărător** and **vînzător**. Remember that Romanian does not need a word corresponding to English *per* between the price and the unit of measure: 5 lei per kilogram = **5 lei kilogramul,** *5 lei pentru un kilogram. Example:

mere/12 lei

Cît costă merele?

Doisprezece lei kilogramul.

1. pere/13 lei   2. caise/10 lei   3. piersici/11 lei   4. afine/15 lei   5. cireșe/8 lei   6. prune/7 lei   7. portocale/25 de lei   8. lămîi/18 lei   9. banane/22 de lei   10. pepene/5 lei

Stăm de vorbă   Let's Talk

Întrebări-interviu   *Interview questions*

These questions are addressed to you personally. Answer them yourself, or use them to interview another student in your class.

1. Ai un complex comercial în cartierul unde locuiești?
2. Este un complex comercial mare, ori mic?
3. Există magazine specializate în apropiere?
4. Preferi să faci cumpărături la autoservire, ori la magazine specializate?
5. De unde cumperi carne de obicei? E scumpă carnea? Ce carne preferi?
6. Unde mergi cînd ai nevoie de pîine? Cumperi uneori pîine de casă? Ce altă pîine mai cumperi?
7. Mergi uneori la piață? Cînd mergi?
8. Care sînt legumele tale preferate? Ce fructe preferi?

Numeralul cardinal de la 100 în sus • The Cardinal Numbers from 100 Up

The numbers from one hundred up are expressed in Romanian in the following way:

100 o sută	100.000 o sută de mii
200 două sute	200.000 două sute de mii
300 trei sute, etc.	300.000 trei sute de mii, etc.
1.000 o mie	1.000.000 un milion
2.000 două mii	2.000.000 două milioane
3.000 trei mii, etc.	3.000.000 trei milioane, etc.
10.000 zece mii	1.000.000.000 un miliard
20.000 douăzeci de mii	2.000.000.000 două miliarde
30.000 treizeci de mii, etc.	3.000.000.000 trei miliarde, etc.

In Romanian a period (**punct**) is used to separate thousands, while in English a comma (**virgulă**) is used.

Compound forms of these numbers are given in the following examples:

101	o sută unu/una	247	două sute patruzeci şi şapte
102	o sută doi/două	320	trei sute douăzeci
103	o sută trei, etc.		
111	o sută unsprezece	1848	o mie opt sute patruzeci şi opt
112	o sută doisprezece/douăsprezece	1966	o mie nouă sute şaizeci şi şase
113	o sută treisprezece, etc.	2.032	două mii treizeci şi doi

To express any compound number from one thousand up, such as 1987 'nineteen eighty-seven,' or 1,987 'one thousand nine hundred eighty-seven,' Romanian always uses the form **o mie nouă sute optzeci şi şapte,** whether the number refers to a year or is just a number.

When compound numbers are followed by a noun, remember that numbers ending 1 through 19 are followed directly by the noun.

Example	*Form: Number + Noun*
219 Kgr.	două sute nouăsprezece kilograme
3.015 lei	trei mii cincisprezece lei
$10.012	zece mii doisprezece dolari

All numbers from 20 up are linked to the noun by the preposition **de.**

Example	*Form: Number + de + Noun*
220 Kgr.	două sute douăzeci de kilograme
3.040 lei	trei mii patruzeci de lei
$10.025	zece mii douăzeci şi cinci de dolari

Şi acum, la lucru   Let's Get to Work

Exerciţiul A: Închis pentru inventar   *Closed for inventory*

The corner **alimentară** is closed for inventory. With another student in your class, play the roles of **gestionar** and **vînzător**. The **gestionar** reads the numbers (below), and the **vînzător** (whose book is closed for this exercise) writes them down. Afterward, open your books and check to see if you have written the correct numbers. Example:

Gestionar: Făină—o mie trei sute de kilograme.

Vînzător: (*writing*) Făină—1.300 Kgr.

1. orez/100 Kgr.   2. zahăr/767 Kgr.   3. ulei/223 l.   4. oţet/629 l.   5. apă minerală/10.000 de sticle   6. vin/1.455 de sticle   7. pepsi/6.200 de sticle   8. gem/2.940 de borcane   9. peşte/850 de cutii   10. fasole/3.165 de cutii

Adjectiv (pronume) interogativ • The Interrogative Adjective and Pronoun
cît, cîtă   cît, cîtă

The singular interrogative adjective or pronoun **cît** 'how much' agrees in gender and number with the noun it modifies and has the form **cît** in the masculine and neuter, and **cîtă** in the feminine. When used as an adjective, **cît, cîtă** accompanies the noun. As a pronoun it replaces the noun. Examples:

Adjective:	Cît salam ai cumpărat?	How much salami did you buy?
Pronoun:	Cît ai cumpărat?	How much did you buy?
Adjective:	Cîtă şuncă avem?	How much ham do we have?
Pronoun:	Cîtă avem?	How much do we have?

Remember that **cît** is invariable when used adverbially in expressions like:

Cît costă?	How much does it cost?
Cît face?	How much does that make?
Cît cereţi pe maşină?	How much are you asking for the car?

Şi acum, la lucru   Let's Get to Work

Exerciţiul A: Cît doriţi?   How much do you want?

You are in an **alimentară** buying the items below. The **vînzătoare** (one of your classmates) asks how much of each thing you want. Example:

lapte/2 sticle

Cît lapte doriţi?

Două sticle, vă rog.

1. vin/4 sticle   2. ulei/3 litri   3. orez/1 Kgr.   4. parizer/500 de grame   5. caşcaval/250 de grame   6. gem de căpşuni/1 borcan

Exerciţiul B: Cîtă doriţi?   How much do you want?

Ionel is being helped by the **vînzătoare** at the **alimentară**. He asks if she has each of the items below. How lucky he is to find she has everything he wants! Then he requests the quantity he needs. Play these two roles with one of your classmates. Example:

şuncă/¼ Kgr.

Aveţi şuncă?

Da. Cîtă doriţi?

Vă rog, un sfert de kilogram.

1. smîntînă/300 gr.   2. brînză de vaci/½ Kgr.   3. brînză telemea/1 Kgr.   4. margarină/5 pachete   5. slănină/750 gr.   6. făină/10 Kgr.

Verb: Conjunctiv (subjonctiv) prezent • The Verb: The Present Subjunctive

The subjunctive is generally used in Romanian to introduce a dependent clause, and is always preceded by the word **să.** In Romanian the subjunctive typically occurs where we would use the infinitive in English. But because it is not an infinitive the subjunctive verb form in Romanian changes according to the subject. For example:

(Noi) preferăm să stăm acasă.	We prefer to stay at home.
(Eu) nu pot să vin la bibliotecă.	I am not able to come to the library.
(Tu) trebuie să spui adevărul.	You ought to tell the truth.

Present subjunctive forms are the same as those of the present indicative, except for the third person singular and plural. To form the third person present subjunctive, remember the following rules.

First, the third person present subjunctive (singular and plural) is usually derived from the third person singular present indicative by applying a "flip-flop" rule. If the present indicative ends in **-ă,** the subjunctive ends in **-e.** But if the present indicative ends in **-e,** the subjunctive ends in **-ă.** Examples:

Indicative	*Subjunctive*
Dan ascultă concertul.	Dan poate să asculte concertul.
Ana aduce o cafea.	Ana merge să aducă o cafea.

Second, in the present subjunctive, the third persons singular and plural are always identical, unlike the present indicative, where the third person plural is sometimes different from the singular. Compare the following examples:

el intră	he is entering	el poate să intre	he is able to enter
ei intră	they are entering	ei pot să intre	they are able to enter
el vine	he is coming	el trebuie să vină	he must come
ei vin	they are coming	ei trebuie să vină	they must come

The third person present subjunctive has only two possible endings: **-e** or **-ă.** Furthermore, due to special phonetic alternation rules (see lesson 4), these endings change in accordance with the vowel(s) of the following syllable.

1. The **-e-** in the stem of the present indicative becomes **-ea-** or less frequently, **-ia-,** when the present subjunctive ends in **-ă.** Examples:

   Present Indicative   *Present Subjunctive*

el/ea	merge	el/ea poate să	meargă
	crede		creadă
	cere		ceară
	trece		treacă
	petrece		petreacă
	înțelege		înțeleagă
	iese		iasă

2. The **-ea-** or **-ia-** in the stem of the present indicative becomes **-e** in the present subjunctive when followed by **-e.** Examples:

   Present Indicative   *Present Subjunctive*

el/ea	lucrează	el/ea trebuie să	lucreze
	așteaptă		aștepte
	dansează		danseze
	recapitulează		recapituleze
	studiază		studieze

Remember that, according to the rule you learned in lesson 4, the alternation **a** to **e** or **ă** to **e** and vice versa always occurs after the five labials **p, b, f, v, m.** This rule also applies to the third person present subjunctive and leads to alternations like:

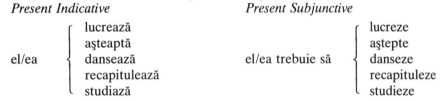

el/ea	cumpără	el/ea trebuie să	cumpere
	vede		vadă

All verbs ending in **-ie** in the third person present indicative have the same form in the present subjunctive. Examples:

el știe	el (trebuie) să știe
el scrie	el (trebuie) să scrie

The verbs **a avea** and **a sta** have the same forms in the present subjunctive as in the present indicative except for the third person, which is irregular:

el are	he has	*but*	el doreşte să aibă	he wants to have
ei au	they have	*but*	ei doresc să aibă	they want to have
el stă	he stays	*but*	el poate să stea	he is able to stay
ei stau	they stay	*but*	ei pot să stea	they are able to stay

The verb **a fi** is entirely irregular in the present subjunctive.

	Indicative	*Subjunctive*
(eu)	sînt	să fiu
(tu/dta.)	eşti	să fii
(el/ea)	este	să fie
(noi)	sîntem	să fim
(voi/dv.)	sînteţi	să fiţi
(ei/ele)	sînt	să fie

Şi acum, la lucru Let's Get to Work

Exerciţiul A: Într-o sală de curs *In a classroom*

Here is a description of what usually happens in a classroom. Rephrase each statement by using the words in parentheses. Example:

> Studenţii intră în clasă (trebuie să)
>
> Studenţii trebuie să intre în clasă.

1. Profesorul intră in clasă. (poate să)
2. Adrian caută o cretă. (merge să)
3. Asistentul aduce temele. (vine să)
4. Nişte fete scriu un exerciţiu la tablă. (merg să)
5. Cine observă o greşeala? (poate să)
6. Profesorul spune cînd avem examen. (trebuie să)
7. Studenţii lasă temele pe catedră. (trebuie să)

Exerciţiul B: Rutină ori ruină? *Routine or ruin?*

Lucia is overworked and her parents are a bit worried about her. They are talking about her. Mama tells what Lucia is doing today, and Tata remarks that she had to do the same thing yesterday. Play their roles. Example:

> Dimineaţă lucrează la laborator.
>
> Şi ieri a trebuit să lucreze la laborator.

1. După masă lucrează la bibliotecă.
2. Acum lucrează la un referat.
3. Deseară recapitulează la chimie.
4. Apoi studiază pentru un examen.

Exerciţiul C: Program turistic *Touring plans*

One of Andrew's uncles is visiting Bucharest. Andrew has made a list of places to take his uncle to and is asking his friend Sorin if he has any suggestions. Play their roles, using the cue words to formulate Sorin's suggestions. Example:

7.3 "Cişmigiu" is one of the most beautiful public parks in Bucureşti. Conceived by the Viennese architect L. Mayer, the park was finished in 1850

Andrew: Merge la Muzeul de Artă.   (Ateneul Român)
Sorin: Poate să meargă şi la Ateneul Român.

1. Merge la Muzeul de etnografie şi folclor.   (Muzeul Satului)
2. Trece pe la Facultatea de Drept.   (universitate)
3. Merge la Teatrul Naţional.   (operă)
4. Petrece o oră în Parcul Cişmigiu.   (Grădina Botanică)
5. Iese la plimbare pe Calea Victoriei.   (Bulevardul Bălcescu)
6. Vede Biblioteca Centrală Universitară.   (Sala Palatului)

Stăm de vorbă   Let's Talk

Listă de cumpărături   *Shopping list*

Ioana can't go grocery shopping today and has left a note for her husband, Tudor. Read Ioana's note.

Tudor,
N-am timp să merg la cumpărături astăzi. Poţi să mergi tu la piaţă? Avem nevoie de:
½ kgr. de caşcaval
2 sticle de lapte
4 borcane de iaurt
3 vinete
1 kgr. de căpşuni
Ioana

Cît trebuie să cumpere? *What does he have to buy?*

Use the appropriate form of **cît, cîtă, cîte,** and the present subjunctive verb form to ask questions about the items on the shopping list in the preceding exercise. One of your class-mates will reply. Example:

½ Kgr. de cașcaval

Cît cașcaval trebuie să cumpere Tudor?

El trebuie să cumpere o jumătate de kilogram de cașcaval.

Ce cumpără? *What is he buying?*

We are accompanying Tudor **la cumpărături.** He is now talking to a **vînzătoare.** With another student in your class, play the two roles and complete the dialogue below. Remember that you have to buy everything Ioana needs, and even more . . .

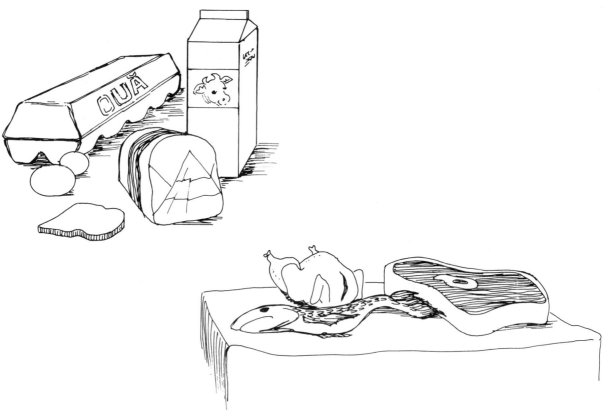

Tudor:	Bună ziua.
Vînzătoarea:	Bună ziua. Ce doriți, vă rog?
Tudor:	*(Say what you want)*
Vînzătoarea:	Și ce mai doriți?
Tudor:	Mai doresc și . . .
Vînzătoarea:	Altceva [anything else]?
Tudor:	Nu mai doresc nimic. Cît face în total?
Vînzătoarea:	*(Give a number)* . . . lei.
Tudor:	Poftiți . . . lei.
Vînzătoarea:	Mulțumesc.
Tudor:	Cu plăcere. La revedere.
Vînzătoarea:	La revedere.

Conjunctivul cu valoare de imperativ • The Subjunctive Used as an Imperative

As you already know, the subjunctive is generally used in a subordinate clause, as in **eu vreau să vorbesc cu profesorul** 'I want to talk to the professor.' When the subjunctive is used in a main clause it acts as a mild imperative.

Să fiţi atenţi!	Be careful. Pay attention.
Să fii punctual!	Be punctual.
Să vii mîine la birou!	Come to the office tomorrow.
Să meargă (X, Y, Z) la tablă!	(X, Y, Z) should go to the blackboard.

The first person plural form of the verb in the subjunctive is used for the request 'let's . . .'

Să mergem acasă!	Let's go home.
Să scriem tema mai întîi!	Let's write out the homework first.
Să plătim la casă!	Let's pay at the cash register.

The Romanian expression **hai** is also used with the first person plural of the subjunctive to give more stress.

Hai să recapitulăm!	Come on, let's review!
Hai să mergem la film!	Come on, let's go to the movie!
Hai să plecăm!	Come on, let's leave!

In these types of imperative constructions, when the verb is used in the negative form, the particle **să** is separated from the verb by **nu**. Note that **să** precedes **nu** in each sample sentence.

Să nu vii tîrziu acasă!	Don't come home late!
Să nu laşi maşina aici!	Don't leave the car here!
Să nu vindeţi casa!	Don't sell the house!

Şi acum, la lucru   Let's Get to Work

Exerciţiul A: Nu ştiu ce să fac   I don't know what to do

As you all know, cars are an important part of our life. Adrian's car is old and unreliable. He is trying to decide if he should get a new one or make some changes in his life style. Ask questions for Adrian so that your classmates will tell you what they think he should do and why. Example:

> a vinde/maşina
>
> Să vînd ori să nu vînd maşina?
>
> Să vinzi maşina! E prea veche./Să nu vinzi maşina! Maşinele noi sînt prea scumpe acum.

1. a cumpăra/o maşină acum ori mai tîrziu
2. a aştepta/pînă găsesc o maşină mai ieftină
3. a lucra/mai multe ore săptămînal
4. a căuta/un apartament aproape de universitate

Exerciţiul B: Între colegi   Among classmates

Several students are studying together. Speak for them. Example:

> a fi/serioşi
>
> Hai să fim serioşi!

1. a fi/disciplinaţi   2. a studia/acum   3. a recapitula/vocabularul   4. a scrie/exerciţiile
5. a merge/la plimbare   6. a intra/la cafetărie

Exercițiul C: Doi studenți noi   *Two new students*

Individually or in a group, make a list of ten recommendations for two students who are new to your university. Compare your list with your classmates' to see which recommendations are similar or different. Example:

      Să locuiți aproape de universitate.

      Să nu veniți tîrziu la cursuri.

Jurnal

Cum ne descurcăm?   *How do we get by?*

Three neighbors meet in the hallway of their apartment building. Their main subject of conversation is how they get food for their families.

    Victoria Ionescu: Despre <u>aprovizionare</u> ce pot să spun? Eu lucrez, soțul meu lucrează. Copiii sînt foarte ocupați cu școala. Cînd vin acasă, nu știu ce să fac mai întîi. Am noroc cu părinții mei care locuiesc aproape. Ei sînt pensionari și pot să meargă zilnic la piață. Eu n-am nici timp, nici <u>răbdare</u>.   *food supplies* / *patience*

    Doina Popa: Eu sînt <u>casnică</u>, dar am doi copii mici. Deci și timpul meu e foarte <u>limitat</u>. După lucru, soțul meu trece întotdeauna pe la piață. Cînd e prea obosit, stă el cu copiii și merg eu la cumpărături. Apoi, vara și toamna eu fac <u>conserve</u>, <u>murături</u>, fasole la borcan, dulceață, compoturi, și am toată iarna legume și fructe în casă.   *housewife* / *limited* / *preserves/pickles*

    Marin Cireșan: Părinții mei locuiesc <u>la țară</u> și de la ei aducem uneori mîncare: brînză, lapte, ouă <u>proaspete</u>, pui, cartofi, ceapă, mere etc. <u>Punem</u> <u>totul</u> la <u>congelator</u> și așa nu trebuie să <u>pierdem</u> prea mult timp cu aprovizionarea.   *in the country* / *fresh* / *put/everything/freezer* / *waste*

Rețineți   *Remember*

gospodină (e)	lady of the house, good housekeeper	aprovizionare	food supplies
gospodar(i)	householder, home manager	a face aprovizionarea	to get food supplies
casnică (e)	housewife	a face conserve	to can, put up preserves
		a pierde timpul/vremea	to waste time

---

a tăia 'to cut'		*a pierde* 'to lose'	
tai	tăiem	pierd	pierdem
tai	tăiați	pierzi	pierdeți
taie	taie	pierde	pierd

Aţi înţeles? Did You Understand?

Based on the information in the text you have just read, answer the following questions:

1. Este salariată Victoria Ionescu?
2. Dar soţul ei, este salariat?
3. De ce nu ajută copiii la aprovizionare?
4. Cine face aprovizionarea pentru familia Ionescu?
5. Ce ocupaţie are Doina Popa?
6. Cum e soţul ei? Ce face el după lucru?
7. Ce conserve face Doina?
8. Ce aduce familia Cireşan de la ţară?
9. Au un congelator? Ce pun în el?

Întrebări-interviu *Interview questions*

Answer the following questions, or use them in a conversation with a fellow student.

1. Sînteţi de acord ca părinţii să ajute copiii?
2. Dar copiii trebuie să ajute părinţii?
3. Dumneavoastră ajutaţi pe părinţii dumneavoastră?
4. Părinţii locuiesc la oraş, ori la ţară?
5. Mama/tata dumneavoastră e salariat(ă), ori e casnic(ă)?
6. E gospodină/gospodar bun(ă)? Face conserve uneori? Dacă da, ce conserve face?
7. Cine face aprovizionarea la dumneavoastră în familie?
8. Mergeţi cu plăcere la cumpărături? Unde mergeţi?
9. Aveţi răbdare cînd trebuie să staţi la coadă?
10. Aveţi un congelator acasă? Dacă da, ce ţineţi în el?

Vocabular

Substantive

Masculine

ardei (sg., pl.) *green pepper*
caltaboş(i) *liver sausage, liverwurst*
cantalup(i) *cantaloupe*
cartof(i) *potato*
casier(i) *cashier*
castravete (i) *cucumber*
cîrnat(i) *sausage*
crap(i) *carp*
cumpărător(i) *customer*
curcan(i) *turkey*
gestionar(i) *manager*
gospodar(i) *householder*

miel (miei) *lamb*
morcov(i) *carrot*
păstrăv(i) *trout*
pepene (i) *watermelon*
peşte (i) *fish*
porc(i) *pig, pork*
pui (sg., pl.) *chicken*
strugure (i) *grape*
usturoi (sg., pl.) *garlic*
viţel (viţei) *calf, veal*
vînzător(i) *salesman*

Feminine

afină (e) *blueberry*
alimente (sg., pl.) *food*
aprovizionare (i) *food supply*
banană (e) *banana*

brînză de vaci *cottage cheese*

brînză telemea *feta cheese*

caisă (e) *apricot*

carne (de) *meat (of)*

casieriţă (e) *cashier*

casnică (e) *housewife*

căpşună (i) *strawberry*

ceapă (cepe) *onion*

chiflă (e) *buns*

cireaşă (cireşe) *cherry*

coadă (cozi) *line, tail*

conopidă (e) *cauliflower*

conservă (e) *preserves*

cumpărătoare (sg., pl.) *customer*

cutie (cutii) *box*

făină *flour*

fasole *beans*

franzelă (e) *hard, crusty white bread*

frişcă *whipped cream*

gestionară (e) *manager*

gospodină (e) *(good) housekeeper*

lamîie (lămîi) *lemon*

legume *vegetables*

lume *people, world*

margarină (e) *margarine*

miere *honey*

mîncare (i) *(prepared) food*

nucă (i) *walnut*

pară (pere) *pear*

piersică (i) *peach*

pîine (pîini) *bread*

   ~ de casă *homemade bread*

   ~ intermediară *rye bread*

plasă (e) *net shopping bag*

portocală (e) *orange*

prună (e) *plum*

pungă (i) *paper bag*

răbdare *patience*

ridiche (i) *radish*

roşie (roşii) *tomato*

sacoşă (e) *shopping bag*

salată verde *lettuce, salad*

sardele *sardines*

sare *salt*

slănină (i) *bacon*

smîntînă *cream*

sticlă (e) *bottle*

şedinţă (e) *meeting*

şuncă (i) *ham*

ţelină (e) *celery*

vacă (i) *cow, beef*

vînătă (vinete) *eggplant*

vînzătoare (sg., pl.) *saleswoman*

zmeură (e) *raspberries*

Neuter

bilet(e) *ticket*

borcan(e) *jar*

buchet(e) *bouquet*

caşcaval(uri) *Swiss cheese*

congelator (oare) *freezer*

coş(uri) *basket*

fruct(e) *fruit*

gem(uri) *jam*

gest(uri) *gesture*

iaurt(uri) *yogurt*

lapte *milk*

măr (mere) *apple*

mezeluri *cold cuts*

orez *rice*

oţet *vinegar*

parizer *bologna*

piper *pepper*

plic(uri) *envelope*

produse lactate *dairy products*

raion (raioane) *department (in a store)*

salam(uri) *salami*

spanac *spinach*

ulei *oil*

unt *butter*

zahăr *sugar*

Verbe

a aştepta *to wait (for)*

a cumpăra *to buy*

a pierde (pierdut) *to lose*

a plăti (esc) *to pay*
a tăia *to cut*
a trece (trecut) *to pass*
a trece pe la *to pass by, stop by*
a vinde (vîndut) *to sell*

Adjective

4 terminaţii
delicat *delicate*
destul (destui), destulă (e) *enough*
încărcat *loaded*
proaspăt *fresh*
2 terminaţii
verde (verzi) *green*

Adverbe

în sfîrşit *finally*
mai *else, in addition*
cît, cîtă *how much*

Pronume

altceva *something else*

Prepoziţii

după *after*
fără *without*

Conjuncţii

după ce *after*
în timp ce *while*

Expresii

a aştepta la rînd *to wait in line*
a avea răbdare *to have patience, be patient*
e destul *it's enough*
a face aprovizionarea *to get food supplies*
a face conserve *to can food*
la ţară *in the country*
a merge la cumpărături *to go shopping*
a pierde vremea/timpul *to waste time*
a sta la coadă *to stand in line*

8

Poftă bună!

Dialog

O cină la restaurant

Astăzi după masă Maria şi Victor Petrescu au
făcut o plimbare în parcul Cişmigiu; apoi seara
au mers împreună la restaurantul "Cireşica,"
din apropiere. Au găsit o masă liberă în grădină,
lîngă orchestră, au luat loc la masă şi au ales
împreună meniul. Dar iată că vine ospătarul. El
salută şi întreabă politicos:

Dinner at a Restaurant

nearby
chose

waiter
asks/politely

Ospătarul:	Bună seara! Cu ce vă putem servi?	*Good evening. How may I serve you?*
Maria:	La felul întîi eu iau o ciorbă de fasole verde.	*As a first course I'll have green bean soup.*
Victor:	Şi eu vreau un borş de legume.	*And I want a vegetable soup.*
Ospătarul:	Iar la felul doi?	*And as a main (lit. second) course?*
Maria:	Un muşchi de vacă la grătar.	*Grilled filet mignon.*
Victor:	O friptură de porc. Dar aduceţi,vă rog, şi nişte ardei iuţi.	*Roast pork. Please bring some hot peppers, too.*
Ospătarul:	Ce aducem ca garnitură?	*What shall I (lit. we) bring as a side dish?*
Maria:	Nişte cartofi prăjiţi.	*Some French fries.*
Victor:	Un pilaf cu ciuperci şi nişte mazăre.	*A rice pilaf with mushrooms and some peas.*
Ospătarul:	Şi două salate?	*And two salads?*
Maria:	Da! O salată verde şi o salată de ardei copţi.	*Yes, a green salad and a salad with grilled peppers.*
Ospătarul:	Trebuie să aşteptaţi fripturile. Doriţi un aperitiv?	*There will be a wait for the steaks. Would you like an appetizer?*
Maria:	Putem să începem cu o salată de vinete.	*We can start with an eggplant salad.*
Victor:	De acord, dar aduceţi şi nişte pîine, vă rog.	*Agreed, but please bring some bread as well.*
Ospătarul:	Imediat!	*Right away!*

Aţi înţeles?   Did You Understand?

Answer the following questions based on the information in the dialogue.

1. Unde este restaurantul "Cireşica"?
2. Este o orchestră la restaurantul acesta?
3. Unde iau loc Maria şi Victor?
4. Ce spune ospătarul cînd vine?
5. Ce doreşte Maria la felul întîi? Dar Victor?
6. Ce aduce ospătarul pentru Maria la felul doi?
7. Dar Victor, ce alege [chooses] la felul doi?
8. Ce aperitiv ia Maria? Ce spune Victor?

Cultural note: **Parcul Cişmigiu,** a centrally located park in Bucharest, is one of the most beautiful in Europe. Created in the downtown area of the city in 1850, it has many old and varied trees, and splendid flowers that have been carefully arranged for seasonal color along the lake and the walkways. One of the best-known walkways is the "Writer's Way," which leads to a rotunda lined with white marble statues of famous Romanian writers, artists, and musicians.

Cultură/Civilizaţie

Cele trei mese în stil românesc • Three Meals, Romanian Style

Romanians have been known for many years as a people of warm hospitality and excellent cuisine. Being invited to a meal in a Romanian family means having an unforgettable culinary experience, a feast for the eyes as well as for the palate.

   Micul dejun 'breakfast' is in general a rather hearty meal consisting of bread or rolls, butter, eggs, cheese, and cold cuts. Jam or marmalade is also often served, but cereal and orange juice are not. The usual drinks at **micul dejun** are either **cafea cu lapte** 'coffee with milk and sugar' or **ceai cu lămîe** 'tea with lemon.'

   Prînzul or **dejunul** 'lunch' is traditionally the main meal of the day. On Sundays and on holidays it is served at noon. The rest of the week it is after 5 P.M. **Cina** 'dinner' is a light meal served in the evening, usually after 8 P.M.

   A complete meal might consist of **aperitive** 'hors-d'oeuvres,' which are traditionally served with **ţuică** 'plum brandy,' borscht or **ciorbă** 'soup,' a main course with side dishes, and a salad served with the main course, not before it. With the main course Romanians drink wine, mineral water, or wine and soda, called **şpriţ.** Don't expect to find ice water on the table; cold water may be served, but always without ice. A sweet dessert may come next, followed by fruit and cheese at the end of the meal. Coffee is served only with dessert and it is traditionally Turkish coffee, **cafea turcească.**

   When sitting down to a meal, Romanians tell each other **Poftă bună** 'Bon appétit.' At the end of the meal a guest tells the hosts **Mulţumesc pentru masă** 'Thank you for the meal,' and the most common answer is **Să vă fie de bine** 'We hope you enjoyed it.'

8.1 "Hanul lui Manuc" in Bucureşti, a
re-created eighteenth-century inn

8.2 A resort hotel in the Carpathians

Structuri şi vocabular

Şi acum, la lucru   Let's Get to Work

Exerciţiul A

Look at the illustration and read the names of the numbered objects. Memorize this list.

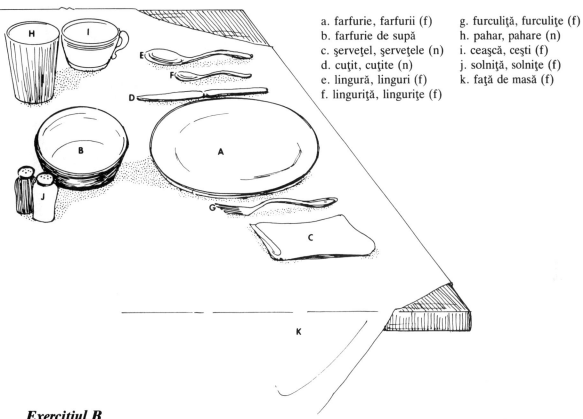

a. farfurie, farfurii (f)
b. farfurie de supă
c. şerveţel, şerveţele (n)
d. cuţit, cuţite (n)
e. lingură, linguri (f)
f. linguriţă, linguriţe (f)
g. furculiţă, furculiţe (f)
h. pahar, pahare (n)
i. ceaşcă, ceşti (f)
j. solniţă, solniţe (f)
k. faţă de masă (f)

Exerciţiul B

Now use the vocabulary you have just learned to answer the following questions:

1. Este o faţă de masă pe masă? E curată?
2. Sînt farfurii pe masă? Cîte?
3. Dar şerveţele sînt? Unde sînt?
4. Pentru ce sînt solniţele?
5. Ce tacîmure vedeţi pe masă?

Exerciţiul C

Here is a list of the most common types of food served in a Romanian restaurant. Study this list:

Aperitive	*Appetizers*	*Felul întîi*	*First Course(s)*
pateu	liver pâté	supă	soup
sardele	sardines	ciorbă	(sour) soup
salată de vinete	eggplant salad	borş	borscht

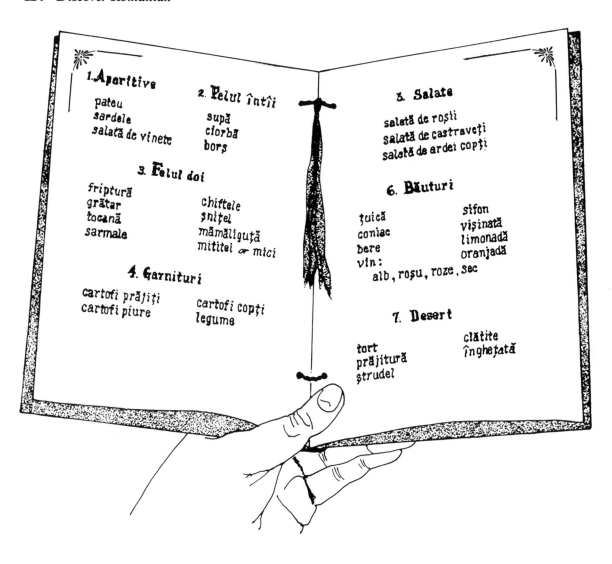

Felul Doi	Main Course[s]	Salate	Salads
friptură	roast meat	salată de roşii	tomato salad
grătar	grilled meat	salată de castraveţi	cucumber salad
tocană	stew	salată de ardei copţi	grilled green pepper salad
sarmale	cabbage rolls		
chiftele	meatballs	Garnituri	Side Dishes
şniţel(e)	fried cutlet	cartofi prăjiţi	french fries
mămăliguţă	cornmeal pudding	cartofi piure	mashed potatoes
mititei, mici	spicy ground meat patties	cartofi copţi	baked potatoes
		legume	vegetables

Desert	Dessert	Băuturi			Drinks
tort	cake	ţuică	plum brandy	sifon	soda water
prăjitură	pastry	coniac	cognac	şpriţ	wine and soda
ştrudel	strudel	bere	beer	vişinată	cherry brandy
clătite	crepes	vin alb	white wine	limonadă	lemonade
îngheţată	ice cream	vin roşu	red wine	oranjadă	orangeade
				vin roze	rose wine
				vin sec	dry wine

Exercițiul D: Verbele a lua, a vrea   *The verbs* **a lua, a vrea**

There are two irregular verbs that appear in the dialogue: **a lua** 'to take, get' and **a vrea** 'to want, wish.' Their conjugated forms are:

	a lua		*a vrea*
iau	luăm	vreau	vrem
iei	luați	vrei	vreți
ia (să ia)	iau (să ia)	vrea (să vrea)	vor (să vrea)

The past participles are **luat** and **vrut,** respectively. Note that the verb **a lua** is also used idiomatically in such expressions as: **a lua loc** 'to sit down, be seated' and **a lua masa** 'to eat, have a meal.'

Let's pretend that you are in a Romanian restaurant with a group of friends. Use the verb **a vrea** to tell us what everybody is ordering from the menu list in this lesson. Examples:

Eu vreau ca aperitiv . . .

El vrea la felul întîi . . .

La felul întîi eu cer . . .

Noi alegem la felul doi . . .

Exercițiul E

These questions are addressed to you. Use the vocabulary you know and the verb forms you have just learned to answer.

1. Ai luat deja micul dejun? Dar prînzul?
2. Unde iei prînzul de obicei?
3. Este un restaurant aproape? E scump ori e ieftin?
4. Iei masa des [often] la restaurant? Dacă da, la ce restaurant?
5. Unde mergi cînd vrei să iei o înghețată? Ce înghețată alegi?
6. Astăzi seară vrei să iei masa acasă, ori la restaurant?
7. Cînd mergi la restaurant, cu ce începi cina de obicei? Ce alegi la felul întîi? Dar la felul doi? Și ca desert?

Exercițiul F

Now form groups of four. One student will read the introductory text of the dialogue "**O cină la restaurant**" and the other three will play the roles of Maria, Victor, and the **ospătar.** Act out the dialogue.

Verbele a mînca, a bea • The Verbs **a mînca, a bea**

The verbs **a mînca** 'to eat' and **a bea** 'to drink' are irregular verbs. Here are their forms.

	a mînca		*a bea*
mănînc	mîncăm	beau	bem
mănînci	mîncați	bei	beți
mănîncă (să mănînce)	mănîncă (să mănînce)	bea (să bea)	beau (să bea)

The past participles are **mîncat** and **băut,** respectively. Examples of **a mînca** and **a bea** used in sentences follow.

Ce mîncăm astăzi?	What are we eating today?
Ai mîncat deja?	Have you already eaten?
N-am mîncat încă!	I haven't eaten yet.
Eu nu beau cafea.	I don't drink coffee.
Noi am băut o sticlă de şampanie.	We drank a bottle of champagne.

Related vocabulary includes:

a mînca:	mîncare	food (dish)
	o mîncare românească	a Romanian dish
	mîncăruri româneşti	Romanian dishes
	e gata mîncarea	the food is ready
	a face mîncare	to prepare food, to cook
a bea:	băutură	drink
	o băutură românească	a Romanian drink
	băuturi româneşti	Romanian drinks
	o cafea neagră/turcească	black coffee/Turkish coffee
	două cafele negre/turceşti	two black coffees/Turkish coffees

Note the following adjectives often used to describe food or drinks.

4 terminaţii:	cald	warm	prăjit	fried
	sărat	salted	acru	sour
	nesărat	unsalted	amar	bitter
	slab	weak, lean	condimentat	spicy
2 terminaţii:	tare	strong	dulce	sweet
	rece	cold	fierbinte	hot

Şi acum, la lucru   Let's Get to Work

Exerciţiul A

Read and repeat the conjugated forms of the verbs **a mînca** and **a bea.** To verify if you know these verbs, change the pattern sentences below to agree with each of the subjects listed.

1. <u>Tu</u> mănînci puţin la prînz.

   a. eu b. noi c. dv. d. prietena mea e. ei f. voi

2. <u>Ei</u> nu beau cafea turcească.

   a. voi b. Ioana c. tu d. eu e. noi f. ele

Exerciţiul B: Preferinţe   Preferences

"Each to his own tastes." Look at the items in the table below and tell us what you like or don't like to eat or drink, following the patterns given.

Legume	Carne	Mîncare	Fructe	Băuturi
spanac	peşte	sarmale	mere	apă
cartofi	porc	mămăliguţă	pere	lapte
morcovi	pui	chiftele	caise	oranjadă
ceapă	miel	ciorbă	pepene	limonadă
usturoi	viţel	tocană	căpşuni	suc de roşii

1. Eu mănînc cu plăcere _____
2. Nu mănînc niciodată _____
3. Eu beau adeseori _____
4. Nu beau prea mult(ă) _____

Now change the verb forms to past tense.

Exerciţiul C: Cum e mîncarea? *How's the food?*

While eating, members of the group make comments on their food. How is it? Supply the correct verb form to express what each person has to say. Examples:

    supă/excelentă > Supa e excelentă.

    cartofii/nesăraţi > Cartofii sînt nesăraţi.

1. borşul/delicios 2. ciorba/cam acră 3. mititeii/calzi şi buni 4. peştele/prea prăjit
5. chiftelele/foarte condimentate 6. tocana/gustoasă dar cam rece 7. fructele/dulci şi proaspete 8. cafeaua/prea tare şi amară

Stăm de vorbă Let's Talk

Despre micul dejun *About breakfast*

Here are some typical breakfast items. First repeat the names of the items pictured below, then answer the questions.

a. ou moale
  ouă moi
b. ochiuri
c. pîine prăjită
  o felie, o bucată de pîine prăjită
  (două) felii, bucăţi de pîine prăjită

d. salam de Sibiu
e. lapte
f. cafea
g. unt
h. gem

i. caşcaval
j. slănină
k. fulgi de cereale
l. suc de portocale

1. Aţi mîncat deja micul dejun?
2. Aţi băut suc de portocale? Dacă da, cîte pahare de suc aţi băut?
3. Cine mănîncă ouă dimineaţa? Preferaţi să mîncaţi ochiuri, omletă, ori ouă moi?
4. Mîncaţi pîine prăjită la micul dejun? Mîncaţi pîinea cu unt, ori fără unt? Cu gem, ori fără gem?
5. Cine bea cafea dimineaţa? Dar ceai? Beţi cafeaua/ceaiul cu lapte, ori fără lapte? Cu zahăr, ori fără zahăr?
6. Priviţi micul dejun din ilustraţie şi spuneţi ce mănîncă românii la micul dejun de obicei. Dar americanii?

Despre prînz   *About lunch*

Ask your instructor questions about his/her lunch, using the correct form of **a mînca** or **a bea.** Examples:

> Întrebaţi dacă mănînc prînzul acasă ori la cantină.
>
> Mîncaţi prînzul acasă, ori la cantină?

> Întrebaţi dacă beau uneori lapte la prînz.
>
> Beţi uneori lapte la prînz?

Întrebaţi dacă . . .

1. mănînc supă ori ciorbă la felul întîi.
2. mănînc întotdeauna felul doi. Dacă da, ce mănînc?
3. mănînc multă pîine în general. Dar carne?
4. prefer pîinea intermediară, ori franzela.
5. beau suc de morcovi. Dar suc de roşii?

Pronumele reflexiv impersonal se • The Impersonal Reflexive Pronoun se

Se plus the third person singular verb form may be used in Romanian when the subject is either indefinite or unspecified. **Se** corresponds to 'one,' 'it,' 'we,' 'they,' 'everybody' in English. Examples:

Se ştie că românii sînt ospitalieri.
$\begin{cases}\text{It is known that Romanians are hospitable.} \\ \text{One knows that Romanians are hospitable.} \\ \text{Everybody knows that Romanians are hospitable.}\end{cases}$

Înainte de masă se spune "Poftă bună."
$\begin{cases}\text{Before a meal we say "Poftă bună."} \\ \text{Before a meal "Poftă bună" is said.} \\ \text{Before a meal they say "Poftă bună."}\end{cases}$

As you can see, phrases with **se** can also be translated by a passive in English, although this translation often sounds awkward.

Stăm de vorbă   Let's Talk

What do you know about places to eat in Romania and in the United States? Show us your expertise by answering the questions below.

1. Unde se poate mînca la un preţ convenabil în România?
2. Ce se serveşte într-un restaurant lacto-vegetarian?
3. La ce oră se serveşte prînzul la cantină? Dar cina?

4. Ce se bea în general la prînz în America? Dar în România, ce se bea?

5. Ce spun românii înainte de masă? Dar după masă?

Imperativul: Persoana a doua plural • The Imperative: Second Person Plural

In Romanian, as in English, there are several ways to ask someone to do or not to do something, to give orders, or to make requests, with varying degrees of politeness. One of the ways is to use the imperative form. We turn first to the second person plural imperative. Examples:

Repetaţi!	Repeat!
Repetaţi vă rog!	Repeat, please!
Vă rog, nu veniţi tîrziu la clasă!	Please don't come late to class!

When addressing a group or a person (using **dumneavoastră**), the imperative verb forms are the same as the second person plural (affirmative or negative) of the present tense, used without the pronominal subject. Note that the imperative form of the verb **a fi** is **fiţi** (not **sînteţi**).

Fiţi amabil(ă)!	Be friendly! (sg.)
Fiţi amabili(e)!	Be friendly! (pl.)
Nu fiţi nepoliticoşi!	Don't be impolite!

Şi acum, la lucru   Let's Get to Work

Exerciţiul A: Doi copii nebunateci   *Two naughty children*

Ionel and Gigel are two naughty little boys. Here is a list of the kinds of things they do. Tell them how to correct their behavior. Example:

> Ei vin tîrziu la şcoală.
> Nu veniţi tîrziu la şcoală! Veniţi la timp!

> Nu spun "Bună ziua" cînd intră în clasă.
> Spuneţi "Bună ziua" cînd intraţi în clasă!

1. Sînt foarte nepoliticoşi cu profesorii şi colegii.
2. Nu aduc niciodată temele la timp.
3. Ei nu vor să meargă la tablă.
4. Ies din clasă înainte să iasă profesorul.
5. Nu merg direct acasă de la şcoală.
6. Pierd vremea într-un parc aproape.
7. Ei fug după toţi cîinii din cartier.
8. Nu ascultă nici de profesori nici de părinţi.
9. Ei fac întotdeauna numai ce vor.
10. Nu sînt niciodată disciplinaţi şi politicoşi.

Exerciţiul B: În bună formă fizică   *In good physical condition*

Make a list of ten recommendations for physical fitness a health teacher might give a class. Examples:

Faceţi gimnastică zilnic!	Exercise every day.
Nu mîncaţi prea mult!	Don't eat too much.

Adverbe şi adjective de cantitate • Adverbs and Adjectives of Quantity

Destul 'enough,' 'rather,' 'quite,' as you have seen in lesson 3, is invariable when used adverbially. For example:

E destul!   It's enough!

Am lucrat destul astăzi!   I've worked enough today!

Ai mîncat destul?   Did you eat enough?

When used as an adjective, however, **destul** agrees in gender and number with the modified noun and has the following four forms: **destul** (masculine/neuter singular), **destulă** (feminine singular), **destui** (masculine plural), and **destule** (feminine/neuter plural). Read and compare the following examples containing the various forms of **destul** as well as **prea mult** 'too much' and **prea puţin** 'too little.'

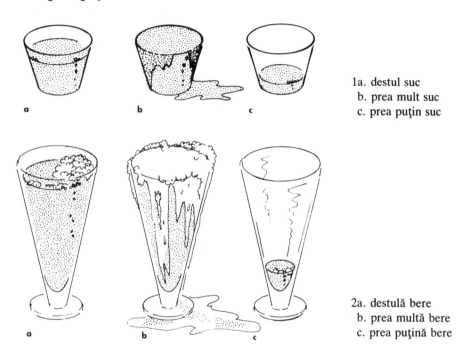

1a. destul suc
  b. prea mult suc
  c. prea puţin suc

2a. destulă bere
  b. prea multă bere
  c. prea puţină bere

Şi acum, la lucru   Let's Get to Work

Exerciţiul A: O mică petrecere   *A little party*

You and your roommate are planning to have a little party, so you are taking stock of your supplies. Follow the example.

> ştrudel
>
> Avem prea mult ori prea puţin ştrudel?
>
> Cred că avem destul.

1. ceai   2. sifon   3. suc de mere   4. lapte   5. caşcaval   6. salam de Sibiu

Exerciţiul B: Am fost la piaţă   *I was at the market*

The following people have all been out grocery shopping. When they arrive home, however, they find that they don't have enough of what they bought. With a classmate, make up exchanges for the persons and items below. Example:

(eu)/morcovi

| Am luat prea puţini morcovi. | I got too few carrots. |
| Foarte rău! Acum n-avem destui. | Too bad! Now we don't have enough. |

1. (eu)/castraveţi 2. (noi)/căpşuni 3. (Mama)/cartofi 4. (tu)/ardei 5. (voi)/struguri
6. (ei)/pepeni

Stăm de vorbă Let's Talk

La cofetărie *At the cafe*

Imagine that you are with a group of your friends at the **Cofetăria "Capşa"** in Bucharest. Have one student act as the waitress and the others choose items to order from lists a and b below. Use expressions of quantity. Sample dialogue:

Ospătarul:	Cu ce vă putem servi?
Clientul:	Aduceţi vă rog o cafea turcească şi un pahar de oranjadă.
Ospătarul:	Deci doriţi o cafea turcească şi un pahar de oranjadă. Mai doriţi ceva?
Clientul:	Da! Mai aduceţi şi o felie de prăjitură cu mere.
Ospătarul:	Atunci aduc şi o felie de prăjitură cu mere. Vin imediat!

a.	b.
1. cafea turcească	1. prăjitură cu mere
2. ceai cu lămîie	2. tort de ciocolată
3. oranjadă	3. prăjitură cu caise
4. limonadă	4. tort cu frişcă
5. apă minerală	5. îngheţată de vanilie

Pronumele demonstrativ plural • The Plural of the Demonstrative Pronoun

In lesson 2 you learned the demonstrative singular pronouns **acesta/acela** and **aceasta/aceea**. Their plural counterparts have the following forms in Romanian:

Masculine	*Feminine/Neuter*	*Translation*
aceştia	acestea	these
aceia	acelea	those

As you know, the demonstratives agree in gender and number with the noun(s) they refer to. Here are some examples of plural demonstrative pronouns.

Masculine plural:	Aceştia/Aceia sînt mititeii tăi.	These/Those are your spiced meat patties.
Feminine plural:	Acestea/Acelea sînt fripturile tale.	These/Those are your steaks.
Neuter plural:	Acestea/Acelea sînt paharele noastre.	These/Those are our glasses.

Adjectivul demonstrativ: • The Demonstrative Adjective:
Singular şi plural   Singular and Plural

Demonstrative adjectives, when placed after the noun, have the same forms as demonstrative pronouns. The difference between them is that while demonstrative adjectives accompany the noun, demonstrative pronouns replace it. Note that **acesta, aceasta, aceştia,** and **acestea** refer to nearer objects ('this,' 'these'); **acela, aceea, aceia,** and **acelea** refer to objects farther away ('that,' 'those'). Compare the following, noting that the demonstrative in the first of each pair of examples is used as an adjective, while in the second it acts as a pronoun.

Ardeiul acela e iute.	This green pepper is hot.
Acela nu e iute?	That one isn't hot?
Cafeaua aceasta e amară.	This coffee is bitter.
Aceea e foarte dulce.	That one is very sweet.
Strugurii aceia sînt proaspeţi.	Those grapes are fresh.
Aceştia nu sînt proaspeţi.	These are not fresh.
Merele acestea sînt delicioase.	These apples are delicious.
Cum sînt acelea?	How are those?

In everyday speech Romanians use the following abbreviated, colloquial forms of the demonstratives.

	Nearer Object ('this')		Farther Object ('that')	
Masculine/neuter singular	ăsta	(< acesta)	ăla	(< acela)
Feminine singular	asta	(< aceasta)	aia	(< aceea)
Masculine plural	ăştia	(< aceştia)	ăia	(< aceia)
Feminine/neuter plural	astea	(< acestea)	alea	(< acelea)

Examples:

Sucul ăsta e acru, dar ăla e bun.	This juice is sour, but that one is good.
Studenţii ăştia nu vin la curs.	These students don't come to class.
Apa asta e rece, dar aia e caldă.	This water is cold, but that one is warm.
Temele astea sînt bune, dar alea nu sînt.	These homework papers are good, but those are not.
Ce-i asta?	What's this?
Ce-i aia?	What's that?
astă seară	this evening

Şi acum, la lucru   Let's Get to Work

Exerciţiul A: Acesta, ori acela?   *This or that?*

Follow the model to ask questions using the cue words. Remember to use **acesta** or **acela** and the correct form of the verb. Examples:

> (dta.)/a sta/hotel
>
> (Dta.) stai la hotelul acesta, ori la acela?

1. (tu)/a locui/la cămin   2. (noi)/a mînca/la restaurant   3. (ei)/a sta/în apartament   4. (voi)/ a merge/la concert   5. Corina/a vedea/film

Exerciţiul B: Un mofturos   *A picky person*

Domnul Cusurgiul, a picky person, is eating at a restaurant. Nothing is ever quite right for him. What are his complaints? Example:

> farfurie/mare/mic
>
> Farfuria aceasta e prea mare şi aceea e prea mică.

1. ţuică/tare/slab   2. supă/rece/fierbinte   3. ciorbă/acru/condimentat   4. friptură/sărat/ nesărat   5. cafea/dulce/amar   6. apă/rece/cald

Exerciţiul C

You're a bit picky at times yourself, and would like to know some things before you try a food. Ask questions and have a classmate answer them. Example:

> iuţi/ardei
>
> Sînt iuţi ardeii aceştia?
>
> Nu, aceia sînt iuţi.

1. proaspeţi/castraveţii   2. condimentaţi/mititeii   3. dulci/strugurii 4.   reci/pepenii
5. fripţi/cartofii   6. gustoşi/morcovii

Stăm de vorbă   Let's Talk

O fetiţă curioasă   *A curious little girl*

Little Puşa is curious about everything she sees. Here is her mother's kitchen. Using the picture and the list that follows it, ask questions for Puşa and give her mother's answers. Remember to use the correct demonstrative pronoun (**ăsta, ăia, asta, aia**) for each object. Example:

> Ce-i asta? }
> Asta-i o sobă. }   ori   { Ce-i aia?
>   { Aia-i o sobă.

1. o sobă (f.)   2. un cuptor (n.)   3. o oală (f.)   4. o tigaie (f.)   5. maşină de spălat vasele (f.) 6.   o cratiţă (f.)   7. un prăjitor (n.)   8. o chiuvetă (f.)   9. un frigider (n.)   10. un congelator (n.)

Reţineţi Remember		
a spăla 'to wash'	*a şterge 'to dry'*	*a pune 'to put, to set'*
spăl	şterg	pun
speli	ştergi	pui
spală (să spele)	şterge (să şteargă)	pune (să pună)
spălăm	ştergem	punem
spălaţi	ştergeţi	puneţi
spală (să spele)	şterg (să şteargă)	pun (să pună)

The past participles are **spălat, şters,** and **pus.** Practice forming the **perfectul compus** with them.

Common expressions using these three verbs include **a spăla vasele** 'to wash the dishes,' **a şterge vasele** 'to dry the dishes,' and **a pune masa** 'to set the table.'

Cine ajută? Who is helping?

Your mother is preparing a big holiday dinner and needs as many helpers as she can get. Play her role using the cue words. Ask others in your class if they can help. They all accept with pleasure. Be sure to give the correct forms of the verb and of the noun preceding the demonstrative. Example:

> poţi/a spăla/tu/vase
> Poţi să speli tu vasele astea (alea)?
> Sigur că da! Cu plăcere.

1. poţi/a spăla/tu/cratiţe   2. puteţi/a spăla/voi/tigăi   3. putem/a spăla/noi/oale   4. pot/a spăla/eu/cuţite   5. vrei/a şterge/tu/farfurii   6. vreţi/a şterge/voi/pahare   7. poţi/a pune/tu/pe masă/şerveţele

În bucătărie In the kitchen

Look at the kitchen pictured in the exercise "**O fetiţă curioasă**" and answer the following questions:

1. Este o bucătărie mare, ori mică?
2. Credeţi că e o bucătărie modernă? De ce da? De ce nu?
3. E curată, ori e murdară bucătăria aceasta?
4. E ordine în dulapuri? Ce vedeţi în ele? Dar pe masă?
5. Unde e maşina de spălat vasele? Dar soba?
6. Ce vedeţi pe sobă? Dar în cuptor?
7. Este o chiuvetă în bucătărie? Sînt vase murdare în chiuvetă?
8. Unde este frigiderul? Ce vedeţi în frigider?
9. La dumneavoastră acasă, cine face mîncare? Cine pune masa? Cine spală vasele?

Jurnal

After a dinner Amelia had in a restaurant with some friends, she wrote her impressions in her diary. Here is what she had to say.

Note după cină   *After-dinner notes*

A lua masa într-un restaurant românesc este nu numai <u>o experienţă</u> plăcută dar şi o experienţă culturală. O experienţă plăcută <u>pentru că</u> <u>bucătăria românească</u> este <u>rafinată</u> şi foarte <u>variată.</u> O experienţă culturală, pentru că restaurantele româneşti sînt diferite din multe <u>puncte de vedere</u> de restaurantele americane. <u>Să presupunem,</u> de exemplu, că luăm masa la un restaurant împreună. Ce observăm <u>de la început</u>? Orchestra şi lumea care dansează. Deci, <u>ambianţa</u> plăcută în care se serveşte cina.

    Luăm loc la masă. Nu sînt pahare cu apă cu <u>gheaţă</u> la masă? Adevărat, nu sînt! Dar, dacă observaţi atent, vedeţi că lîngă masă este <u>o frapieră</u> cu o sticlă de apă minerală. Dar <u>ceştile</u> de cafea unde sînt? Aveţi răbdare! Cafeaua se serveşte la sfîrşit, cu desertul. Sînteţi <u>surprins</u>(ă) că nu vedeţi "ketchup" pe masă? <u>Aşa ceva</u> nu se serveşte într-un restaurant elegant.

experience

because/Romanian cuisine
refined/varied

viewpoints
let's suppose

from the beginning
ambience

ice

ice bucket
cups

surprised
something like that

8.3   One of the many restaurants with a Romanian flavor

Interesant! Dar de ce nu vine ospătarul?
<u>Din nou,</u> aveţi răbdare! Aici e bine să aveţi   *again*
răbdare. Iată că, în sfîrşit, vine. E tînărul cu
<u>jachetă</u> albă care vine spre masa noastră. Aduce   *jacket*
<u>meniul</u> şi întreabă politicos: "Cu ce vă putem   *menu*
servi?"

Acum putem alege ce dorim. Vreţi să
mîncaţi salata mai întîi? Trebuie să
aşteptaţi! În România salata se serveşte, de
obicei, cu felul doi. Apoi, la sfîrşit e bine <u>să daţi</u>   *to give*
un mic <u>bacşiş</u> la ospătar. <u>Eu sper</u> să petreceţi   *tip/I hope*
o seară plăcută. Deci, "Poftă bună!"

Aţi înţeles?   Did You Understand?

Based on the information provided in this text, indicate whether the following statements are true or false. If the statement is true you may say **e adevărat** or **sînt de acord.** If the statement is false, rephrase it to make it true.

1. Bucătăria românească e diferită de bucătăria americană.
2. În restaurantele româneşti sînt de obicei orchestre, dar nu se poate dansa.
3. În România se serveşte întotdeauna apă cu gheaţă la masă.
4. În America salata se mănîncă la început, în România salata se mănîncă cu felul doi.
5. În restaurantele româneşti se dă întotdeauna bacşiş la ospătar.
6. Înainte de masă românii spun de obicei "Să vă fie de bine."

Un restaurant american   An American restaurant

Individually or in a group prepare a description of an American restaurant and then present it to the class. If you wish, you may use a picture from a magazine to illustrate your presentation.

Vocabular

Substantive

Masculine

client(i)   *(male) customer*
ospătar(i)   *waiter*

Feminine

ambianţă (e)   *ambiance*
băutură (i)   *drink*
bucată (bucăţi)   *piece*
bucătărie (i)   *kitchen, cuisine*
cafea (cafele)   *coffee*
ceaşcă (ceşti)   *cup*

chiuvetă (e)   *sink*
cină (e)   *dinner*
ciorbă (e)   *sour soup*
clientă (e)   *(female) customer*
cratiţă (e)   *saucepan*
experienţă (e)   *experience*
farfurie (i)   *plate*
  ~ **de supă**   *soup bowl*
faţă de masă   *tablecloth*
felie (i)   *slice*
frapieră (e)   *ice bucket*
friptură (i)   *roast meat*
furculiţă (e)   *fork*
garnitură (i)   *side dish*

gheaţă *ice*

grătar(e) *grilled meat*

îngheţată (e) *ice cream*

jachetă (e) *jacket*

lingură (i) *spoon*

linguriţă (e) *teaspoon*

oală (e) *pot*

omletă (e) *omelette*

ospătară (e) *waitress*

prăjitură (i) *pastry*

sobă (e) *stove*

solniţă (e) *salt shaker*

supă (e) *soup*

tavă (tăvi) *tray*

tigaie (tigăi) *frying pan*

tocană (e) *stew*

Neuter

aperitiv(e) *appetizer, hors d'oeuvre*

bacşiş(uri) *tip*

cuptor (oare) *oven*

cuţit(e) *knife*

desert(uri) *dessert*

fel(uri) *type, kind*

frigider(e) *refrigerator*

pahar(e) *glass*

prăjitor (oare) *toaster*

prînz(uri) *lunch*

sifon (oane) *soda*

suc(uri) *juice*

şerveţel(e) *napkin*

tort(uri) *cake*

vin(uri) *wine*

Verbe

a alege (ales) *to choose*

a bea (băut) *to drink*

a cînta *to sing*

a da *to give*

a începe (început) *to begin*

a întreba *to ask*

a lua *to take, get*

a mînca *to eat*

a privi (esc) *to look at*

a pune (pus) *to put, set*

a spăla *to wash*

a spera *to hope*

a şterge (şters) *to dry, erase*

a vrea (vrut) *to want, wish*

Adjective

4 terminaţii

acru *sour*

alb *white*

amar *bitter*

cald (calzi), caldă (e) *warm*

condimentat *spicy*

deprimat *depressed*

mofturos (şi), mofturoasă (e) *picky, choosy*

negru (negri), neagră (negre) *black*

nepoliticos (şi), nepoliticoasă (e) *impolite*

nesărat *unsalted*

ospitalier *hospitable*

politicos (şi), politicoasă (e) *polite*

prăjit *fried*

rafinat *refined*

sărat *salted*

slab *weak, lean*

3 terminaţii

roşu, roşie (roşii) *red*

sec, seacă (seci) *dry*

2 terminaţii

dulce (dulci) *sweet*

fierbinte (fierbinţi) *hot*

moale (moi) *soft*

rece (reci) *cold*

tare (tari) *strong*

Adverbe

cam *rather*

din nou *again*

în apropiere *close, nearby*

la început *at the beginning*

la sfîrşit *at the end*

prin apropiere *somewhere nearby*

Expresii

bucătărie românească *Romanian cuisine*

felul doi *main course*

felul întîi *first course*

a lua masa *to eat, have a meal*

maşină de spălat vasele *dishwasher*

micul dejun *breakfast*

mulţumesc pentru masă *thank you for the meal*

pîine prăjită *toast*

poftă bună *bon appetit*

a pune masa *to set the table*

să presupunem *let's suppose*

să vă fie de bine *we hope you enjoyed it*

a spăla vasele *to wash the dishes*

9

Cum e vremea?

Dialog

Iarna la munte

E 2 <u>februarie.</u> Sîntem la Sinaia. Ieri <u>a fost frig</u>
şi <u>a nins</u> mult. Astăzi munţii sînt <u>acoperiţi</u> cu
<u>zăpadă</u>, <u>e senin</u> şi <u>ger</u>. <u>Vreme</u> splendidă pentru
schi. <u>Toţi schiorii</u> sînt <u>sus</u> pe <u>pistă</u>, iar <u>printre ei</u>
vedem şi pe Radu cu Anda. Uite ce bine <u>schiază</u>
<u>amîndoi!</u> <u>Deodată</u> Anda <u>cade</u> în zăpada şi
<u>toţi rîd.</u> Rîde şi ea, dar fără <u>convingere.</u> În
sfîrşit, iată că au <u>ajuns jos.</u>

Radu: Eh, cum a fost?
Anda: Cum să fie? N-ai văzut?
Radu: Ai căzut ca o stea!
Anda: Mulţumesc. Astăzi am căzut eu, mîine
o să cazi tu!
Radu: Eu? Nu există! Eu sînt schior bun!
Anda: Şi modest!

Vara la mare

Iată <u>Marea Neagră</u>. Sîntem la Mamaia. Ieri a
fost <u>vînt</u>, <u>a plouat</u> şi marea a fost <u>agitată</u>, dar
astăzi e cald şi <u>frumos.</u> Marea e calmă şi <u>nisipul</u>
e fierbinte. <u>Pe plajă</u>, grupuri de studenţi şi
studente <u>joacă volei.</u> Alţii <u>înoată</u>, dar
majoritatea <u>fac plajă</u> şi stau de vorbă. Unii
joacă <u>table</u>, alţii joacă <u>şah</u> ori <u>cărţi.</u> Corina şi
Amelia <u>culeg scoici</u> de pe <u>ţărm.</u> Dar iată că vine
spre ele un tînăr foarte <u>bronzat.</u> El întreabă
politicos:

Tînărul: Do you speak English?
Corina: No.
Tînărul: Sprechen Sie Deutsch?

Winter in the Mountains

February/it was cold
it snowed/covered
snow/it is clear/freezing/weather
all skiers/up/slope/among them
ski
both/suddenly/falls
everyone laughs/conviction
have reached the bottom (lit. have arrived down)

Well, how was it?
How was it? Didn't you see?
You fell like a star!
*Thanks. Today I fell, tomorrow you'll fall
(yourself)!*
Me? Impossible! I'm a good skier!
And so modest!

Summer at the Seashore

Black Sea
windy/it rained/choppy
beautiful/sand
on the beach
are playing volleyball/swim
are sunbathing
backgammon/chess/cards
are collecting shells/shore
tanned

Do you speak German?

Amelia:	Nein.	*No.*
Tînărul:	Parlez-vous français?	*Do you speak French?*
Corina:	Non.	*No.*
Tînărul:	Păcat! Alte limbi străine nu ştiu.	*Too bad! I don't know [any] other foreign languages.*
Corina:	Atunci de ce nu vorbeşti româneşte?	*Then why don't you speak Romanian?*

Aţi înţeles?   Did You Understand?

Answer the following questions based on the information in the text and dialogue.

1. Unde petrec Radu şi Anda vacanţa de iarnă?
2. Cum a fost vremea la Sinaia ieri? Cum e vremea astăzi?
3. Cine sînt pe pista de schi?
4. Cum schiază Radu şi Anda? Cine cade?
5. Ce spune Radu? Ce răspunde Anda?
6. Unde petrec Amelia şi Corina vacanţa de vară?
7. Cum e vremea la mare vara?
8. Cum petrec tinerii vremea pe plajă?
9. Dar Corina şi Amelia, ce fac?
10. Cu cine vorbesc ele?

Cultură/Civilizaţie

Clima în România • The Climate of Romania

Romania, situated halfway between the equator and the North Pole, has a temperate climate with four seasons. It does not have the extreme temperature variations found on the North American continent, although temperatures do vary within the country and from season to season.

The Black Sea and the Danube delta regions enjoy five months (May through September) of warm and sunny weather. Winters are usually snowy, cold, and very windy. Summer weather at the Black Sea coast varies little. Four out of five days are sunny, and the sea is calm and pleasant.

The plains usually have hot dry summers and severe winters that are especially windy because of the **Crivăţ,** a strong wind that blows from the east. The mountain areas, protected from this wind, have mild winters and cool, pleasant summers.

Average winter temperatures are in the -3° C (27° F) range. Summer temperatures tend to stay between 22° C and 24° C (72° F–75° F). There may, of course, be some unusually cold or unusually hot days.

Vacanţe la munte, la mare • Vacations at the Mountains, at the Sea

Vacations play an important role in people's lives in Romania; in fact, they are usually the highlight of the year. Romania offers a unique variety of landscapes, from the Carpathian Mountains to the Black Sea and the Danube Delta, and nothing is too far away.

Valea Prahovei, the Prahova Valley, not too far from Bucharest, is one of the most popular mountain resort areas in Romania. **Munţii Carpaţi,** the Carpathian Mountains, with their evergreen forests, mountain rivers, waterfalls, glacial lakes, picturesque valleys, and rocky gorges, attract many people in both summer and winter.

9.1 The "Babele" rock formation in the central Carpathians

9.2 Enjoying Romanian ski slopes in Predeal

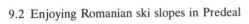

9.3   Fishing in the Danube delta

The most popular vacation spot in the summer in Romania is the Black Sea—**Marea Neagră.** The approximately 245 kilometers of seashore, called **litoral,** has many resort towns, for example, **Mamaia, Eforie,** and **Mangalia,** located north and south of **Constanţa.**

Nature lovers from Romania and from all over Europe are also attracted to the large natural preserves of the Danube Delta, **Delta Dunării.** The delta is covered with luxuriant vegetation that offers shelter to more than 300 species of birds, including large flocks of pelicans. Its reed-covered waters also provide a habitat for more than sixty species of fish.

Structuri şi vocabular

Lunile şi anotimpurile • Months and Seasons

Listed below are the Romanian names of the months and the seasons. Note that month names are not capitalized in Romanian. Remember also that the months are masculine while the seasons are feminine.

Lunile anului		*Months of the Year*	
ianuarie	aprilie	iulie	octombrie
februarie	mai	august	noiembrie
martie	iunie	septembrie	decembrie

Anotimpurile		*Seasons*	
primăvară	spring	toamnă	autumn, fall
vară	summer	iarnă	winter

To ask for the date, Romanians say:

Care-i data de astăzi? }
În cîte sîntem astăzi? }   What is the date today?

Astăzi e 15 martie.   Today is March 15.

Sîntem în 9 noiembrie.   It's November 9.

As you can see from the examples above, the day precedes the month in Romanian. This is the same as American military usage with dates, but it differs from ordinary speech and business usage.

When referring to the first day of the month, Romanians frequently use the form **întîi** 'first' instead of **unu.**

E întîi aprilie.   It's the first of April.

Astăzi e întîi martie.   Today is March first.

When refering to the second, twelfth and twenty-second days of the month, **două** is used instead of **doi.**

E două martie.   It's March second.

E douăsprezece aprilie.   It's April twelfth.

E douăzeci și două mai.   It's May twenty-second.

To indicate that an event will take place next season the preposition **la** plus the season is commonly used. Examples:

Ce faceți la vară?   What are you doing next summer?

La vară mergem în Europa.   Next summer we'll go to Europe.

Și acum, la lucru   Let's Get to Work

Exercițiul A

Repetați:

ianuarie	mai	septembrie
februarie	iunie	octombrie
martie	iulie	noiembrie
aprilie	august	decembrie

Exercițiul B

Răspundeți la întrebări:

1. Cîte anotimpuri are un an?
2. Care sînt lunile de iarnă? Dar de vară?
3. Care sînt lunile de primăvară? Dar de toamnă?
4. În ce lună sîntem acum?
5. În ce lună avem vacanța de iarnă? Dar de primăvară?
6. Cînd au studenții vacanța de vară?

Exercițiul C

With another student, practice asking what the date is today, using one of the two ways indicated. Answer with the dates listed. Become familiar with asking and giving the date in both possible ways. Then switch roles. Examples:

Care-i data de astăzi? (Astăzi) e întîi ianuarie.
În cîte sîntem astăzi? (Astăzi) sîntem în întîi ianuarie.

1. 1 februarie 2. 1 aprilie 3. 15 iunie 4. 31 august 5. 2 martie 6. 27 mai 7. 1 iulie
8. 16 noiembrie

Exercițiul D

Continue asking and answering what today's date is using the dates listed below. Remember that in Romanian the day is written first, then the month.

1. 20/1 2. 4/9 3. 1/12 4. 18/3 5. 7/10 6. 9/6 7. 28/2 8. 22/7

Stăm de vorbă Let's Talk

Ziua de naştere *Birthdays*

Complete the following sentences. Feel free to make up birthdays in order to practice dates.

1. Ziua mea (de naştere) e la . . .
2. Mama are ziua de naştere la . . .
3. Tata are ziua de naştere la . . .
4. Fratele meu are ziua de naştere la . . .
5. Sora mea are ziua de naştere la . . .

Sfîntul Nicolae *Saint Nicholas*

Read and translate the following text, then ask your classmates questions about it.

La 6 decembrie românii <u>sărbătoresc</u> Sfîntul	*celebrate*
Nicolae, un <u>sfînt</u> foarte <u>iubit</u> de copii. E natural,	*saint/loved*
pentru că el e considerat <u>protectorul</u> lor. <u>Aşa că</u>	*protector/so that*
în seara de 5 decembrie copiii pun <u>ghetele</u> în	*boots*
fereastră. <u>In poveşti</u> se spune că în noaptea	*in the stories*
aceasta "Moş Nicolae" trece pe la toate casele.	
Dacă copiii au fost <u>cuminţi</u> el pune în ghete mici	*well-behaved, good*
<u>cadouri</u> pentru ei. Dar dacă copiii n-au fost	*presents*
cuminţi, el lasă de obicei şi o mică <u>scrisoare</u>	*letter*
în care explică de ce e important să fie cuminţi	
<u>de acum încolo.</u> Am pus şi eu ghetele în fereastră	*from now on*
dar <u>n-am primit</u> nimic! Acum sînt sigur(ă) că nu	*I didn't receive*
mai sînt copil.	

Vremea • The Weather

To inquire about the weather, Romanians commonly use the following expressions:

Cum e vremea? What's the weather like?
Cum e afară? What's it like outside?

To describe weather conditions, the third person singular of the verb **a fi** is used. Exceptions are **a ploua** 'to rain' and **a ninge** 'to snow.' These verbs are used only in the impersonal sense: **plouă** 'it's raining' or **ninge** 'it's snowing.' Here is a list of the most common weather expressions. Study these expressions.

e frumos	it's nice (outside)	e răcoare	it's cool
e urît	the weather is bad	e cald	it's hot
e frig	it's cold	e soare	it's sunny
e vînt	it's windy	e ceaţă	it's foggy

e înnorat	it's cloudy	e brumă	there's frost
e grindină	it's hailing	e zăpadă	there's snow on the ground
e ger	it's freezing	e viscol	there's a blizzard
e înghet	it's icy	e furtună	there's a storm
e lunecuș	it's slippery	e (cer) senin	the skies are clear

plouă	it's raining	ninge	it's snowing
o să plouă	it will rain	o să ningă	it will snow
a plouat	it rained	a nins	it snowed

As you can see, weather expressions in Romanian are comparable to those used in English. All have an impersonal subject; adjectives are in the neuter singular. But when **vreme(a)** is the subject, the weather expression takes a feminine singular adjective. Examples:

Ce vreme frumoasă!   What beautiful weather!

A fost vreme urîtă ieri.   It was bad weather yesterday.

Şi acum, la lucru   Let's Get to Work

Exercițiul A

Look at the illustrations. Identify the season first, and then describe the weather conditions in it. Example:

    E iarnă.

    În general iarna e frig, ninge, etc.

Exercițiul B: Cum a fost vremea la mare? *How was the weather at the seashore?*

Doamna Popescu was lucky to have had a vacation at the **Marea Neagră**. Here she is giving a blow-by-blow account of the weather there to her neighbor. Tell her story using the cue words provided. Example:

> la început/a fi cam frig
>
> La început a fost cam frig.

1. dar apoi/a fi plăcut   2. dimineața și seara/a fi răcoare   3. ziua în general/a fi cald   4. două zile/a fi înnorat   5. a ploua/numai o zi   6. deci în general/a fi soare și frumos

Exercițiul C: Ce vreme mizerabilă! *What miserable weather!*

If you think the weather was bad today, just wait! Use the cue words to describe the weather that's expected tomorrow. Examples:

> a ploua/astăzi   O să plouă astăzi.
>
> a fi ceață/dimineața   O să fie ceață dimineața.

1. a ninge/în noaptea asta   2. a fi ger și zăpadă/mîine   3. a fi îngheț și lunecuș/dimineața
4. a fi viscol/la noapte   5. a fi frig și urît/în general

Stăm de vorbă   Let's Talk

Despre vreme   *About the weather*

What is the weather like where you live? Answer the following questions or use them in a conversation with one of your classmates.

1. Cum e vremea astăzi?
2. Cum a fost vremea ieri?
3. Cum o să fie vremea mîine?
4. Cum e vremea vara în regiunea [region] unde locuiți?
5. Și cum e vremea iarna în general?
6. Plouă mult în regiunea aceasta?
7. Care este anotimpul dv. preferat? De ce?

Sporturi și activități în aer liber • Sports and Outdoor Activities

There are various ways of talking about sports activities in Romanian. As in English, different verbs are used with particular sports or recreational activities. In Romanian these verbs fall into three distinct groups.

First are expressions with **a merge** and a **face.** These are used primarily with individual recreational activities and sports. Use the expressions and the continuum below to ask other students in the class about their outdoor activities. Examples:

> a merge la patinaj   to go skating
>
> Mergi des la patinaj iarna?   Do you often go skating in the winter?
>
> a face plaja   to sunbathe
>
> Faci uneori plajă primăvara?   Do you sunbathe sometimes in the spring?

Be sure to use all the seasons to get the most out of your practice.

| des | uneori | din cînd în cînd | nu . . . niciodată |

a merge la	ştrand	(a general term for any swimming area)
	piscină	swimming pool
	plajă	beach
	schi	skiing
	patinaj	skating
	săniuş	sledding
	vînătoare	hunting
	pescuit	fishing

a face	gimnastică	gymnastics
	canotaj	canoeing
	alpinism	mountain climbing
	plajă	to sunbathe
	atletism	track and field
	excursii	excursions, outings
	un om de zăpada	a snowman

The verb **a juca** 'to play' is used with team sports (**sporturi de echipă**) or with games in general. Repeat the forms of this verb, as well as the sports-related terms, then ask your classmates if they play these sports or games. Example:

Joci fotbal? Unde? Cînd?

Verb	*Sport*		*Sports-Related Terms*
a juca to play	fotbal	soccer	echipă de team of
joc	baschet	basketball	
joci	volei	volleyball	
joacă (să joace)	hochei	hockey	pe stadion in the stadium
jucăm	rugbi	rugby	
jucați	handbal	handball	la complexul sportiv at the gym
joacă (să joace)	tenis	tennis	pe terenul de tenis on the tennis court
am jucat	ping-pong	ping-pong	
jucător(i) de player (m.) of	şah	chess	meci(uri) de match of
jucatoare de player (f.) of	table	backgammon	
	cărţi	cards	
	popice	bowling	

Other activities are indicated by specific verbs such as those presented below. Study these verbs and then tell us if you engage in these sports and how well you do them—**foarte bine, bine, destul de bine, rău,** or, if you don't play them at all, **nu . . . deloc** 'not at all.' Example:

Eu înot foarte bine.   *ori*   Eu nu înot deloc.

a înota to swim	*a schia(ez) to ski*	*a patina(ez) to skate*
înot	schiez	patinez
înoţi	schiezi	patinezi
înoată (să înoate)	schiază (să schieze)	patinează (să patineze)
înotăm	schiem	patinăm
înotaţi	schiaţi	patinaţi
înoată (să înoate)	schiază (să schieze)	patinează (să patineze)
am înotat	am schiat	am patinat
înotător(i) swimmer (m.)	schior(i) skier (m.)	patinator(i) skater (m.)
înotătoare swimmer (f.)	schioare skier (f.)	patinatoare skater (f.)

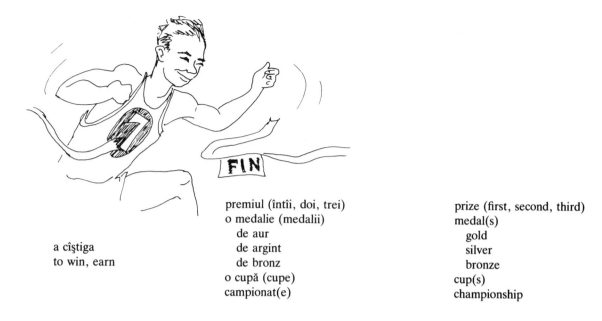

a cîştiga
to win, earn
	premiul (întîi, doi, trei)
	o medalie (medalii)
	  de aur
	  de argint
	  de bronz
	o cupă (cupe)
	campionat(e)
		prize (first, second, third)
		medal(s)
		  gold
		  silver
		  bronze
		cup(s)
		championship

Şi acum, la lucru   Let's Get to Work

Exerciţiul A

Mention the name of a sports celebrity, and ask your classmates what that person's sport is. Example:

> Ilie Năstase
>
> Ce sport face Ilie Năstase?
>
> El joacă tenis.

Try to come up with celebrities in at least five different sports (the celebrities don't have to be Romanian!).

Exerciţiul B

Choose a well-known sports figure from the past and assume his or her identity. Your classmates will ask you questions about your sport and the prizes you won so as to identify you. The person who guesses your identity becomes the next leader. Example:

> (Mary Lou Retton)

Ai jucat tenis?	Nu, n-am jucat tenis.
Ai patinat?	Nu, n-am patinat.
Ai făcut gimnastică?	Da, am făcut gimnastică.
Eşti Nadia Comăneci?	Nu, nu sînt Nadia Comăneci.
Eşti Mary Lou Retton?	Da, sînt Mary Lou Retton!

Exerciţiul C

Form groups with other students and choose one of the six categories of sports to question your fellow group members about. Once you receive an answer to your first question, continue with questions a through d about the sport.

> 1. Cine joacă tenis?   şah/table/ping-pong/popice
>   a. Unde joci. . . ?
>   b. Cu cine joci. . . ?

    c. Cîştigi ori pierzi în general?

    d. Vrei să jucăm . . . împreună?

  2. Cine joacă baschet?   fotbal/volei/hochei/handbal

    a. Unde joci şah?

    b. Joci bine. . . ?

    c. Aveţi jucători buni în echipă?

    d. Ai o echipă de . . . favorită? Care este?

  3. Cine schiază?   patinează

    a. Unde schiezi/patinezi?

    b. Cînd. . . ?

    c. Ai schiuri bune? Dar patine?

    d. Cazi uneori cînd. . . ?

  4. Cine înoată?

    a. Este o piscină aproape?

    b. Înoţi bine? Cînd înoţi?

    c. Cine este un înotător american celebru?

    d. Dar o înotătoare? Ce premii a cîştigat?

  5. Cine merge la meciuri de fotbal?   la săniuş/la pescuit/la vînătoare

    a. Cînd mergi la. . . ?

    b. Unde mergi la. . . ?

    c. Mergi singur(ă) ori cu cineva?

    d. Vrei să mergem împreună la meciuri?

Conjunctiv prezent: Verbe în -i (esc), -î (ăsc) • The Present Subjunctive: Verbs in -i (esc), -î (ăsc)

As we have already seen (lesson 7), the present subjunctive differs from the present indicative only in the third person for verbs ending in **-a** and **-e**. This is also true for verbs ending in **-i** (**esc**) and **-î** (**ăsc**). Compare the following examples:

a vorbi *to speak, to talk*		*a hotărî* *to decide*	
Present Indicative	*Present Subjunctive*	*Present Indicative*	*Present Subjunctive*
vorbesc	(trebuie) să vorbesc	hotărăsc	(trebuie) să hotărăsc
vorbeşti	să vorbeşti	hotărăşti	să hotărăşti
vorbeşte	să vorbească	hotărăşte	să hotărască
vorbim	să vorbim	hotărîm	să hotărîm
vorbiţi	să vorbiţi	hotărîţi	să hotărîţi
vorbesc	să vorbească	hotărăsc	să hotărască

When comparing the third person singular and plural present indicative and present subjunctive verb forms, note two points:

    1. The changes in the endings follow the basic flip-flop rule that we applied in lesson 7 to the verbs in **-a** and **-e**. The third person singular ending **-ă** changes to **-e**, and **-e** changes to **-ă**.

    2. The **-eşte**, **-ăşte** and **-esc-**, **-ăsc-** suffixes and infixes in the present indicative have, as a corresponding form, either **-ească** or **-ască** in the present subjunctive. See the two verbs above for examples.

Reţineţi *Remember*

a vorbi				
	româneşte	=	româna	Romanian
	englezeşte	=	engleza	English
	franţuzeşte	=	franceza	French
	nemţeşte	=	germana	German
	italieneşte	=	italiana	Italian
	ruseşte	=	rusa	Russian

Şi acum, la lucru   Let's Get to Work

Exerciţiul A: Limbi străine   *Foreign languages*

Insert the correct verb form in the following sentences to make statements about the people mentioned. Example:

    eu/puţin româneşte

    Eu vorbesc puţin româneşte.

1. tu/foarte bine româneşte 2. Amelia/englezeşte şi româneşte 3. noi/destul de bine franţuzeşte 4. dta./excelent nemţeşte 5. Emil şi Tatiana/fluent ruseşte 6. Iulia/perfect italieneşte

Exerciţiul B

The Romanian instructors are taking a coffee break together, and this is what your instructor has to say. Reformulate his/her statements by using the correct form of **a putea** plus the subjunctive of **a vorbi.** Example:

    Avem studenţi care vorbesc binişor.

    Avem studenţi care pot să vorbească binişor româneşte.

   1. Studenţii vorbesc în general corect.
   2. Unii vorbesc destul de bine.
   3. Alţii vorbesc numai puţin.
   4. Sînt şi studenţi care vorbesc repede şi bine.
   5. Avem două fete care vorbesc excelent.

Exerciţiul C: Planuri de Revelion   *Plans for New Year's Eve*

A group of Romanian students are talking about various people's plans for New Year's Eve. Replace the infinitive given with the appropriate subjunctive. Example:

    Doina şi Nicoleta vor/a sărbători/revelionul împreună

    Doina şi Nicoleta vor să sărbătorească revelionul împreună.

1. Nicoleta poate/a vorbi/şi cu alţi colegi 2. ele trebuie/a hotărî/pe cine invită la petrecere 3. fetele doresc/a servi/gustări şi prăjituri 4. Doina trebuie/a găsi/nişte discuri noi şi bune

Stăm de vorbă   Let's Talk

Cum vorbim?   *How do we speak?*

Here is your chance to express your opinion about your Romanian class—in Romanian, of course! Choose one or two of the adverbs from the list below to complete the following statements.

atent	cursiv (fluently)	mult	rar (slowly)
bine	fluent	neatent	rău
clar	incorect	neclar	repede
corect	încet (slowly, softly)	puţin	tare (loudly)

Example:

În clasa de română noi vorbim româneşte clar şi atent.

1. Ieri studenţii au vorbit . . .
2. Profesorul nostru vorbeşte . . .
3. La examen unii studenţi au vorbit . . .
4. Ieri în clasă eu am vorbit . . .
5. Am un coleg care vorbeşte . . .
6. Cînd sînt cu prietenii mei vorbim . . .

Vorbiţi româneşte? *Do you speak Romanian?*

Do you speak Romanian? Of course you do! Answer the questions below or use them to interview another student in your class.

1. Vorbiţi româneşte? Dar englezeşte?
2. Dar colegii dumneavoastră vorbesc româneşte?
3. Cine vorbeşte fluent româneşte în clasă?
4. Vorbiţi româneşte cu plăcere? Unde vorbiţi româneşte de obicei?
5. Vorbiţi adeseori româneşte? Cînd vorbiţi? Cu cine?
6. Acasă, vorbiţi româneşte ori englezeşte?
7. Credeţi că eu vorbesc bine româneşte? Dar englezeşte?
8. Vorbesc uneori prea repede româneşte, ori prea încet?
9. Sînteţi uneori intimidat(ă) cînd vorbiţi româneşte?

Viitorul • The Future Tense

There are three different ways to express the future in Romanian.

1. By using **o** plus the present subjunctive:

o să vin	I will/shall come	o să venim	we will/shall come
o să vii	you (sg.) will come	o să veniţi	you (pl.) will come
o să vină	he/she/it will come	o să vină	they will come

2. By using the present tense of **a avea** plus the present subjunctive:

am să vin	avem să venim
ai să vii	aveţi să veniţi
are să vină	au să vină

3. By using a special auxiliary verb plus the infinitive without **a**:

voi veni	vom veni
vei veni	veţi veni
va veni	vor veni

The first pattern (**o** plus the present subjunctive) is a very frequently used future tense form in spoken Romanian. In the negative, **nu** + **o să** often becomes **n-o să.** For example:

(Eu) o să vorbesc cu profesorul.   I will speak with the professor.

(Tu) o să fii acasă după masă?   Will you be home in the afternoon?

(Noi) n-o să avem timp să venim.   We will not have time to come.

The future tense formed with **a avea** plus the present subjunctive is also commonly used in everyday, colloquial Romanian. Remember, however, that Romanians use the first three persons singular more frequently than the other forms of this type of future tense. For example:

(Eu) am să hotărăsc mîine.	I will decide tomorrow.
(Tu) ai să aştepţi la hotel?	Will you wait at the hotel?
(El) n-are să vină.	He will not come.

Less common would be, for example, **au să vorbească** 'they will speak.'

The future tense expressed with the special auxiliary verb **voi, vei, va,** etc., plus the infinitive is considered a literary form. It is more formal and occurs most often in writing. Examples:

(Eu) voi merge în România la vară.	I will go to Romania next summer.
(Voi/Dv.) veţi petrece vacanţa la mare?	You will spend your vacation at the seashore?
Prietenii mei nu vor lucra sîmbătă.	My friends will not work on Saturday.

The most common adverbs and adverbial expressions of time used with the future tense are:

mîine	tomorrow	luna viitoare	next month
poimîine	the day after tomorrow	săptămîna viitoare	next week
(în) curînd	soon	vara viitoare	next summer
în viitor	in the future	toamna viitoare (and other seasons)	next fall
anul viitor/la anul	next year	vacanţa viitoare	next vacation
semestrul viitor	next semester	data viitoare	next time
trimestrul viitor	next quarter (trimester)	lunea viitoare (and other days)	next Monday

Şi acum, la lucru   Let's Get to Work

Exerciţiul A

Several people are trying to decide what to do on Saturday if the weather is nice. Follow the model to state the possibilities open to them. Example:

> Dacă o să fie frumos . . .
>
> noi/a merge/la pescuit
>
> Dacă o să fie frumos, noi o să mergem la pescuit.

1. noi/a merge/la ştrand   2. eu/a face/plajă   3. voi/a înota   4. băieţii/a juca/volei   5. Tudor/a lucra/în grădină   6. prietenii noştri/a face/o excursie   7. ei/a merge/la munte   8. fetele/a culege/flori

Exerciţiul B

But what are you going to do if it rains tomorrow (**dacă are să plouă mîine**)? Follow the model to formulate the possibilites open to you. Example:

> Dacă are să plouă mîine . . .
>
> a sta/la bibliotecă
>
> Dacă are să plouă mîine, am să stau la bibliotecă.

1. a sta/acasă   2. a asculta/nişte benzi noi   3. a scrie/o scrisoare la părinţi   4. a vedea/un meci la televizor   5. a vorbi/la telefon cu prietenul meu (prietena mea)   6. a merge/în centru la cumpărături   7. a juca/şah cu nişte prieteni

Exerciţiul C: Ce purtăm?   *What do we wear?*

Use the various forms of the verb **a purta** 'to wear,' as well as the appropriate singular or plural forms of **îmbrăcăminte** 'clothing' and **încălţăminte** 'shoes' below to tell us what one wears in the following situations.

		Neuter Nouns	
		pulover(e)	pullover
		costum(e)	suit
		costum de baie	bathing suit
		fular(e)	scarf
		fulgarin(e)	raincoat
		tricou(ri)	T-shirt
	port	mantou(ri)	coat
Cînd e cald	porţi	*Feminine Nouns*	
	poartă	jachetă (e)	jacket
Cînd e frig	purtăm	bluză (e)	blouse
	purtaţi	cravată (e)	(neck)tie
Cînd plouă	poartă	sandală (e)	sandal
		cizmă (e)	boot
	am purtat	mănuşă (i)	glove
Iarna trecută	ai purtat	căciulă (i)	winter hat
	a purtat, etc.	pălărie (i)	hat
		rochie (i)	dress
		cămaşă (cămăşi)	shirt
		pijama (pijamale)	pajamas
La munte	o să port	*Masculine Nouns*	
	o să porţi	pantalon(i)	pants
La mare	o să poarte, etc.	blugi	blue jeans
		ciorap(i)	sock
		pantof(i)	shoe
		pantofi de tenis	tennis shoes
		pantofi de casă	slippers
		ochelari de soare	sunglasses

Stăm de vorbă   Let's Talk

1. Ce purtaţi astăzi? Ce poartă (Victor, Laura) astăzi? Dar eu, ce port?

2. Mergeţi vara la mare uneori? Dacă da, ce purtaţi la plajă? Dar la munte mergeţi? Cînd mergeţi? Ce purtaţi cînd mergeţi iarna la munte? Dar vara?

3. Faceţi sport în timpul liber? Dacă da, ce sporturi faceţi? Ce purtaţi cînd jucaţi tenis? Dar cînd înotaţi?

4. Mergeţi uneori la spectacole seara? Dacă da, la ce spectacole mergeţi? Ce purtaţi cînd mergeţi la operă ori la un concert simfonic?

Jurnal

Sportul în România   *Sports in Romania*

Romanians have always been a very sports-oriented people. Here are some firsts for Romanians in world sports events that you might not know about.

1. <u>Prima</u> "Asociaţie de gimnastică" din România   *the first*
   a fost organizată în anul 1822 în oraşul Mediaş.

2. La 20 august 1902 s-a jucat în Banat primul meci de fotbal între echipele din Timişoara şi Lugoj.
3. În anul 1924, la Paris, România a participat pentru <u>prima dată</u> la o olimpiadă şi echipa de rugby a cîştigat atunci medalia de bronz. — *the first time*
4. Oina este un joc sportiv foarte vechi, specific românesc, foarte <u>asemănător</u> cu baseball-ul american. — *similar*
5. Nadia Comăneci, <u>campioana</u> olimpică de la Montreal (1976) a cîştigat peste 25 de note de zece în cariera ei de gimnastă. — *champion*
6. Românii au cîştigat pînă în prezent peste 180 de medalii olimpice, 414 medalii la <u>campiona-tele</u> mondiale şi peste 900 de medalii de aur la campionatele <u>balcanice</u>. — *championships* / *Balkan*

Aţi înţeles? Did You Understand?

Answer the following questions based on the information in the text you have just read.

1. Cînd a fost organizată prima "Asociaţie de gimnastică" din România? În ce oraş?
2. În ce an a participat România pentru prima dată la o olimpiadă? Unde?
3. Este oina un joc sportiv vechi? Ce puteţi spune despre jocul acesta?
4. Ce ştiţi despre Nadia Comăneci? Ce puteţi să spuneţi despre recordul ei ca gimnastă?
5. Cîte medalii olimpice au cîştigat românii pînă în prezent? Cîte medalii de aur au cîştigat la campionatele balcanice?
6. Ce puteţi spune în concluzie despre sportul românesc? Dar despre activităţile sportive din Statele Unite?

Vocabular

Substantive

Masculine

an(i) *year*
aprilie *April*
atlet(i) *athlete*
august *August*
blugi *blue jeans*
campion(i) *champion*
ciorap(i) *sock*
decembrie *December*
februarie *February*
ianuarie *January*
iulie *July*

iunie *June*
înotător(i) *swimmer*
jucător(i) *player*
locuitor(i) *inhabitant*
mai *May*
martie *March*
moş(i) *old man*
noiembrie *November*
ochelari (sg., pl.) *glasses*
   ~ **de soare** *sunglasses*
octombrie *October*
pantalon(i) *pants*
pantof(i) *shoe*
   ~ **de tenis** *tennis shoes*
   ~ **de casă** *slippers*
patinator(i) *skater*

schior(i) *skier*
septembrie *September*
sfînt (sfinţi) *saint*
soare *sun*
sportiv(i) *sportsman*

Feminine

activitate (ăţi) *activity*
atletă (e) *athlete*
bluză (e) *blouse*
brumă (e) *frost*
campioană (e) *champion*
căciulă (i) *winter hat*
cămaşă (ăşi) *shirt*
ceaţă *fog*
cizmă (e) *boot*
convingere (i) *belief*
cravată (e) *(neck)tie*
cupă (e) *cup*
echipă (e) *team*
furtună (i) *storm*
gheată (ghete) *short boot*
iarnă (ierni) *winter*
înotătoare (sg., pl.) *swimmer*
jucătoare (sg., pl.) *player*
lună (i) *month, moon*
mănuşă (i) *glove*
medalie (i) *medal*
nuia (nuiele) *broom straw*
patinatoare (sg., pl.) *skater*
pălărie (i) *hat*
pijama (pijamale) *pajamas*
piscină (e) *swimming pool*
pistă (e) *track, runway*
plajă (e) *beach*
primăvară (eri) *spring*
protectoare (sg., pl.) *protector*
rochie (i) *dress*
sărbătoare (ori) *holiday*
schioare (sg., pl.) *skier*
sfîntă (e) *saint*
sportivă (e) *sportswoman*

stea (stele) *star*
toamnă (e) *autumn, fall*
vacanţă (e) *vacation*
vară (veri) *summer*
vînătoare *hunting*
vreme *weather, time*
zăpadă *snow*

Neuter

alpinism *mountain climbing*
anotimp(uri) *season*
argint *silver*
atletism *track and field*
aur *gold*
bronz *bronze*
cadou(ri) *gift*
campionat(e) *championship*
cer *sky, heaven*
costum(e) *suit*
  ~ de baie *bathing suit*
fular(e) *scarf*
fulgarin(e) *raincoat*
mantou(ri) *coat*
meci(uri) *match*
nisip(uri) *sand*
patinaj(e) *skating*
pescuit *fishing*
premiu (premii) *prize*
pulover(e) *pullover*
săniuş *sledding*
semestru (e) *semester*
sport(uri) *sport*
stadion (oane) *stadium*
tricou(ri) *T-shirt*
ţărm(uri) *shore*
viitor *future*
viscol(e) *blizzard*
vînt(uri) *wind*

Verbe

a ajunge (ajuns) *to reach*
a cădea (căzut) *to fall*
a cîştiga *to win, earn*

a culege (cules) *to pick*
a explica *to explain*
a hotărî (ăsc) *to decide*
a înota *to swim*
a juca *to play*
a ninge (nins) *to snow*
a patina (ez) *to skate*
a plînge (plîns) *to cry*
a ploua *to rain*
a primi (esc) *to receive*
a purta *to wear*
a rîde (rîs) *to laugh*
a sărbători (esc) *to celebrate*
a schia (ez) *to ski*
a vorbi (esc) *to speak, talk*

Adjective

4 terminații
acoperit *covered*
bronzat *tanned*
iubit *loved*
întunecos (și), întunecoasă (e) *dark*
religios (și), religioasă (e) *religious*
senin *serene, clear sky*
tot (i), toată (e) *all*
urît *ugly*

3 terminații
asemănător, asemănătoare
(asemănători) *similar*

2 terminații
cuminte (cuminți) *well behaved*

Adverbe

afară *outside*
binișor *fairly well*
curînd *soon*

cursiv *fluently*
deodată *suddenly*
des *often*
fluent *fluently*
înauntru *inside*
încet *softly, slowly*
jos *down*
rar *slowly, rarely*
sus *up*
tare *loudly*
tot *also, still*
uneori *sometime*

Expresii

activități în aer liber *outdoor activities*
anul viitor *next year*
Care-i data de astăzi? *What is the date today?*
complex sportiv *gymnasium*
Cum e vremea? *How's the weather?*
de acum încolo *from now on*
e frumos *it's nice outside*
e ger *it's freezing*
e înghet *it's icy*
e înnorat *it's cloudy*
e lunecuș *it's slippery*
e răcoare *it's cool*
e urît *the weather is bad*
e vînt *it's windy*
e zăpadă *there is snow on the ground*
în același timp *at the same time*
nu . . . deloc *not at all*
nu . . . niciodată *never*
printre ei/ele/noi/voi *among them/us/you*
teren de tenis *tennis court*
ziua de naștere *birthday*
e ziua mea *it's my birthday*

10

Vin sărbătorile

Dialog

Planuri de vacanţă

Cursul de limba română începe în fiecare zi la ora zece şi se termină în general la ora două. E ora nouă fără un sfert. Cîţiva studenţi sînt în bănci şi recapitulează. Alţii citesc şi traduc, iar unii stau de vorbă. Andrew nu e încă aici, dar trebuie să vină din moment în moment. Amelia îl aşteaptă cu nerăbdare. Are o surpriză pentru el. Dar iată că vine Andrew!

Amelia: Unde ai fost ieri după masă? Te-am căutat la cămin şi nu te-am găsit.

Andrew: Am fost în oraş. Dar ce este? O veste proastă de acasă?

Amelia: Nu, din contră, o veste foarte bună.

Andrew: Spune repede, ce veste?

Amelia: Au scris rudele mele şi ne invită să petrecem vacanţa de Crăciun cu ei.

Andrew: Vrei să spui că te invită pe tine.

Amelia: Nu, n-ai înţeles. Ne invită pe noi amîndoi. Nu vrei să vii?

Andrew: Sigur că vin. Vin cu mare plăcere.

Amelia: Bravo. Atunci o să vorbesc astă seară cu ei la telefon.

Andrew: Şi te rog să le mulţumeşti din partea mea.

Amelia: Bineînţeles. Abia aştept vacanţa!

Andrew: Şi eu!

Dar acum, linişte! Sună de intrare! Doamna Bogdan intră în clasă. Studenţii o salută politicos şi apoi începe lecţia de limba română.

Vacation Plans

every day

several
read/translate
not yet
any moment
him/impatiently

you

on the contrary

relatives/us

it is you (that they are inviting).

it is us (both that they are inviting)

with them
please/them/for me (on my behalf)

Of course/I can hardly wait for

quiet/the bell is ringing
her

Aţi înţeles?   Did You Understand?

Indicate whether the following statements are true or false (**adevărat/fals**) based on the information in the text and the dialogue. If a statement is false, correct it.

1. Cursurile de limba română încep la ora nouă.
2. Studenţii termină cursurile la ora unu, de obicei.
3. În sala de curs sînt cîţiva studenţi.
4. Unii recapitulează, iar Amelia citeşte şi traduce o scrisoare.
5. Andrew nu e încă în clasă dar trebuie să vină curînd.
6. Amelia spune că l-a căutat pe Andrew la bibliotecă ieri.
7. Ea e fericită pentru că a primit o scrisoare de la părinţi.
8. Amelia a decis să scrie la rude să le spună că va veni curînd.
9. Amelia şi Andrew aşteaptă cu nerăbdare vacanţa de Crăciun.

Cultură/Civilizaţie

Crăciunul la români • Christmas with the Romanians

Every year on the twenty-fifth of December, Romanians celebrate Christmas (**Crăciunul**). Traditionally the Christmas season begins with several weeks of fasting called **postul Crăciunului** 'Advent,' a time in which people prepare themselves spiritually for the three-day Christmas celebration. This period is also a time of other preparations for the holiday, in-

10.1 Romanian children caroling at Christmas

cluding special baking, housecleaning, and, in the evening, teaching children the traditional **colinde** 'Christmas carols' and telling them Christmas stories.

Finally, when the long-awaited **Ajunul Crăciunului** 'Christmas Eve' arrives, children go out caroling "**Cu steaua**" (With the star). Usually a small group of three (boys and girls) goes out together, all bundled up in their warmest woollens, carrying a beautifully decorated star from house to house. They sing about the three Magi who followed the star to Bethlehem to take gifts to the baby Jesus. At each house, the children are given apples, walnuts, **colaci** 'nut pastries,' **covrigi** 'pretzels,' or even money, which they put into a bag they carry called a **traistă**. The young children finish at about 8 P.M. and go home to their families to await the **colindători,** the caroling groups of older boys and girls, who usually sing such lovely carols as "**O ce veste minunată**" (O what wonderful news) or "**Trei păstori**" (The three shepherds).

After the children are in bed, **Moş Crăciun** 'Father Christmas, Santa Claus' arrives. According to Romanian tradition he comes to bring a Christmas tree, **Pom de Crăciun,** and presents it to the children. Early in the morning children in Romania (as everywhere in the Christian world) get up with excitement to find the surprises that **Moş Crăciun** has left for them. Then everyone sings a song around the Christmas tree:

Moş Crăciun cu plete d-albe	Santa Claus with long white locks,
A sosit de prin nămeţi	Has come through drifts of snow
Să ne-aducă daruri multe	To bring gifts aplenty
La fetiţe şi băieţi . . .	To little girls and boys . . .

10.2 Romanian village women sing traditional Christmas songs

Breakfast is not served because the family goes off to church and returns to a big Christmas dinner at home. The traditional Christmas meal in Romania is pork roast, sausages, sauerkraut, mashed potatoes, **sarmale,** of course, and the delicious **cozonaci** 'nut rolls.'

And this is how Romanians have tried to maintain their holiday traditions throughout the years. Adults do not traditionally exchange Christmas gifts in Romania, because Christmas has always been seen as a holiday for children and a time to remember the poor.

Tradiţii de Anul Nou • New Year's Traditions and Customs

Romanian New Year's celebrations are also rich in customs and traditions. Most of these customs date back to Dacian and Roman times, and some are still preserved as such, especially in rural areas.

One of the most popular New Year's customs is **Pluguşorul** 'the little plow' a remnant of the Roman *semantivae feriae* (planting festival) as well as of the Dacian pastoral and agricultural traditions. On New Year's Day—**în ziua de Anul Nou**—groups of young men in the village walk beside a plow decorated with evergreen branches or a small evergreen tree, a symbol of the sacred tree of life and fertility. The group goes from house to house to wish a happy new year to the community. At each house, the leader of the group begins reciting the text of the **Pluguşor,** saying:

Aho, Aho, copii şi fraţi,	Hey, hey, children and brothers,
Staţi puţin şi nu mînaţi	Wait a bit and don't go on
Lîngă boi v-alăturaţi	Go up next to the oxen
Şi cuvîntul mi-ascultaţi!	And listen to my words!

He then continues to recite a long, lively poem divided into several parts that narrate the essential stages of planting and harvesting. He ends each part by shouting "**Ia mai mînaţi măi hăi, hăi!**" (Hey you! Carry on! Onward, onward hey, hey!) while the others in the group scatter some wheat seeds over the yards of the householders, cracking their whips and ringing bells, answering "**Hăi! Hăi!**" **Pluguşorul** always ends with wishes for health, prosperity, and happiness throughout the year.

Cînd mai venim la anul,	When we come again next year
Să vă găsim mîndri şi frumoşi	May we find you proud and beautiful.
Şi să înfloriţi ca merii,	May you blossom like apple trees,
Ca perii în mijlocul verii.	Like pear trees in the middle of summer.
Mînaţi, măi! Hăi! Hăi!	Carry on, heigh-ho! Heigh-ho!

Children also go caroling on New Year's Day. They go from house to house holding a little evergreen branch or a decorated tree branch called a **sorcova.** They are invited into each house they visit to give their wishes to the household, touching each person with the **sorcova** as they recite the **sorcova** poem.

New Year's carolers are generally offered loaves of braided, knot-shaped, or round wheat bread called **colăcei**. The atmosphere is generally cheerful, sometimes filled with humor, and always exciting.

Traditional foods served on New Year's Eve or New Year's Day include: turkey, goose, as well as the **plăcintă de Anul Nou,** a cheese pastry in which a coin and a sprig of wheat are hidden. The person who gets the sprig of wheat in his piece of pastry will have beautiful crops, and the one who gets the coin will be rich in the new year.

There are many variants on these traditions, but, in any event, in both city and village,

10.3 The traditional "Sorcova"
New Year celebration

Romanians attend special church services on New Year's Day, after which the family gathers for a New Year's dinner. In large cities, New Year's Eve—**Noaptea de Anul Nou** or **Revelionul**—is celebrated in much the same way as in the United States, with friends and relatives getting together for parties in houses or in restaurants where special entertainment is provided. It is during the New Year's celebration that Romanians most often sing the traditional song "**La mulţi ani.**"

La mulţi ani cu sănătate	Many years of health
Să vă dea Domnul tot ce doriţi	May God grant you all you wish
Zile senine şi sănătate	Serene and happy days
La mulţi ani să trăiţi	May you live many years
Mulţi ani trăiască	May you live many years more
Mulţi ani trăiască	May you live many years more
La mulţi ani!	Many years more!

Sărbători Fericite şi
La Mulţi Ani cu Sănătate

Structuri şi vocabular

Fiecare, cîţiva, cîteva • Every, Each, Several, Some

In the first sentence of the introductory text of the dialogue "**Planuri de vacanţă**," you find the expression **în fiecare zi. Fiecare** 'every one, each one' is invariable in the nominative and accusative. It can be used in Romanian, as in English, in two different ways: (1) as an adjective, to accompany a noun; and (2) as a pronoun, to replace a noun. Examples:

Adjective: Fiecare lecţie e interesantă.	Every lesson is interesting.
Pronoun: Fiecare e interesantă.	Every one is interesting.
Adjective: Am vorbit cu fiecare student.	I talked to each student.
Pronoun: Am vorbit cu fiecare.	I talked to each one.

Cîţiva studenţi is another structure to note. Read the following additional examples: **cîteva studente, cîteva caiete. Cîţiva, cîteva** mean 'several, a couple (of), some.' As you can see, **cîţiva** and **cîteva** are formed from the pronoun **cîţi** or **cîte** plus the suffix **-va.** They can be used as indefinite adjectives or as indefinite pronouns. To express 'several, a couple (of), some,' Romanian uses **cîţiva** with or when referring to masculine plural nouns and **cîteva** with or when referring to feminine or neuter plural nouns. **Cîţiva** and **cîteva**, like **fiecare**, are used both as pronouns and as adjectives. Examples:

Masculine

(1) Sînt numai cîţiva băieţi în clasă.	There are only a couple of boys in the class.
(2) Sînt numai cîţiva.	There are only a couple.

Feminine

(1) Cîteva fete vorbesc româneşte.	Several girls speak Romanian.
(2) Cîteva vorbesc româneşte.	Several speak Romanian.

Neuter

(1) Am văzut cîteva apartamente.	We saw some apartments.
(2) Am văzut cîteva.	We saw some.

Describe what you see in your classroom by completing the following four sentences.

1. În clasă sînt cîţiva . . .
2. Pe bănci avem cîteva . . .
3. Profesorul are pe catedră cîteva . . .
4. Noi am scris pe tablă cîteva . . .

Verbele a citi, a traduce, • The Verbs a citi, a traduce, a termina, a invita   a termina, a invita

Read and translate the introduction to the dialogue. Note the meaning and the forms of the following new verbs: **a citi** 'to read,' **a traduce** 'to translate' **a termina** 'to end, to finish,' and **a invita** 'to invite.'

a citi	*a traduce*	*a termina*	*a invita*
citesc	traduc	termin	invit
citeşti	traduci	termini	inviţi
citeşte	traduce	termină	invită
citim	traducem	terminăm	invităm
citiţi	traduceţi	terminaţi	invitaţi
citesc	traduc	termină	invită

Perfectul compus	am citit	am tradus	am terminat	am invitat
Conjunctiv	să citească	să traducă	să termine	să invite

Repeat the pattern sentences below, then change the verb forms to agree with each of the subjects listed.

1. Eu citesc şi traduc un text.

    a. tu b. noi c. ei d. voi e. Amelia f. cîţiva colegi

2. Eu termin cursurile mai devreme astăzi.

    a. voi b. tu c. noi d. Radu e. ele f. dta.

Choose words from the middle column to complete the sentences beginning in the left column.

	ziarul	
	glume	
	anunţuri	
	o scrisoare	
	o telegramă	
Sînt indiferent(ă) cînd citesc . . .	un referat	
Pierd timpul cînd citesc. . .	un basm	a fairy tale
Rîd cînd citesc . . .	un roman	a novel
Sînt atent(ă) cînd citesc . . .	romane poliţiste	detective stories
Sînt relaxat(ă) cînd citesc . . .	o revistă de modă	a fashion magazine
Prefer să citesc . . .	un studiu documentar	a documentary study
	o monografie	a monograph
	o poveste de dragoste	a love story
	comentarii sportive	sports news
	poezii	poetry
	proză	prose

Answer the following questions yourself, or use them to interview another student in your class.

1. Citiţi ziarul zilnic? Dacă da, ce ziar citiţi?

2. Dar părinţii dv. citesc ziarul? Ce ziar citesc?

3. Aveţi o revistă preferată? Care este? Este interesantă?

4. Ce ziare şi reviste româneşti sînt la bibliotecă?

5. Citiţi uneori revistele şi ziarele acestea? Înţelegeţi tot ce citiţi?

6. Aţi citit basme ori poveşti cînd aţi fost mic(ă)?

7. Preferaţi proza ori poezia? Care este autorul dv. preferat?

8. Citiţi mult în general? Aţi citit recent un roman? Ce roman?

Study the following expressions found in the text and dialogue "**Planuri de vacanţă.**" Read and translate the examples, which illustrate the meanings of these expressions.

cu nerăbdare	impatiently	Aşteptăm cu nerăbdare vacanţa.
abia aştept	I can hardly wait	Abia aştept să termin cursurile.
din contră	on the contrary	Nu sînt trist(ă), din contră, sînt vesel(ă).
bineînţeles	of course	Bineînţeles că avem mult de citit.
linişte	quiet	Linişte! Vreau să studiez.
sună de intrare	the beginning-of-class bell rings	Profesorul vine cînd sună de intrare.
sună de ieşire	the end-of-class bell rings	Cînd sună de ieşire, ieşim din clasă.
din moment în moment	any moment	Trenul trebuie să plece din moment în moment.

Now reread the dialogue. Pay special attention to the forms and the meanings of all the direct-object pronouns in the dialogue. This exercise will prepare you for a better understanding of this important grammatical topic, which is explained below.

Pronumele personale în acuzativ • Accusative/Direct-Object Pronouns

The introductory text and the dialogue in this lesson include, for the first time, personal pronouns used as direct-object pronouns (that is, in the accusative form). In order to understand the meaning and the function of this new set of pronouns, one must first understand the basic concept of direct-object pronouns and how the pronouns relate to direct objects. Compare:

1. Tudor invită un prieten la cină.   Tudor invites a friend to dinner.
2. Tudor îl invită la cină.   Tudor invites him to dinner.
3. Tudor îl invită pe el la cină.   Tudor invites him to dinner. (emphatic)

In the first sentence, **un prieten** is the direct object of the verb **invită.** In the second sentence, **îl** 'him' is the direct-object pronoun, which is used to replace the direct object, **un prieten.** As you can see, in Romanian the direct-object pronoun (in this case **îl**) precedes the verb, while in English the direct-object pronoun *him* follows the verb (**îl invită**/invites him). In the third sentence, **pe el** is used in addition to **îl** to convey an emphatic meaning.

Note: As you already know, **pe** is a preposition that means 'on.' When used with direct-object pronouns, however, **pe** is not a preposition but a marker for the direct-object pronoun or a noun designating a person. Compare the following examples.

Cartea este pe masă.
The book is on the table.

Anca îl salută pe profesor.
Anca greets the professor.

Anca îl salută pe el.
Anca greets him (not someone else).

In the pattern sentences below, the boldfaced words are all personal pronouns used as accusative, or direct-object, pronouns. Note their forms and their position, as well as their meaning.

Short forms	*Emphatic (long) forms*	*Translation*
el **mă** înțelege	el **mă** înțelege **pe mine**	he understands **me**
el **te** înțelege	el **te** înțelege **pe tine/pe dta.**	he understands **you**
Ana **îl** înțelege	Ana **îl** înțelege **pe el**	Ana understands **him**
el **o** înțelege	el **o** înțelege **pe ea**	he understands **her**
el **ne** înțelege	el **ne** înțelege **pe noi**	he understands **us**
el **vă** înțelege	el **vă** înțelege **pe voi/pe dv.**	he understands **you**
el **îi** înțelege	el **îi** înțelege **pe ei**	he understands **them** (m.)
el **le** înțelege	el **le** înțelege **pe ele**	he understands **them** (f.)

From the English speaker's point of view, both the short direct-object pronouns and their long counterparts have the same meaning. But while the short forms can be used alone, the forms with **pe** cannot. They can follow a verb only if a short form of the direct-object pronoun is present. The long forms convey an emphatic meaning and can be translated as: 'I am the one he understands, you are the one he understands,' etc. The following table gives subject pronouns, direct-object pronouns (both forms), and English translations. Study the forms carefully.

Subject (Nominative) Pronouns	*Direct-Object (Accusative) Pronouns*		
	Short forms	*Long forms*	*English forms*
eu	mă	pe mine	me
tu/dta.	te	pe tine/pe dta.	you
el	îl	pe el	him, it
ea	o	pe ea	her, it
noi	ne	pe noi	us
voi/dv.	vă	pe voi/pe dv.	you
ei	îi	pe ei	them (m.)
ele	le	pe ele	them (f., n.)

Direct-Object Pronouns: Short Forms

The short direct-object pronouns are placed immediately before the conjugated form of the verb, not only in affirmative sentences but also in questions and negative sentences.

Copilul mă crede.	The child believes me.
Eu îl voi vedea curînd.	I will see him soon.
Cine te-a invitat?	Who invited you?
El nu te înțelege.	He doesn't understand you.

When used with the present subjunctive or the future in /o să + present subjunctive/, short object pronouns follow **să** and **o să** (să is a conjunction) and precede the verb.

Eu vreau să te ajut.	I want to help you.
Ei o să vă invite curînd.	They will invite you soon.
Radu n-o să ne găsească acasă.	Radu will not find us at home.

The third person direct-object pronouns **îl** and **o** translate as 'him,' 'it,' and 'her,' 'it,' respectively. In English *him* and *her* are used almost exclusively to refer to people, while *it* refers only to things. In Romanian **îl** and **o** are used for both persons and things, according to gender. Any masculine or neuter singular noun may be replaced by **îl**, and any feminine singular noun by **o**. See the table below for contrasting examples.

Singular Direct-Object Pronouns			
Gender	*Form*	*Examples*	
Masculine	îl	Thing:	Pun ardeiul în salată. > Îl pun în salată.
			I put the pepper in the salad. > I put it in the salad.
		Person:	Vezi băiatul acela? > Îl vezi?
			Do you see that boy? > Do you see him?
Neuter	îl	Thing:	Pun dicționarul pe masă. > Îl pun pe masă.
			I put the dictionary on the table. > I put it on the table.
		Person:	(no example possible)
Feminine	o	Thing:	Pun mașina în garaj. > O pun în garaj.
			I put the car in the garage. > I put it in the garage.
		Person:	Vezi fata aceea? > O vezi?
			Do you see that girl? > Do you see her?

Și acum, la lucru   Let's Get to Work

Exercițiul A

Follow the model to explain some of the kinds of reciprocal agreements we make. Example:

     vă ajutăm

     Vă ajutăm pentru că și voi ne ajutați.

1. vă înțelegem   2. vă credem   3. vă ascultăm   4. vă invităm   5. vă apreciem   6. vă respectăm

Exercițiul B: Unde putem fi   *Where we might be*

Choose a word or phrase from each of the columns below to build sentences that tell us where and when various people can be found.

			acasă	
			la lucru	
	mă		la laborator	
	te		la birou	dimineața
	îl	vadă	la telefon	seara
Ei pot să . . .	o	caute	la facultate	după masa
	ne	găsească	la bibliotecă	în fiecare zi
	vă	aștepte	la curs	zilnic
	îi		la cantină	la ora . . .
	le		la cămin	
			în centru	
			în parc	

Stăm de vorbă   Let's Talk

Da, ori nu?   *Yes or no?*

The Popescu family is having dinner, and family members are asking each other questions. Give affirmative or negative answers using the appropriate direct-object pronoun in place of the noun. Examples:

Mănînci prăjitura? (da)   Bei ceaiul? (nu)
Da, o mănînc.   Nu, nu îl beau.

1. Mănînci înghețata? (da)
2. Bei sucul? (nu)
3. Serveşti salata? (da)
4. Doreşti cozonacul? (da)
5. Bei cafeaua? (nu)
6. Mănînci mărul? (da)

La piaţă   At the market

Doamna Bogdan is shopping at the market. With fellow students, play her role and those of the **vînzători.** Examples:

Cumpăraţi ardeii? (da)   Luaţi roşiile? (nu)
Da, îi cumpăr.   Nu, nu le iau.

1. Cumpăraţi castraveţii? (da)
2. Vreţi ciupercile? (nu)
3. Luaţi pepenii? (da)
4. Doriţi ouăle? (nu)
5. Cumpăraţi strugurii? (da)

Direct-Object Pronouns: Long Forms

The direct-object pronoun in its long form is always preceded by prepositions—**pe, cu, la, pentru, despre,** and others. Although we call these forms *direct-object* pronouns here, they have other uses depending on the preposition they follow.

These forms are used with their short-form counterparts to convey an emphatic meaning. As you can see in the examples below, long forms may precede or follow the verb of which they are the direct object. Examples:

Doctorul *mă* vede *pe mine* la ora unu, nu *pe tine.*   The doctor is seeing *me* at one o'clock, not *you.*

Pe mine mă vede doctorul la ora unu, nu *pe tine.*   *I'm* the one the doctor is seeing at one o'clock, not *you.*

Long forms are used without the short form when there is no verb, that is, when one is answering a question with less than a full sentence. Example:

Pe cine invită Tudor la petrecere?   Whom is Tudor inviting to the party?

Pe mine.   Me.

These forms are also used with prepositions like **cu, la, pentru, despre,** and so forth alone, without the short forms. In these cases the pronoun functions as the object of the preposition, not as the object of the verb. One sees them in such statements as:

El vorbeşte cu mine acum.   He is talking with me now.

Amelia vine la tine acasă.   Amelia is coming to your house.

Ei au vorbit mult despre voi.   They talked a lot about you.

They also occur in answers to questions.

Cu cine a vorbit Anda la telefon?	A vorbit cu mine.
Despre cine a scris reporterul?	A scris despre ea.
Pentru cine a adus Dan florile?	A adus florile pentru dumneavoastră.

Şi acum, la lucru   Let's Get to Work

Exerciţiul A: Vreau să ştiu   *I want to know*

Ask a fellow student questions that contain long forms of the direct-object pronoun. He/she will respond according to the model. Example:

> a aştepta/profesorul
>
> Pe tine te aşteaptă profesorul?
>
> Nu mă aşteaptă pe mine.

1. a căuta/domnişoara   2. a aştepta/Amelia   3. a servi acum/ospătarul   4. a saluta/domnul acesta

Exerciţiul B

Reformulate the questions and answers of the preceding exercise using the second person plural in the question and the first person plural in the answer. Example:

> Pe voi vă aşteaptă profesorul?
>
> Nu ne aşteaptă pe noi.

Exerciţiul C

Answer the following questions using the correct form of the Romanian direct-object pronoun given in parentheses. Example:

> Pe cine caută reporterul? (him)
>
> Pe el (îl caută).

1. Pe cine invită Gabi la petrecere? (us)
2. Pe cine o să găsesc acasă deseară? (her)
3. Pe cine sărbătorim sîmbătă după masă? (them, f.)
4. Pe cine vede profesorul la ora trei? (them, m.)
5. Pe cine caută domnişoara? (you sg., familiar)
6. Pe cine inviţi de ziua ta? (you pl., familiar)
7. Pe cine vezi la consultaţii? (you, formal)

Stăm de vorbă   Let's Talk

Despre sărbători   *About holidays*

Use the following questions in a conversation with a fellow student or answer them yourself. Answers may be negative or affirmative. Example:

> Ai petrecut ziua de Thanksgiving cu părinţii?
>
> Da, am petrecut ziua de Thanksgiving cu ei.

1. Ai petrecut sărbătorile cu părinţii acasă?
2. Au venit şi bunicii la voi?
3. Ai petrecut revelionul cu prietenii tăi?
4. Ai fost în vizită la rudele tale în vacanţă?
5. Aţi discutat acasă despre planurile tale de viitor?

Cadouri de Crăciun   *Christmas presents*

Choose a classmate and ask each other what Christmas presents you got for each member of your family. Select your presents from the items illustrated below and give their color, using the appropriate form of the following adjectives.

Culori	*Colors*		
Four forms			
black	negru, neagră, negri, negre		
blue	albastru, albastră, albaştri, albastre		
white	alb, albă, albi, albe		
yellow	galben, galbenă, galbeni, galbene		
Three forms			
red	roşu, roşie, roşii		
Two forms			
green	verde, verzi		
Invariable			
beige	bej	orange	oranj
brown	maro	pink	roz
gray	gri	purple	mov
khaki	cachi		

Example:

Ce-ai cumpărat pentru mama ta?

Pentru ea, am cumpărat o bluză albă.

Pe ca marcă a acuzativului • Pe as a Marker of the Accusative

Pe is used in Romanian not only as a marker for nominal or pronominal direct objects, but also marks direct objects that are personal names. There is no English equivalent for **pe** plus direct object. Examples:

Îl văd *pe* Adrian la birou.	I see Adrian at the office.
O întreb *pe* Maria imediat.	I'll ask Mary immediately.
Îi invit *pe* Anca şi *pe* Radu.	I'm inviting Anca and Radu.
Pe domnul Bogdan *îl* invit personal.	Mr. Bogdan I'm inviting personally.

As you can see above, in constructions like these, the verb is usually preceded by the short form of the direct-object pronoun.

Pe is also used as a marker for the accusative (direct-object) form of **care** as well as for the singular and plural forms of demonstratives. For example, with **care**:

Cine e tînărul pe care îl aştepţi?	Who is the young man you are waiting for?
Maşina pe care o avem, e foarte veche.	The car we have is very old.

With demonstratives:

Să scriem exerciţiul acesta acum şi pe acela îl scriem mai tîrziu.	Let's write this exercise now and that one later.
Înţeleg întrebările acelea/alea, dar pe acestea/astea nu le înţeleg.	I understand these questions, but those I don't understand.

Note that the accusative forms **pe care** and /**pe** + demonstrative/ are accompanied by the short direct-object pronouns.

It is also important to remember that the marker **pe** still functions grammatically as a preposition. When **pe** introduces a noun, the definite article is omitted unless a modifier follows. We have thus:

Îi întreb pe studenţi.	*but*	Îi întreb pe studenţii mei.
Le înţeleg pe studente.	*but*	Le înţeleg pe studentele acestea.

Şi acum, la lucru   Let's Get to Work

Exerciţiul A

To answer a question like **Pe cine aştepţi?** 'Who(m) are you waiting for?' use **îl, o, îi,** or **le** plus the verb, and **pe** plus the name. Examples:

Îl aştept pe John. *or* Pe John îl aştept.

1. Pe cine aştepţi? (Tudor)
2. Pe cine aşteaptă Amelia? (Andrew)
3. Pe cine întreabă profesorul? (Sanda)
4. Pe cine ajută asistentul? (Lucia şi Monica)
5. Pe cine vezi de obicei la consultaţii? (domnul şi doamna Bogdan)
6. Pe cine vezi în clasa de limba română? (Jim, Chris, etc.)

Exerciţiul B: Ajun de petrecere   *The eve of the party*

Gabi is planning to have a birthday party. Her little brother, Doru, wants to find out whom she is inviting. Play the two roles in the conversation, using the long forms of the direct-object pronouns in your answers. Examples:

Pe cine inviți la petrecere? (tu)

Pe tine.

Îl inviți și pe Sorin? (da)

Da, îl invit și pe el.

1. Pe cine inviți la ziua ta? (voi)
2. Dar pe John îl inviți? (sigur că)
3. Îi inviți și pe Tudor cu Ioana? (nu)
4. Dar pe Felicia și Olga, le inviți? (da)
5. Nu îl inviți și pe Emil? (Sigur că . . .)
6. Și pe mine mă inviți, ori nu mă inviți? (Sigur că . . .)

Stăm de vorbă   Let's Talk

Profesorul vrea să știe   *The professor wants to know*

Answer the following questions, using the correct form of the direct-object pronoun where needed.

1. Mă înțelegeți cînd vorbesc repede? Dar cînd vorbesc rar, încet? Dar pe John îl înțelegeți? Și pe ei îi înțelegeți, ori nu îi înțelegeți?
2. Mă ascultați atent acum? Dar eu vă ascult atent? Dar colegii vă ascultă întotdeauna atent?
3. Înțelegeți lecția? Dar exercițiul acesta? Dar pe acela îl înțelegeți?
4. Cine vă ajută cînd nu înțelegeți ceva în clasă? Dar dumneavoastră îi ajutați uneori pe colegii dumneavoastră?
5. Vedeți exemplele pe tablă? Le vedeți bine? Puteți să le traduceți?
6. Pe cine vedeți în clasă? Pe mine mă vedeți zilnic? Unde mă găsiți de obicei dimineața? Dar după masa?

Pronumele personale în acuzativ: • Short Direct-Object Pronouns:
Forme conjuncte   Hyphenated Forms

As you already know, the short direct-object pronouns precede the verb. When used with the compound perfect, however, the third person feminine form **o** 'her, it' follows the past participle of the verb instead of preceding it. For example:

Profesorul a întrebat-o ceva.	The professor asked her something.
Eu am înțeles-o foarte bine.	I understood her very well.
Cine a așteptat-o la aeroport?	Who waited for her at the airport?
Ai găsit cartea? N-am găsit-o.	Did you find the book? I didn't find it.

The other short direct-object pronouns precede the verb in the compound perfect form, and they are always hyphenated. With the exception of **te-, ne-,** and **le-,** they have the following shortened forms:

mă becomes **m-**	Dan m-a invitat la curs.
îl becomes **l-**	Voi l-ați văzut în clasă.
vă becomes **v-**	Ei v-au căutat la birou.
îi becomes **i-**	Noi i-am găsit imediat.

The pronouns **îl** and **îi** may also be shortened to **-l** and **-i** when they follow a word ending in a vowel, such as **nu** or the conjunction **să.** For example:

Eu nu-l înţeleg.	I don't understand him.
Voi nu-i vedeţi?	You don't see them?
Trebuie să-l întrebăm.	We must ask him.
O să-i ajutăm cînd putem.	We'll help them when we can.

The imperative form of verbs used with direct-object pronouns may be affirmative or negative. In an affirmative command, the object pronoun follows the verb and is linked to it by a hyphen. In a negative command, the object pronoun remains in its usual position preceding the verb. Compare the following examples:

Affirmative		*Negative*	
Aşteptaţi-ne!	Wait for us!	Nu ne aşteptaţi!	Don't wait for us!
Întrebaţi-l!	Ask him!	Nu-l întrebaţi!	Don't ask him!
Cumpăraţi-o!	Buy it!	N-o cumpăraţi!	Don't buy it!

Note that the reduced final **-i** [ⁱ] of the second person plural verb form is pronounced as a full vowel, /i/, when the object pronouns follow. The only exception is when it is followed by **o,** in which case **-i** becomes /y/, as in **cumpăraţi-o!**

Şi acum, la lucru   Let's Get to Work

Exerciţiul A: Colegi de cameră   Roommates

Your roommate likes to feel on top of things and to flaunt his/her oneupmanship. With another student, follow the model to construct a conversation. Example:

> a face tema
>
> Ai făcut tema?
>
> Nu, dar o fac imediat.
>
> Eu am făcut-o deja!

1. a termina compoziţia   2. a scrie scrisoarea   3. a traduce poezia   4. a bea cafeaua

Exerciţiul B: Seara acasă   An evening at home

Domnul Petrescu has been out all evening at a meeting. When he comes home he asks various members of his family about their activities. Answer his questions, using the hyphenated forms of the direct-object pronouns. Example:

> Aţi văzut meciul la televizor? (da)
>
> Da, l-am văzut.

1. Aţi văzut filmul "Columna"? (da)
2. Aţi ascultat buletinul meteorologic? (nu)
3. Aţi citit articolul acesta în ziar? (da)
4. Aţi găsit casetofonul lui Viorel? (nu)
5. Aţi făcut tortul pentru ziua lui Gabi? (da)

Exerciţiul C: Sesiune de examene   Exam period

At the beginning of final exam week, two Romanian classmates meet. Follow the model to construct possible conversations for them. Example:

Ai terminat cursurile?

Da, le-am terminat. *or*

Nu, nu le-am terminat.

1. Ai început examenele?
2. Ai recapitulat toate capitolele din carte?
3. Ai citit atent toate lecţiile la limba română?
4. Ai tradus toate textele atent şi corect?
5. Ai ascultat toate benzile la laborator?
6. Ai înţeles toate exerciţiile de gramatică?

Exerciţiul D

Doamna and domnul Ionescu have just moved to a new apartment and are having trouble finding things. What are they saying? Example:

papucii tăi

Unde sînt papucii tăi?

Nu ştiu, i-am căutat şi nu i-am găsit.

1. mănuşile tale 2. ochelarii tăi de soare 3. sandalele lui Anca 4. tenişii mei 5. discurile voastre 6. cravatele lui Liviu 7. blugii lui Tudor 8. pantalonii lui Dănuţ

Stăm de vorbă Let's Talk

La magazinul "Victoria" *At the Victoria department store*

Domnul Ionescu wasn't able to find a lot of his belongings after he moved, so he has gone to a store to replace them. With another student formulate the salesperson's questions to him and his answers. Example:

pantofii

Vreţi să luaţi pantofii aceştia?

Nu. Vreau să-i iau pe aceia.

1. ochelarii 2. tricoul 3. ciorapii 4. puloverul 5. blugii 6. fularul

E totul gata? *Is everything ready?*

Doamna and domnul Ionescu are having their first dinner party in their new apartment. Just before their guests arrive, they check with each other about details. Use **-o, l-, i-,** and **le-** in the answers to the following questions.

1. Ai făcut supa? friptura? tortul? cartofii prăjiţi?
2. Ai spălat farfuriile? paharele? cratiţa asta? oala de supă?
3. Ai şters cuţitul ăsta? paharul? lingura? tacîmurile?
4. Ai pus şerveţele pe masă? salata? vinul? lumînările?
5. Ai pus fructele în frigider? castraveţii? şampania? salamul?

Jurnal

Revelion la Paşcani   New Year's Eve celebration in Paşcani

The following story is adapted from a longer work written in 1913 by D. D. Pătrăşcanu, a Romanian writer from Moldavia.

Toată lumea e în sufragerie. Mare sufragerie!
Iar doamna Şerbenciu, ce gospodină! E <u>vestită</u> în   *famous*
tot oraşul! Ce <u>răcituri de gîscă,</u> ce ciorbă   *goose aspic*
delicioasă <u>a pregătit</u> şi ce <u>curcani umpluţi.</u> . . . Şi   *prepared/stuffed turkeys*
apoi ştrudelele cu mere şi nuci şi <u>învîrtite cu</u>
<u>răvaşe.</u> . . . Chiar şi plăcinte cu brînză "pentru   *fortune cookies*
cine vrea să mănînce. . . ." La multe mese a fost
Tudoriţă Naum, dar mîncăruri aşa gustoase mai
rar! Iar vinul, ce vin delicios! <u>Ţinut</u> în <u>pivniţă</u> de   *kept/cellar*
gazdă, special pentru revelion.

Cînd ceasul din perete a sunat <u>miezul nopţii,</u>   *midnight*
<u>a apărut</u> Anul Vechi: <u>o mogîldeaţă gîrbovită</u> cu   *appeared/small child bent over*
<u>barbă</u> albă şi cu <u>un cojoc</u> mare pe <u>spate.</u> Cum a   *beard/sheepskin coat/back*
apărut, a fost imediat <u>scos</u> afară. . . . Apoi   *chased*
deodată <u>s-a stins lumina</u> şi a intrat Anul Nou: o   *the lights went out*
fetiţă blondă, drăguţă, <u>îmbrăcată</u> în alb. În fiecare   *dressed*
mînă avea <u>un sfeşnic</u> cu lumînări aprinse. Cu <u>ura</u>   *candleholder/hurrahs*
şi <u>aplauze,</u> Anul Nou, <u>păşeşte maiestuos.</u> . . .   *applause/steps in majestically*

"Să bem paharul acesta pentru oaspeţii
noştri. Anul nou fericit!" spune <u>emoţionat</u> domnul   *excitedly*
Şerbenciu. Oaspeţii răspund cu <u>cîntecul</u>   *song*
tradiţional: "La mulţi ani cu sănătate, <u>să vă dea</u>   *may God grant you*
<u>Domnul</u> tot ce doriţi. . . ." <u>Astfel,</u> cu cîntece,   *in this way*
dans şi <u>veselie</u> lumea petrece.

După D. D. Pătrăşcanu, *Timotei Mucenicul,* 1913

Aţi înţeles?   Did You Understand?

Answer the following questions based on the text you have just read.

1. Unde sînt oaspeţii în seara de revelion?
2. De ce e vestită doamna Şerbenciu în tot oraşul?
3. Ce mîncăruri tradiţionale a pregătit ea?
4. Ce crede Tudoriţă Naum despre mîncărurile acestea?
5. Cum e vinul pe care îl servesc gazdele în seara de revelion?
6. Cine a apărut mai întîi la miezul nopţii? Cine a intrat apoi?
7. Ce spune domnul Şerbenciu după ce a venit "Anul Nou"?
8. Ce cîntec tradiţional s-a cîntat apoi?
9. De ce rîde şi aplaudă lumea?

Vocabular

Substantive

Masculine

colac(i) *nut pastry*
colindător(i) *caroler*
covrig(i) *pretzel*
cozonac(i) *nut roll*
măr (mere) *apple (tree)*
ochi (sg., pl.) *eye*
papuc(i) *slipper*
păr *pear tree*

Feminine

barbă (bărbi) *beard*
colindă (colinzi) *Christmas carol*
dragoste *love*
gîscă (gîşte) *goose*
linişte *quiet*
lumină (i) *light*
lumînare (ări) *candle*
mogîldeaţă (eţe) *little one*
monografie (i) *monograph*
pivniţă (e) *cellar*
poezie (poezii) *poetry, poem*
poveste (i) *story*
proză *prose*
răcitură (i) *aspic, jellied meat*
revistă (e) *magazine*
rudă (e) *relative*
sărbătoare (sărbători) *holiday*
veselie *cheerfulness, joy*

Neuter

basm(e) *fairy tale*
cîntec(e) *song*
cojoc (cojoace) *sheepskin coat*
cotlet(e) *cutlet*
Crăciun *Christmas*
moment(e) *moment*
roman(e) *novel*

sfeşnic(e) *candlestick*
studiu (studii) *study*
şniţel(e) *schnitzel*

Verbe

a apărea (apărut) *to appear*
a aprinde (aprins) *to light*
a citi (esc) *to read*
a iubi (esc) *to love*
a înflori (esc) *to blossom*
a pregăti (esc) *to prepare*
a privi (esc) *to look at*
a săruta *to kiss*
a stinge (stins) *to extinguish, put out a light*
a tachina (ez) *to tease*
a termina *to finish, end*
a traduce (tradus) *to translate*
a ţine (ţinut) *to keep*

Adjective

4 terminaţii
alăturat *next, beside*
albastru *blue*
documentar *documentary*
emoţionat *excited*
galben *yellow*
gîrbovit *bent over*
îmbrăcat *dressed*
nostim *funny, amusing*
vestit *famous*

2 terminaţii
verde (verzi) *green*

Invariabile
bej *beige*
cachi *khaki*
gri *gray*
maro *brown*
mov *purple*
oranj *orange*
roz *pink*

Adverbe

bineînţeles   *of course*
cu nerăbdare   *impatiently*
nu . . . încă   *not yet*

Pronume/adjective

altcineva   *someone else*
cîţiva/cîteva   *several, a couple of, some*
fiecare   *every, each, everyone*

Expresii

abia aştept   *I can hardly wait*
Ajunul Crăciunului   *Christmas Eve*

din contra   *to the contrary*
din moment în moment   *any moment*
a fi bine dispus(ă)   *to be in a good mood*
a fi de faţă   *to be present*
a fi îndrăgostit(ă)   *to be in love*
miezul nopţii   *midnight*
Moş Crăciun   *Santa Claus*
Noaptea de Anul Nou   *New Year's Eve*
sărbători fericite   *happy holidays*
sună de ieşire   *end-of-class bell*
sună de intrare   *beginning-of-class bell*
ziua de Anul Nou   *New Year's Day*

11 Rădăcini

Dialog

Album de familie

Amelia e la Făgăraş, într-o vacanţa <u>de neuitat.</u>
<u>A cunoscut</u> toate rudele, a stat de vorbă cu ele
şi <u>a aflat</u> multe <u>lucruri</u> interesante despre familia
lor de aici. E o familie mare şi frumoasă, care
trăieşte în locurile acestea <u>de generaţii.</u> De aici
au plecat şi <u>străbunicii</u> ei, cînd <u>erau</u> tineri.
Despre ei şi despre familia lor din Ohio vorbeşte
Amelia acum cu Monica şi Ovidiu, <u>verii</u> ei de la
Făgăraş.

Family Album

unforgettable
has met
found out/things

for generations
great-grandparents/were

cousins

Amelia:	Uite aici am cîteva fotografii pe care le-am adus cu mine din America.	*Here I have some photographs that I brought with me from America.*
Ovidiu:	Cine e domnul cu mustaţă?	*Who is the man with the mustache?*
Amelia:	E bunicul meu, cînd era tînăr.	*It's my grandfather as a young man.*
Monica:	Ce înalt şi voinic era! Şi asta e bunica ta?	*How tall and strong he was! And this is your grandmother?*
Amelia:	Da, aici e bunica şi lîngă ea e tata. E tatăl meu cînd era mic.	*Yes, here's my grandmother, and next to her is my father. It's my father when he was little.*
Ovidiu:	Mai trăiesc bunicii tăi?	*Are your grandparents still alive?*
Amelia:	Da, părinţii lui tata trăiesc. Dar părinţii lui mama, nu mai trăiesc.	*Yes, my father's parents are still alive, but my mother's parents are no longer living.*
Ovidiu:	Uite aici o poză nostimă! Cine e fetiţa asta drăguţă?	*Here's a cute picture! Who is this pretty little girl?*
Amelia:	Sînt eu, nu mă recunoşti? Sîntem la bunici, la un Crăciun.	*It's me, don't you recognize me? We're at my grandparents' for Christmas.*
Ovidiu:	Dar fata asta blondă de lîngă tine cine è?	*But who's this blond girl next to you?*
Amelia:	E prietena mea Cristina.	*It's my friend Cristina.*
Ovidiu:	Cîţi ani are?	*How old is she?*
Amelia:	Are 23 de ani. E studentă acum şi e logodită cu un medic.	*She's 23 years old. She's a student now and is engaged to a doctor.*

Ovidiu:	Cristina e romancă-americană?	*Is Cristina Romanian-American?*
Monica:	Da, e şi ea făgărăşancă.	*Yes, she is from Făgăraş. (lit. a Făgăraş woman)*
Amelia:	Iar aici la dreapta e mătuşa mea cu soţul ei unchiul Victor.	*And here on the right is my aunt with her husband, Uncle Victor.*
Monica:	Dar părinţii tăi care sînt?	*But which ones are your parents?*
Amelia:	Uite, asta-i mama cu tata şi alături e fratele meu Aurel şi sora mea Felicia. Semănăm?	*Look, here are my mother and father, and beside them are my brother, Aurel, and my sister, Felicia. Do we look alike?*
Ovidiu:	Da semănaţi. Sînteţi toţi frumoşi.	*Yes, you look alike. You are all goodlooking.*
Amelia:	Eh, dacă spui tu aşa. . . !	*Well, if you say so!*

"Copii, la masă," se <u>aude</u> vocea lui <u>tanti</u> Aurelia. <u>O vorbă</u> şi imediat "copiii" lasă fotografiile şi merg <u>bucuroşi</u> la masă.	*is heard/aunt* *a word* *gladly*

Aţi înţeles?

Based on the information in the text and the dialogue, decide whether the following statements are true or false (**adevărat/fals**). If a statement is false, correct it.

1. Bunicii lui Amelia au venit în America, cînd erau tineri.
2. Verii lui Amelia privesc la fotografiile pe care ea le-a adus din America.
3. Tatăl lui Amelia are mustaţă, e înalt şi foarte voinic.
4. Amelia are doi bunici care trăiesc şi doi care sînt morţi.
5. Ovidiu nu o recunoaşte pe Amelia într-o poză cînd ea era mică.
6. Amelia nu are surori, are numai un frate.
7. "Copiii" sînt foarte fericiţi cînd mătuşa lui Amelia îi invită la masă.

Cultură/Civilizaţie

Românii din America • Romanians from America

The first Romanian immigrant mentioned in American colonial history was a Transylvanian Orthodox priest, Sava Damian, who apparently arrived in the colonies in the early 1700s. All we know of him is that he became a good friend of Benjamin Franklin. During the Civil War (1861–65) many Romanian-Americans distinguished themselves in the Union army, among them Captain Nicolae Dunca and General Gheorghe Pomuţ.

From the end of the last century until now there have been several major waves of Romanian immigration. The first wave—and the largest—was from 1880 to World War I. By 1920, no fewer than 170,000 Romanians had emigrated to this country: 87 percent from Transylvania and Bucovina and 5 percent from the other areas of Romania. Eight percent of Romanian immigrants were Macedo-Romanians from Greece.

The great majority of the first waves of immigrants were unmarried young men. Many of those who were married left their wives and children in Romania, sending them money periodically since they intended to stay only temporarily. The idea was "**Mia şi drumul**" (a thousand dollars and a ticket back). Others would save up one or two hundred dollars from their average wage of $1.20 per day and bring their wives and children to the New World. Single men lived in boardinghouses several to a room for ten dollars a month. Such living arrangements, combined with their long working hours, isolated them from American society,

11.1 Romanians in America: John and Mary Vintila's grocery store in Lake County, Indiana, 1917

but they helped each other and gradually learned to adapt to their new land. After their wives and children arrived, Romanians formed small communities in America's industrial areas, especially New York, Chicago, Detroit, Cleveland, Philadelphia, Pittsburgh, Akron, Youngstown, Canton, Gary, Indiana Harbor, and St. Paul. Most Romanian immigrants worked in steel mills and factories; some ventured into small businesses, including boardinghouses, grocery stores, barbershops, tailor shops, bakeries, and other family-run enterprises, so as to serve the growing Romanian communities.

As immigration increased, and Romanian communities continued to grow, Romanian churches were built as centers of community life, with parochial schools for children. The churches also served as centers for cultural groups and clubs. Societies for mutual aid with loans, financing, legal advice, unemployment compensation, insurance, and death benefits also developed in these communities, and they eventually joined together in a "Union and league of Romanian societies of America" (**Uniunea şi Liga**). The first of many Romanian churches to be built in this country were both in Cleveland: Saint Mary's Orthodox Church and Saint Elena's Byzantine Catholic Church in 1904.

11.2 Cleveland, Ohio: St. Mary's Romanian Orthodox Church (founded 1904), built in 1960 in the style of the Maramureş churches

In 1924 new immigration laws limited severely the number of Eastern Europeans who could enter the United States. These laws were revised, however, after the tragic consequences of World War II. Between 1945 and 1965 some 10,000 Romanian refugees entered the United States in a third major wave. This time the greater number of Romanian immigrants were intellectuals and professionals as well as Romanians who had lived in this country previously, returned to Romania between the wars, and decided to come back to the United States.

The post–World War II generation of immigrants included a number of Romanians who have become famous in their new land: internationally known figures like Metropolitan Orchestra conductor Ionel Perlea, economist Georgescu Roegen, Nobel Prize–winning biologist George Palade, and Mircea Eliade, professor of comparative religions at the University of Chicago.

Since 1965 Romanians have continued to immigrate to the United States, and it has been estimated that as of 1987 the country contained approximately 250,000 Romanian-Americans. These newcomers have settled in all parts of the country and have adapted to American society relatively quickly. Romanian-American community life still centers mainly around churches, cultural groups, and related activities.

One of the main ways Romanians have kept in touch with their roots, and with each other, however widely scattered they have been throughout the United States, is through the many newspapers and magazines published here in Romanian and in English. Romanian-Americans, proud of their national roots, have succeeded in preserving their ethnic identity while contributing wholeheartedly to the progress and culture of the United States, their adopted country.

Adapted from Nicolae Dima, "Românii din America," *Calendarul America 1984*, 113–41.

Structuri şi vocabular

Derivate de la nume de localităţi • Words Derived from Placenames

In the dialogue "**Album de familie**," we have used the noun **o făgărăşancă** 'a girl/woman from the town of Făgăraş.' In Romanian, to indicate the place of origin, we can use the name of the region, city, town, or village plus the suffixes **-(e)an/-(e)ancă** in the singular and **-eni/-ence** in the plural.

Placename	*Derived Form*
Ending in -j, -ş, -şi, -u	
Cluj	clujan, clujancă, clujeni, clujence
Făgăraş	făgărăşan, făgărăşancă, făgărăşeni, făgărăşence
Iaşi (note vowel change)	ieşan, ieşancă, ieşeni, ieşence
Sibiu	sibian, sibiancă, sibieni, sibience
With any other ending	
Bucureşti	bucureştean, bucureşteancă, bucureşteni, bucureştence
Braşov	braşovean, braşoveancă, braşoveni, braşovence
Moldova	moldovean, moldoveancă, moldoveni, moldovence

As you can see, final vowels are usually dropped. It may not be possible to predict the derived form from the placename (note that **Iaşi** has a derived form **ieşan**). Other unpredictable forms include **ardelean** from Ardeal; **timişorean** from **Timişoara**; **oltean** from **Oltenia**; **blăjan** from **Blaj.**

Repeat the following statements from the first part of the dialogue.

Lîngă ea e tata.   Next to her is Father/Dad.

E tatăl meu cînd era mic.   It's my father/dad when he was little.

As you can see, the noun (**un**) **tată** 'father, dad' is commonly used in Romanian in the definite form, **tata**, or, when a possessive follows, **tatăl** (**meu, tău,** etc.). The most frequent form used for (**o**) **mamă** 'mother, mom' is also the definite form, **mama.** Study the following list of related vocabulary.

Membrii de familie • Family Members

tată	father	cumnată (cumnate)	sister-in-law
mamă	mother	soţ	husband
fiu (fii)	son	soţie	wife
fiică (fiice)	daughter	frate (fraţi)	brother
bunic	grandfather	soră (surori)	sister
bunică	grandmother	nepot (nepoţi)	nephew, grandson
bunici	grandparents	nepoată (nepoate)	niece, granddaughter
unchi (invariable)	uncle	văr (veri)	male cousin

mătuşă (mătuşi)	aunt	verişoară	female cousin
socru	father-in-law	ginere (gineri)	son-in-law
soacră	mother-in-law	noră (nurori)	daughter-in-law
socrii	parents-in-law, in-laws	logodnic	fiance
cumnat (cumnaţi)	brother-in-law	logodnică	fiancee

Arbore genealogic   Family Tree

Monica is trying to trace her family history. She has made the following family tree. Complete each of the phrases below based on the information provided in Monica's **arbore genealogic.**

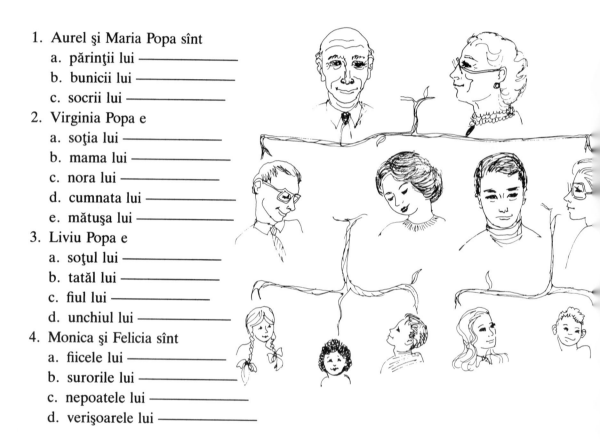

1. Aurel şi Maria Popa sînt
   a. părinţii lui ——————
   b. bunicii lui ——————
   c. socrii lui ——————
2. Virginia Popa e
   a. soţia lui ——————
   b. mama lui ——————
   c. nora lui ——————
   d. cumnata lui ——————
   e. mătuşa lui ——————
3. Liviu Popa e
   a. soţul lui ——————
   b. tatăl lui ——————
   c. fiul lui ——————
   d. unchiul lui ——————
4. Monica şi Felicia sînt
   a. fiicele lui ——————
   b. surorile lui ——————
   c. nepoatele lui ——————
   d. verişoarele lui ——————

Let's expand our vocabulary by learning the following new expressions.

	logodit(ă)	engaged
	căsătorit(a)	married
a (nu) fi	divorţat(ă)	divorced
	văduv/văduvă	widower/widow
	mort/morţi	dead (m.)
	moartă/moarte	dead (f.)

Verbele a trăi, a semăna • The Verbs a trăi, a semăna

Study the forms of **a trăi** 'to live' and **a semăna (cu)** 'to look like,' given below. Note how these verbs are used in sentences.

1. a trăi 'to live'

Form	*Example*
trăiesc	Eu trăiesc într-o ţară frumoasă.
trăieşti	Tu trăieşti departe de familia ta.
trăieşte (să trăiască)	Bunicul trăieşte, dar bunica e moartă.
trăim	Noi trăim cum putem. Asta-i viaţa!
trăiţi	Voi trăiţi bine. N-aveţi probleme.
trăiesc (să trăiască)	Cine poate să trăiască fără bani?
Perfectul compus: am trăit, etc.	Noi am trăit mulţi ani în România.

2. a semăna 'to look like, to look alike'

Form	*Example*
semăn cu	Eu semăn (seamăn) cu tata.
semeni cu	Tu nu semeni cu el.
seamănă cu	El seamănă cu bunicul.
semănăm cu	Noi semănăm cu mama.
semănaţi cu	Voi nu semănaţi cu ei.
seamănă cu	Ele seamănă cu mine.
Perfectul compus: am semănat cu, etc.	Radu a semănat cu tata cînd era mic.

When using **a semăna** to mean 'look alike,' one does not need the preposition **cu.** Examples:

noi semănăm	we look alike	Noi semănăm. Sîntem gemeni [twins (m)].
voi semănaţi	you look alike	Voi semănaţi. Sînteţi gemene [twins (f)].
ei/ele seamănă	they look alike	Ei sînt fraţi, dar nu seamănă.

Stăm de vorbă

1. Unde locuieşte familia dumneavoastră? Ce puteţi spune despre părinţii dumneavoastră?
2. Aveţi fraţi şi surori? Dacă da, cîţi fraţi aveţi şi cîte surori? Sînt căsătoriţi? Unde trăiesc? Cu cine seamănă fiecare?
3. Aveţi gemeni în familie? Dacă da, ei seamănă? Dar dumneavoastră cu cine semănaţi?
4. Bunicii dumneavoastră trăiesc? Dacă da, unde locuiesc? Mergeţi adesea să-i vedeţi? I-aţi vizitat recent? Şi ce puteţi spune despre ei?

Vîrsta • Age

The most common ways to ask someone's age are:

Cîţi ani ai?	How old are you (singular)?
Cîţi ani aveţi?	How old are you (formal or plural)?
Cîţi ani are?	How old is he/she?
Cîţi ani au?	How old are they?

To state how old someone is, use the verb /**a avea** + number + **ani**/. Examples:

Mama are 53 de ani.	Mother is 53 (years old).
Tata are 60 de ani.	Father is 60 (years old).
Sora mea are 28 de ani.	My sister is 28 (years old).
Fratele meu are 18 ani.	My brother is 18 (years old).
Eu am . . . (de) ani.	I am . . . (years old).

As you can see, the word **ani** has to be mentioned in Romanian, while 'years old' may be omitted in English. Now answer the following questions or ask them of another student in the class:

1. Cîţi ani are mama ta?
2. Cîţi ani are tatăl tău?
3. Cîţi ani are fratele tău?
4. Cîţi ani are sora ta?
5. Cîţi ani au bunicii tăi?
6. Cîţi ani ai (tu)?

Although in Romanian we use the adjectives **tînăr** 'young' and **bătrîn** 'old' to describe a person, when expressing the idea of someone's being older or the oldest, or younger or the youngest, one must use the adjectives **mare** 'big' and **mic** 'small.' For example:

fratele (meu) cel mare	my oldest brother
fratele (meu) cel mic	my youngest brother
fraţii (mei) mai mari	my older brothers
sora (mea) cea mare	my oldest sister
sora (mea) cea mică	my youngest sister
surorile (mele) mai mici	my younger sisters

As you can see, in such constructions, the noun is in the definite form, and the possessive adjective (**meu, tău, mea, ta,** etc.) is linked to the adjective **mare** or **mic** by the demonstrative article **cel** (m. sg.) or **cea** (f. sg.). **Cel** and **cea** are related to the demonstratives **acela** and **aceea.**

Şi acum, la lucru

Exerciţiul A

The following adjectives are commonly used in Romanian to describe a person's physical appearance or personality. Use the adjectives below (or others you already know) to tell us whether or not they describe you or someone from your family. Example:

Sora mea cea mică Silvia, are şaisprezece ani. Ea e drăguţă.

tînăr	young	slab	thin	leneş	lazy
bătrîn	old	subţire	slender	bogat	rich
înalt	tall	brunet	brunette	sărac	poor
scund	short	blond	blond	prietenos	friendly
voinic	strong	şaten	brown-haired	generos	generous
amabil	kind	harnic	hard working	frumos	beautiful, handsome

Exerciţiul B

Would you like to learn more about cats and dogs? Read and translate the following mini-dialogue:

Profesorul întreabă:

Ionele, cît trăieşte un cîine?

15 ani, domnule profesor.

Dar un şoarece [mouse]?

Asta depinde de pisică [cat] . . .

Imperativul: Persoana a doua singular • The Imperative: Second Person Singular

In Romanian we can use the subjunctive to convey an imperative meaning when addressing an individual or a group (see lesson 7). Another way to make a request or to give an order is to use the imperative form of the verb. We learned the plural imperative forms that are used to address a group, or a person as **dumneavoastră,** in lesson 8. In this lesson we will learn the singular imperative forms (the **tu** forms) that are used when addressing one person alone in an informal setting.

The negative singular imperative is formed by using /**nu** + infinitive/ for all verbs. For example:

Infinitive	Negative Imperative (singular)
a aştepta	nu aştepta!
a întreba	nu întreba!
a rîde	nu rîde!
a fugi	nu fugi!

The affirmative singular imperative has the same form as either the second or the third person singular present indicative. Most verbs in Romanian express the affirmative singular imperative by using the third person singular present indicative verb form. In this category are the **-a, -î,** and **-i(esc)** verbs, as well as transitive verbs ending in **-e.** (A transitive verb is a verb that takes a direct object.)

Verb Class	Infinitive	Affirmative Imperative (singular)
-a	a întreba	întreabă!
-a(ez)	a recapitula	recapitulează!
-î	a hotărî	hotărăşte!
-i(esc)	a citi	citeşte!
-e (transitive)	a spune	spune!
-e (transitive)	a scrie	scrie!

The affirmative singular imperative is the same as the second person singular present indicative for verbs in **-ea** (except **a bea**) and **-i** (Ø), and for intransitive verbs in **-e.** (Intransitive verbs do not take a direct object.)

Verb Class	Infinitive	Affirmative Imperative (singular)
-ea	a vedea	vezi!
-i (Ø)	a fugi	fugi!
-i (Ø)	a ieşi	ieşi!
-e (intransitive)	a merge	mergi!
-e (intransitive)	a rîde	rîzi!

There are also a number of verbs in Romanian that have irregular singular affirmative imperative forms. Some common ones that you must be sure to master include:

a veni	vino!	come!	a aduce	adu!	bring!
a sta	stai!	stay!	a lua	ia!	take!
a face	fă!	do!	a da	dă!	give!
a fi	fii!	be!	a traduce	tradu!	translate!

Note that these verbs have regular negative imperative forms (**Nu fi îngrijorat! Nu veni!** and so on).

When singular imperative forms are used with direct-object pronouns, we apply the same rules as for the plural imperative forms of this type of verb (see lesson 10). In an affirmative command, the object pronouns follow the verb and are linked to it by a hyphen. In a negative command, the object pronouns remain in their usual position before the verb. Compare the following examples:

Singular Imperatives with Direct-Object Pronouns

Affirmative	*Negative*
Aşteaptă-mă!	Nu mă aştepta!
Întreabă-l!	Nu-l întreba!
Invită-le!	Nu-le invita!
Crede-i!	Nu-i crede!
Vinde-o!	N-o vinde!
Ţine-o!	N-o ţine!

Note, however, that when the pronoun **o** occurs after an imperative form ending in **-ă**, the -**ă** is elided unless the verb form is monosyllabic. Thus /**cumpără** + **o**/ becomes **cumpăr-o!** and /**invită** + **o**/ becomes **invit-o!** But /**dă** + **o**/ stays **dă-o!** and /**fă** + **o**/ stays **fă-o!** because those forms have only a single syllable.

Şi acum, la lucru

Exerciţiul A

Little Nelu is a troublemaker, as you can see from the following statements. Use the imperative form of each verb to correct his behavior. Example:

El vorbeşte nepoliticos.
Nu vorbi nepoliticos!

1. El fuge prin cameră.
2. Pune radioul foarte tare.
3. Stinge lampa în cameră.
4. Mănîncă toate prăjiturile.
5. Scrie cu creionul pe pereţi.
6. Face dezordine prin casă.
7. Pune pantofii de casă în frigider.
8. E rău şi nedisciplinat.

Exerciţiul B: Cine o ajută pe mama?   *Who will help Mother?*

Doamna Georgescu has unexpected guests tonight. She asks Dănuţ to help her. What is she saying? Example:

a merge/repede la alimentara
Mergi repede la alimentara!

1. a trece/apoi pe la piaţă.
2. a vedea/poate găseşti roşii proaspete.
3. a merge/repede te rog!
4. a fugi/nu mai aştepta!

Stăm de vorbă

La consultaţii *During office hours*

Ionuţ has some problems in Romanian. One of his friends has decided to help him. What is he telling Ionuţ? Example:

    a citi/lecţia

    Citeşte lecţia!

1. a răspunde/la întrebări
2. a repeta/întrebarea
3. a vorbi/mai clar
4. a scrie/corect
5. a recapitula/vocabularul
6. a veni/la clasă zilnic
7. a face/temele atent
8. a fi/atent în clasă
9. a aduce/compoziţiile la timp
10. a traduce/fiecare text

Reuniune de familie *Family reunion*

The Ionescus are having a family reunion today. Everybody is trying to help **tanti Livia,** who is in charge of this event. Since she thinks things should be done her way, note that she repeats each request, replacing the underlined words with direct-object pronouns and adding the words in parentheses. Formulate her statements. Example:

    Nuţi, pune masa! (frumos)

    Pune-o frumos, te rog!

1. Mamă, pune florile pe masă! (în vaza asta)
2. Mona, spală farfuriile astea! (bine)
3. Andrei, şterge paharele! (atent)
4. Grigore, taie friptura! (subţire)
5. Tată, pune vinul pe masă! (pe tava asta)
6. Mamă, ia supa de pe sobă! (acum)
7. Mircea, lasă tortul în frigider! (acolo)
8. Nuţi, invită oaspeţii la masă! (politicos)

Adjective şi adverbe: Gradul comparativ • Adjectives and Adverbs: The Comparative

When comparing persons or things, the following types of constructions are used in Romanian.

There are three ways to express equality.

tot aşa de . . . ca (şi)	as . . . as	Ovidiu e tot aşa de voinic ca (şi) Dan.
tot atît de . . . ca (şi)	as . . . as	Monica e tot atît de înaltă ca (şi) Anda.
la fel de . . . ca (şi)	as . . . as	Maşina ta e la fel de mare ca (şi) maşina lui.

The three ways of expressing equality can be used interchangeably.

To express superiority one can use either of two constructions.

mai . . . ca	more (-er) . . . than	Bunicul e mai bătrîn ca bunica.
mai . . . decît	more (-er) . . . than	Tina e mai timidă decît soţul ei.

There are also two ways to express inferiority.

mai puţin . . . ca	less . . . than	Viaţa aici e mai puţin complicată ca acolo.
mai puţin . . . decît	less . . . than	Casa lor e mai puţin confortabilă decît casa voastră.

These comparative constructions are used not only to compare adjectives, but also adverbs. Remember that the masculine form of the adjective is almost always the same as the adverb.

> Amelia vorbeşte tot aşa de politicos ca (şi) Andrew.
>
> El scrie mai bine româneşte ca englezeşte.
>
> Aici apartamentele costă mai puţin decît în centru.

When the second term of comparison introduced by **ca** or **decît** is a personal pronoun, it is always used in its direct-object (accusative) form. For example:

> Fratele meu e tot aşa de înalt ca mine.
>
> Prietena ta vorbeşte mai bine româneşte ca tine?
>
> Voi aţi stat mai puţin decît noi în România.

Note the following Romanian comparatives and their English equivalents:

Adjective	Translation	Adverb	Translation
mai bun, bună, buni, bune	better	mai bine	better
mai rău, rea, răi, rele	worse	mai rău	worse
mai prost, proastă, proşti, proaste	more stupid, ignorant; worse	mai prost	worse
mai greu, grea, grei, grele	heavier, harder	mai greu	harder, with more difficulty
mai uşor, uşoară, uşori, uşoare	lighter, easier	mai uşor	easier, with less difficulty
mai mult, multă, mulţi, multe	more (quantity)	mai mult	more, longer (time)
mai puţin, puţină	less (quantity)	mai puţin	less, shorter (time)
mai puţini, puţine	fewer		

Şi acum, la lucru

Exerciţiul A: Comentarii   *Comments*

Here we are in the **sesiune de examene.** Several students are discussing what they thought of the semester's classes. Use the adjectives listed under each of the pattern sentences to formulate their statements. Example:

> Examenul acesta/examenul trecut
>
> greu/uşor/lung/scurt/simplu/complicat
>
> Examenul acesta a fost mai greu decît examenul trecut.

1. Traducerea aceasta a fost/aceea
   grea/uşoară/lungă/scurtă/simplă/complicată
2. Întrebările acestea/acelea
   grele/uşoare/lungi/scurte/simple/complicate
3. Răspunsul lui/răspunsul ei
   bun/rău/clar/neclar/original/interesant
4. Notele voastre/notele lor
   bune/rele/mari/mici

Exerciţiul B: Familia lui Gabi   *Gabi's family*

Gabriela is talking to her friend Monica about her family. Follow the model to formulate her statements. Example:

> Fratele meu Dan/mai mare/eu
>
> Fratele meu Dan e mai mare ca mine.

1. Dan/tot aşa de înalt/eu
2. el/mai puţin ocupat/eu
3. Sora mea Mariana/mai mică/tu
4. ea/tot aşa de blondă/tu

5. Mariana/mai puţin ocupată/voi
6. Vărul meu Mihai/mai voinic/el
7. Verişoara mea Anca/mai slabă/eu
8. Anca/tot aşa de înaltă/tu

Stăm de vorbă

Familia mea *My family*

The following questions are addressed to you. Answer them yourself or use them in a conversation with one of your classmates.

1. Ai o familie mare, ori mică? Cîte persoane sînt în familia ta?
2. Unde locuiesc părinţii tăi? Au o casă mare, ori mică?
3. Cîţi fraţi şi cîte surori ai? Sînt căsătoriţi? Dacă da, au copii?
4. Ai un frate ori o soră mai mare? Cîţi ani are fiecare?
5. Bunicii trăiesc? Dacă da, unde trăiesc? Sînt bătrîni? Cîţi ani au? Îi vizitezi des?
6. Părinţii tăi sînt tineri? Cine e mai mare, mama, ori tata?
7. Tu cu cine semeni? Dar fraţii tăi? Tu semeni cu ei? Cu care semeni mai mult?
8. De cine eşti mai apropiat? Poţi să explici de ce eşti mai apropiat de unul decît de altul?
9. Pe cine admiri mai mult în familia ta? De ce?
10. Aveţi adeseori reuniuni de familie? Dacă da, cînd? Cine vine la reuniunile acestea?

Imperfectul • The Imperfect

The imperfect tense (**imperfectul**) is a past tense used in Romanian to describe (1) habitual past actions, (2) how things were or used to be, and (3) past actions in progress. For example:

1. Eu jucam tenis zilnic vara trecută.	I played tennis every day last summer.
2. Noi mergeam adeseori la piscină.	We often used to go to the swimming pool.
3. Ei vorbeau cînd a venit profesorul.	They were talking when the professor came.

As you can see, the imperfect has several English equivalents, depending on the context:

Eu lucram la Bucureşti atunci.
{
I used to work in Bucharest then.
I was working in Bucharest then.
I worked in Bucharest then.
I would work in Bucharest then.
}

The imperfect is formed by dropping the final vowel of the infinitive and adding the stressed endings, given below.

For verbs in **-a**, **-ea**, and **-î**, the imperfect endings are **-am, -ai, -a, -am, -aţi, -au.**

a lucra	*a avea*	*a hotărî*
lucram	aveam	hotăram
lucrai	aveai	hotărai
lucra	avea	hotăra
lucram	aveam	hotăram
lucraţi	aveaţi	hotăraţi
lucrau	aveau	hotărau

For verbs in **-e** or **-i**, add **-eam, -eai, -ea, -eam, -eati, -eau.**

a înțelege	*a citi*	*a veni*
înțelegeam	citeam	veneam
înțelegeai	citeai	veneai
înțelegea	citea	venea
înțelegeam	citeam	veneam
înțelegeați	citeați	veneați
înțelegeau	citeau	veneau

Verbs that end in **-ui** and **-ăi** form the imperfect like verbs in **-e** and **-i,** but the **-e** of the ending is absorbed by the preceding **-i.** The simple and practical rule of thumb for forming the imperfect of these verbs is: Add the imperfect ending to the entire infinitive. We have thus:

a locui: locuiam, locuiai, locuia, locuiam, locuiați, locuiau

a trăi: trăiam, trăiai, trăia, trăiam, trăiați, trăiau

In some exceptional cases the stem of the imperfect is different from that of the infinitive. (Compare English 'to be' with 'was,' and 'to go' with 'went.') These verbs are:

a fi	*a sta*	*a da*	*a vrea*
eram	stăteam	dădeam	voiam
erai	stăteai	dădeai	voiai
era	stătea	dădea	voia
eram	stăteam	dădeam	voiam
erați	stăteați	dădeați	voiați
erau	stăteau	dădeau	voiau

Note also the following verbs, which are slightly irregular.

a ști		*a scrie*	
știam	știam	scriam	scriam
știai	știați	scriai	scriați
știa	știau	scria	scriau

Expressions of time often used with the imperfect tense are:

pe atunci	then, at that time
pe (la) vremea aceea	at that time, in those days
pe vremuri	long ago, in the past
mai de mult	a long (time) ago
de multe ori	many times, time and again
în timp ce	while
în fiecare zi, zilnic	every day, daily
în fiecare an, lună etc.	every year, month, etc.

Și acum, la lucru

Exercițiul A

Change the verb form in the pattern sentences to agree with each of the pronoun subjects listed under them.

1. Eu mîncam la cantină pe vremea aceea.

   a. tu b. voi c. Adrian d. noi e. colegii mei f. eu

2. Anul trecut eu nu vorbeam românește.

   a. noi b. tu c. ea d. ei e. dumneata f. dumneavoastră

Exercițiul B: Ce program aveai? *What was your schedule?*

Your friend is asking you about your schedule last year. With a fellow student, ask questions and give answers using the cue words below. Remember to use the imperfect form of each verb. Example:

a avea/cursuri zilnic

(Tu) aveai cursuri zilnic?

Da, aveam cursuri zilnic.

Nu, nu aveam cursuri zilnic.

1. a avea/mult de lucru
2. a lucra/multe ore pe săptămînă
3. a studia/zilnic la bibliotecă
4. a recapitula/pentru fiecare examen
5. a putea/merge adeseori la consultații
6. a asculta/zilnic benzile la laborator
7. a lua/note bune la limba română

Exercițiul C: Pe vremea aceea *In those days*

Your mother is remembering the good old days. Make up her statements about them using the imperfect tense of **a fi** and the cue words below. Example:

noi/tineri

Noi eram tineri.

1. voi/mici 2. tata/foarte ocupat 3. eu/mereu obosită 4. tu/destul de cuminte [well behaved] 5. Dănuț/cam nebunatic [playful] 6. dar amîndoi/foarte drăguți

Stăm de vorbă

Pe atunci *Back then*

Answer the questions below and tell us how things were **pe atunci,** when you were a teenager.

1. Unde locuia familia ta cînd erai adolescent(ă)?
2. Aveați o casă mare, ori mică? Era nouă ori veche?
3. Aveai camera ta? Cum era? Ce aveai în cameră?
4. La ce liceu mergeai? Erai un elev/o elevă bun(ă)?
5. Aveai mulți prieteni? Cum erau ei? Petreceați mult timp împreună?
6. Aveați televizor acasă? Care era programul tău preferat?
7. Făceai sport în timpul liber? Dacă da, ce sport făceai?
8. Ce mai făceai în timpul liber? (Name several activities.)

Jurnal

Lumea Nouă The New World

Bunicul lui tata era dintr-un <u>sat</u> de la <u>poalele Car-</u> | *village*
<u>paţilor.</u> El a fost numai unul din miile de români | *Carpathian foothills*
care au plecat în America înainte de <u>Primul război</u> | *First World War*
<u>mondial.</u>

   <u>Decizia</u> n-a fost uşoară. Dar cînd mergea la | *decision*
piaţă el stătea de vorbă cu alţi <u>ţărani</u> care primeau | *peasants, farmers*
scrisori de la prietenii ori rudele plecate în
America. Şi aşa, <u>gîndul</u> de a pleca în America îl | *thought*
<u>preocupa</u> şi pe bunicul <u>din ce în ce mai mult.</u> La | *preoccupied/more and more*
vremea aceea el avea douăzeci şi şapte de ani. Era
căsătorit cu o fată din satul lui şi aveau o fetiţă de
cîteva luni. "Să plece? Să nu plece?" Nu ştia ce
să facă.

   Dar, într-o zi de toamnă, în 1911, era <u>gata</u> de | *ready*
plecare spre Lumea Nouă. Soţia lui <u>plîngea.</u> "Nu | *wept*
plînge!" spunea el. "Sînt sigur că <u>Dumnezeu</u> o să | *God*
mă ajute şi în America. După ce cîştig <u>destui</u> | *enough*
bani, te aduc şi pe tine cu fetiţa."

   A plecat mai întîi cu trenul pînă la Sibiu şi
de acolo în Germania. Pe drum a întîlnit mai mulţi
ţărani care plecau şi ei în America. După
ce au stat o vreme în Germania, au plecat
prin <u>agenţia</u> *F. Missler, Bremen Steamship* spre | *agency*
Lumea Nouă. Într-o lună <u>vaporul a ajuns</u> la New | *the steamship arrived*
York. De acolo bunicul a plecat direct în Ohio,
unde avea un prieten din satul lui.

   Aici a început să lucreze la o fabrică unde
lucrau şi alţi români. A <u>învăţat meseria de</u> | *learned the trade of welding*
<u>siderurgist,</u> şi a lucrat mai întîi ca <u>muncitor</u> şi apoi | *worker*
ca <u>maistru.</u> | *foreman*

   După trei ani el a adus-o în America şi pe
soţia sa, împreună cu fetiţa lor. Acum totul era mult
mai bine; erau împreună, puteau lucra amîndoi.
Curînd au cumpărat o casă şi apoi <u>au deschis</u> un | *opened*
mic magazin alimentar. Bunica lucra ziua în
magazin, iar bunicul lucra seara după ce venea de
la <u>uzină. Treptat</u> familia <u>a crescut.</u> Aveau acum | *factory/gradually/grew*
trei copii: două fete şi un băiat.

   Ca mulţi alţi români, şi bunicii lui tata
<u>munceau</u> mult ca să poată <u>asigura</u> o educaţie | *worked/assure*
americană pentru copiii lor. Nu a fost uşor, în
special <u>în timpul depresiunii</u>, dar <u>efortul</u> lor a | *during the Depression/effort*
fost <u>răsplătit.</u> Toţi copiii au făcut studii superioare | *rewarded*
şi au acum <u>situaţii</u> excelente. Au şi ei familiile lor | *jobs*
şi sînt cu <u>toţii</u> foarte activi în comunitatea | *all*
românească din Ohio.

Anii au trecut şi acum, desigur, sîntem toţi
integraţi în viaţa americană. Satul nostru natal
<u>a rămas</u> numai <u>o amintire.</u> Dar o amintire foarte   *remained/a memory*
<u>dragă.</u> Acolo ne sînt <u>rădăcinile</u> . . .   *dear/roots*

Three pairs of synonyms

The verbs in each of the three pairs **a spune, a zice**; **a studia,** a **învăţa**; and **a lucra, a munci**
are often synonymous, but they do have some differences. Both **a spune** and **a zice** mean 'to
say.' **A spune** also means 'to tell.' **El spune că e ocupat astăzi** and **el zice că e ocupat astăzi**
both mean 'he says that he is busy today,' but if you want to say 'Sorin tells the truth,' you
must use **a spune: Sorin spune adevărul.**

Similarly, **a studia** and **a învăţa** both mean 'to study,' as in **noi am studiat** *or* **învăţat**
împreună 'we studied together.' **A învăţa,** however, also means 'to learn': **Trebuie să înveţi**
vocabularul means 'you have to learn the vocabulary,' not 'you have to study the vocabulary'
(although that's probably necessary, too!).

Finally, **a lucra** and **a munci** are two ways to say 'to work.' Example:

Doru { lucrează / munceşte } de la 8 la 5.   Doru works from eight to five.

If you choose **a munci** to make this statement, you are implying that it takes more physical
effort to do the job than if you were to use **a lucra.** Keep alert for these differences. They
may seem small, but mastering them will make you sound more like a native speaker.

Aţi înţeles?

Use the information in the **Jurnal** entry to answer the following questions.

1. De unde era bunicul lui Amelia?
2. Cînd a plecat el în America?
3. A fost o decizie uşoară să plece din satul lui?
4. Cu cine stătea el de vorbă despre America?
5. Era căsătorit? Cu cine? Avea copii pe vremea aceea?
6. În ce an era el gata de plecare spre Lumea Nouă?
7. Ce spunea el cînd vedea că soţia lui plînge?
8. Puteţi să descrieţi călătoria lui pînă la New York?
9. De ce a mers el în Ohio?
10. Ce meserie a învăţat el aici?
11. După cît timp a venit şi soţia lui cu fetiţa?
12. De ce era mai bine acum? Descrieţi situaţia lor pe vremea aceea.
13. Credeţi că familia lui Amelia este o familie tipică de români americani? De ce
    da, de ce nu?
14. Este mîndră Amelia de familia ei? Ce spune ea în concluzie?

Vocabular

Substantive

Masculine

adolescent(i) *teenager*

bunic(i) *grandfather*

bunici *grandparents*

cumnat(i) *brother-in-law*

fiu (fii) *son*

frate (i) *brother*

ginere (i) *son-in-law*

logodnic(i) *fiancé*

muncitor(i) *worker*

nepot(i) *nephew, grandson*

siderurgist(i) *welder*

şoarece (şoareci) *mouse*

socru (socri) *father-in-law*

străbunic(i) *greatgrandfather*

străbunici *greatgrandparents, ancestors*

tată (i) *father*

ţăran(i) *peasant*

unchi (sg., pl.) *uncle*

văduv(i) *widower*

văr (veri) *male cousin*

Feminine

adolescentă (e) *teenager*

amintire (i) *memory*

decizie (i) *decision*

fiică (fiice) *daughter*

firmă (e) *company*

generaţie (i) *generation*

logodnică (e) *fiancée*

meserie (i) *trade*

muncitoare (sg., pl.) *worker*

mustaţă (i) *mustache*

nepoată (e) *niece, granddaughter*

noră (nurori) *daughter-in-law*

pisică (i) *cat*

poză (e) *photo*

rădăcină (i) *root*

soră (surori) *sister*

străbunică (e) *greatgrandmother*

ţărancă (e) *peasant*

uzină (e) *factory, plant*

văduvă (e) *widow*

verişoară (e) *female cousin*

vîrstă (e) *age*

vorbă (e) *word*

Neuter

gînd(uri) *thought*

loc(uri) *place*

lucru(ri) *thing, work*

sat(e) *village*

vapor (vapoare) *steamship*

Verbe

a afla *to find out*

a ajunge (ajuns) *to arrive*

a asigura *to assure*

a auzi *to hear*

a creşte (crescut) *to grow (up)*

a deschide (deschis) *to open*

a învăţa *to learn, study*

a munci (esc) *to work*

a pleca *to leave*

a preocupa *to preoccupy*

a rămîne/a rămînea (rămas) *to remain*

a recunoaşte (recunoscut) *to recognize*

a semăna *to look like*

a trăi (esc) *to live*

a zice (zis) *to say*

Adjective

4 terminaţii

apropiat *close, near*

bătrîn *old*

blond *blond*

bogat *rich*

brunet *brunette*

căsătorit *married*

divorţat *divorced*

geamăn (gemeni), geamănă (gemene) *twin*

generos(i), generoasă (e) *generous*

gras *fat*

harnic *hard working*

înalt *tall*

leneş *lazy*

logodit *engaged*

mîndru *proud*

mort (ţi), moartă (e) *dead*

nebunatic *playful*

prietenos(i), prietenoasă (e) *friendly*

prost (şti), proastă (e) *stupid; ignorant; bad*

rău (răi), rea (rele) *bad*

sărac *poor*

slab *thin*

şaten *brown-haired*

uşor(i), uşoară (e) *light, easy*

2 terminaţii

subţire (i) *slender*

Adverbe

mereu *always*

prost *badly*

treptat *gradually*

Expresii

de generaţii *for generations*

de multe ori *many times*

de neuitat *unforgettable*

din ce în ce mai mult *more and more*

Dumnezeu *God*

în fiecare an/lună *every year/month*

în fiecare zi *every day, daily*

în timp ce *while*

mai de mult *a long time ago*

pe atunci *then, at that time*

pe (la) vremea aceea *at that time, in those days*

pe vremuri *long ago, in the past*

12

Aspiraţii
şi împliniri

Dialog

Între absolvenţi

Vlad, Cristian şi Liliana stau de vorbă la cofetăria "Casata" din Piaţa Romană. Peste puţină vreme Vlad şi Cristian vor fi economişti iar Liliana va fi <u>regizoare de film.</u> Entuziaşti şi generoşi ca mulţi tineri de vîrsta lor, <u>ei pun ţara la cale.</u>

Among Graduates

movie director
try to solve the world's problems

Vlad: Eu cred că economia ţării noastre nu se poate redresa decît dacă statul va încuraja iniţiativa particulară.

I think that our country's economy will not be able to right itself unless the state encourages private enterprise.

Cristian: După părerea mea, esenţială este privatizarea. Singura care poate asigura o democraţie reală.

In my opinion, the essential thing is private ownership. This is the only solution that can assure a real democracy.

Vlad: Pentru început e bine ca statul să-i ajute pe meseriaşi să deschidă ateliere proprii.

At the beginning it would be good for the state to help skilled workers start their own businesses [lit. shops].

Cristian: Croitori, cizmari, tîmplari, mecanici, instalatori care să lucreze pe cont propriu şi să aibă cîţiva angajaţi?

Tailors, shoemakers, carpenters, mechanics, plumbers who would work for themselves and have (some) employees?

Vlad: Da. Dar e bine să fie şi mici restaurante particulare, cofetării, magazine în care chelnerii sau vînzătorii să fie proprietari.

Yes. And it would also be good to have small private restaurants, coffeeshops, [and] stores with private owners.

Cristian: Hai să lăsăm astea! Liliana se cam plictiseşte.

Let's drop this [subject]. Liliana is pretty bored.

Liliana: Nu. Trebuie să mă obişnuiesc. În fond, astea o să fie preocupările noastre de acum încolo.

No, I have to get used to it. In fact, this is going to be one of our major concerns [lit. preoccupations] from now on.

Vlad: Dar preocupările tale?

But how about your interests?

Liliana: Ce-i drept, lumea mea e puţin alta. Am citit de curînd memoriile lui Mircea Eliade şi am de gînd să fac un film documentar despre el.

The truth is, my world is a little different. Recently I read Mircea Eliade's memoirs, and I'm thinking of making a documentary about him.

Cristian:	E cam greu, dacă vrei să mergi pe urmele lui Eliade.	*It's pretty difficult if you want to follow in Eliade's footsteps.*
Liliana:	E greu, dar nu e imposibil. Poate am să obţin o bursă de studii. În orice caz, o să vă trimit vederi din India, Europa şi Statele Unite.	*It's difficult, but not impossible. Maybe I'll get a grant. In any case, I'll send you postcards from India, Europe, and the United States.*

Aţi înţeles?

1. Unde stau de vorbă Vlad, Cristian şi Liliana?
2. Ce vor fi ei peste puţină vreme?
3. Cum crede Vlad că se poate redresa economia ţării?
4. Care este părerea lui Cristian?
5. Ce meseriaşi pot deschide ateliere proprii?
6. Ce planuri de viitor are Liliana?

Cultură/Civilizaţie

Mircea Eliade (1907–1986)

When Mircea Eliade came to this country in 1956 to assume the position of professor at the University of Chicago, he also came as a pioneer in an area of study that he would shape into the form we know today as history of religions.

Born in 1907 in Bucharest into a cultural tradition that encouraged interdisciplinary scholarship, Eliade had a wide range of scholarly interests during his years as a student. He became a writer while still a secondary school student, publishing articles on topics ranging from science to history and philosophy. At the same time he became a writer of fiction, first of short stories, then later of novellas and long novels.

12.1 Mircea Eliade (1907–86), outstanding Romanian-American scholar

After three years' intensive study in the department of letters and philosophy at the University of Bucharest, Eliade went to India to study comparative philosophy at the University of Calcutta. This was a decisive step in his life, for it set him on his own path of comparative philosophy and religions. In India Eliade discovered that religions, no matter which ones they were or where they were produced, have remarkable similarities. In trying to understand this phenomenon, he came upon a guiding principle that led him to a wealth of discoveries: a people understands the spiritual aspects of life as they relate to their daily lives. Eliade spent the rest of his life tracking down the religious creations of the human race from all parts of the world.

Upon his return from India, Eliade lectured at the University of Bucharest and continued to publish scholarly works and fiction. During World War II he served as cultural attaché of the Romanian government in Great Britain and Portugal, but he did not return to Romania after the war. He lived in Paris for the next ten years, lecturing by invitation throughout Europe and pursuing his scholarly interests. In 1956 he came to the United States, and for the next twenty-eight years he taught history of religions at the University of Chicago's divinity school.

His works and teaching, which he characterized as an "effort to understand all forms of religious experience," are centrally concerned with the problems of time and space and the many manifestations of the sacred in human life. Eliade wrote dozens of books and hundreds of articles that are well known throughout the world. Some of his best-known books in this country are: *The Myth of the Eternal Return* (1954); *Patterns in Comparative Religion* (1958); *The Sacred and the Profane* (1957); and *A History of Religious Ideas* (1976). He also continued to write fiction all his life, always in Romanian (his works have been translated into many languages), saying that literature was his relaxation. Of his fiction translated into English, his long novel *The Forbidden Forest* (1978) is the best known. In response to a question about the language he wrote in, he answered, "Always my diary, my journal, which is a huge notebook, and fiction I write in Romanian. I have an organic necessity to be in communication . . . with where I come from. I left . . . Romania in 1942 and I haven't been back. . . . I write all kinds of essays in French and English, but for fiction Romanian is a kind of dream language, a love language" (interview published in *Chicago* magazine, June 1986). Eliade died in 1986 at the age of seventy-nine, leaving behind him a treasure house of knowledge about the human spirit.

Structuri şi vocabular

Meserii şi profesii • Trades and Professions

In Romanian, while certain names of professions like **medic, pilot, mecanic, tîmplar** 'carpenter,' **cizmar** 'shoemaker,' and **instalator** 'plumber' tend to be used in the masculine form, others have specific masculine and feminine forms. For example:

croitor	tailor	croitoreasă	seamstress
frizer	male barber	frizeriţă	female barber
coafor	male beautician	coafeză	female beautician

Read the following list of occupations and choose your favorite one. Your classmates will ask you questions in order to guess your choice. Example:

informatician(ă)

Eşti contabil(ă)? | Nu, nu sînt contabil(ă).
Lucrezi într-un birou? | Da, lucrez într-un birou.
Lucrezi la computer? | Da, lucrez la computer.
Eşti informatician(ă)? | Da, sînt informatician(ă).

1. avocat(ă) — lawyer
2. contabil(ă) — bookkeeper
3. dactilograf(ă) — typist
4. decan(ă) — dean
5. informatician(ă) — computer analyst
6. funcţionar(ă) — clerk
7. ghid(ă) — guide
8. poet(ă) — poet
9. ziarist(ă) — journalist
10. rector(ă) — head of a university

Use the vocabulary you know to tell us what characteristics you associate with the following professions. Example:

O învăţătoare trebuie să fie calmă, dedicată şi să iubească copiii.

1. cercetător/cercetătoare — researcher
2. compozitor/compozitoare — composer
3. învăţător/învăţătoare — elementary school teacher
4. dirijor/dirijoare — conductor
5. director/directoare — director
6. muncitor/muncitoare — worker
7. regizor/regizoare — producer
8. scriitor/scriitoare — writer
9. traducător/traducătoare — translator

Stăm de vorbă

Despre dumneavoastră *About you*

Work, work, work! Let's see what you can tell us about this topic. Answer the following questions as they relate to you.

1. Dumneavoastră lucraţi, ori numai studiaţi?
2. Dacă lucraţi, unde lucraţi? Ca ce? Lucraţi normă întreagă [full time] ori jumătate de normă [part time]?
3. Tatăl dumneavoatră e salariat? Dacă da, unde lucrează? Ce meserie ori profesiune are?
4. Dar mama e casnică, ori e salariată? Dacă e salariată, lucrează normă întreagă, ori jumătate de normă? Ce serviciu are?
5. Aveţi fraţi şi surori? Dacă da, ce ocupaţie are fiecare?
6. Bunicii dumneavoastră trăiesc? Dacă da, sînt salariaţi, ori sînt pensionari?
7. Dacă sînt pensionari, cîţi ani au lucrat? Unde? Ca ce? Cînd au ieşit la pensie?

Pronumele reflexiv în acuzativ • The Accusative Reflexive Pronoun

In Romanian certain verbs are reflexive and are conjugated with the accusative reflexive pronouns. A reflexive verb is one that expresses an action performed by the subject on or for itself. Compare the following examples.

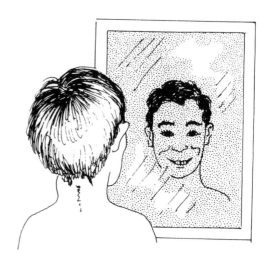

Reflexive Statements

Eu mă spăl.	I wash (myself).
Eu mă văd în oglindă.	I see myself in the mirror.

Nonreflexive Statements

Eu spăl ferestrele.	I wash the windows.
Eu vă văd în clasă.	I see you in class.

In the reflexive statement the action of the verbs **spăl** and **văd** refers to the subject, **eu.** Notice that in English we normally say 'I wash,' leaving out any reflexive pronoun (reflexivity is implied). But in Romanian the reflexive pronoun must be included in order to express the same idea. The two languages use the same reflexive pattern in such sentences as 'I see myself in the mirror.'

In nonreflexive statements, the action of the verb **(eu) spăl, (eu) văd** refers to the direct-object noun, **ferestrele,** and the direct-object pronoun, **vă** 'you.'

The form of the accusative reflexive pronoun is the same as that of the short direct-object pronoun in the first two persons singular and plural. Remember, though, that in a reflexive statement **mă, te, ne, vă** refer to the same person as the subject (**eu mă văd** 'I see myself'), while in a nonreflexive statement they always indicate a different person from the subject (**tu mă vezi** 'you see me'). Translate the following examples.

Reflexive Statements	*Nonreflexive Statements*
tu te vezi	tu mă vezi
noi ne vedem	noi te vedem
voi vă vedeţi	voi ne vedeţi

In the third persons singular and plural, the reflexive pronoun **se** is used. **Se** refers to all genders and means 'himself, herself, itself, themselves.' Infinitives of reflexive verbs are always shown with the third person reflexive pronoun. A sample conjugation of a reflexive verb in the present and the perfect is given below.

a se scula   to get up (lit., *to get oneself up*)

	Indicativ prezent		*Perfectul compus*	
eu	mă	scol	m-am	sculat
tu/dta.	te	scoli	te-ai	sculat
el/ea	se	scoală	s-a	sculat
noi	ne	sculăm	ne-am	sculat
voi/dv.	vă	sculaţi	v-aţi	sculat
ei/ele	se	scoală	s-au	sculat

Verbe cu pronumele reflexiv în acuzativ • Verbs with Accusative Reflexive Pronouns

Based on meaning, reflexive verbs that are conjugated with the accusative reflexive pronouns fall into three main categories.

1. Verbs such as **a (se) spăla** 'to wash (oneself)' can function both as reflexive and as nonreflexive verbs (**eu mă spăl,** but **eu spăl paharele**). When used as reflexive verbs they indicate actions that are performed by the subject on itself. Many verbs in Romanian belong to this category. Note the following:

a se trezi (esc)	to wake up	a se culca	to go to bed
a se scula	to get up	a se pregăti (esc)	to get ready
a se spăla	to wash	a se grăbi (esc)	to hurry
a se şterge (şters)	to dry	a se enerva	to become irritated
a se bărbieri (esc)	to shave	a se speria	to become scared
a se pieptăna	to comb	a se opri (esc)	to stop
a se îmbrăca (cu)	to get dressed	a se odihni (esc)	to rest
a se încălţa (cu)	to put on one's shoes	a se obişnui (esc)	to get accustomed
a se dezbrăca (de)	to undress	a se bucura	to be glad
a se descălţa (de)	to take off one's shoes	a se distra (ez)	to have a good time

2. Verbs such as **a se căsători** 'to get married' have the same uses as the reflexive verbs in the first group, but they can also indicate reciprocal actions, for which they require a plural subject. For example, with a singular subject one would say **eu mă căsătoresc** 'I am getting married' (*not* 'I marry myself'), but with a plural subject one says **noi ne căsătorim** 'we are getting married.'

a se ajuta	to help each other	Noi ne ajutăm unii pe alţii.
a se vedea	to see each other	Cînd vă vedeţi?
a se iubi (esc)	to like, love each other	Dan şi Ana se iubesc foarte mult.
a se saluta	to greet each other	Ne-am salutat la plecare.

Other verbs commonly used as reflexive verbs to indicate a reciprocal action include:

a se întîlni (esc)	to meet (each other)
a se logodi (esc)	to get engaged (to each other)
a se căsători (esc)	to get married (to each other)
a se înţelege	to get along (with each other)

3. Verbs such as **a se răzgîndi** 'to change one's mind' are used only as reflexive verbs. A limited number of verbs belong to this category. Note the following:

a se relaxa (ez)	to relax	Noi ne relaxăm în vacanţă.
a se gîndi (esc)	to think	La ce te gîndeşti?
a se răzgîndi (esc)	to change one's mind	Nu mai plec! M-am răzgîndit.

Note the following verbs. They have one meaning when they are used nonreflexively and another when they are used reflexively.

a duce	to carry, to take	a se duce	to go
a plînge	to cry	a se plînge	to complain
a descurca	to disentangle	a se descurca	to manage
a uita	to forget	a se uita	to look
a naşte	to give birth	a se naşte	to be born

When using reflexive verbs in various tenses, remember that the reflexive pronoun stands where the short direct-object pronoun stands in nonreflexive utterances. We have thus three patterns of declarative sentences.

1. /(nu +) pronume reflexiv + verb/
   Indicativ prezent: Eu (nu) mă grăbesc.
   Ei (nu) se scoală devreme.
   Imperfect: Eu (nu) mă grăbeam.
   Ei (nu) se sculau devreme.

   Perfectul compus: Eu (nu) m-am grăbit.
   Ei (nu) s-au sculat devreme.
   Viitor: Eu (nu) mă voi grăbi.
   Ei (nu) se vor scula devreme.

2. /să + (nu +) pronume reflexiv + verb/
   Conjunctiv prezent: E bine să (nu) mă grăbesc.
   Ei (nu) trebuie să se scoale devreme.

3. /(nu) + o să + pronume reflexiv + verb/
   Viitor: Eu (n-)o să mă grăbesc.
   Ei (n-)o să se scoale devreme.

Şi acum, la lucru

Exerciţiul A

In this exercise you will practice the reflexive verb forms. Repeat the pattern sentence by replacing the verbs with those in parentheses.

1. Eu mă spăl   (mă şterg/mă îmbrac/mă încalţ/mă pregătesc)
2. Tu te speli   (te ştergi/te îmbraci/te încalţi/te pregăteşti)
3. El se spală   (se şterge/se îmbracă/se încalţă/se pregăteşte)

4. Noi ne spălăm   (ne ştergem/ne îmbrăcăm/ne încălţăm/ne pregătim)
5. Voi vă spălaţi   (vă ştergeţi/vă îmbrăcaţi/vă încălţaţi/vă pregătiţi)
6. Ei se spală   (se şterg/se îmbracă/se încalţă/se pregătesc)

Exerciţiul B

Repeat the pattern sentences by changing the verb form to agree with each of the subjects indicated.

1. Eu mă culc tîrziu.
2. Eu m-am culcat tîrziu ieri seară.
3. Eu nu mă scol devreme duminica.
4. Eu nu m-am sculat devreme ieri.

a. tu   b. noi   c. voi   d. părinţii mei   e. colega mea   f. copiii

Exerciţiul C

Some people seem to know everything about the people around them. Play the role of the know-it-alls and: (1) form a sentence using the correct form of the reflexive verbs, then (2) react to the sentence by making a personal comment, as in the example.

Amelia/a se scula/devreme
Amelia se scoală devreme.
Şi eu mă scol devreme. *ori*
Eu nu mă scol devreme.

1. Dan/a se spăla/cu apă rece   2. Gabriela/a se îmbrăca/bine   3. colegii mei/a se grăbi/dimineaţa   4. ei/a se duce/pe jos la clasă   5. Corina/a se odihni/după masa

Exerciţiul D

Do you enjoy giving orders? Here's your chance. Follow the model below, using **trebuie.** The other side of the coin is taking orders, so you have a chance to do that, too, using the pattern given in the model. Example:

a se scula/mai devreme
Trebuie să vă sculaţi mai devreme.
Bine! O să ne sculăm mai devreme.

1. a se scula/la ora 6:30   2. a se spăla/imediat   3. a se îmbrăca/mai repede   4. a se duce/la timp la şcoală   5. a se culca/mai devreme seara   6. a se odihni/puţin după masa   7. a se obişnui/cu o viaţă mai ordonată

Stăm de vorbă

Programul meu zilnic   *My daily schedule*

Use the illustrations below to tell us some of the things you did yesterday. Include as many reflexive verbs as possible. The partial sentence above the first illustration should help you get started.

Ieri dimineață eu m-am sculat la ora . . .

Soluţii   *Solutions*

Read the three romance situations below. Then divide into groups and exchange opinions about the situations.

1. Angela are 17 ani şi Ovidiu are 19. Ei se iubesc şi vor să se căsătorească dar depind complet de părinţi din punct de vedere financiar. Desigur că părinţii nu sînt de acord cu ei. Dumneavoastră ce credeţi?

   Eu cred că e bine . . .

   a. să găsească un serviciu şi să se căsătorească

   b. să termine studiile şi apoi să se căsătorească

   c. să mai aştepte, să nu se căsătorească

   d. să locuiască fiecare cu familia lui şi să se vadă des

   e. Nu ştiu ce să spun.

2. Cătălin a terminat medicina şi a fost repartizat departe de Cluj-Napoca. Liana e studentă în anul doi la farmacie la Cluj. Ei se iubesc foarte mult şi Cătălin insistă să se căsătorească. Dar Liana nu ştie ce să facă. Dumneavoastră ce credeţi?

   a. să se căsătorească şi Liana să renunţe la studii

   b. să se logodească şi Liana să continue studiile

   c. Liana să continue studiile şi să renunţe la Cătălin

   d. să se căsătorească dar numai după ce termină Liana facultatea

   e. Nu ştiu ce să spun.

3. Sîntem în centru. E primăvara. Pe stradă e lume multă. Vedem doi tineri care se ceartă. Ce credeţi despre ei?

   a. e normal să se certe în public

   b. nu e frumos să se certe în public

   c. trebuie să se înţeleagă imediat

   d. e o problemă numai dacă întrerup circulaţia [interrupts the traffic]

   e. Sînt indiferent(ă).

Imperativul verbelor reflexive • The Imperative of Reflexive Verbs

Reflexive verbs, like all other verbs in Romanian, are often used in the imperative form. The imperative of reflexive verbs is formed in the same way as the imperative of nonreflexive verbs (see lessons 8, 10, 11).

In an affirmative command, the reflexive pronouns **te** and **vă** follow the verb and are linked to it by a hyphen.

Affirmative Imperative Singular	*Affirmative Imperative Plural*
Trezeşte-te!	Treziţi-vă!
Scoală-te!	Sculaţi-vă!
Îmbracă-te!	Îmbrăcaţi-vă!
Grăbeşte-te!	Grăbiţi-vă!
Uită-te aici!	Uitaţi-vă aici!
Du-te repede!	Duceţi-vă repede!

In a negative command, the reflexive pronouns remain in their usual position preceding the verb.

Negative Imperative Singular	*Negative Imperative Plural*
Nu te scula!	Nu vă sculaţi!
Nu te grăbi!	Nu vă grăbiţi!
Nu te căsători!	Nu vă căsătoriţi!
Nu te speria!	Nu vă speriaţi!
Nu te enerva!	Nu vă enervaţi!
Nu te plînge!	Nu vă plîngeţi!
Nu te uita!	Nu vă uitaţi!
Nu te duce!	Nu vă duceţi!

Şi acum, la lucru

Exerciţiul A: O mamă insistentă An insistent mother

Every morning Ionel has to go through the same educational warfare with his mother—but he resists heroically. Here is what she says; use the negative imperative to express what Ionel wishes she would say. Example:

> Trezeşte-te!
>
> Nu te trezi!

1. Scoală-te! 2. Bărbiereşte-te! 3. Spală-te! 4. Şterge-te! 5. Îmbracă-te! 6. Încalţă-te! 7. Du-te la şcoală! 8. Grăbeşte-te!

Exerciţiul B: Sfaturi pentru emigranţi Advice to emigrants

Imagine that you are a social worker who has to help a group of Romanian emigrants find their first jobs in the United States. Tell them what to do by using the imperative form of the verbs below. Example:

> a se uita/zilnic în ziar pentru oferte de serviciu
>
> Uitaţi-vă zilnic în ziar pentru oferte de serviciu.

1. a se duce/la o agenţie de plasare [employment agency]
2. a se uita/pe lista lor cu posturi vacante
3. a nu se enerva/dacă nu e nici un post convenabil
4. a se opri/pe la agenţie în fiecare săptămînă
5. a se pregăti/atent pentru interviuri
6. a se odihni/cu o seară înainte de interviu
7. a se gîndi/bine înainte de a răspunde la întrebări
8. a se descurca/cu curaj în limba engleză
9. a se bucura/că sînt sănătoşi şi cu excelente perspective de viitor

Stăm de vorbă

Priorităţi Priorities

Doamna Florescu is tired of hearing her son complain about his situation. Make her recommendations to him by combining elements from each column below, or create your own.

Caută un serviciu mai bun
Du-te la o agenţie de plasare
Învaţă să lucrezi la computer
Recalifică-te eventual
Munceşte mai mult
Scoală-te mai devreme
Grăbeşte-te dimineaţa
Descurcă-te singur
Gîndeşte-te la viitor

în loc

să te plîngi
să faci reproşuri
să stai serile la bar
să te distrezi
să vorbeşti la telefon
să te uiţi la televizor

Reacţii   *Reactions*

Prepare a set of six questions for your classmates. The questions can involve such topics as: daily schedule, study habits, plans for the future, or anything else. When you get a response, react to it, if possible, by telling what you think your classmates should or should not do. They, of course, have the right to accept or reject your suggestion. For example:

Întrebare: La ce oră te scoli dimineaţa?

Răspuns: Mă scol pe la nouă, de obicei.

Reacţie: Scoală-te mai devreme!

Replică: Ai dreptate! O să mă scol mai devreme. *ori*

Nu pot să mă scol mai devreme! Lucrez pînă noaptea tîrziu.

Jurnal

Planuri de viitor   *Plans for the future*

Corina, deşi e o studentă excelentă, e o fată foarte modestă. Ea e studentă la filologie, secţia engleză-română. După absolvire, ea speră să primească un post de profesoară la un liceu. Avantajul pentru un profesor este că are în general un program mai flexibil decît în alte profesiuni. Pentru ea cariera şi familia sînt foarte importante. Cum spunea ea într-o zi: "Munca de educator e o muncă nobilă, dar în viitor, cînd mă voi căsători, vreau să am timp şi pentru copiii mei." *although* *philology* *graduation* *career* *work*

Virgil petrece toată ziua cu computerul. E student la automatică, o specialitate de viitor. El e foarte practic şi ambiţios. Vrea să lucreze ca informatician şi să aibă un salariu bun. Unde va putea lucra? Nu ştie încă, dar speră că vor fi posturi în specialitatea lui la multe întreprinderi. *computer specialist*

Gabriela e studentă în ultimul an la conservator. E o fată sensibilă şi foarte talentată. Ea munceşte mult şi cu pasiune. Ca pianistă ea speră să poată călători, să dea concerte şi recitaluri, să participe *school of music* *passion* *travel* la concursuri şi festivaluri internaţionale.

"Competiţia e mare, dar cu <u>unu la sută inspiraţie</u>   *1% inspiration*
şi <u>nouăzeci şi nouă la sută transpiraţie</u> . . . poţi   *99% perspiration*
reuşi. Eu sper!" spune ea adesea.

Aţi înţeles?

To complete the following statements, select information about Corina, Virgil, and Gabriela from the text you have just read.

Corina/Virgil/Gabriela
{
e student(ă) la . . .
e o tînără/un tînăr . . .
după absolvire vrea să . . .
spune în concluzie că . . .

Prioritaţi *Priorities*

As you think about your own future, tell us how important each of the following is for you, using the scale below.

nu e (deloc) important(ă)	e important(ă)	e foarte important(ă)
is not important (at all)	is important	is very important

Example:

Pentru mine un post bun e foarte important.

Pentru mine nu e deloc important să locuiesc într-un oraş mare.

1. un post bun   2. o slujbă uşoară   3. un serviciu interesant   4. un salariu mare   5. un program flexibil   6. să avansez profesional   7. să locuiesc într-un oraş mare   8. să călătoresc mult   9. să mă căsătoresc   10. o pensie bună   11. o viaţă liniştită   12. să mă înţeleg bine cu şeful   13. să fiu aproape de părinţi   14. să am timp liber   15. să am familie şi copii

Eu ştiu ce vreau *I know what I want*

Make up a list of ten or twelve wishes you have for the future. Then discuss them with other students in your class and try to explain the reasons for each of your wishes. Examples:

Eu vreau să termin facultatea cu note bune, ca să pot avea un post bun după absolvire.

Pentru mine e important să am un program flexibil pentru că vreau să am timp pentru familie în viitor.

Vocabular

Substantive

Masculine

angajat(i) *employee*

avocat(i) *lawyer*

cercetător(i) *researcher*

coafor(i) *beautician*

compozitor(i) *composer*

contabil(i) *accountant*

croitor(i) *tailor*

dactilograf(i) *typist*

decan(i) *dean*

dirijor(i) *conductor*

frizer(i) *barber*

funcţionar(i) *office worker*

ghid (ghizi) *guide*

informatician (eni) *computer analyst*

învăţător(i) *elementary school teacher*

june (i) *young man*

mecanic(i) *mechanic*

meseriaş(i) *skilled worker*

poet(i)   *poet*
proprietar(i)   *owner*
rector(i)   *head of a university*
regizor(i)   *producer*
salariat(i)   *employee*
scriitor(i)   *writer*
şef(i)   *boss*
traducător(i)   *translator*
ziarist(i)   *journalist*

Feminine

angajată (e)   *employee*
aspiraţie (ţii)   *aspiration*
avocată (e)   *lawyer*
carieră (e)   *career*
cercetătoare (sg., pl.)   *researcher*
contabilă (e)   *accountant*
convorbire (i)   *conversation*
dactilografă (e)   *typist*
decană (e)   *dean*
dirijoare (sg., pl.)   *conductor*
funcţionară (e)   *office worker*
gestionară (e)   *manager*
ghidă (e)   *guide*
informaticiană (e)   *computer analyst*
împlinire (i)   *fulfillment*
întîlnire (i)   *date, appointment*
întreprindere (i)   *firm, enterprise*
învăţătoare (sg., pl.)   *elementary school teacher*
oglindă (oglinzi)   *mirror*
opinie (i)   *opinion*
părere (i)   *opinion*
poetă (e)   *poet*
policlinică (i)   *medical complex*
proprietară (e)   *owner*
regizoare (sg., pl.)   *producer*
salariată (e)   *employee*
scriitoare (sg., pl.)   *writer*
şefă (e)   *boss*
traducătoare (sg., pl.)   *translator*
uzină (e)   *plant, factory*
ziaristă (e)   *journalist*

Neuter

atelier(e)   *(work)shop*
avantaj(e)   *advantage*
destin(e)   *destiny*
dezavantaj(e)   *disadvantage*
minister(e)   *government department*
post(uri)   *job, position*
salariu (i)   *salary*
serviciu (i)   *job*
spital(e)   *hospital*

Verbe

a (se) ajuta   *to help*
a angaja (ez)   *to hire, to engage*
a avansa (ez)   *to advance*
a (se) bărbieri (esc)   *to shave*
a (se) bucura   *to be glad*
a călători (esc)   *to travel*
a se căsători (esc)   *to get married*
a concedia (ez)   *to fire (from a job)*
a (se) culca   *to go to bed*
a (se) descălţa   *to take off one's shoes*
a (se) dezbrăca   *to undress*
a se distra (ez)   *to have a good time*
a dormi   *to sleep*
a se enerva (ez)   *to become irritated*
a se gîndi (esc)   *to think*
a intenţiona (ez)   *to intend*
a (se) iubi (esc)   *to love*
a (se) îmbrăca   *to get dressed*
a (se) încălţa   *to put on one's shoes*
a încuraja (ez)   *to encourage*
a (se) întîlni (esc)   *to meet*
a se obişnui (esc)   *to get accustomed*
a (se) pieptăna   *to comb*
a (se) pregăti (esc)   *to get ready*
a reuşi (esc)   *to succeed*
a (se) săruta   *to kiss*
a (se) scula   *to get up*
a (se) spăla   *to wash*
a (se) trezi (esc)   *to wake up*
a se răzgîndi (esc)   *to change one's mind*

Adjective

4 terminaţii

aspru *harsh*

blînd *gentle*

calificat *qualified*

fost *former*

necalificat *unqualified, unskilled*

nobil *noble*

particular *private*

practic *practical*

3 terminaţii

propriu, proprie (proprii) *personal (one's own)*

Pronume

oricine *anyone*

orice *anything*

Adverbe

iniţial *initially, in the beginning*

vreodată *ever*

Conjuncţii

deşi *although*

Expresii

a avea de gînd *to intend, think of*

după părerea mea *in my opinion*

e drept *that's right, it's true*

a fi concediat *to be fired*

jumătate de normă *part time*

a lucra ca *to work as*

a merge pe urmele lui *to follow in the footsteps of*

normă întreagă *fultime*

şi aşa mai departe *and so on, and so forth*

13

Viaţa culturală

Dialog

O seară la teatru

Sîntem la Teatrul Naţional. E ora şapte seara.
Astăzi se joacă comedia *O noapte furtunoasă* de
I. L. Caragiale. Amelia a venit să vadă
<u>spectacolul</u> împreună cu un grup de prieteni. Ei
arată biletele <u>unui tînăr</u> la uşă iar Sorin întreabă
politicos:

Sorin: Sînteţi amabil să ne spuneţi unde sînt
locurile noastre?
Tînărul: La balcon, în rîndul 10. Puteţi urca
pe scara din dreapta.
Sorin: Mulţumesc.
Tînărul: Cu plăcere.

An Evening at the Theater

show
to a young man

*Would you be so kind as to tell us where our
seats are?*
*In the balcony, in row 10. You can go up the
right-hand staircase.*

13.1 A scene from I. L. Caragiale's "O scrisoare
pierduta" at the National Theater in Bucureşti

Ei găsesc locurile şi iau loc. La ora şapte
s-a ridicat cortina şi actorii au apărut pe scenă.   *the curtain rose/appeared*
Spectacolul e cu adevărat amuzant. Amelia e
impresionată nu numai de piesă, dar şi de   *play*
interpretarea actorilor. Lumea rîde şi aplaudă cu   *acting*
entuziasm.   *enthusiasm*

Cultură/Civilizaţie

Ion Luca Caragiale (1852–1912)

Romania's best-known comic playwright, Ion Luca Caragiale, was born in a village near Ploieşti, a village that now bears his name. Like the French comic playwright Moliere, his works are still performed often, and Caragiale is as appreciated today as in his own time for his comedy of manners. His remarkable powers of observation led him to penetrate to the essence of human psychology. He turns its foibles and failings into satire and laughter. His delight in creating fast-moving dialogue and verbal comedy, including mispronounced words, non sequiturs, puns, malapropisms, and misunderstandings of all kinds has kept audiences reeling with laughter since the first productions of his plays.

13.2 I. L. Caragiale (1852–1912), Romania's leading satirical playwright

The son of an actor, Caragiale became a student at the school of drama in Bucharest. He began his theater career as a prompter. He served as an editor for *Timpul*, a newspaper, and worked as a school inspector for a time before becoming director of theaters in Bucharest.

Caragiale was a prolific writer who contributed to many literary magazines and journals in Bucharest. He made his debut as a playwright in 1879 with *O noapte furtunoasă* (A stormy night), which was soon followed by other comic masterpieces, among them *D'ale carnavalului* (Carnival days; 1880)and *O scrisoare pierdută* (A lost letter; 1884), his best-known play, which has been translated into numerous foreign languages and performed in many countries. Caragiale also wrote a number of prose works, including *Schiţe* (Sketches; 1897) and *Momente* (Moments; 1901), amusing, satirical character sketches, and several short stories in which he probes various states of mind—fear, love, and so on. In all these the hand of the master playwright can be seen in the art of dialogue, the comedy of language and situation, and the paradoxes he exposes in his characters.

Structuri şi vocabular

Verbele a apărea, a urca, a coborî • The Verbs a apărea, a urca, a coborî

Read the following sentence from the introductory text, "**O seară la teatru**":

Actorii au apărut pe scenă.   The actors appeared on the stage.

The verb **a apărea** 'to appear' is a regular verb in **-ea**. As you can see, it has a past participle ending in **-ut**. Repeat the pattern sentence above, but change the verb form to make it agree with the following subjects: **eu, tu, personajul principal, noi, voi, ei.**

Repeat the present tense forms in the first pattern sentence below, then give the third person future tense of the verb **a apărea** in the second pattern sentence.

Eu (nu) apar la televizor. (tu apari/ea apare/noi apărem/voi apăreţi/ei apar)

Actorii o să apară pe scenă. (actorul/actriţa/personajul principal)

With another student in the class, read the dialogue between Sorin and the young man checking tickets. Note the forms of the verb **a urca** 'to go up, climb' and those of its counterpart, **a coborî** 'to go down, get down,' which are given immediately below.

a urca	*a coborî*
urc	cobor
urci	cobori
urcă (să urce)	coboară (să coboare)
urcăm	coborîm
urcaţi	coborîţi
urcă (să urce)	coboară (să coboare)

The first person singular of the **perfectul compus** is **am urcat** and **am coborît**, respectively; the imperfect is **urcam** and **coboram**.

Other verbs similar to **a urca** include:

arăta	to show	Sorin arată biletele la uşă.
a ţipa	to scream	Cineva ţipă "Ajutor"!!!
a striga	to shout	Noi nu strigăm în clasă.
a ridica	to raise, lift up	Ridicaţi mîna, vă rog!
a se ridica	to stand up, rise	Spectatorii se ridică şi aplaudă.

Let's accompany Amelia and her friends to the Teatrul National. Look at the illustration below and repeat the following vocabulary related to **o sală de spectacol** 'a theater (hall).'

a. o sală de spectacol
b. scenă
c. cortină
d. decor(uri)

e. un actor în rol(ul) principal
f. o actriță în rol(ul) principal
g. actor(i) în rol(uri) secundar(e)
h. spectatori și spectatoare

Reţineţi			
actorii:	joacă	spectatorii:	privesc
	interpretează		aplaudă
			apreciază
piesa e:	un succes		admiră
	un eşec [a failure]		strigă
	interesantă		fluieră [whistle]
	tragică		
	comică	un rol (rolul):	principal
	profundă		secundar

Declinarea • Declension

Romanian has a rather well developed system of declensions, that is, changes in form of nouns, pronouns, articles, and adjectives according to the different functions they have in the phrase or clause in which they are used. These functions are expressed through specific *case endings*. Romanian has five cases:

1. The nominative (nom.) indicates the subject: **cine?** 'who?' **ce?** 'what?'
2. The accusative (acc.) indicates the direct object: **pe cine? ce? cu, la, despre . . . cine, ce?** 'whom?'
3. The genitive (gen.) indicates the possessor: **al(a, ai, ale), cui?** 'whose?'
4. The dative (dat.) indicates the indirect object: **cui?** 'to whom?'
5. The vocative (voc.) is used in addressing or calling to a person.

Although we can describe five cases, nouns and their modifiers do not have a distinct form for each case. The nominative form is the same as the accusative, and the genitive is the same as the dative, so that for four cases we have only two forms. (The vocative is discussed in a later lesson.) Let us consider first the nominative-accusative case. Compare the following examples:

Un profesor este în clasă.   (subject noun, nominative case)

Eu văd un profesor în clasă.   (direct-object noun, accusative case)

As you can see, the form of the noun **un profesor** is identical in the two cases. We decide whether the noun is in the nominative case or the accusative case based on function, not form.

Read the following examples and identify the function of each underlined noun. Then give the case of the noun. For example:

Spectacolul începe la ora opt seara.   (subject, nominative cas)

Noi o să vedem un spectacol interesant.   (direct object, accusative case)

1. În sală sînt mulţi spectatori.   5. Locurile noastre sînt la balcon.
2. Eu văd nişte spectatori în sală. 6. Am găsit locurile şi am luat loc.
3. Actorii intră pe scenă.   7. Piesa a fost foarte bună şi interesantă.
4. Regizorul vorbeşte la radio.   8. Noi am văzut piesa aceasta.

In the genitive-dative, the nouns follow one pattern of declension when they are used in their indefinite form and a different pattern in the definite form. In both instances, however, it is usually only the article (indefinite or definite) that declines. Let us consider first the indefinite noun in the genitive-dative.

Substantiv cu articolul nehotărît: • The Noun with the Indefinite Article: Genitiv-dativ   Genitive-Dative

The masculine and neuter singular indefinite article **un** (nom.-acc.) becomes **unui** in the genitive-dative. Examples:

un student	a student (m)	unui student	of/to a student
un prieten	a friend (m)	unui prieten	of/to a friend
un magazin	a store (n)	unui magazin	of/to a store
un ziar	a newspaper (n)	unui ziar	of/to a newspaper

The feminine singular indefinite article **o** (nom.-acc.) becomes **unei** in the genitive-dative. Note that feminine singular nouns in the genitive-dative look just like their plural forms. Examples:

o studentă	a student (f)	unei studente	of/to a student
o prietenă	a friend (f)	unei prietene	of/to a friend
o casă	a house	unei case	of/to a house
o carte	a book	unei cărţi	of/to a book
o agenţie	an agency	unei agenţii	of/to an agency
o cafenea	a cafe	unei cafenele	of/to a cafe

In the plural form, **nişte** 'some' (nom.-acc.) is replaced by **unor** in the genitive-dative case. **Unor** always precedes plural nouns and is used for all genders. Examples:

nişte studenţi	some students (m)	unor studenţi	of/to some students
nişte prieteni	some friends (m)	unor prieteni	of/to some friends
nişte magazine	some stores (n)	unor magazine	of/to some stores
nişte ziare	some newspapers (n)	unor ziare	of/to some newspapers
nişte studente	some students (f)	unor studente	of/to some students
nişte prietene	some friends (f)	unor prietene	of/to some friends
nişte case	some houses (f)	unor case	of/to some houses
nişte cărţi	some books (f)	unor cărţi	of/to some books

As you can see, the form of nouns in genitive and dative cases is identical. Only the noun's function in a sentence determines whether the noun is in the genitive or the dative. Therefore it is important to remember that (1) the genitive is the possessive case and conveys the meaning 'of a' or apostrophe *s*;

E maşina unui vecin.
$\left\{\begin{array}{l}\text{It is the car of a neighbor.}\\ \text{It is a neighbor's car.}\end{array}\right.$

and (2) the dative is the case of the indirect object. It adds the meaning 'to' or 'for' to any noun.

Eu scriu unui vecin.   I am writing to a neighbor.

Cumpăr o ciocolată unui copil.   I am buying a chocolate for a child.

Şi acum, la lucru

Exerciţiul A

Repeat the following statement using the correct genitive singular form of the masculine and feminine nouns below. Example:

Am văzut apartamentul
$\left\{\begin{array}{l}\text{unui prieten}\\ \text{unei prietene}\end{array}\right.$

Masculine
1. un coleg
2. un inginer
3. un funcţionar
4. un vecin
5. un muncitor

Feminine
1. o colegă
2. o ingineră
3. o funcţionară
4. o vecină
5. o muncitoare

Exerciţiul B

Now repeat the following statement using the genitive plural form of the above nouns. Example:

Am cunoscut copiii
$$\left\{ \begin{array}{l} \text{unor prieteni} \\ \text{unor prietene} \end{array} \right.$$

Stăm de vorbă

Cine-i proprietarul? *Who is the owner?*

Your classroom's lost-and-found is overflowing. Answer the following questions about the lost and found objects, using the cue words in parentheses. Examples:

> E cartea ta? (un student)
> Nu! E cartea unui student.

> Sînt cărţile tale? (nişte studenţi)
> Nu! Sînt cărţile unor studenţi.

1. E creionul tău? (un coleg)
2. Sînt creioanele voastre? (nişte colegi)
3. E caietul lui Monica? (un băiat)
4. Sînt caietele lor? (nişte băieţi)
5. E tema ta? (un student)
6. Sînt temele tale? (nişte studenţi)

Continue the exercise, referring to other objects and their owners in the class.

Cine caută atent, găseşte! *The one who looks carefully will find*

Several people in your class are looking for the following addresses. Help them find these places. In the last statement, remember that for feminine nouns, the article is different in singular and plural, but the form of the noun is the same (**unei prietene/unor prietene**). For masculine and neuter nouns both article and noun change in form (**unui prieten/unor prieteni**). Example:

> Ce cauţi? (unui coleg de facultate)
> Caut adresa unui coleg de facultate.
> Uite aici e adresa unor colegi de facultate.

1. unui muzeu de artă 2. unei colege de facultate 3. unui prieten din liceu 4. unui institut de cercetare 5. unei agenţii de voiaj 6. unei policlinici apropiate 7. unui magazin cu autoservire 8. unei şcoli elementare

Substantiv şi adjectiv: • The Noun and the Adjective:
Genitiv-dativ   Genitive-Dative

In the genitive-dative case, the inflection for nouns and adjectives is the same. Feminine adjectives, like feminine nouns, also take the genitive-dative when modifying nouns used as possessors or indirect objects.

casa			prietene bune	a good friend's (f) house
scriu	}	unei	vecine bătrîne	I am writing to an elderly neighbor (f)
casa			prietene bune	the house of some good friends (f)
scriu	}	unor	vecine bătrîne	I am writing to some elderly neighbors (f)

Since in the genitive-dative, feminine nouns and adjectives are always in the same form, it is only through the article **unei** or **unor** that we can make the distinction between singular and plural.

Şi acum, la lucru

Exerciţiul A

Read and translate the following statements. Pay special attention to nouns and adjectives in the genitive-dative.

<table>
<tr><td>Genitiv</td><td>Dativ</td></tr>
<tr><td>1. Am citit compoziţia unui student bun.</td><td>1. Vreau să scriu unui prieten bun.</td></tr>
<tr><td>2. Corectez temele unor studenţi noi.</td><td>2. Am dat explicaţii unor studenţi noi.</td></tr>
<tr><td>3. Mirela e fiica unei prietene bune.</td><td>3. Ea oferă locul unei femei bătrîne.</td></tr>
<tr><td>4. El e autorul unor piese celebre.</td><td>4. Au dat flori unor actriţe tinere.</td></tr>
</table>

Exerciţiul B

Change singular nouns and adjectives in the genitive-dative to the plural in the sentences below.

1. Am ascultat concertul unei orchestre simfonice din România.
2. S-a dat premiu unei violoniste tinere şi foarte talentate.
3. Iată tablourile unei pictoriţe originale şi interesante.
4. Am văzut sculpturile unui sculptor român celebru.
5. El a tradus în engleză poeziile unui poet român contemporan.
6. Poliţistul arată unui turist american unde este bibliotecă americană.

Stăm de vorbă

Cine sînt invitaţi?   *Who is invited?*

You are at a party where you have met many people. You'd like to find out more about them and are asking your host for information. With a fellow student, ask about each of the persons below, and answer according to the indications in parentheses. Example:

Dan Popa? (autorul/o piesă bună)

Îl cunoşti pe Dan Popa?

Nu, nu îl cunosc!

E autorul unei piese bune.

1. Victor Ionescu?	(fiul/o actriţă celebră)
2. Mihai Dan?	(contabilul/o fabrică mare)
3. Ion Georgescu?	(directorul/o întreprindere importantă)
4. Liviu Toma?	(dirijorul/o orchestră simfonică)
5. Dan Cristescu?	(autorul/o comedie excelentă)

Substantiv cu articolul hotărît: • Nouns with the Definite Article:
Genitiv-dativ Genitive-Dative

The ending of the genitive-dative of singular masculine or neuter nouns with the definite
article has two forms, depending on what the noun ends in:

1. **-ului** is added when the noun ends in a consonant or in **-i:**

Indefinite	*Definite*
student	studentului
prieten	prietenului
magazin	magazinului
unchi	unchiului
tramvai	tramvaiului

2. The rest of masculine or neuter nouns, all those ending in vowels other than **-i,** add
-lui to make the singular noun definite:

Indefinite	*Definite*
frate	fratelui
perete	peretelui
munte	muntelui
muzeu	muzeului
teatru	teatrului

To form the genitive-dative case of singular feminine nouns, **-i** is added to the nominative-
accusative indefinite plural form of the feminine noun. That is, **(nişte) studente** '(some) stu-
dents (f)' becomes **studentei** 'of, to, for the student (f).' Examples:

studente	studentei
prietene	prietenei
case	casei
cărţi	cărţii
facultăţi	facultăţii
camere	camerei
cafele	cafelei

In the plural form, the definite article takes the form **-lor** in the genitive-dative, and is added
to all plural nouns regardless of gender.

Indefinite	*Definite*
studenţi	studenţilor
prieteni	prietenilor
magazine	magazinelor
tramvaie	tramvaielor
unchi	unchilor
studente	studentelor
prietene	prietenelor
case	caselor
cărţi	cărţilor
agenţii	agenţiilor
cofetării	cofetăriilor

As we have seen with other adjectives, when a possessive adjective follows a feminine noun
in the genitive-dative, it must agree with it in case. Since the possessive adjective in the

genitive-dative is invariable in form, you must depend on the noun or on context to decide whether it is singular or plural.

sora mea, ta, sa	'my, your, his/her sister' *but*
camera surorii mele, tale, sale	'my, your, his/her sister's room';
prietena noastră, voastră	'our, your female friend' *but*
copilul prietenei noastre, voastre	'our, your female friend's child'

Remember that, as you have already learned (lesson 6), the independent definite article **lui** may also precede a proper name in the genitive-dative. **Lui** may be placed before a masculine proper name or a feminine name that has a masculine ending (consonant or **-i**).

Este cartea { lui Marius (m) / lui Tudor / lui Radu   Sînt cărțile { lui Cristinel (f) / lui Vali / lui Mimi

Feminine proper names ending in **-a** (i.e., most feminine names) may either be preceded by **lui** or take the genitive-dative ending **-ei.**

Aceasta este camera lui Maria.

Aceasta este camera Mariei.

Şi acum, la lucru

Exercițiul A: Întrebări şi răspunsuri *Questions and answers*

With a fellow student, make up questions and answers following the model and using the cue words below. Example:

> compoziția/coleg (nu)
>
> Aceasta e compoziția colegului tău?
>
> Nu! Nu e compoziția colegului meu.

1. tema/coleg (da)   2. bicicleta/vecin (nu)   3. maşina/prieten (da)   4. camera/bunic (nu)
5. casa/unchi (da)   6. adresa/profesor (nu)

Exercițiul B: Amintiri *Memories*

Your Romanian neighbor is showing you his family photo album. Repeat his statements, using the correct genitive-dative form of the words in parentheses. Example:

> Aceasta e fotografia/familia mea
>
> Aceasta e fotografia familiei mele.

1. Aici e sora/mama mea/cînd era tînără.
2. Familia/mătuşa mea/locuieşte la Braşov.
3. Ei au o casă mare. Aici e camera/verişoara mea
4. Uite aici sîntem împreună cu copii/sora mea
5. Aici e fratele meu cu familia/cumnata mea
6. Şi aici e fotografia/colega mea/de liceu

Stăm de vorbă

O duminică relaxantă *A relaxing Sunday*

What do you do for relaxation? Here is what Lucia and Olga did. Act out the dialogue between them.

Lucia:	Ce-aţi făcut duminică după masă?
Olga:	Am făcut o vizită unor prieteni şi apoi ne-am dus la film.
Lucia:	Ce film aţi văzut?
Olga:	Filmul american "Rădăcini."
Lucia:	Am auzit că e un film extraordinar.
Olga:	E într-adevăr un film foarte bun. Dar voi ce-aţi făcut?
Lucia:	Am stat acasă şi ne-am uitat la televizor.
Olga:	Apropo, astăzi seară e "Dallas!" Abia aştept să văd ce s-a mai întîmplat [what happened].

Ce programe urmăriţi la televizor?   *What programs do you follow on television?*

Use **a urmări** 'to follow' to form sentences by combining elements from the columns below. Example:

eu	urmăresc	programe sportive	
tu	urmăreşti	meciuri de fotbal	
familia mea	urmăreşte	telejurnalul [news]	zilnic
noi	urmărim	buletinul meteorologic	uneori
voi	urmăriţi	concerte simfonice	cu plăcere
prietenii mei	urmăresc	filme de mister [mystery film]	
anul trecut	am urmărit, etc.	desene animate [cartoons]	
mai de mult	urmăream, etc.		

Verbele a şti şi a cunoaşte • The Verbs a şti and a cunoaşte

We have been using the verb **a şti** 'to know' since the early lessons of this book. More recently we also began to use the verb **a cunoaşte** 'to know, be acquainted with.' Let us clarify some of the semantic differences between these two verbs.

A şti is used primarily in the sense of to know facts or to know how (to). It can be used by itself, in a clause, with interrogative expressions and with or without a direct object (noun or pronoun). For example:

Ştii o glumă bună?	Do you know a good joke?
Ai ştiut că am o soră în România?	Did you know that I have a sister in Romania?
Nu ştii unde sînt cheile mele?	Don't you know where my keys are?
Ştii răspunsul? Da îl ştiu!	Do you know the answer? Yes, I know it!

A cunoaşte is used primarily in the sense of to meet, to know a person, or to be acquainted with persons, places, and things—literary works, art, school subjects. This verb is always used with a direct object. Here are the conjugated forms of this verb, as well as some illustrations of its use.

cunosc	Eu cunosc bine România.
cunoşti	Îl cunoşti pe profesorul meu?
cunoaşte	El te cunoaşte foarte bine.
cunoaştem	Noi nu cunoaştem prea mulţi români.
cunoaşteţi	Cunoaşteţi pe prietena mea?
cunosc	Ei cunosc bine piesele lui Caragiale.

Perfectul compus: am cunoscut, etc.	Am cunoscut multă lume la Iaşi.
Imperfect: cunoşteam, etc.	La vremea aceea cunoşteam bine Bucureştiul.
Viitor: el o să cunoască, etc.	În curînd el o să cunoască bine oraşul.

The verb **a cunoaşte** can also be used as the reciprocal reflexive verb **a se cunoaşte** 'to know each other.' Read and translate the following examples:

1. Vă cunoaşteţi?
   Da, ne cunoaştem.
   Noi nu ne cunoaştem.
2. De cînd vă cunoaşteţi?
   Ne cunoaştem de mult.
   Noi abia ne-am cunoscut.
3. Părinţii noştri se cunosc bine.
   Nu ştiam. De cînd se cunosc?
   S-au cunoscut acum cîţiva ani în România.
   Deci sînt cunoştinţe vechi.
   Nu numai cunoştinţe, sînt chiar prieteni.

Şi acum, la lucru

Exerciţiul A

Repeat the pattern sentences below, making appropriate changes in the verb for each of the subjects listed.

1. Eu îi cunosc pe profesorii noştri.   (tu/Rodica/noi/dumneavoastră/ei)
2. Eu am cunoscut un poet român.   (tu/ea/noi/voi/colegii mei)

Exerciţiul B

Use the correct form of the verb **a cunoaşte** to answer the following questions.

1. Mă cunoşti? Dar voi mă cunoaşteţi? Dar eu vă cunosc pe voi?
2. Îl cunoşti pe (John/Jim/George)?
3. O cunoşti pe (Mary/Kathy/Amy)?
4. (Jim şi Mary), vă cunoaşteţi? Ei se cunosc?
5. Pe cine cunoaşteţi bine din clasă? Cînd v-aţi cunoscut?
6. Cunoaşteţi bine oraşul acesta? Dar Bucureştiul, îl cunoaşteţi?
7. Întrebaţi un student dacă cunoaşte pe cineva din România.

Stăm de vorbă

Despre muzică   *About music*

Ea cîntă la vioară.

Ea cîntă în cor.

As you can see, the verb **a cînta** 'to sing' also has the meaning 'to play (a musical instrument).' When used with the latter meaning, **a cînta** is followed by the preposition **la** plus the name of the musical instrument. Example:

> Ei cîntă la pian, la clarinet, etc.

Following the models below, ask questions to find out if anybody in your class plays a musical instrument, or if anyone knows a good instrumentalist. Examples:

pian
Ştii să cînţi la pian?

un pianist
Cunoşti un pianist bun ori o pianistă bună?

1. vioară	violin	un violonist/o violonistă
2. chitară	guitar	un chitarist/o chitaristă
3. violoncel	cello	un violoncelist/o violoncelistă
4. clarinet	clarinet	un clarinetist/o clarinetistă
5. flaut	flute	un flautist/o flautistă
6. saxofon	saxophone	un saxofonist/o saxofonistă
7. trompetă	trumpet	un trompetist/o trompetistă
8. contrabas	bass	un contrabasist/o contrabasistă

Preferinţe muzicale   *Musical preferences*

Answer the following questions about music, musicians, and you.

1. Cunoaşteţi un pianist celebru? Dar un violonist? Dacă da, ce ştiţi despre ei?
2. Ce cîntăreţi ori cîntăreţe de operă cunoaşteţi? Aveţi o operă preferată? Unde puteţi vedea spectacole de operă şi balet?
3. Ascultaţi cu plăcere muzica clasică? Există o orchestră simfonică în oraşul dumneavoastră? Cine este dirijorul orchestrei?

4. Dumneavoastră aveţi voce [voice] bună? Cîntaţi în vreun cor? Aţi făcut vreodată parte din vreun [any] grup muzical?

5. Aveţi un grup muzical preferat? Dacă da, ce gen [type] de muzică cîntă grupul acesta? Cine sînt soliştii? Ce puteţi spune despre ei?

Jurnal

În curînd va începe la Bucureşti Festivalul Internaţional "George Enescu." Amelia e foarte fericită că va avea ocazia să participe şi ea la acest eveniment. Ieri a fost la agenţie împreună cu cîţiva colegi şi au reuşit să găsească bilete la unul din concertele festivalului. Iată cîteva din notele ei despre viaţa şi opera marelui compozitor român.

George Enescu (1881–1955)

Compozitor român, violonist, pianist, dirijor şi pedagog, Enescu a ridicat muzica românească <u>la nivelul</u> muzicii universale.   *to the level*

Născut la Liveni lîngă Dorohoi, George Enescu a cunoscut <u>din copilărie folclorul,</u> care a fost <u>o sursă</u>   *from childhood/folklore/source* principală de inspiraţie pentru opera sa.

13.3 "Ateneul Român," Bucureşti's main concert hall, built in 1886 by the architect Albert Galleron

13.4 The impressive foyer of the "Ateneul Român"

În anii 1888–99 a studiat vioara şi compoziţia la conservatorul din Viena şi apoi din Paris.

Creaţia sa cuprinde toate formele genurilor muzicale. Cele mai importante lucrări ale lui Enescu sînt:

creation/includes

Poema română (1897), inspirată din viaţa rustică românească; două rapsodii romane (1901–02) caracterizate prin melodia bogată de origine folclorică; trei suite pentru orchestră şi trei simfonii compuse între anii 1905 şi 1919 precum şi opera Oedip.

inspired
rustic/rhapsodies
characterized/rich
folkloric
composed
as well as

Strălucit dirijor contemporan, George Enescu a fost şi profesorul lui Dinu Lipatti şi Yehudi Menuhin. În 1913 a fost instituit premiul internaţional George Enescu.

brilliant

was established

În 1958 a avut loc primul concurs şi Festival Internaţional George Enescu, la Bucureşti. Aici este şi muzeul George Enescu. El a murit la Paris în anul 1955.

competition

died

După *Dicţionar enciclopedic român*, 1964

Aţi înţeles?

Answer the following questions based on the information in the text about George Enescu.

1. Cine a fost George Enescu? Unde şi cînd s-a născut el?
2. Cîţi ani a studiat el vioara la Viena şi la Paris?
3. În ce an a compus Enescu *Poema română*? Ce cuprinde această lucrare?
4. Ce lucrări importante a compus el în anii 1901–02? Dar între 1905 şi 1919?
5. Cînd a fost instituit premiul internaţional George Enescu? În ce an a avut loc primul Festival Internaţional George Enescu?
6. În ce an a murit George Enescu? Ce puteţi spune în concluzie despre personalitatea şi opera marelui compozitor şi violonist?

Vocabular

Substantive

Masculine

actor(i) *actor, performer*
chitarist(i) *guitar player*
cîntăreţ(i) *singer*
contrabasist(i) *bass player*
flautist(i) *flute player*
orb(i) *blind person*
pianist(i) *piano player*
saxofonist(i) *saxophone player*
sclav(i) *slave*
solist(i) *soloist*
spectator(i) *spectator*
trompetist(i) *trumpet player*
violoncelist(i) *cello player*
violonist(i) *violinist*

Feminine

actriţă (e) *actor, performer*
chitară (e) *guitar*
chitaristă (e) *guitar player*
cîntăreaţă (eţe) *singer*
clarinetistă (e) *clarinet player*
contrabasistă (e) *bass player*
copilărie *childhood*
cortină (e) *theater curtain*
flautistă (e) *flute player*

lucrare (lucrări) *work*
oarbă (e) *blind (person)*
pianistă (e) *piano player*
piesă (e) *play, part (machine)*
sală (săli) *hall*
saxofonistă (e) *saxophone player*
scară (scări) *stairway, stairs*
scenă (e) *stage*
sclavă (e) *slave*
solistă (e) *soloist*
spectatoare (sg., pl.) *spectator*
trompetă (e) *trumpet*
trompetistă (e) *trumpet player*
vioară (viori) *violin*
violoncelistă (e) *cello player*
violonistă (e) *violin player*
voce (i) *voice*

Neuter

ajutor (oare) *help*
aspect(e) *aspect*
clarinet(e) *clarinet*
clarinetist(i) *clarinet player*
contrabas(uri) *bass*
cor(uri) *chorus*
decor(uri) *prop*
eşec(uri) *failure*
flaut(uri) *flute*
gen(uri) *style, type*
personaj(e) *character*

pian(e) *piano*
rînd(uri) *row*
rol(uri) *role*
saxofon (oane) *saxophone*
spectacol(e) *show*

Verbe

a admira *to admire*
a (se) adresa (ez) *to address*
a apărea (apărut) *to appear*
a aplauda *to applaud*
a arăta *to show*
a coborî *to go down, get down*
a compune (compus) *to compose*
a cunoaşte (cunoscut) *to know, be acquainted with*
a fluiera *to whistle*
a institui *to establish*
a interpreta (ez) *to interpret*
a înfiinţa (ez) *to establish*
a se întîmpla *to happen*
a muri *to die*
a ridica *to raise, lift up*
a se ridica *to stand up, rise*
a ţipa *to scream, yell*

a urca *to go up, climb up*
a urmări (esc) *to follow*

Adjective

4 terminaţii
ingrat *ungrateful*
principal *principal, main*
profund *profound*
secundar *secondary*
strălucit *brilliant*
superficial *superficial*

Conjuncţii

fiindcă *because, since*

Expresii

cel(cea, cei, cele) mai de seamă *the most important*
Ce părere ai/are, etc.? *What is your (his, her, etc.) opinion?*
Ce s-a întîmplat? *What happened?*
Doamne iartă-mă! *Heaven forgive me!*
prima oară *for the first time*
Scuzaţi! *Excuse (me, us)!*
ultima oară *the last time*

14   O plimbare prin Bucureşti

Dialog

"Mărţişorul"

A venit primăvara la Bucureşti. Astăzi e întîi martie. Pe bulevard lumea trece <u>grăbită.</u> Unii se opresc şi cumpără <u>ghiocei</u> şi <u>viorele</u> iar alţii "mărţişoare" de la <u>tarabele</u> care pot fi văzute <u>peste tot</u> în centru. Amelia se uită şi ea la ele. Sînt foarte drăguţe. — *in a hurry / snowdrops/violets / stands / everywhere*

Ea <u>a trimis</u> deja mărţişoare familiei, dar vrea să mai cumpere unul. "Mărţişoare pentru domnişoare!" <u>strigă</u> <u>vesel</u> vînzătorul. Amelia <u>zîmbeşte.</u> — *has sent / shouts/cheerful / smiles*

După ce a cumpărat un mărţişor, ea pleacă spre <u>staţia de autobuz,</u> unde o aşteaptă cîţiva colegi. Ei merg astăzi la "Mărţişor" să viziteze împreună casa în care a trăit Tudor Arghezi. — *bus stop*

Sorin:	Uite că vine Amelia!	*Look, here comes Amelia!*
Amelia:	Bună! Aşteptaţi de mult?	*Hi! Have you been waiting long?*
Corina:	Nu! Abia am venit şi noi.	*No, we just got here.*
Amelia:	Foarte bine. Ce facem, mergem cu autobuzul ori cu troleibuzul?	*Great. What shall we do, shall we go by bus or by trolley?*
Radu:	Putem merge cu autobuzul 313. Ne duce direct la "Mărţişor." Uite că vine autobuzul!	*We can go by the 313 bus. It takes us directly to Mărţişor. Here comes the bus.*

Autobuzul opreşte în staţie. Toată lumea urcă repede şi <u>perforează</u> biletele. Fetele au noroc. Au găsit locuri libere, aşa că iau loc. După cîteva staţii, surpriză! Intră <u>controlorul.</u> "Biletele la control," anunţă el cu voce tare. Toată lumea arată biletele. Controlorul le verifică şi le dă <u>înapoi.</u> Sorin se duce la <u>şofer</u> şi îl întreabă: — *punches / ticket inspector / back/driver*

Sorin:	Cîte staţii mai sînt pînă la "Mărţişor"?	*How many stops are there until the Mărţişor?*

Şoferul:	Trei staţii!	*Three stops.*
Sorin:	Vă mulţumesc!	*Thank you.*
Şoferul:	Cu plăcere.	*You're welcome.*

În sfîrşit, au ajuns. Toţi coboară din autobuz şi, în staţie, Corina întreabă <u>un trecător</u>:

a passerby

Corina:	Aţi putea să ne spuneţi, vă rog, unde este muzeul Tudor Arghezi?	*Could you please tell us where the Tudor Arghezi museum is?*
Trecătorul:	Mergeţi drept înainte şi muzeul este pe prima stradă la dreapta.	*Go straight ahead, and the museum is on the first street to the right.*
Corina:	Mulţumesc frumos.	*Thank you very much.*
Trecătorul:	Cu plăcere.	*You're welcome.*

Au plecat cu <u>toţii</u> încet spre "Mărţişor." Ajunşi acolo, <u>i-a impresionat</u> mai întîi <u>livada</u> mare şi frumoasă de cireşi şi grădina plină de flori, şi mai ales casa în care a trăit marele poet român, Tudor Arghezi.

all
impressed them/orchard

Cultural note: In the ancient world, March was the first month of the year, and March 1 was New Year's Day. In Romania, March 1 evolved into the day on which the beginning of spring is celebrated. Formerly a time of festivals and carnivals, it is still considered a day to welcome spring, but it has also become a kind of Romanian Valentine's Day. Special little charms attached to red and white silk braided thread, called **Mărţişoare,** may be found in stores and in stalls and stands on streets everywhere. A charm (**Mărţişor**) may symbolize luck, love, or springtime itself. Often it is given to a loved one with a bouquet of spring flowers on March 1 and then is worn, pinned on blouse or coat, throughout the entire month. It is interesting to note that the poet Tudor Arghezi chose to name his house, now a museum, Mărţişor.

Aţi înţeles?

Decide if the following statements are true or false based on the dialogue. If a statement is false, reword it to make it true.

1. În România ziua de întîi martie e considerată "Ziua mărţişorului."
2. În ziua aceasta lumea cumpără mărţişoare de la tarabele care se pot vedea peste tot în centru.
3. Amelia vrea să trimită cîteva mărţişoare familiei ei.
4. Amelia merge la staţia de autobuz unde o aşteaptă nişte prieteni.
5. Casa memorială Tudor Arghezi se numeşte [is called] "Mărţişor."
6. La "Mărţişor" se poate merge cu troleibuzul 315.

Now answer the following questions based on the dialogue.

1. Ce face lumea după ce autobuzul opreşte în staţie?
2. Cine urcă în autobuz după cîteva staţii? Ce spune el? Ce face el?
3. Ce întreabă Sorin pe şofer? Ce răspunde acesta?
4. Cui îi cere informaţii Corina? Ce întreabă ea?
5. Care este răspunsul trecătorului?
6. Ce se poate vedea imediat după intrarea la "Mărţişor"?

Cultură/Civilizaţie

Tudor Arghezi (1880–1967)

One of Romania's greatest poets, Tudor Arghezi, was born in 1880 in Bucharest of peasant stock. His parents were originally from the Gorj district of Oltenia. Growing up in old Bucharest provided Arghezi with many colorful memories, some of which he wrote about captivatingly in prose works like *Cu bastonul prin Bucureşti* (With a walking stick through Bucharest). Arghezi's early life remains shrouded in mystery, and only a few general details have emerged: he was a monk (1899–1904), lived in Switzerland and France (1904–10), and was imprisoned for his politically controversial writings (1918–20). After his release he resumed his dual career as poet and journalist.

Arghezi's first collection of poems, *Cuvinte potrivite* (Fitting words) did not appear until 1927, although he had published poetry regularly since 1896. During the 1930s his journalistic writing began to give way to a more intensive poetic output. In addition to several lyrical novels rich in lexicological innovation, he published a number of volumes of poetry that broke entirely new ground in Romanian literature. The first of these, *Flori de mucigai* (Flowers of mildew; 1930), depicts the prison underworld in a lyrical approach to that seamier side of life. During the same period, he published the collection *Cărticica de seară* (Evening verses; 1935), revealing yet another direction to his poetry by affirming the value of family life and reflecting a pantheistic vision in a childlike obsession with the wonders of creation.

During the Second World War Arghezi continued to publish, and in 1946 he won the Romanian National Poetry Prize. This was the first of many he was to win, including the

14.1 Tudor Arghezi in the garden of his house "Mărţişor"

prestigious Herder Prize in 1965. A period of silence (1947–54) bore witness to his uncertainty and misgivings during the excesses of Stalinism. That silence was broken with the publication of two major cycles of poetry: *1907* (1955) and *Cîntare omului* (Song to mankind; 1956), as well as a number of books for children. More volumes of his poetry and anthologies of prose writing appeared during the late 1950s and early 1960s. From 1963 until his death at the age of eighty-seven in 1967, Arghezi continued to publish volumes of poetry yearly. He was also actively engaged in the revision of his complete works (some sixty-one volumes), whose first volume appeared in 1962 under the title *Scrieri* (Writings). Indeed, Tudor Arghezi's poetry is considered among Romania's best.

Adapted from: Michael H. Impey, "Tudor Arghezi, Romanian Poet," *Romanian Bulletin* (1974).

Structuri şi vocabular

Mijloace de transport • Means of transport

When talking about getting around, we may use such expressions as:

a merge pe jos	Îmi place să merg pe jos.
a face o plimbare	Am făcut o plimbare după cină.
a face o excursie	O să facem o excursie mîine.
a face o călătorie	Vrem să facem o călătorie la vară.
a face un voiaj	O să faceţi voiajul împreună?

When talking about using different means of transport, use the construction /verb + **cu** + vehicle/. The table below shows some of the many different possibilities.

		autobuzul		bus
		troleibuzul		trolley bus
		tramvaiul		streetcar
a merge		metroul		subway
		trenul		train
a veni		vaporul		boat, steamship
	cu	avionul	by	plane
a se duce		autocarul		intercity bus, coach
		maşina		car
a pleca		bicicleta		bicycle
		motocicleta		motorcycle
		camionul		truck
		elicopterul		helicopter

Some useful verbs in this context are: **a conduce** 'to drive, lead,' **a porni** 'to start,' and **a traversa** 'to cross.' Here are the conjugated forms of these verbs:

	a conduce	*a porni*	*a traversa*
	conduc	pornesc	traversez
	conduci	porneşti	traversezi
	conduce	porneşte	traversează
	conducem	pornim	traversăm
	conduceţi	porniţi	traversaţi
	conduc	pornesc	traversează
Perfectul compus	am condus, etc.	am pornit, etc.	am traversat, etc.
Imperfect	conduceam, etc.	porneam, etc.	traversam, etc.
Conjunctiv prezent	[vrea] să conducă, etc.	să pornească, etc.	să traverseze, etc.

Examples:

Eu conduc de mulţi ani.	I have been driving for many years.
(Tu) conduci excelent.	You drive very well.
El n-a condus prea repede.	He did not drive too fast.
Ei o să conducă toată noaptea.	They will drive all night.
Nu ştiu de ce nu porneşte maşina.	I don't know why the car won't start.
Un pieton traversează strada.	A pedestrian is crossing the street.

To describe how one drives, here are some useful adverbs and expressions:

a conduce
bine/rău, prost	well/badly, poorly
repede/încet	fast/slow
atent/neatent	carefully/carelessly
prudent/imprudent	cautiously/recklessly
cu viteză mare/cu viteză mică	at high speed/at low speed
cu viteză reglementară	at the speed limit

Note the uses of **staţie** 'station, stop.'

Autobuzul este în staţie.	The bus is at the bus stop.
Aici e staţia tramvaiului.	Here is the streetcar stop.
Sînt trei staţii pînă în centru.	It's three stops to downtown.
Văd că staţiile sînt scurte.	I see that the stops are short.

Additional vocabulary includes:

staţie de autobuz	bus stop
staţie de taxi	taxi stand
staţie de metrou	subway stop
staţie de troleibuz	trolley stop
staţie de benzină	gas station
permis de conducere	driver's license

Şi acum, la lucru

Exerciţiul A: Cine-i şofer bun? *Who is a good driver?*

Liliana, a new driver, is commenting on her own driving habits as well as those of others. Formulate her statements. Example:

> eu/atent şi bine
>
> Eu conduc atent şi bine.

1. tu/excelent 2. prietenul tău/prost 3. noi/cu viteză reglementară 4. voi/prea repede
5. europenii/cu viteză mare 6. domnul acesta/prea încet

Exerciţiul B: La şcoala de şoferi *At the driving school*

The driving school students are discussing and comparing their skills. Use the words in parentheses to make up sentences for them. Example:

> eu/Viorel (faster)
>
> Eu am condus mai repede ca Viorel.

1. tu/el (more) 2. Sanda/mine (less) 3. noi/voi (slower) 4. voi/ei (worse) 5. Cristian/
tine (better) 6. fetele/băieţii (faster)

Exerciţiul C: De la un loc la altul   *From one place to another*

Answer the following according to the cue words given in parentheses. Example:

Ai venit cu autobuzul? (no/by subway)

Nu, am venit cu metroul.

1. Te duci cu trenul la mare? (no/by car)
2. V-aţi dus cu motocicleta în excursie? (no/by coach)
3. Tu mergi pe jos la universitate? (no/by bike)
4. Bunicii ei au plecat cu avionul din România? (no/by ship)
5. Studenţii merg cu maşina la universitate? (no/by bus)

Stăm de vorbă

Ce părere aveţi?   *What's your opinion?*

This is your chance to give your opinion on transportation issues. Read each statement below, then give your point of view.

1. Majoritatea tinerilor americani obţin permis de conducere între vîrsta de 16 şi 18 ani.
2. În general tinerii conduc mult mai atent ca oamenii în vîrstă [elderly people].
3. Femeile au puţine accidente de maşină pentru că ele conduc atent.
4. Toată lumea conduce cu viteză reglementară în Statele Unite.
5. Alcoolul e cauza multor accidente de circulaţie.
6. Maşinile americane sînt în general mai mici ca maşinile străine.
7. Pentru americani maşina e un lux, nu o necesitate.
8. La Bucureşti transportul public e mai practic decît maşina personală.
9. Visul unui tînăr american este să conducă o maşină mare şi elegantă.
10. În România am văzut mulţi oameni care conduc maşini americane, japoneze şi germane.

Despre şoferi   *About drivers*

This is a reading exercise. Choose the words that best qualify the driver and the driving described in each case.

1. X are o maşină sport. Prin oraş merge cu 80 km pe oră. Cînd e grăbit(ă) trece pe roşu. Conduce . . .

    a. cu viteză mică   b. corect şi bine   c. rău şi incorect

2. X a primit deja două amenzi. Merge uneori prea repede şi uneori prea încet. Ieri a intrat cu maşina pe trotuar. Conduce . . .

    a. atent   b. prost   c. reglementar

3. X respectă toate semnele de circulaţie [traffic signs]. Merge întotdeauna cu viteză reglementară. Opreşte la stop şi porneşte numai pe verde. Conduce . . .

    a. excelent   b. prea prudent   c. prea încet

4. X are permis de conducere de cîteva luni. În oraş conduce atent, dar pe şosea [on the highway] conduce cu viteză foarte mare. Pînă acum nu a primit nici o amendă. E un şofer . . .

   a. curajos   b. norocos   c. prudent

Cum circulăm   *How we drive*

Form groups of five and choose one of the following sets of questions to ask others in your group. Make a summary of the responses you receive to your questions and present it to your entire class after all the groups have finished their questions.

1. Cine are permis de conducere?

   a. De cînd ai permis?

   b. Unde ai învăţat să conduci?

   c. A fost greu examenul de şofer?

   d. Ai fost emoţionat(ă) cînd ai condus prima dată?

   e. Dar acum, mai eşti emoţionat(ă) cînd conduci? Dacă da, cînd eşti emoţionat(ă)?

2. Cine are maşină?

   a. Ai o maşină mare, ori mică?

   b. E o maşină americană, ori străină? E nouă ori veche?

   c. Din ce an e? Merge bine?

   d. Conduci întotdeauna cu viteză reglementară?

   e. Ai primit vreo [any] amendă? Dacă da, de ce?

3. Cine vine cu maşina la universitate?

   a. Unde parchezi maşina de obicei?

   b. Sînt multe locuri de parcare la universitate?

   c. Găseşti uşor loc de parcare în general?

   d. Studenţii plătesc parcarea la universitate?

   e. Ai primit vreodată o amendă pentru parcare nereglementară?

4. Cine vine cu alt mijloc de transport la universitate?

   a. Cu ce vii zilnic la cursuri?

   b. E o staţie de autobuz aproape? Dar de metrou?

   c. Ce autobuze merg la universitate? Dar în centru?

   d. Unde este o staţie de taxi aproape?

   e. Mergi adeseori cu taxiul? Cînd? Unde mergi?

5. Cine are probleme cu maşina uneori?

   a. Ce faci cînd nu merge maşina?

   b. Unde duci maşina la reparat de obicei?

   c. Ai avut vreodată vreun accident?

   d. Ce facem în caz de accident?

   e. Pentru tine maşina e un lux, ori o necesitate? Explică de ce da, de ce nu.

Direcţii • Directions

Repeat the pattern sentences, substituting the words for the directions indicated below.

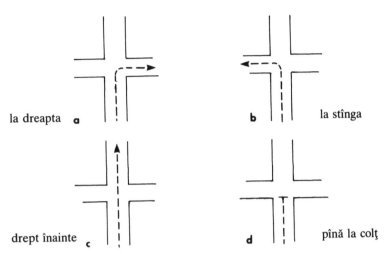

la dreapta **a**   **b** la stînga

drept înainte **c**   **d** pînă la colţ

1. Mergeţi la dreapta.
   la stînga/drept înainte/pînă la colţ/înapoi
2. Priviţi în faţă.
   în spate/la dreapta/la stînga/drept înainte
3. Luaţi-o la stînga [take a left].
   drept înainte/pe strada aceasta/aleea [lane] aceea

Şi acum, la lucru

Exerciţiul A: Să dirijăm circulaţia   Let's direct traffic
You are a Romanian traffic police officer. Choose the appropriate command for each of the situations described.

1. Semaforul [the stop light] e pe roşu. Ce spuneţi pietonilor?
   a. Traversaţi!
   b. Puteţi să traversaţi!
   c. Nu traversaţi!
2. La semafor e lumină galbenă. Ce spuneţi automobiliştilor?
   a. Opriţi imediat!
   b. Aşteptaţi!
   c. Grăbiţi-vă!
3. Acum e lumină verde. Daţi indicaţii pietonilor!
   a. E stop!
   b. Atenţie aici!
   c. Traversaţi!
4. Un grup de elevi trebuie să traverseze bulevardul. Ce le spuneţi?
   a. Nu traversaţi bulevardul!
   b. Traversaţi numai la trecere de pietoni!
   c. Traversaţi oriunde bulevardul!

Semnele de circulaţie   *Traffic signs*

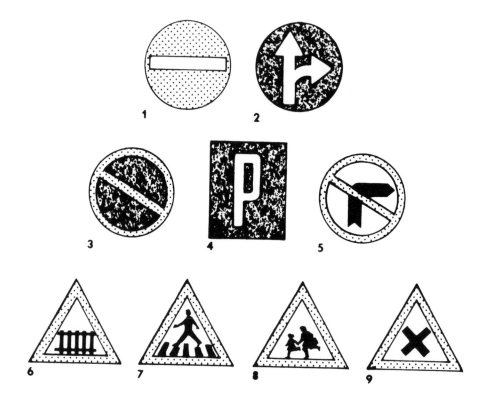

Match the traffic signs with the descriptions.

1. _____ Mergeţi drept înainte şi apoi la dreapta.
2. _____ Nu puteţi să faceţi [turn] la dreapta.
3. _____ Daţi prioritate pietonilor!
4. _____ Conduceţi atent la intersecţie!
5. _____ Atenţie! Opriţi la calea ferată!
6. _____ Nu intraţi pe strada aceasta!
7. _____ Fiţi atent! Pe aici trec copii.
8. _____ Nu lăsaţi maşina aici!
9. _____ Parcaţi pe strada aceasta! E loc de parcare.

Umor   *A joke*

Un tînăr: Spuneţi că eu nu cunosc regulile de circulaţie?! Cu ce ştiu pot umple [fill] două volume!

O tînără: Dar cu ceea ce nu ştiţi puteţi umple două spitale!

Stăm de vorbă

În centrul Timişoarei   *In downtown Timişoara*

Iată un detaliu din centrul Timişoarei. Imaginaţi-vă că cineva vă cere următoarele [the following] informaţii. Ce răspundeţi?

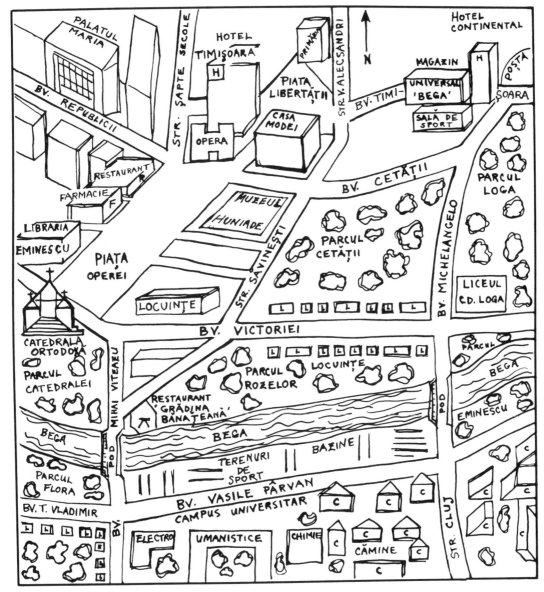

TIMIŞOARA

1. Unde este catedrala? Dar opera?
2. Este o farmacie în Parcul Loga? Dar unde este?
3. Puteţi să-mi spuneţi unde este primăria? Dar poşta?
4. Unde aş putea face puţin sport?

Uitaţi-vă pe hartă   *Look at the map*

Acum sînteţi în clădirea universităţii şi vreţi să mergeţi la restaurantul "Grădina Bănăţeană."
Întrebaţi pe cineva cum puteţi ajunge acolo. Urmăriţi pe hartă indicaţiile date.

Fiţi amabil(ă), cum pot ajunge la restaurantul "Grădina Bănăţeană"?

Luaţi-o la stînga pe Bulevardul Vasile Pârvan pînă la prima intersecţie cu Bulevardul Mihai Viteazul.

Treceţi podul peste Bega şi vedeţi restaurantul "Grădina Bănăţeană" la dreapta.

Aţi ajuns? Bravo!

Acum continuaţi să cereţi informaţii unor colegi de clasă, care, bazaţi pe harta alăturată vă vor da indicaţiile cerute.

1. Aţi luat masa la restaurant, aţi făcut o plimbare prin Parcul Rozelor şi acum vreţi să vizitaţi Muzeul Huniade. Întrebaţi pe cineva cum puteţi ajunge acolo.
2. Sînteţi la Hotel Continental şi trebuie să ajungeţi la universitate la o conferinţă. Care este drumul cel mai scurt?
3. A doua zi dimineaţa aveţi o întîlnire în Piaţa Operei. Sînteţi la unul din cămine. Cum puteţi ajunge la întîlnire?

Verb: Condiţionalul • The Verb: The Conditional

The conditional in Romanian, as in English, is used to express a wish, a suggestion, or a condition. It may also be used to express a statement or a request less directly or more politely. For example:

Eu aş prefera să stau acasă.	I would prefer to stay home.
Noi am vrea să jucăm tenis.	We would like to play tennis.
(voi) N-aţi vrea să mergem la film?	Wouldn't you like to go to a movie?
(ei) Ar trebui să studieze mai mult.	They should study more.

As you can see, the conditional requires special verb forms in Romanian, and is translated most often by 'would.' The present conditional consists of a special auxiliary verb: **aş, ai, ar, am, aţi, ar** plus the infinitive of any verb.

Condiţional prezent			*The present conditional*
a sta	*a merge*	*a călători*	'would stay, go, travel'
aş sta	aş merge	aş călători	
ai sta	ai merge	ai călători	
ar sta	ar merge	ar călători	
am sta	am merge	am călători	
aţi sta	aţi merge	aţi călători	
ar sta	ar merge	ar călători	

The negative is formed by placing **n-** before the auxiliary. Example: **n-aş sta** 'I would not stay.'

The conditional is often used in Romanian with **dacă** 'if' or **chiar dacă** 'even if' to express an explicit condition. It is important to remember that Romanian uses the conditional in both the clause that sets up the condition ('if . . .') and the main clause, while English generally uses the past tense in the if-clause and the conditional only in the main clause. Some examples follow.

Dacă aş avea bani aş cumpăra maşina.	If I had the money, I would buy the car.
El ar scrie dacă ar avea adresa.	He would write if he had the address.
Noi am veni dacă n-am avea cursuri.	We would come if we didn't have classes.
Dacă aţi veni la clasă n-aţi avea probleme la examene.	If you came to class you wouldn't have problems on exams.

When used with object pronouns or with reflexive pronouns, the conditional follows the same rules as the compound perfect. The object or reflexive pronouns precede the verb, except for the third person direct-object feminine form **o** 'her, it,' which follows the verb. For example:

Eu te-aş ajuta dacă aş avea timp.	I would help you if I had time.
Dacă ei mi-ar da viza aş pleca imediat.	If they gave me a visa, I would leave immediately.
Ei s-ar duce la mare dacă ar putea.	They would go to the seashore if they could.
Casa e frumoasă. Aş cumpăra-o dacă n-ar fi aşa scumpă.	The house is beautiful. I would buy it if it weren't so expensive.

Object and reflexive pronouns preceding a conditional form are hyphenated and abbreviated as before the compound perfect: **m-, te-, l-, ne-, v-, i-, le-, s-.**

Reţineţi

1. could; would be able	aş putea, ai putea, ar putea, am putea, aţi putea, ar putea
2. would like/want/wish	aş vrea, ai vrea, ar vrea, am vrea, aţi vrea, ar vrea
3. should; would have to	ar trebui (invariable): eu ar trebui (să), tu ar trebui (să), etc.

Şi acum, la lucru

Exerciţiul A

Change the verb forms in the pattern sentences below to make them agree with each of the subjects listed.

1. Dacă aş veni zilnic la curs, n-aş avea probleme.

   a. tu   b. el   c. noi   d. voi   e. studenţii   f. dta.

2. Eu i-aş ajuta, dacă aş putea.

   a. tu   b. profesorul   c. voi   d. dv.   e. prietenul meu   f. părinţii

Exerciţiul B

Use the correct form of the conditional to rephrase the following questions and statements. Example:

   <u>Vreţi</u> să mergeţi acasă acum?

   Aţi vrea să mergeţi acasă acum?

1. Eu <u>vreau</u> să plec imediat.
2. <u>Puteţi</u> să răspundeţi la întrebări?
3. Noi <u>ştim</u> să răspundem probabil.
4. <u>Trebuie</u> să învăţaţi mai bine vocabularul.
5. Asistentul <u>are</u> timp să ne ajute astăzi?
6. Noi <u>putem</u> să trecem pe la birou după masă.

Stăm de vorbă

Despre vacanţă   *About vacation*

Ask a classmate to answer questions based on the phrases below. Each response should contain a conditional form of the verb. Example:

14.2 Bucureşti, the Patriarchate Cathedral, founded in 1668 by Constantin Şerban Basarab, and the National Parliament, built in 1907 by the architect I. Mamarolu

Întrebaţi pe colegii dumneavoastră: s-ar duce în Florida dacă ar avea vacanţă acum?
Te-ai duce în Florida dacă ai avea vacanţă acum?
Sigur că m-aş duce. *ori* Nu m-aş duce în Florida, m-aş duce în Bahamas, dacă aş avea vacanţă acum.

Întrebaţi:

1. s-ar duce în vacanţă acum ori mai tîrziu?
2. unde s-ar duce dacă ar putea? Cu ce ar călători?
3. s-ar duce singur(ă) ori cu alţi colegi în vacanţă?
4. ar prefera să petreacă vacanţa la munte ori la mare?
5. ce ar face dacă ar merge la mare?
6. cum ar petrece timpul dacă ar merge la munte?
7. ar merge în Europa dacă ar avea bani?
8. dacă ar merge în Europa, ce ţări ar vizita?
9. s-ar duce şi în România dacă ar putea?
10. ce ar vrea să vadă dacă ar merge în România?
11. s-ar opri cîteva zile la mare dacă ar avea timp?
12. s-ar descurca numai în română ori ar vorbi şi englezeşte?

Cum aş reacţiona *How I would react*

Respond to the following situations, using a conditional form of the verb in each response. Example:

> Aţi venit cu maşina la curs. Aţi avut probleme cu frîna (brake) şi acuma ar trebui să mergeţi acasă. Ce aţi face în situaţia asta?
>
> Eu n-aş conduce, eu aş lua autobuzul, eu aş merge pe jos acasă, eu aş lua un taxi, etc.

1. Sînteţi la universitate şi căutaţi desperat(ă) un loc de parcare. Ce aţi face dacă aţi observa un loc liber în spaţiul rezervat profesorilor?

2. Trebuie să ajungeţi în cîteva minute la un examen. Conduceţi repede pe şosea şi observaţi că nu mai aveţi decît foarte puţină benzină. Ce soluţie aţi putea găsi?

3. Plecaţi într-o călătorie. Aţi pregătit valizele, le-aţi pus în maşină şi cînd să plecaţi vedeţi că maşina nu porneşte. Cum aţi putea rezolva problema?

4. Aveţi o prietenă bună care a cîştigat un milion de dolari la loterie. Ce aţi face cu banii dacă aţi fi în locul prietenei?

Pronumele personal în dativ: Forme scurte • The Dative Pronoun: Short Forms

The personal pronouns may be used in the accusative form as the direct object of the verb (**voi mă vedeţi** 'you see me') or in the dative form as the indirect object of the verb (**voi îmi scrieţi** 'you are writing to me'). In the examples below, the highlighted words are all personal pronouns used as short dative (indirect-object) pronouns. Note their forms and meaning as well as the fact that they precede the verb.

Dan *îmi* dă cartea de romănă.	Dan is giving *me* the Romanian book.
El *îţi* arată cîteva apartamente.	He is showing *you* a few apartments.
Adrian *îi* trimite o telegramă.	Adrian is sending *him/her* a telegram.
Studenţii *vă* oferă flori.	The students are offering *you* flowers.
Ospătarul *le* aduce gustări.	The waiter is bringing *them* appetizers.

The personal pronouns have the following corresponding short dative or indirect-object forms. Compare them with the direct-object or accusative pronouns:

		Subject pronoun (nominative)	*Indirect-object pronoun (dative)*	*Direct-object pronoun (accusative)*	*English forms of dative pronouns*
Singular	1.	eu	îmi	mă	(to, for) me
	2.	tu/dta.	îţi	te	(to, for) you
	3.	el	îi	îl	(to, for) him
		ea	îi	o	(to, for) her
Plural	1.	noi	ne	ne	(to, for) us
	2.	voi/dv.	vă	vă	(to, for) you
	3.	ei	le	îi	(to, for) them
		ele	le	le	(to, for) them

As you can see, the third person singular, **îi,** and the third person plural, **le,** apply to both masculine and feminine indirect objects.

El îi dă flori   El le dă flori.

Do not confuse the dative pronoun **îi** '(to, for) him/her' with the accusative pronoun **îi** 'them.' Compare the following examples:

1. Eu îi invit la petrecere. (direct object)   I am inviting them to the party.
2. Eu îi scriu o scrisoare. (indirect object)   I am writing a letter to him/her.

1. Îi vedeți deseară? (direct object)   Are you seeing them this evening?
2. Îi telefonezi astăzi? (indirect object)   Are you calling him/her today?

Their position in a sentence and the orthographic changes in the short forms of the dative pronouns follow the same rules as for the accusative pronouns.

1. Before a verb in the compound perfect tense, the short indirect-object pronouns are hyphenated, and with the exceptions of **ne-** and **le-**, they have the following shortened forms:

   îmi becomes **mi-**   Anda mi-a adus o cafea.
   îți becomes **ți-**   Ea ți-a adus o dulceață.
   îi becomes **i-**   Noi i-am trimis o vedere.
   vă becomes **v-**   Ei v-au arătat planul orașului.

2. **Îmi, îți,** and **îi** are shortened to **-mi, -ți,** and **-i** when they follow a word ending in a vowel—**nu, să, cine, ce, unde,** etc.

   El nu-mi dă mașina.   He is not giving me the car.
   Noi o să-ți trimitem bani.   We will send you money.
   Cine-i scrie?   Who writes to him/her?

3. For verbs in the imperative, short indirect-object pronouns follow the same rules as direct-object or reflexive pronouns. They follow the verb in an affirmative command, but precede it in a negative command, as is their usual position in declarative sentences.

   Arătați-mi tema de astăzi!   Nu-mi arătați tema de ieri!
   Aduceți-i un pahar cu apă!   Nu-i aduceți limonadă!
   Scrieți-ne la universitate!   Nu ne scrieți acasă!
   Cumpărați-le cărți!   Nu le cumpărați bomboane!

Şi acum, la lucru

Exerciţiul A

Repeat each statement below, substituting the indirect-object pronoun with the Romanian form of the pronouns given in parentheses.

1. Profesoara îmi dă tema înapoi.　　　　(you sg./you pl.)
2. Ea îţi arată cîteva greşeli.　　　　　(me/him/her)
3. Asistentul îi dă numărul de telefon.　(you sg./us/them)
4. El ne aduce examenele înapoi.　　　　(you pl./them)
5. Rodica vă explică pronumele în dativ.　　　　　　　　　(to me/to him/to her)
6. Profesoara le spune cînd are consultaţii.　　　　　　　(us/you sg./you pl.)

Exerciţiul B: Un bolnav recalcitrant *A recalcitrant sick person*

Barbu is not feeling well. Liviu, his roommate, offers to help him, but Barbu responds to each offer negatively. Play Barbu's role. Notice that, in questions 4–6, the dative pronoun anticipates a noun, as if one were to say, "Shall I him telephone the doctor?" Example:

Să-ţi fac un ceai?

Nu, să nu-mi faci ceai.

1. Să-ţi fac o supă?
2. Să-ţi dau o aspirină?
3. Să-ţi aduc un suc?
4. Să-i telefonez medicului?
5. Să-i spun profesoarei că eşti bolnav?
6. Să le spun părinţilor tăi să vină aici?

Exerciţiul C: Poţi să-mi spui? *Can you tell me?*

One of your fellow students is always full of questions. He often misses class, and when he is there, he doesn't always pay attention. Here he is, as usual, asking you about class matters. Follow the models to answer him. Example:

Ţi-a telefonat Lucian ieri după curs?

Da, mi-a telefonat. *ori* Nu, nu mi-a telefonat.

1. Ţi-a spus că avem examen săptămîna aceasta? (da)
2. Ţi-a explicat ce trebuie să învăţăm pentru examen? (nu)
3. Ţi-a dat tema la română pentru mîine? (da)
4. Ţi-a promis că o să ne ajute? (nu)

Here is another pattern. Example:

V-a spus profesoara la ce oră o să fie la birou?

Da, ne-a spus. *ori* Nu, nu ne-a spus.

1. V-a adus compoziţiile înapoi? (da)
2. V-a explicat exerciţiile la tablă? (da)
3. V-a citit o compoziţie model în clasă? (nu)
4. V-a dat note bune la compoziţii? (da)
5. V-a arătat diapozitive astăzi în clasă? (nu)

Exercițiul D: Unchiul din America *The uncle from America*

When Uncle Sam goes to Romania for a visit, he always brings everyone presents. Tell what he brought each person mentioned below by following the model and using dative pronouns. Example:

mamei mele/un ceas de aur

Mamei mele i-a adus un ceas de aur.

1. tatălui meu/o camașă și o cravată
2. mătușilor mele/cafea și cosmetice
3. vărului meu/o pereche de blugi
4. verișoarei mele/un pulover frumos
5. fratelui meu/un casetofon și benzi
6. rudelor mele/mici cadouri

Stăm de vorbă

Ce planuri ai? *What are your plans?*

We are going to Romania this summer. You once mentioned that you would like to come along. Answer the following questions to bring us up to date about your plans.

1. Știi că mergem în România la vară?
2. Cine ți-a spus?
3. Ai vorbit cu părinții tăi despre asta?
4. Le-ai spus că vrei să mergi cu noi?
5. Și ei ce ți-au răspuns?
6. Le-ai spus că ai nevoie de bani de drum?
7. Ce-au zis, pot să-ți dea bani?
8. Deci, ce faci? Vii, ori nu vii?

Între colegi *Among colleagues*

A young Romanian newcomer in town is having coffee in a cafe with some fellow students. Here are his questions. Answer the questions for him.

1. Spuneți-mi, aveți mulți prieteni aici la universitate?
2. Îi vedeți des? Unde vă întîlniți de obicei?
3. Le telefonați uneori? Dar ei vă telefonează?
4. Puteți să-mi dați numărul dumneavoastră de telefon?
5. Doriți să vă dau numărul meu de telefon?

Jurnal

La Șosea *On the "Șosea"*

Pregătește-te! Mi-au spus cîțiva prieteni că mîine o să facem o plimbare la Șosea. I-am privit surprinsă: Și ce-o să vedem acolo, mașini? Asta văd și în America, le-am zis eu. N-ai înțeles, mi-a răspuns repede Sorin. Nu mergem pe șosea, mergem la Șosea, adică vom face o plimbare într-una din zonele <u>deosebit</u> de frumoase din București. Frumoase și interesante, pot <u>să adaug</u>

unusually

add

14.3 CEC, Central Savings Bank, in Bucureşti, an excellent example of fin-de-siècle French-Romanian architecture

14.4 "La Şosea," North Bucureşti's pleasant park district

şi eu acum, după ce am avut ocazia să cunosc
această parte din oraş "unde soarele şi dumbrava *where the sun and the woods*
se întîlnesc în valuri de lumină şi frunze," cum *meet in waves of light and leaves"*
frumos spune Tudor Arghezi în volumul său
Cu bastonul prin Bucureşti.

    Noi n-am pornit-o cu bastonul, ci cu trolei- *but*
buzul, pînă la Piaţa Victoriei. Cînd am coborît
din troleibuz, în faţa noastră se deschideau două
bulevarde mari: Şoseaua Kiseleff, un loc vechi de
promenadă pentru bucureşteni, şi Bulevardul
Aviatorilor, dominat în perspectivă de statuia *of the Aviators*
eroilor aerului. Am plecat aşadar încet pe jos pe *heroes of the air*
bulevardul acesta frumos, flancat de stejari bătrîni *bordered/oaks*
şi de numeroase tufe de trandafiri. Bucureştiul *bushes*
este cu adevărat oraşul trandafirilor, a remarcat
Andrew, care se oprea la tot pasul să facă *at every step*
fotografii.

    În sfîrşit iată că am ajuns în parcul Herăstrău.
Un parc imens, cu alei de flori multicolore, un lac
cu salcii pletoase şi bănci, locuri de popas pentru *weeping willows/stopping places*
vizitatori. Am poposit şi noi mai întîi pe Aleea *we stopped*
Trandafirilor, vestită pentru frumuseţea ei, şi apoi, *renowned/beauty*
unde credeţi că ne-am oprit? Chiar la statuia lui
Walt Whitman! De altfel, pretutindeni în parc se *as a matter of fact/everywhere*
pot vedea statuile unor poeţi, scriitori, artişti şi
oameni de ştiinţă români şi străini. Impresionant! *men of science*
Aproape este şi Muzeul Satului, pe care însă îl
vom vedea cu altă ocazie.

    Orele au trecut pe nesimţite şi iată că a *without our realizing*
sosit şi vremea să ne întoarcem acasă. *to go back*
Eu zic să luăm autobuzul de pe Kiseleff,
a sugerat Corina. Bună idee, am răspuns noi, *suggested*
dornici să culegem şi mai multe impresii noi. Şi, *eager to gather*
într-adevăr, în curînd am ajuns la Arcul de
Triumf, un monument dedicat eroilor
români. Am privit îndelung acest monument *for a long time*
impresionant. Aveam în faţa mea de fapt un motiv
în plus să înţeleg mai bine de ce Bucureştiul este *one more reason*
numit Micul Paris!

Aţi înţeles?

Answer the following questions based on the selection you have just read.

    1. De ce Amelia n-a vrut iniţial să facă o plimbare la Şosea?
    2. Ce i-a spus Sorin despre cartierul acesta?
    3. Cum a descris Tudor Arghezi Şoseaua Kiseleff?
    4. Pînă unde a mers Amelia împreună cu prietenii ei cu troleibuzul?
    5. Ce au văzut cînd au coborît din troleibuz?
    6. Ce ne puteţi spune despre Şoseaua Kiseleff şi despre Bulevardul Aviatorilor?

7. Iată că am ajuns în parcul Herăstrău. Cum descrie Amelia parcul acesta?

8. Unde au poposit prietenii noştri? Ce a impresionat-o pe Amelia în mod deosebit aici?

9. Este vreun muzeu în parcul acesta? Ce muzeu este? L-au vizitat?

10. A trecut repede timpul în parcul Herăstrău? Ce au mai făcut ei înainte de plecare?

11. Ce surpriză a avut Amelia în drum spre casă?

12. Ce ne spune ea în concluzie?

Proiect

După ce aţi învăţat atîtea lucruri interesante despre Bucureşti, vă oferim [offer] acum ocazia să ne prezentaţi oraşul dumneavoastră favorit. Mai întîi selecţionaţi cîteva fotografii ori vederi cu diferite aspecte din oraş. Apoi daţi-ne cîteva date generale despre el şi, în sfîrşit, descrieţi fiecare fotografie şi explicaţi de ce credeţi că oraşul acesta este cu adevărat interesant.

Vocabular

Substantive

Masculine

aviator(i) *aviator, pilot*

controlor(i) *ticket inspector*

erou (eroi) *hero*

ghiocel (ghiocei) *snowdrop*

pas (şi) *step*

pieton (i) *pedestrian*

şofer (i) *driver*

stejar (i) *oak tree*

trecător (i) *passerby*

Feminine

amendă (amenzi) *traffic ticket*

bicicletă (e) *bicycle, bike*

circulaţie (i) *traffic*

dumbravă (ăvi) *woods*

frunză (e) *leaf*

inimă (i) *heart*

mănăstire (i) *monastery*

răcoritoare (sg., pl.) *cold drink(s)*

salcie (i) *willow*

staţie (i) *stop, station*

şoferiţă (e) *driver*

şosea (şosele) *highway*

tarabă (e) *stand, stall*

trecătoare (sg., pl.) *passerby*

tufă (e) *bush*

viorea (viorele) *violet(s)*

viteză (e) *speed*

Neuter

autobuz(e) *bus*

autocar(e) *intercity bus, coach*

avion (oane) *plane*

baston (oane) *walking stick*

camion (oane) *truck*

elicopter(e) *helicopter*

metrou(ri) *metro, subway*

motiv(e) *reason*

motocicletă(e) *motorcycle*

palat(e) *palace*

pod(uri) *bridge*

popas(uri) *stop*

prag(uri) *doorway*

semn(e) *sign*

tramvai(e) *streetcar*

tren(uri) *train*

troleibuz(e) *trolley bus*

val(uri) *wave*

Verbe

a circula *to go about*

a conduce (condus) *to drive*

a culege (cules) *to gather*

a impresiona (ez) *to impress*

a (se) întoarce (întors) *to go back*
a parca (parchez) *to park*
a perfora (ez) *to punch*
a poposi (esc) *to stop, rest*
a porni (esc) *to start*
a sugera (ez) *to suggest*
a traversa (ez) *to cross*
a umple (umplut) *to fill*
a zîmbi (esc) *to smile*

Adjective

4 terminaţii
bolnav *ill, sick*
dornic *eager*
flancat *bordered, flanked*
încadrat *bordered, framed*
reglementar *according to regulations*

3 terminaţii
impunător(i), impunătoare (sg., pl.) *imposing*
răcoritor(i), răcoritoare (sg., pl.) *refreshing*

Adverbe

iniţial *initially*
înapoi *back, backwards*
îndelung *for a long time*
oriunde *anywhere*
pretutindeni *everywhere*

Expresii

cale ferată *railroad*
de altfel *as a matter of fact*
deosebit de *unusually*
drept înainte *straight ahead*
om de ştiinţă *scientist*
pe nesimţite *without realizing*
permis de conducere *driver's license*
staţie de autobuz *bus stop*
staţie de benzină *gas station*
un motiv în plus *one more reason*

15

Arta modei

Dialog

La magazinul universal

At the Department Store

Ileana, verişoara Mădălinei, e deja de două săptămîni în Bucureşti. Fetele au vizitat oraşul împreună şi astăzi au decis să meargă la magazinul "Victoria" să facă nişte cumpărături.

Au coborît din autobuz în faţa magazinului, au intrat şi mai întîi au mers la raionul de încălţăminte. De aici au cumpărat o pereche de pantofi de piele, moi şi confortabili pentru Ileana. Au trecut apoi repede pe la mercerie, să cumpere nişte ace, aţă şi nasturi, iar acum merg la raionul de confecţii.

Aici, la etajul trei, Mădălina probează nişte rochii care îi plac.

in front of the store

shoe department/pair
leather/soft
notions
needles/thread/buttons

tries on
she likes

Mădălina: Ce zici, îmi stă bine rochia asta bej?

Ileana: Ţie îţi stă bine cu bej. Mie însă nu-mi stă bine. Ia să văd . . . Nu-ţi stă rău! Dar parcă e prea lungă.

Mădălina: Atunci să încerc rochia asta albă de bumbac. Ce zici?

Ileana: Eh, asta da! Îţi stă foarte bine! Dar îţi trebuie un cordon frumos la ea.

Mădălina: Bine, atunci hai la casă să plătim rochia, dar unde găsim cordoane?

Ileana: La etajul patru, la raionul de galanterie.

What do you say, does this beige dress look good on me?
Beige looks good on you, but I don't look good in it. Let me see . . . not bad! But it might be a little long.
Then let me try this white cotton dress. What do you think?
Oh, yes, that's very becoming! But you need a nice belt to go with it.
Good, then let's go to the cash register to pay for the dress. Where will we find belts?
On the fourth floor, in the accessories department.

După ce au mers cu bonul la casă, au plătit şi au luat pachetul, fetele au urcat la galanterie. Aici au cumpărat un cordon potrivit pentru rochie şi o poşetă.

the bill

suitable
a purse

În drum spre casă, s-au oprit și la <u>cosmetice</u>   *cosmetics*
să ia niște <u>săpun, o pastă de dinți</u> și <u>un ruj</u>   *soap/toothpaste/lipstick*
pentru Mădălina. Cînd au ajuns acasă, au
calculat <u>cheltuielile</u>. <u>Au cheltuit</u> cam mult, într-   *expenses/they spent*
adevăr, dar au cumpărat lucruri frumoase.
<u>Mai ales</u> Mădălina e <u>încîntată</u> de rochia ei nouă.   *especially/delighted*

Ați înțeles?

După ce ați citit textul și dialogul, răspundeți la următoarele întrebări.

1. Ce-au decis să facă astăzi Mădălina și Ileana?
2. Unde le-a lăsat autobuzul?
3. La ce raion au mers ele mai întîi? Ce au cumpărat de acolo?
4. Unde au mers să cumpere ace, ață și nasturi?
5. Ce se întîmplă acum la raionul de confecții?
6. Ce întreabă Mădălina? Ce îi răspunde Ileana?
7. Îi stă bine lui Mădălina rochia albă de bumbac?
8. Au găsit fetele un cordon potrivit pentru rochie? Unde?
9. Ce-au mai cumpărat ele înainte de a pleca spre casă?
10. Ce-au făcut fetele cînd au ajuns acasă? Care e concluzia lor?

Cultură/Civilizație

Moda: O problemă de gust și de atitudine • Fashion: A Matter of Taste and Attitude

Romanians are as fashion conscious as other Europeans. They have always been greatly influenced by French fashion and still follow French fashions more closely than those of any other country. They prefer classic styles in conservative colors and fabrics more than we do in America. To keep up with fashion in an economical way, Romanians use the services of a **croitoreasă** 'seamstress' or a **croitor** 'tailor,' which are much less expensive than in the United States. From an older garment or two, a new stylish one may be made.

As everywhere, there are various categories and chains of ready-made clothing stores as well as **magazine universale,** where there are **raioane** 'departments' such as **galanterie** 'accessories,' **confecții** 'clothing,' **încălțăminte** 'shoes,' and **mercerie** 'notions.' There are also the very popular **case de modă** 'fashion houses,' where custom-made clothing may be ordered. All stores that sell clothing also have regular fashion shows in which companies present their latest creations.

Nu-i frumos 'That's not pretty' is a phrase you could hear many times a day if you were a child being brought up in Romania. We, of course, would tell a child "That's not nice" under similar circumstances. But the Romanian phrase gives a hint of a cultural preoccupation with aesthetics. Other people are watching you and judging you by values set by society for behavior that is considered acceptable according to standards of loveliness. Your way of dressing and your manners tend to place you within a certain social group.

From the time children are very small, their parents and their school prepare them to conform to their social group. Every school in the country, at all levels of education, has special weekly classes on comportment, manners, and grooming. Young people, however, wear American-style clothing, blue jeans and T-shirts being among their favorite garments.

15.1 At the spring style show

Romanians learn to conform from a very early age on, but they also retain a measure of individuality. Much as fashion interests them, there is also a side of them that the following proverb states quite well: **Omul cinsteşte haina, nu haina pe om** 'It's not the coat that makes the gentleman, but the gentleman who makes the coat.'

Structuri şi vocabular

Construcţii prepoziţionale cu genitivul • Prepositional Constructions with the Genitive

Prepositional phrases may be followed by a noun in the genitive form:

în faţa magazinului   in front of the store

A number of prepositional phrases in Romanian are used with the genitive case. Some of these, like the one above, derive from adverbial phrases that indicate directions. Compare the following examples:

Adverbial phrases		*Prepositional phrases*	
priviţi în faţă	look in front	în faţa clădirii	in front of the building
mergeţi înainte	go ahead	înaintea hotelului	in front of the hotel
uitaţi-vă în jur	look around	în jurul oraşului	around the city
el este în mijloc	he is in the middle	în mijlocul clasei	in the middle of the class
noi stăm în spate	we stay in the back	în spatele maşinii	in the back of the car
teatrul este în dreapta	the theater is on the right	în dreapta muzeului	to the right of the museum
apartamentul lor	their apartment	în stînga clădirii	to the left of the building
e în stînga	is on the left		

As you can see, the nouns in complex prepositions (for example, "in front of," where *front* is both part of the preposition and a noun in its own right) preceding a genitive take the definite article. Note that these nouns are viewed as feminine if they end in **-a** and as neuter if they end in anything else. **În dreapta** and **în stînga** are exceptions to this rule; they have the same forms whether they are used as adverbs or as parts of prepositions.

Other prepositions or prepositional phrases that require the genitive are:

deasupra	above	Deasupra uşii e un ceas.
împotriva	against	Sînteţi împotriva examenelor?
contra	against	Mergem contra vîntului.
din partea	on behalf of	Salutări din partea mamei.
în afara	outside of	Am multe activităţi în afara clasei.
în locul	instead, in place of	În locul profesorului a venit un asistent.

Note the relationship between the use of the genitive in Romanian and the corresponding 'of' in English. 'Of' occurs in all the examples given except: **în jurul, deasupra, contra, împotriva.**

When a pronoun follows a preposition or prepositional phrase that takes the genitive, that pronoun is expressed in Romanian by a possessive adjective, as you can see from the following examples:

în faţa mea	in front of me
în dreapta ta	on your right
în stînga sa (lui/ei)	on his/her left
deasupra noastră	above us
contra voastră/d-voastră	against you
din partea lor	from them, on their behalf
în jurul meu, tău	around me, you
în locul său (lui/ei)	instead of him/her
în spatele nostru, vostru, lor	behind me, you, them

Iată o casă tradiţională românească. Descriem ce vedem în fotografia casei. Repetaţi mai întîi şi apoi traduceţi fiecare frază [sentence].

1. Casa e în mijlocul curţii.
2. În mijlocul peretelui din faţă e o fereastră.
3. Deasupra ferestrei văd nişte ornamente.
4. În jurul casei este un gard de lemn.
5. În stînga porţii [of the gate] este o bancă.
6. În faţa gardului este un pod mic.
7. În spatele casei sînt cîţiva pomi bătrîni.

Şi acum descriem ce vedem în jurul nostru. Uitaţi-vă în jur şi spuneţi-ne: ce vedeţi şi pe cine vedeţi în faţă, în spate, în dreapta, în stînga, etc. Folosiţi forma corectă de pronume pentru următoarele situaţii:

1. Dumneavoastră sînteţi în centrul atenţiei. (În jurul meu . . .)
2. Vorbiţi în numele unui grup. (În jurul nostru . . .)

Formulaţi întrebări pe care să le adresaţi unui coleg ori unei colege. Adresaţi-vă familiar doar sînteţi între prieteni buni. Exemplu:

Dan, ce vezi în faţa ta?

Cristina, cine e în spatele tău? etc.

Îmbrăcăminte, accesorii şi cosmetice • Clothing, Accessories, and Cosmetics

În capitolul nouă aţi învăţat deja unele lucruri despre îmbrăcăminte şi despre lucrurile pe care le purtăm. Iată mai jos [below] sînt cîteva informaţii suplimentare pe această temă.

Îmbrăcăminte

1. palton (oane) — winter coat
2. guler(e) — collar
3. mînecă (i) — sleeve
4. manşetă (e) — cuff
5. buzunar(e) — pocket
6. nasture (i) — button
7. pantofi cu tocuri înalte — high-heeled shoes
8. fustă (e)/rochie (i)
   plisată — pleated
   de lînă — woolen
   de bumbac — cotton
   de mătase — silk
   în carouri — plaid
   în dungi — striped
9. culoare (ori) închisă — dark-colored
   deschisă — light-colored

Accesorii

1. cordon de piele — leather belt
2. curea (curele) — belt (for men)
3. poşetă (e) — purse
4. colier(e) — necklace
5. brăţară (i) — bracelet
6. cercel (cercei) — earring
7. inel(e) — ring
8. batistă (e) — handkerchief
9. portmoneu (portmonee) — wallet

Cosmetice

1. săpun(uri) — soap
2. maşină (i) de ras — razor
3. perie (i) de dinţi — toothbrush
4. pastă (e) de dinţi — toothpaste
5. pieptene (i) — comb
6. deodorant(e) — deodorant
7. cremă (e) — cream
8. pudră (e) — face powder
9. ruj(uri) — lipstick
10. rimel(uri) — mascara
11. parfum(uri) — perfume
12. ojă (e) — nail polish

Măsuri							
Îmbrăcăminte				Încălţăminte			
Femei		*Bărbaţi*		*Femei*		*Bărbaţi*	
România	*Statele Unite*	*România*	*Statele Unite*	*România*	*Statele Unite*	*România*	*Statele Unite*
38	10	46	36	36	6	39	9
40	12	48	38	37	7	40	10
42	14	50	40	38	8	41	11
44	16	52	42	39	9	42	12
46	18	54	44	40	10	43	13

Şi acum, la lucru

Exerciţiul A

Răspundeţi la următoarele întrebări.

1. Dumneavoastră purtaţi palton uneori? Are guler paltonul? Ce fel de guler are? Are mîneci lungi, ori scurte? Din ce sînt manşetele?
2. Cine poartă fustă astăzi în clasă? E plisată fusta? Din ce e?
3. Uitaţi-vă în jur. Cine poartă rochie astăzi? Ce culoare este? E o rochie lungă, ori scurtă?
4. Acum să vorbim despre accesorii. Care sînt potrivite pentru femei? Dar pentru bărbaţi? Uitaţi-vă în jurul dumneavoastră. Cine poartă cercei? Sînt de aur? Eu port inel? Dar batistă? Unde port batista?
5. Imaginaţi-vă că plecaţi într-o călătorie. Alegeţi de pe lista de cosmetice ce trebuie să luaţi cu dumneavoastră.
6. Şi acum, uitaţi-vă la mine. Ce port eu astăzi? Dar dumneavoastră ce purtaţi? Dar cînd mergeţi la un spectacol? Şi cînd sînteţi acasă ce purtaţi?

Exerciţiul B

Vă prezentăm lista unor magazine specializate. Spuneţi ce putem cumpăra din magazinele acestea. Exemplu:

La confecţii pentru femei se pot cumpăra rochii, fuste, bluze, etc. (de mătase, de stofă, de bumbac, etc.)

1. confecţii femei	women's clothing	6. bijuterie	jewelry
2. confecţii bărbaţi	men's clothing	7. mercerie	notions
3. încălţăminte femei	women's shoes	8. cosmetice/	cosmetics/
4. încălţăminte bărbaţi	men's shoes	parfumerie	perfumes
5. lenjerie	lingerie	9. galanterie/	haberdashery/
		accesorii	accesories

Exerciţiul C

Individual ori în grup, descrieţi un centru comercial din oraşul dumneavoastră. Spuneţi ce magazine specializate sînt aici şi ce vedeţi în magazinele acestea. Comentaţi calitatea şi preţurile magazinelor respective. Puteţi însoţi [accompany] prezentarea dumneavoastră de ilustraţii, reclame, etc.

Exerciţiul D: Un magazin universal *A department store*

Fiecare magazin specializat corespunde unui raion dintr-un magazin universal. Să presupunem că sînteţi într-un magazin universal şi treceţi pe la următoarele două raioane. Descrieţi ce vedeţi la fiecare raion.

1. Raionul de confecţii

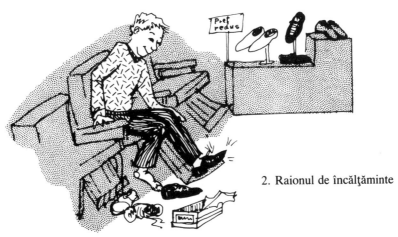

2. Raionul de încălţăminte

Exerciţiul E

Uitaţi-vă la raionul de confecţii şi de încălţăminte. O doamnă probează/încearcă o rochie. Un băiat probează/încearcă o pereche de pantofi. Reţineţi:

	a proba 'to try (on, out)'	*a încerca* 'to try (on, out)'
	probez	încerc
	probezi	încerci
	probează (să probeze)	încearcă (să încerce)
	probăm	încercăm
	probaţi	încercaţi
	probează (să probeze)	încearcă (să încerce)
Perfectul compus	am probat	am încercat
Imperfectul	probam	încercam
Condiţional	aş proba	aş încerca

Construcţii verbale cu dativul • Verb Constructions with the Dative

Dative (indirect-object) pronouns are used in Romanian with certain impersonal verbs in the third person. In this type of construction, we translate the dative pronoun as the subject of the verb, since the grammatical subject is not expressed. These verbs are: **a trebui** 'to need,' **a plăcea** 'to like,' **a sta bine** 'to look good, to be becoming,' and **a veni bine** 'to fit.'

a trebui

Indicativ prezent	îmi		I need the book(s)
	îţi		you need the book(s)
	îi		he/she needs the book(s)
	ne	trebuie cartea/cărţile	we need the book(s)
	vă		you need the book(s)
	le		they need the book(s)
Perfectul compus	mi-a trebuit cartea (sg.)		I needed the book
	mi-au trebuit cărţile (pl.)		I needed the books
Imperfect	îmi trebuia cartea (sg.)		I used to need the book
	îmi trebuiau cărţile (pl.)		I used to need the books
Viitor	o să-mi trebuiască cartea/cărţile		I will need the book(s)
Condiţional	mi-ar trebui		I would need

As you can see, in the present indicative and the future **a trebui** is invariable. In the compound perfect and the imperfect tense there are two distinct forms: **a trebuit** and **trebuia** when followed by a noun in the singular, and **au trebuit** and **trebuiau** when followed by a plural noun. Note also the special subjunctive form **să-mi trebuiască**.

a plăcea

Indicativ prezent	îmi		I like the city/cities
	îţi		you like the city/cities
	îi		he/she likes the city/cities
	ne	place oraşul (sg.)/plac oraşele (pl.)	we like the city/cities
	vă		you like the city/cities
	le		they like the city/cities
Perfectul compus	mi-a plăcut filmul (sg.)		I liked the movie
	mi-au plăcut filmele (pl.)		I liked the movies
Imperfect	îmi plăcea îngheţata (sg.)		I used to like ice cream
	îmi plăceau îngheţatele (pl.)		I used to like ice creams
Viitor	o să-mi placă muntele/munţii		I will like the mountain(s)
Condiţional	mi-ar place		I would like

If we compare the two verbs, we can see that the only difference in their forms is that **a trebui** has only one form in the present tense, while **a plăcea** has two forms: **place** plus a noun in the singular form, and **plac** plus a noun in the plural. Other verbs that follow the same pattern as **a plăcea** are:

a sta bine

Îmi stă bine jacheta.	The jacket looks good on me.
Îmi stau bine pantofii?	Do these shoes fit me?
Ţi-au stat bine cerceii.	The earrings looked good on you.
O să-mi stea bine rochia asta.	This dress will look good on me.

a veni bine

Îmi vine bine costumul?	Does this suit fit me?
Nu-ţi vin bine ochelarii.	The glasses don't fit you.

O să-ţi vină bine cu pălăria asta.	That hat will fit you.
Nu ţi-a venit bine uniforma?	Didn't the uniform fit you?
Ţi-au venit bine sandalele albe.	The white sandals fit you.

Note also that the negative and the hyphenated forms of these dative verbal constructions follow the same rules of word order as for any verb used with an object pronoun. For example:

Nu-mi plac oamenii indiscreţi.	I don't like indiscreet people.
Copiilor le-a plăcut vara trecută la mare.	The children liked last summer at the seashore.
Lui Dan nu i-a trebuit maşina ieri.	Dan didn't need the car yesterday.
Crezi că Mariei o să-i vină bine bluza?	Do you think the blouse will fit Mary?
N-o să-ţi trebuiască dicţionarul?	Won't you need the dictionary?

Şi acum, la lucru

Exerciţiul A: Poţi să-mi spui?   *Can you tell me?*

Întrebaţi pe diferiţi colegi din clasă dacă le trebuie următoarele lucruri. Exemplu:

dicţionar

Îţi trebuie dicţionarul?

Da, îmi trebuie. *ori* Nu, nu-mi trebuie.

1. caiet 2. carte 3. creion 4. ceas 5. cretă 6. pix

Exerciţiul B: Ce îi trebuie lui Cătălin   *What Cătălin needs*

Cătălin merge în tabăra de iarnă de la Poiana Braşov. Acuma stă de vorbă cu mama lui. Ce spune Cătălin şi ce spune mama? Exemplu:

o jachetă de schi/bocanci de schi [ski boots]

Îmi trebuie o jachetă de schi.

Şi ce-ţi mai trebuie?

Îmi mai trebuie bocanci de schi.

1. o căciulă/o pereche de mănuşi 2. nişte ciorapi de lînă/un pulover pe gît [turtleneck sweater] 3. lenjerie/o pijama 4. schiuri mai bune/bani de drum   5. un termos pentru cafea/ un rucsac [backpack] nou

Exerciţiul C

Imaginaţi-vă că organizaţi o petrecere sîmbătă seară. Acum daţi telefon la casa de comenzi. Ce spuneţi dumneavoastră şi ce spune gestionarul? Exemplu:

caşcaval/1 Kgr.

Avem nevoie de caşcaval.

Cît vă trebuie?

Ne trebuie un kilogram.

1. şuncă/o jumătate de Kgr. 2. salam de Sibiu/1 Kgr. şi jumătate 3. măsline/un sfert de Kgr. 4. icre/300 de grame 5. ouă/două duzine 6. apă minerală/20 de sticle

Stăm de vorbă

Impresii Impressions

Vorbiţi cu un prieten ori o prietenă care a vizitat România vara trecută şi vreţi să ştiţi dacă i-au plăcut următoarele aspecte. Reţineţi că trebuie să folosiţi forma corectă de singular (a plăcut) ori plural (au plăcut). Exemplu:

vara trecută în România

Ţi-a plăcut vara trecută în România?

Da mi-a plăcut. A fost foarte interesant (pentru că . . .)

1. Bucureştiul/Clujul/Mamaia/Valea Prahovei
2. oamenii în România/tinerii/copiii/rudele tale
3. Ateneul/Opera/Cişmigiul/Muzeul satului
4. parcurile/muzeele/cartierele noi/restaurantele
5. mîncarea românească/muzica românească

La confecţii pentru bărbaţi Men's clothing

Sîntem la un magazin universal. Iată o conversaţie între un vînzător şi un client care vrea să cumpere un costum bărbătesc [a man's suit].

Vînzătorul:	Cu ce vă putem servi?
Clientul:	Aveţi costume de stofă?
Vînzătorul:	Pentru dumneavoastră?
Clientul:	Da!
Vînzătorul:	Avem costume mărimea [size] d-voastră. Ce culoare preferaţi?
Clientul:	Negru, maro, ori gri.
Vînzătorul:	Încercaţi costumul acesta gri.
Clientul:	Îmi stă bine?
Vînzătorul:	Vă stă foarte bine.
Clientul:	Cît costă?
Vînzătorul:	1200 de lei.
Clientul:	E scump, dar e frumos. Faceţi bonul vă rog.
Vînzătorul:	Poftiţi bonul. Mergeţi, vă rog, la casierie. Eu vă împachetez [wrap] costumul.

Formaţi grupe de doi studenţi. Unul asumă rolul vînzătorului şi unul, rolul clientului. Alegeţi un alt [another] raion unde vreţi să mergeţi la cumpărături. Reformulaţi unele părţi din dialog pentru a-l adapta situaţiei respective. Prezentaţi în clasă dialogul dumneavoastră.

Pronumele personal în dativ: Forme lungi • The Dative Personal Pronoun: Long Forms

Like the short accusative pronouns, the short dative pronouns have the following long counterparts.

Subject pronouns (nominative)	Indirect-object pronouns (dative)		English translation
	Short forms	*Long forms*	
eu	îmi	mie	to/for me
tu/dta.	îţi	ţie	to/for you
el	îi	lui	to/for him
ea	îi	ei	to/for her
noi	ne	nouă	to/for us
voi/dv.	vă	vouă	to/for you
ei/ele	le	lor	to/for them

The long dative pronouns are used with their short counterparts to emphasize the person. In this context, the long forms may precede or follow the verb. For example:

Radu îmi dă mie dicţionarul, nu ţie.

Mie îmi dă Radu dicţionarul, nu ţie.

The long dative pronouns are used with their short counterparts when a verb is present, and without their short counterparts in an utterance that does not contain a verb. Note how the dative pronouns are used:

   1. To answer the question **Cui?** 'To/for whom?'

Cui îi dă Radu dicţionarul?	Mie	(îmi dă dicţionarul).
	Ţie	(îţi dă dicţionarul).
	Lui	(îi dă dicţionarul).
	Ei	(îi dă dicţionarul).
	Nouă	(ne dă dicţionarul).
	Vouă	(vă dă dicţionarul).
	Lor	(le dă dicţionarul).

   2. After adverbs such as **şi** 'also, too,' **numai** 'only,' **doar** 'only,' **nici** 'neither, either,' **tocmai** 'just, precisely,' and **chiar** 'even.'

Profesorul mi-a spus că am scris corect.   Şi mie (mi-a spus).

Nu mi-au scris părinţii.   Nici mie (nu mi-au scris).

Numai ţie ţi-a spus profesorul să vii la consultaţii?   Nu înţeleg de ce mi-a spus tocmai mie asta.

The long dative pronouns are always used alone after the prepositions **datorită** 'due to, owing to,' **graţie** 'thanks to, due to,' and **mulţumită** 'thanks to.' Notice the similar meanings of the three prepositions.

Datorită ţie am venit în România.

Graţie lor vorbesc româneşte.

Mulţumită vouă pot să văd Bucureştiul.

When the above prepositions are used with nouns, the noun is always in the dative.

Sînt aici datorită prietenului meu.

Graţie profesoarei mele am putut să merg la Sinaia.

Şi acum, la lucru

Exerciţiul A

Daţi forma corectă de pronume în dativ conform indicaţiilor din paranteză.

1. Mie îmi place limba română.   ţie/lui/ei/nouă/vouă/lor
2. Mie nu-mi plac oamenii ipocriţi.   tu/el/ea/noi/voi/ei/ele
3. Mie nu mi-a stat bine jacheta.   nici ţie/nici lui/nici ei

Exerciţiul B

Răspundeţi la întrebări conform indicaţiilor din paranteză.

1. Cui îi trebuie bani?   I/you/he/she/we/you/they
2. Cui i-a dat profesorul compoziţia
   înapoi?   to me/to him/to us
3. Cui i-a plăcut filmul "Dacii"?   I/we/you (pl.)/they
4. Cui o să-i trebuiască o notă bună la
   română?   I/you (sg.)/we/he

Exerciţiul C

Doamna Niculescu se pregăteşte să meargă la magazinul de cosmetice din colţ. Ea a făcut o listă de cumpărături şi acum face o ultimă verificare. Ce spune ea? Exemplu:

eu/o cremă de mîini

Mie îmi trebuie o cremă de mîini.

1. tu/un pieptene şi o perie   4. noi/săpun şi un deodorant
2. ea/un rimel şi pudră   5. voi/pastă şi periuţă de dinţi
3. el/o cremă de ras   6. ei/nişte lame de ras

Exerciţiul D: Ce se întîmplă cu Dana?   *What is going on with Dana?*

Monica e îngrijorată că nu are nici o veste de la verişoara ei Dana care a promis că o să-i facă o vizită la Sibiu. Acuma stă de vorbă cu Cristian, fratele lui Dana. Ce spun ei? Exemplu:

a scrie/Dana

Ţie ţi-a scris Dana.

Nu mi-a scris. De ce?

Nici mie nu mi-a scris.

1. a telefona/recent   3. a spune/cînd vine la noi
2. a răspunde/la scrisoare   4. a scrie/de la mare

Stăm de vorbă

De sărbători   *During the holidays*

Amelia a trimis familiei ei în Statele Unite un pachet cu cadouri pentru fiecare. Astăzi a primit o scrisoare de la ei şi a aflat dacă le-a plăcut ce le-a trimis ea. Acuma Amelia stă de vorbă cu Corina despre aceasta. Ce spun fetele? Exemplu:

Pentru mama ta ce-ai luat?   (o bluză de mătase)

Ei i-am luat o bluză de mătase.

I-a venit bine?

Da, scrie că i-a venit foarte bine.

1. Şi pentru tatăl tău?   (un pulover gri de lînă)
2. Ai cumpărat ceva pentru sora ta?   (o bluză românească)
3. Dar pentru fratele tău?   (o căciulă)
4. Pentru bunica ta ce-ai luat?   (un halat de casă)
5. Şi pentru bunicul?   (nişte pantofi de casă)

Comentarii *Commentary*

Răspundeţi la următoarele întrebări. Folosiţi pronumele în dativ, forma lungă şi forma scurtă. Exemplu:

Americanilor le place să mănînce la restaurant. Ţie îţi place?

Şi mie îmi place! *ori* Mie nu-mi place. Eu prefer să mănînc . . .

Dar prietenilor tăi le place?

Şi lor le place! *ori* Nici lor nu le place. Preferă să mănînce . . .

1. Americanilor le place să bea lapte la cină. Ţie îţi place? Dar colegilor tăi?
2. Fetelor le place să meargă la cumpărături. Ţie îţi place? Dar prietenelor tale?
3. Băieţilor le place să meargă la meciuri. Vouă vă place? Dar prietenilor voştri?
4. Colegilor mei nu le place să se scoale devreme dimineaţa. Ţie îţi place? Dar colegilor tăi de cameră?

Superlativul • The Superlative

The superlative of adjectives and adverbs has two distinct forms in Romanian. We will refer to these as the absolute superlative and the relative superlative.

The absolute superlative conveys the meaning 'very, exceptionally, terribly, awfully' and is formed by placing such expressions as those listed before the adjective or the adverb.

foarte	very	E foarte plăcut afară.
tare	very	A fost tare cald ieri.
grozav de	terribly	Casele sînt grozav de scumpe aici.
fantastic de	incredibly	E un oraş fantastic de frumos.
extraordinar de	extraordinarily	Cartea asta e extraordinar de bună.
extrem de	extremely	Sorin a fost extrem de amabil.
excepţional de	exceptionally	E un tînăr excepţional de talentat.
deosebit de	unusually	Am văzut o casă deosebit de frumoasă.

Note that all the expressions above are used as adverbs and are invariable. They never change form to agree in gender and number. We say, for example, **Casele sînt grozav de scumpe.** The word **grozav** in this type of expression does not agree with the subject, **casele.**

The relative superlative conveys the meaning 'best,' 'worst,' 'most,' 'least' and is formed as follows.

The relative superlative of adverbs is formed by using **cel mai** 'the most' and **cel mai puţin** 'the least' plus any adverb, often followed by **din** 'in' or **dintre** 'of, among.'

Rochia bej îmi place cel mai mult.	I like the beige dress the most.
Îţi stă cel mai bine cu bej.	Beige is the most becoming to you.
El scrie cel mai corect din clasa noastră.	He writes the most correctly (of anyone) in our class.
Şi costă cel mai puţin dintre toate rochiile.	And it costs the least of all the dresses.

The relative superlative of adjectives is formed by using the appropriate form of the demonstrative article—**cel, cea, cei,** or **cele**—with **mai** or **mai puţin** plus any adjective. The demonstratives must agree in gender and number with the adjective modified. We have thus:

Nominative-Accusative

Singular	masculine/neuter	cel		elegant	din . . .
	feminine	cea	mai	elegantă	
Plural	masculine	cei	mai puţin	eleganţi	dintre . . .
	feminine/neuter	cele		elegante	

Examples:

Doru e cel mai îngrijit băiat (dintre noi).	Doru is the neatest boy (among us).
Cordonul negru e cel mai potrivit.	The black belt is the most suitable.
Copiii ăştia sînt cei mai norocoşi dintre toţi.	These children are the luckiest of all.
Aici vezi cele mai scumpe magazine din oraş.	Here you see the most expensive stores in the city.

As you can see, the demonstrative articles, like the adjectives, agree not only in gender and number but also in case with the noun they modify. When used with nouns in the genitive-dative case, their forms are **celui** in the masculine and neuter singular, **celei** in the feminine singular, and **celor** in the plural (all genders). Examples:

Acesta e examenul celui mai bun student.	This is the best student's examination.
Iată adresa celui mai scump hotel.	This is the address of the most expensive hotel.
Aici e fotografia celei mai vechi biserici.	Here is the picture of the oldest church.
S-au dat premii celor mai talentaţi copii.	Prizes were given to the most talented children.

Şi acum, la lucru

Exerciţiul A: Îmi place cel mai mult   *I like it the most*

Sîntem într-un magazin de confecţii unde cumpărătorii fac comentarii despre următoarele lucruri pe care le probează. Ce spun ei? Exemple:

> costum frumos
>
> Costumul ăsta este cel mai frumos. Îmi place cel mai mult.
>
> rochie frumoasă
>
> Rochia aceasta este cea mai frumoasă. Îmi vine cel mai bine.

1. palton modern 2. bluză frumoasă 3. fustă elegantă 4. cordon potrivit 5. costum distins 6. jachetă călduroasă [warm]

Exerciţiul B

Reformulaţi frazele de mai sus la plural. De exemplu: Costumele acestea sînt cele mai frumoase. Îmi plac cel mai mult. *ori* Îmi vin cel mai bine.

Exerciţiul C

Mihai şi Adrian au trecut astăzi pe la "Magazinul Modern." Ei se uită la diferite lucruri şi fac următoarele comentarii. Ce spun ei? Exemplu:

> pantofi comozi [comfortable], dar scumpi
>
> Pantofii ăştia sînt cei mai frumoşi, dar şi cei mai scumpi.

1. pantaloni eleganţi şi convenabili 2. ciorapi buni, deşi ieftini 3. ochelari moderni şi interesanţi 4. pantofi de casă comozi şi călduroşi 5. blugi durabili, dar şi scumpi

Stăm de vorbă

Răspundeţi la întrebări

1. Care este cel mai mare magazin universal din oraşul dumneavoastra? Ce se poate cumpăra acolo?
2. E scumpă îmbrăcămintea în magazinul acesta? Dar încălţămintea?
3. Care magazine sînt cele mai convenabile ca preţ? Dar cele mai scumpe?
4. Vă preocupă moda? Citiţi uneori jurnalele de modă? Care este, după părerea d-voastră, jurnalul de modă cel mai bun? Dar cel mai prost?
5. Care sînt cele mai bune case de modă din Statele Unite? Dar din lume?
6. Sînteţi la curent [up to date] cu ce se poartă acum la femei? Dar la bărbaţi?
7. Cînd cumpăraţi haine ori încălţăminte, ce contează cel mai mult pentru d-voastră: stilul, firma, preţul ori . . . ?
8. Cunoaşteţi pe cineva care se îmbracă bine? Cine este? Ce admiraţi cel mai mult în felul în care se îmbracă el ori ea?

Jurnal

Ce se poartă? *What's in style?*

Iată o întrebare pe care o aud <u>mereu</u> în jurul meu de cînd sînt în România. Aici, ca în întreaga lume <u>de altfel</u>, oamenii, şi mai ales tinerii, sînt preocupaţi să poarte haine "la modă." De cînd au traversat Atlanticul, blugii şi tee-shirturile ori tricourile cu inscripţii nu numai în română, dar şi în engleză, continuă să fie purtate cu multă plăcere de mulţi tineri în România. — *always* / *as a matter of fact*

În general <u>însă</u> aici distincţia şi eleganţa par să fie criteriile cele mai importante în <u>lansarea</u> modei. Bucureştiul este <u>numit</u> "Micul Paris" şi pentru că <u>urmează</u> prin tradiţie moda pariziană. Şi eu, ca mulţi alţi vizitatori străini, sînt plăcut impresionată de aspectul "<u>şic</u>" în <u>vestimentaţia</u> românilor. — *however* / *launching* / *called* / *follows* / *chic/clothing*

Aceste haine sînt <u>procurate</u> în general din magazine specializate, dar <u>de regulă</u> ele sînt comandate după gustul clientului la croitor ori la croitoreasă. Din cîte am înţeles eu, ideea nu este să ai multe haine. Dar ceea ce ai să fie de bună calitate. De ce ? Pentru că din două haine vechi un croitor ori o croitoreasă poate să facă o haină nouă şic şi frumoasă cu un preţ foarte convenabil. În felul acesta <u>se ţine pasul cu moda</u> fără să se facă însă <u>risipă</u> de bani. — *obtained* / *as a rule* / *keep in style* / *squandering*

În România mai există şi <u>case de modă</u>, unde se prezintă <u>ultimele</u> creaţii originale care lansează moda pentru fiecare sezon. Magazinele de — *fashion houses* / *the latest*

confecţii organizează şi ele periodic <u>parada modei</u>   *fashion shows*
pentru <u>a face reclamă</u> celor mai noi modele de   *to advertise*
haine din magazin. Vizitatorul american va fi
surprins totuşi să observe că locul reclamelor în
viaţa publică din România este mult mai redus
decît în S. U. A. Există, desigur, reclame la
televizor, în diferite reviste şi ziare.

Aţi înţeles?

Să vedem acum despre ce vorbeşte Amelia în pagina ei de jurnal: "Ce se poartă ?" Răspundeţi la următoarele întrebari.

1. Cine sînt preocupaţi să poarte haine "la modă" în România? Dar pe dumneavoastră vă preocupă problema aceasta?

2. Ce ne spune Amelia despre blugi şi despre tricourile "T-shirt"? D-voastră purtaţi astfel de tricouri? De ce credeţi că acestea sînt aşa de populare în toată lumea?

3. Care sînt criteriile cele mai importante în lansarea modei în România? Ce oraş european are cea mai mare influenţă asupra modei aici?

4. De unde se procură hainele în România? Unde pot românii să comande haine după gustul lor?

5. Cum ţin românii pasul cu moda? Credeţi că sistemul lor poate fi aplicat şi în America? De ce da, ori de ce nu?

6. Ce ştiţi despre casele de modă din România? De ce se organizează parada modei în general? Vă place să participaţi la astfel de evenimente? De ce da, ori de ce nu?

7. Cum se face reclama diferitelor produse în România? Dar în America?

Vocabular

Substantive

Masculine

cercel (cercei) *earring*
client(i) *client, patron*
nasture (i) *button*
pieptene (i) *comb*

Feminine

aţă (e) *thread*
batistă (e) *handkerchief*
bijuterie (i) *jewelry*
brăţară (i) *bracelet*
cheltuială (ieli) *expense*
clientă (e) *customer*
cremă (e) *cream*
curea (curele) *belt (for men)*

fustă (e) *skirt*
lenjerie (i) *lingerie*
manşetă (e) *cuff*
mărime (i) *size*
mînecă (i) *sleeve*
modă (e) *fashion*
ojă (e) *nail polish*
pereche (i) *pair*
poşetă (e) *purse*
pudră (e) *powder*
reclamă (e) *advertisement*
rochie (rochii) *dress*
risipă (e) *squandering, waste*
vestimentaţie (i) *clothing*

Neuter

ac(e) *needle*
articol(e) *item, article*

buzunar(e) *pocket*
colier(e) *necklace*
cordon (oane) *belt*
deodorant(e) *deodorant*
farmec(e) *charm, magic*
guler(e) *collar*
inel(e) *ring*
palton (oane) *winter coat*
parfum(uri) *perfume*
portmoneu (portmonee) *wallet*
preţ *price*
rimel(uri) *mascara*
ruj(uri) *lipstick*
rucsac(uri) *backpack, rucksack*
săpun(uri) *soap*

Verbe

a cheltui (esc) *to spend (money)*
a folosi (esc) *to use*
a împacheta (ez) *to wrap*
a încerca *to try (on, out)*
a îngriji (esc) *to take care of*
a însoţi (esc) *to accompany*
a lansa (ez) *to launch*
a număra *to count*
a proba (ez) *to try (on, out)*
a procura *to obtain*
a urmări (esc) *to follow*

Adjective

4 terminaţii
grozav *terrible, horrible*
încîntat *enchanting*
potrivit *suitable*
3 terminaţii
fermecător(i), fermecătoare *charming, magical*

îngrozitor(i), îngrozitoare *terrifying*
următor(i), următoare *following, next*
2 terminaţii
moale (moi) *soft*

Adverbe

chiar *just, precisely, even*
doar *only*
tocmai *just, precisely*

Prepoziţii

datorită (+ dative) *due to, owing to*
graţie (+ dative) *thanks to, due to*
mulţumită (+ dative) *thanks to*

Expresii

a fi la curent cu *to be up to date (with)*
a fi la modă *to be in style*
a ţine pasul cu *to keep up with*
bine meritat *well deserved*
bocanci de schi *ski boots*
culoare deschisă *light colors*
culoare închisă *dark colors*
de altfel *as a matter of fact*
de bumbac *(of) cotton*
de lînă *woolen*
de mătase *(of) silk*
de piele *(of) leather*
de regulă *as a rule*
în carouri *plaid*
în dungi *striped*
în jur *around*
maşină (i) de ras *razor*
pastă (e) de dinţi *toothpaste*
perie (i) de dinţi *toothbrush*
pulover pe gît *turtleneck sweater*

16

În familie

Dialog

Viaţa zilnică

Daily Life

E ora cinci după masă. Ora cînd salariaţii vin acasă de la lucru. Victoria se întoarce şi ea de la birou. Urcă scara blocului obosită. A avut o zi grea astăzi. În sfîrşit, deschide uşa apartamentului şi din camera copiilor aude vocea fetiţei ei Mariana:

returns
stairs

Mariana: Mamă bine că ai venit că uite Victoraş nu mă lasă în pace.

Victoraş: Nu-i adevărat! Ea nu mă lasă pe mine în pace.

Victoria: Fiţi cuminţi copii că nu-i frumos să vă certaţi.

(Victoria intră în camera copiilor)

Victoria: Dar ce este? Ce s-a întîmplat?

Mariana: Eu învăţam la istorie şi Victoraş a venit să-mi ceară creioanele colorate.

Victoraş: Şi ea n-a vrut să mi le dea.

Mariana: Pentru că ieri i-am dat un pix şi el nu mi l-a dat înapoi.

Victoraş: Nu ştiu unde l-am pus!

(Mama se uită pe etajeră şi ce vede? Un pix!)

Victoria: E pixul tău?

Mariana: Da! E pixul meu!

Victoria: Poftim pixul şi să-i dai culorile imediat. Şi tu Victoraş, altă dată să pui lucrurile la locul lor!

După ce i-a mai întrebat pe copii despre şcoală şi lecţii, Victoria intră în bucătărie şi începe să pregătească mîncarea. La ora şase se uită la ceas.

Mom, it's a good thing you came, because look, Victoraş won't leave me alone.
That's not true! She won't leave me alone.

Behave, children. It's not nice to quarrel.

So what is it? What happened?
I was studying history, and Victoraş came to ask me for the crayons.
And she didn't want to give them to me.
Because yesterday I gave him a ballpoint pen, and he didn't give it back to me.
I don't know where I put it!

Is this your pen?
Yes, it's my pen.
Here's the pen. Now give him the crayons. And you, Victoraş, put things back in their place next time.

266

Victoria: Copii, cine pune masa că acuşi vine tata şi apoi mîncăm imediat.	*Children, who'll set the table? Dad's coming any minute, and then we'll eat.*
Victoraş: Eu pun masa astăzi mămico!	*I'll set the table today, mommy!*
Mariana: Atunci eu o să strîng masa.	*Then I'll clear the table.*
Victoria: Bravo, aşa-mi place cînd sînteţi cuminţi.	*Bravo! I like it when you behave.*

În curînd a venit şi Andrei acasă de la serviciu. Pînă au spălat vasele, <u>s-a făcut ora opt</u>. Tata i-a mai ajutat pe copii cu lecţiile iar Victoria a făcut pachetele cu mîncare pentru a doua zi iar apoi a mai făcut puţină ordine prin casă. Acum, în timp ce se uită cu toţii la televizor, Victoria <u>calcă</u> nişte <u>rufe</u>.

it got to be eight o'clock

irons/laundry

Victoria: Copii, nu vă e somn?	*Children, aren't you sleepy?*
Mariana: Mie mi-e puţin somn.	*I'm a little sleepy.*
Victoraş: Dar mie nu mi-e somn deloc!	*But I'm not at all sleepy!*
Victoria: E tîrziu deja. Mîine trebuie să vă sculaţi devreme. Mergeţi la spălat şi la culcare imediat.	*It's already late. Tomorrow you have to get up early. Go wash and then get in bed immediately.*

Şi aşa <u>s-a</u> mai <u>încheiat</u> o zi obişnuită în viaţa Victoriei şi a familiei ei. O zi ca multe altele . . . !

ended

Aţi înţeles?

1. La ce oră se întoarce Victoria de la birou?
2. Ce se întîmplă imediat după ce ajunge ea acasă?
3. De ce s-au certat copiii?
4. Unde a găsit mama pixul lui Mariana?
5. Ce i-a spus ea lui Mariana cînd i-a dat pixul? Dar lui Victoraş?
6. Ce-a făcut Victoria apoi? Cine a pus masa şi cine a strîns masa?
7. La ce oră a venit Andrei, soţul lui Victoria, acasă?
8. Ce-a făcut Andrei după cină? Dar Victoria?
9. Ce face Victoria în timp ce soţul ei şi copiii se uită la televizor?
10. Credeţi că situaţia lui Victoria este tipică pentru o salariată care este mamă şi soţie?
11. Ce puteţi să spuneţi despre Victoria şi despre femeile în situaţia ei?

Cultură/Civilizaţie

Maria Buţureanu (1872–1919)

It is the woman who takes the hand of all generations and shows them the path toward civilization—Sofia Cocea

The statement above was one of the fundamental principles that guided the women's movement in Romania at the beginning of this century. It was in the name of these principles

16.1 Maria Buţureanu (1872–1919),
educator and promoter of the
advancement of women

that leaders like Sofia Nădejde (1856–1946), journalist and writer, fought for the emancipation of women through education. Romanian women were already working to gain the right to vote and were actively involved in social and political life. But there was still the battle of education to win if there was to be true equality of opportunity between men and women. This was also the fundamental thesis of Maria Buţureanu, one of the most distinguished representatives of Romania's advancement of women's education.

Maria Buţureanu, born Maria Lambrino in 1872 in Răşcani-Iaşi, was graduated from the Women's Pedagogical Institute of Iaşi and engaged in extensive pedagogical studies in Switzerland. She worked as an elementary school teacher in Piatra Neamţ and Iaşi, where she married Constantin Buţureanu in 1894. Her husband was himself a distinguished teacher and well-known promoter of new pedagogical ideas.

In addition to being a professional woman, a staunch member of the women's movement, and the devoted mother of two children, Maria Buţureanu was the author of a number of books and more than 120 articles in which she presented new pedagogical ideas and pleaded for the social emancipation of women through education. She died in 1919 at the age of 47, a respected, distinguished, and admired educator.

Buțureanu's ideas still seem fresh to us today. Here are some adapted excerpts from her *Femeia, Studiu social,* published in Bucharest in 1921.

Emanciparea femeii . . . înseamnă în primul rînd <u>eliberea</u> și <u>ridicarea</u> ei prin cultură.	*free/raise*
Noi vrem <u>să căpătăm dreptul</u> la o existență personală, să căpătam <u>demnitate</u> de individ.	*to gain the right* *dignity*
Egalitatea cu bărbatul <u>presupune</u> și egalitatea <u>competenței,</u> care se obține prin educație egală, cultură comună.	*presupposes* *competence*
Acela care vrea <u>să judece</u> obiectiv trebuie <u>să admită</u> libertatea femeii de a lucra și în afară de casă.	*to judge* *to admit*
<u>Intrarea</u> femeii în viața publică nu trebuie să însemne <u>părăsirea</u> îndatorilor sale naturale de soție și mamă.	*the entry* *abandonment/duties*
Ceea ce ajută femeia este <u>rîvna</u> cu care lucrează ea și felul de a ști <u>să rămînă</u> mamă și soție în mijlocul <u>tuturor</u> obligațiilor.	*zeal* *to remain* *all*
De ce atunci societatea să fie plină de <u>neîncredere</u> în fața <u>năzuinței ei</u> de a ocupa orice loc în societate?	*mistrust/her aspirations*
Nu credem că este un model <u>mai puternic</u> pentru copii decît o mamă activă, <u>cumpănită</u> și devotată.	*stronger* *well-balanced*

Note: I am indebted to Col. and Mrs. Gh. Baciu of Washington, D.C., for providing the picture of Maria Buțureanu and much of the documentary information provided here. Mrs. Baciu is Maria Buțureanu's daughter.

Structuri și vocabular

Expresiile: A lasă în pace, a certa și a se certa

The English expression 'to leave someone alone' corresponds in Romanian to /**a lăsa în pace** + direct-object pronoun/. What do the following sentences say?

Victoraș nu mă lasă în pace.

Ea nu mă lasă pe mine în pace.

De ce nu-l lași în pace?

De ce n-o lași în pace?

Lăsați-mă în pace!

The verb **a certa** (**cert, cerți, ceartă, certăm, certați, ceartă; am certat**) has two basic meanings in Romanian. When used with a direct-object pronoun it means 'to scold someone.' When used as a reflexive verb, it means 'to quarrel, argue.' Compare the use of **a certa** and **a se certa**:

1. Mă ceartă mama.
2. Nu te-au certat părinții?
3. O să vă certe tata!
4. El îi ceartă pe copii.

1. Nu mă cert cu fratele meu.
2. De ce te-ai certat cu el?
3. O să vă certați iară.
4. Copiii s-au certat.

Note also that the past participle of this verb, **certat, certată, certați, certate,** which can be used as an adjective, may also be used with **a fi,** to mean 'to be on bad terms (with someone).'

Domnul Popescu e certat cu vecinul lui.

Ei sînt certaţi de mult.

De ce nu vorbeşti cu Livia? Eşti certată cu ea?

Nu, nu sîntem certate!

Now use the expressions and the verbs you have just learned to answer the following questions:

1. Cine nu vă lasă în pace uneori?
2. Ce îi spuneţi persoanei care nu vă lasă în pace?
3. Dumneavoastră certaţi vreodată pe cineva? Dacă da, pe cine? De ce?
4. Vă certaţi cu alţi copii cînd eraţi mic(ă)? Cu cine? De ce?
5. Vă certau părinţii uneori? Cînd?
6. Ce spuneţi cînd cineva vorbeşte prea mult? Dar cînd face gălăgie [noise]?

Expresii impersonale cu dativul • Impersonal Expressions with the Dative

In the last part of the introductory dialogue in this unit, there is the following conversation between Victoria and her children:

Nu vă e somn?	Aren't you sleepy?
Mie mi-e puţin somn.	I'm a little sleepy.
Dar mie nu mi-e somn deloc.	But I'm not sleepy at all.

Which verb appears in each line? What person is the verb form in? Which are the words in each sentence that express the logical subject? Now let us read the following additional examples:

(ţie) ţi-e somn	you are sleepy
(lui/ei) i-a fost somn	he/she was sleepy
(nouă) ne-a fost somn	we were sleepy
(vouă) o să vă fie somn	you are going to be sleepy
(lor) o să le fie somn	they will be sleepy
(mie) îmi era somn	I was sleepy

As you can see, in this type of impersonal expression, the dative pronoun once again functions as the logical subject of the verb, in this case the verb **a fi.** While the dative pronouns change, **a fi** is invariably used only in the third person singular (present, past, future). Other commonly used expressions in Romanian that follow the same pattern are:

1. mi-e foame   I am hungry
2. mi-e sete   I am thirsty
3. mi-e frig   I am cold
4. mi-e cald   I am hot
5. mi-e bine   I feel good
6. mi-e rău   I feel bad
7. mi-e greu   it's hard for me
8. mi-e uşor   it's easy for me
9. mi-e lene   I feel lazy
10. mi-e jenă   I am embarrassed
11. mi-e urît   I am lonely
12. mi-e imposibil   It's impossible for me
13. mi-e indiferent   It doesn't matter to me
14. mi-e milă (de)   I feel sorry (for)
15. mi-e silă (de)   I am disgusted (with)
16. mi-e frică (de)   I am afraid (of)
17. mi-e groază (de)   I am terrified (of)
18. mi-e ruşine (de)   I am ashamed (of)
19. mi-e dor (de)   I long for, miss
20. mi-e dor de casă   I am homesick

Întrebări

Răspundeţi la următoarele întrebări:

1. Vă e foame? Întrebaţi pe (Victor) dacă i-e foame.
2. Vă e sete? Întrebaţi pe (Monica) dacă i-e sete.
3. Întrebaţi-mă pe mine dacă mi-e somn. Întrebaţi-l pe (Dan) dacă i-e somn.
4. Ce faceţi cînd sînteţi obosit(ă) şi vă e somn? Dar cînd vă e rău?
5. Ce faceţi cînd vă e foame? Dar cînd vă e sete?

Expresii impersonale

Întrebaţi pe cineva dacă . . . Exemplu:

i-e frică cînd e singur(ă) acasă seara?

Ţi-e frică cînd eşti singur(ă) acasă seara?

Da, mi-e frică uneori. *ori* Nu, nu mi-e frică.

1. i-e indiferent cînd ia o notă mică la română?
2. i-e silă de studenţii care nu vin la timp la clasă?
3. i-e milă de ei cînd nu ştiu să răspundă la întrebări?
4. i-e frică uneori în clasă? Dar noaptea pe stradă?
5. i-e groază cînd are examen şi n-a studiat destul?
6. i-e dor de casă uneori? Dar de mama şi tata?

Încă un exerciţiu cu expresii impersonale

Completaţi frazele următoare cu expresiile impersonale cele mai potrivite şi cu vocabularul cunoscut. Uitaţi-vă atent la subiect şi folosiţi forma corespunzătoare [corresponding] de pronume în dativ. Exemplu:

Ei n-au avut căldură suficientă [enough] la bloc şi . . .

Ei n-au avut căldură suficientă la bloc şi le-a fost frig tot timpul iarna trecută.

1. Noi n-am mîncat nimic şi . . .
2. Eu am băut un pahar cu apă pentru că . . .
3. Tu ai avut şi cursuri şi serviciu. Probabil că . . .
4. Ei s-au dus să se culce pentru că . . .
5. Voi n-aţi avut aer condiţionat vara trecută şi sînt sigur(ă) că . . .
6. Bunicul meu n-a mers cu avionul pentru că . . .
7. Ea n-a vrut să spună nimic pentru că . . .
8. Prietenul meu a făcut o vizită fratelui lui pentru că . . .

Treburile casnice • Household Chores

Iată mai jos lista treburilor casnice. Studiaţi această listă şi apoi răspundeţi la întrebările care urmează.

a curăţa	to clean	a călca rufele	to iron clothes
a face curăţenie	to do housecleaning	a face patul	to make the bed
a face ordine	to straighten up	a face mîncare	to prepare food
a da cu aspiratorul	to vacuum	a pune masa	to set the table
a şterge praful	to dust	a strînge masa	to clear the table

a spăla pe jos	to wash the floor	a se ocupa de copii	to take care of the children
a spăla vasele	to wash dishes	a duce gunoiul afară	to put the trash out
a spăla rufele	to do the laundry	a ţine bugetul	to budget one's money

1. La dumneavoastră în familie cine are răspunderea pentru fiecare din aceste treburi casnice?

2. Care sînt treburile casnice pe care le faceţi cu plăcere? Care vă plac cel mai puţin?

3. Să presupunem că sînteţi căsătorit(ă). Cum divizaţi treburile casnice în familia d-voastră? Ce trebuie să facă soţul, soţia şi copiii?

4. Care credeţi că este vîrsta la care copiii pot să înceapă să ajute în gospodărie? Ce poate de exemplu să facă un băieţel de şase ani? Dar o fetiţă? Ce pot să facă adolescenţii?

Numeralul adverbial • Adverbial Numbers

To indicate that an action takes place once, twice, three times, and so on, Romanian uses adverbial numbers, which are based either on cardinal numbers or on the nouns **sută, mie, milion,** and others. With the exception of **o dată** 'once,' adverbial numbers are formed according to the following patterns.

1. /**de** + cardinal number + **ori**/

de două ori	twice
de trei ori	three times
de patru ori	four times
. . . .	. . . .
de zece ori	ten times
de unsprezece ori	eleven times
de douăsprezece ori	a dozen times
. . . .	. . . .

2. /**de** + **sută, mie,** etc. + **ori**/

de o sută de ori	a hundred times
de două sute de ori	two hundred times
de trei sute de ori	three hundred times
. . . .	. . . .
de o mie de ori	a thousand times
de două mii de ori	two thousand times
. . . .	. . . .
de un milion de ori	a million times
de două milioane de ori	two million times

When used with adverbial numbers, **ori** means 'times' and should not be confused with **ori** 'or.' Note also that in any number ending in two, the feminine form, **două,** is used. Read and translate the examples:

1. Noi facem curăţenie de două ori pe săptămînă [weekly].
2. Ţi-am telefonat de două ori astăzi.
3. Ea trebuie să ia medicamente de trei ori pe zi [daily].
4. I-am spus de o sută de ori să fie atent(ă).
5. Poţi să le spui de o mie de ori, că ei tot nu înţeleg.

Note the following useful related expressions:

de cîte ori?	how many times?
de cîteva ori	several times
de multe ori	many times
de nenumărate ori	numerous times
de zeci de ori	dozens of times (*lit.,* tens of times)
de sute de ori	hundreds of times
de mii de ori	thousands of times

Şi acum, la lucru

Exerciţiul A: De cîte ori? *How many times?*

Do you sometimes wonder if you are or are not a good housekeeper? Well, here is your chance to find out. Using the numbers 1 through 5, indicate how often you perform the household tasks listed.

1	2	3	4	5
aproape niciodată nu	o dată pe lună	o dată pe săptămînă	de două ori pe săptămînă	în fiecare zi

1. _____ fac patul dimineaţa
2. _____ fac curăţenie în toată casa
3. _____ spăl frigiderul
4. _____ spăl pe jos în bucătărie
5. _____ dau cu aspiratorul
6. _____ fac ordine în dulap
7. _____ spăl rufele
8. _____ şterg praful de pe mobilă
9. _____ spăl vasele

10. _____ duc gunoiul afară
11. _____ spăl maşina
12. _____ merg la cumpărături
13. _____ fac mîncare
14. _____ mă ocup de curte şi grădină
15. _____ spăl geamurile (windows)
_____ Total

Add the numbers and divide by 15. Key:

1.0–1.5	Regretăm, dar rezultă că la d-voastră acasă e un dezastru.
1.6–3.0	Trebuie să faceţi mai mult efort pentru menţinerea [the maintenance] casei.
3.1–4.5	Sînteţi o bună gospodină ori bun gospodar.
4.6–6.0	Felicitări! Sînteţi un gospodar ori o gospodină excelent(ă)!

Exerciţiul B

Iată cîteva aspecte care o supără [annoy] pe doamna Georgescu. Ce le spune ea copiilor ei? Exemplu:

V-am spus de mii de ori să faceţi linişte cînd tata lucrează.

		a fi mai ordonat(ă, i)
		a mînca frumos
ţi-am spus	de zeci de ori	a nu vorbi cu gura plină [mouth full]
	de sute de ori	a nu lăsa frigiderul deschis
v-am spus	de mii de ori	a pune cheile [keys] la locul lor
		a nu pune radioul tare
		a face ordine în cameră
		a nu se certa

Exerciţiul C: Program trimestrial   *Your schedule for this trimester*

Faceţi o listă cu activităţile dumneavoastră din trimestrul acesta şi spuneţi-ne de cîte ori pe săptămînă ori pe lună au loc activităţile respective. Includeţi în prezentarea dumneavoastră programul cursurilor, programul de lucru şi de studiu, treburile casnice, activităţile din timpul liber, etc. Exemplu:

Am un curs de istorie de trei ori pe săptămînă.
De cinci ori pe săptămînă am cursul de limba română.

Pronumele în dativ şi acuzativ • Order of Dative and Accusative Pronouns

We have already learned to use the short and reduced forms of the direct- and indirect-object pronouns in different contexts, but it is only in the introductory text of this unit that they occurred together:

I-am cerut creioanele şi ea n-a vrut să mi le dea.	I asked her for the colored pencils, and she wouldn't give them to me.
I-am dat un pix şi el nu mi l-a dat înapoi.	I gave him a ballpoint pen, and he didn't give it back to me.

As you can see, when both dative and accusative pronouns occur in the same sentence, the accusative pronoun stands closer to the conjugated verb form than the dative pronoun. In declarative sentences, the accusative pronoun directly precedes the verb, and the dative pronoun precedes the accusative. In the imperative this rule of proximity still works, but the word order is different: the verb comes first, then the accusative pronoun, and finally the dative pronoun. The forms of the dative pronoun when it occurs with the accusative pronoun are these:

îmi > mi   ne > ni
îţi > ţi   vă > vi
îi > i   le > li

The sequence of the object pronouns in declarative sentences is thus /subject (+ **nu**) (+ **o să**) + dative pronoun + accusative pronoun + verb/. The following examples show the transformation in word order and in the form of the dative pronoun when an accusative pronoun replaces a noun. Both singular and plural forms of the accusative are given.

Singular: El (nu) îmi dă pixul.   Plural: Ea (nu) îmi dă creioanele

pixul > îl   *creioanele > le*
mi-l dă   mi le dă
ţi-l dă   ţi le dă
i-l dă   i le dă
ni-l dă   ni le dă
vi-l dă   vi le dă
li-l dă   li le dă

Repeat the following sentences, substituting the underlined dative pronouns with those in parentheses.

   1. El <u>mi</u> le-a dat (ţi/i/ni/vi/li)
   2. O să <u>mi</u> le trimită (ţi/i/ni/vi/li)
   3. Nu <u>mi</u>-l trimiteţi prin poştă (i/ni/li)

As you already know, when used with a verb in the imperative affirmative form, the object pronouns follow the verb and are used in the same sequence we have seen thus far: /short (reduced) indirect-object pronoun + short (reduced) direct-object pronoun/. For example:

Aduceţi-mi caietul!   Daţi-ne adresele!

Aduceţi-mi-l!   Daţi-ni-le!

Note that the **-i** in the verb forms is now pronounced since it is no longer the final sound.

   When the short direct-object pronoun is **o,** the regular reduced indirect-object pronouns **mi-, ţi-, i-, ne-, v-,** and **le-** are used instead of the new ones we have just learned. We have thus:

   Ea (nu) îmi dă cartea
    cartea > o
mi-o dă   ne-o dă
ţi-o dă   v-o dă
i-o dă   le-o dă

Note the following basic vowel hierarchy rule in Romanian: **î, ă, u** disappear in that order when next to another vowel. **Î** disappears from **îl** and **îi** when following another pronoun or preceding or following a vowel. As you can see:

   1. nu-l dă (nu îl dă)   4. ni-l dă (ni îl dă)
   2. nu v-o dă (nu vă o dă)   5. l-aduce (îl aduce)
   3. n-o dă (nu o dă)   6. i-aduce (îi aduce)

Şi acum, la lucru

Exerciţiul A: Între copii   *Between children*

Ionică îi cere fratelui lui mai mare Octavian următoarele obiecte. Ce spun ei şi ce spune mama? Exemplu:

> bicicleta ta
>
> *Ionică*:   Îmi dai bicicleta ta?
> *Octavian*: Nu, nu ţi-o dau.
> *Ionică*:   Uite, mamă, nu mi-o dă.
> *Mama*:   De ce nu i-o dai?
> *Octavian*: Pentru că . . .

1. mingea [ball] ta   2. ceasul tău   3. patinele tale   4. ochelarii tăi de soare   5. benzile tale   6. casetofonul tău

Exerciţiul B: Îngrijorare   *Worries*

Lucian a venit astăzi la clasă cam nepregătit. Înainte de a intra profesoara el stă de vorbă cu colega lui, Monica. Despre ce discută ei? Exemplu:

> Crezi că ne cere temele astăzi? (Sigur că . . .)
> Sigur că ni le cere.

1. Crezi că ne corectează exerciţiile în clasă? (Cred că . . .)
2. Ce zici, ne aduce examenele înapoi? (Probabil că . . .)
3. Ne arată filmul "Dacii" astăzi? (A spus că . . .)
4. Crezi că ne citeşte compoziţiile în clasă? (Nu cred că . . .)

Exerciţiul C: Pe scurt   *Briefly*

Înlocuiţi substantivele subliniate [underlined] cu pronumele în acuzativ şi reformulaţi frazele următoare. Exemplu:

> (Eu) îi povestesc <u>filmul</u> fratelui meu.
> (Eu) i-l povestesc.

1. Îi trimit lui Mircea <u>pachetul</u> par avion.
2. Sorin îi dă <u>bicicleta</u> surorii lui.
3. Îţi aduc eu <u>pantofii</u> de la reparat.
4. Îi oferim <u>florile</u> profesoarei.
5. Părinţii mei îmi trimit mîine <u>banii</u> de taxe.
6. Ospătarul ne aduce <u>fripturile</u> imediat.
7. Apoi vă aduce vouă <u>mititeii</u>.

Stăm de vorbă

Răspundeţi la întrebări   *Answer the questions*

Răspundeţi la următoarele întrebări. Folosiţi pronumele în dativ şi acuzativ în răspunsurile dumneavoastră.

1. Eu vă explic lecţia acum?
2. Vă citesc dialogul acum?
3. Vă corectez temele atent, în general?
4. Eu vă dau cartea mea acum?
5. Voi îmi daţi cărţile voastre?
6. Voi îmi daţi întotdeauna temele la timp?

Cine ştie un banc bun? *Who knows a good joke?*

După atîtea exerciţii cu pronumele în dativ şi acuzativ, Amelia a decis să meargă cu cîţiva prieteni în Cişmigiu să se relaxeze puţin. Au găsit o masă liberă la cofetăria de lîngă lac şi acum stau de vorbă şi, ca de obicei, ascultă bancuri noi. Să vedem ce spun ei.

Sorin: Cine ştie bancul cu Gîgă?
Amelia: Toţi îl ştim.
Sorin: Văd că ştiţi bancul. Cine vi l-a spus?
Corina: Ni l-a spus Sandu ieri.
Barbu: Dar bancurile cu Ionel vi le-a spus?
Andrew: Nu, nu ni le-a spus.
Barbu: Atunci să vi le spun eu . . .

Ionel o întreabă pe mama lui.

Mama, îţi vine uşor să speli geamurile?

Nu, dragul meu, îmi vine chiar greu.

Atunci poţi să te bucuri că . . . le-am spart [I broke them]!

Un vecin îl vede pe Ionel la un meci de fotbal şi îl întreabă:

Ionele, de unde ai avut bani să cumperi biletul la meci?

Tata l-a cumpărat.

Şi unde-i tata?

Acasă, caută biletul . . .

Sorin: Să vă spun şi eu unul, cu Mitică. Într-o zi, soţia lui îi reproşează:

Nimic nu te interesează în afară de fotbal. Sînt sigură că ai uitat şi data căsătoriei noastre. La care Mitică răspunde:

Data căsătoriei? Stai puţin. Ştiu! A fost ziua cînd România a cîştigat meciul cu Italia!!!

Barbu: Eh, noi v-am spus bancuri. Acum e rîndul vostru să ne spuneţi unul. Cine ştie un banc bun? Spuneţi-ni-l!

Cine ce face? *Who does what?*

Prietenii dumneavoastră, doamna şi domnul Popescu, vor veni să petreacă cîteva zile cu părinţii dumneavoastră. Aţi făcut planul de mai jos cu toate pregătirile necesare. Discutaţi în familia dumneavoastră planul acesta, ca să ştie fiecare ce are de făcut. Formaţi grupe de patru colegi (membrii familiei dumneavoastră) şi stabiliţi [determine] împreună cine ce ar vrea, ar putea ori ar trebui să facă. Exemplu:

Luni eu aş putea să spăl rufele.

Tu (Ionel) ar trebui să mergi să cumperi . . .

Marţi, noi am vrea să dăm cu aspiratorul etc.

Luni
a spăla rufele
a face cumpărături
a cumpăra săpun, pastă de dinţi
Marţi
a călca rufele
a schimba [to change] paturile
a da cu aspiratorul
a şterge praful de pe mobilă

Miercuri
a curăţa baia
a spăla maşina
a face aprovizionarea
Joi
a face mîncare
a spăla pe jos în bucătărie
a lua prietenii de la aeroport

Vineri	*Sîmbătă*
a face salata	a aranja masa pentru petrecere
a încălzi [to warm up] mîncarea	a cumpăra gheaţă
a decora tortul	a pregăti gustările
a spăla vasele	

Verb: Condiţionalul trecut • The Verb: The Past Conditional

The past conditional corresponds to English 'would have' and is formed by using the /conditional of **a fi** + the past participle of any verb/.

	a vorbi	*a avea*	*a fi*
eu	aş fi vorbit	aş fi avut	aş fi fost
tu/dta.	ai fi vorbit	ai fi avut	ai fi fost
el/ea	ar fi vorbit	ar fi avut	ar fi fost
noi	am fi vorbit	am fi avut	am fi fost
voi/dv.	aţi fi vorbit	aţi fi avut	aţi fi fost
ei/ele	ar fi vorbit	ar fi avut	ar fi fost
(Negative)	n-aş fi vorbit	n-aş fi avut	n-aş fi fost

The past conditonals of **a vorbi, a avea,** and **a fi,** given in the table above, mean 'would have talked,' 'would have had,' and 'would have been,' respectively. The past conditional is used most often in a clause beginning with **dacă** 'if' or **chiar dacă** 'even if.' Remember that in Romanian, sentences with if-clauses may have both clauses in the past conditional. English uses the past perfect (had + past participle) in the if-clause and the conditional perfect (would have + past participle) in the main clause. Examples follow.

(Tu) ai fi venit la universitate dacă ai fi avut bursă?	Would you have come to the university if you had had a scholarship?
(Noi) am fi cumpărat maşina dacă n-ar fi fost aşa scumpă.	We would have bought the car if it had not been so expensive.
Eu v-aş fi aşteptat la aeroport dacă aş fi ştiut cînd veniţi.	I would have waited for you at the airport if I had known when you were coming.
El n-ar fi fost fericit chiar dacă ar fi venit aici.	He wouldn't have been happy even if he had come here.

Note, however, that past conditional forms in both clauses can be replaced by the imperfect tense, especially in colloquial Romanian. Examples:

Eu cred că ei veneau să ne vadă dacă puteau.	I think they would have come to see us if they had been able to.
După părerea mea, era mai bine dacă nu spuneai nimic.	In my view, it would have been better if you hadn't said anything.

Şi acum, la lucru

Exerciţiul A: Dacă aş fi putut . . .   If I could have . . .

Împreună cu alţi colegi din clasă jucaţi rolul profesorului şi cel al unor "studenţi-problemă." Formulaţi, după modelul dat, întrebările profesorului şi răspunsurile studenţilor. Reţineţi însă că studenţii sînt rugaţi să găsească o explicaţie pentru fiecare din obiecţiile profesorului. Exemplu:

a veni/la clasă

De ce n-ai venit la clasă?

Aş fi venit dacă aş fi putut, dar (am fost bolnav, a trebuit să. . . , etc.)

1. a veni/la examen
2. a telefona/la birou
3. a merge/la consultaţii
4. a studia/vocabularul

5. a face/tema de astăzi
6. a răspunde/la întrebări
7. a aduce/temele la timp
8. a citi/toată lecţia

Exerciţiul B: Dacă aş fi cîştigat la loterie *If I had won the lottery*

Mulţi joacă la loterie, dar puţini cîştigă. Un grup de "nenorocoşi" stau de vorbă şi fiecare spune ce-ar fi făcut dacă ar fi avut mai mult noroc. Folosiţi modelul dat pentru a reconstitui afirmaţiile lor.

eu/a fi/fericit(ă) pentru tot restul vieţii mele

Dacă aş fi cîştigat la loterie, eu aş fi fost fericit(ă) pentru tot restul vieţii mele.

1. eu/a pleca/pentru o lună în Haway
2. noi/a merge/într-o croazieră în Bahamas
3. voi/a face/o călătorie prin toată Europa
4. tu/a organiza/o petrece pentru toţi prietenii
5. prietenii tăi/a petrece/tot timpul la Las Vegas
6. Rodica/a da/burse pentru studenţii merituoşi

Stăm de vorbă

Ce s-ar fi întîmplat dacă . . . *What would have happened if . . .*

Închipuiţi-vă [imagine] ce s-ar fi întîmplat dacă următoarele aspecte ar fi fost diferite.

1. Dacă n-aţi fi studiat limba română?
2. Dacă nu v-aţi fi născut în Statele Unite?
3. Dacă nu aţi fi venit la universitate aici?
4. Dacă v-aţi fi născut acum o sută de ani?

Jurnal

Sondaj de opinie *Opinion poll*

Locul şi rolul femeii şi bărbatului în viaţa de
familie şi în societatea contemporană sînt
probleme mult <u>dezbătute</u> astăzi <u>peste tot</u> în lume.   *debated/everywhere*
Iată mai jos cîteva întrebări pe această temă. Am
dori o replică sinceră, directă şi spontană
<u>din partea</u> dumneavoastră.   *from*

1. Într-o familie cu copii, cred că ar fi preferabil ca . . .
   a. soţia să fie casnică şi soţul să lucreze.
   b. soţul să stea acasă şi soţia să lucreze.
   c. soţul şi soţia să lucreze şi să ducă copiii la cămin [day-care center].
   d. să lucreze amîndoi şi să plătească o femeie să se ocupe de copii.
   e. să lucreze amîndoi şi bunicii să se ocupe de copii.

2. Cînd ambii soţi [both husband and wife] au serviciu, consider că e normal ca . . .
   a. femeia să se ocupe de toate treburile casei.
   b. bărbatul să se ocupe numai de curte, grădină şi maşină.
   c. treburile casnice să fie împărţite egal.
   d. mama să aibă mai multe obligaţii faţă de copii decît tatăl.
   e. amîndoi să aibă răspundere egală faţă de copii.
3. Cele mai grave probleme sînt în familiile în care . . .
   a. tatăl nu are serviciu şi numai mama lucrează.
   b. nici tatăl nici mama nu lucrează.
   c. tatăl neglijează [neglects] complet familia.
   d. părinţii sînt divorţaţi şi recăsătoriţi.
   e. copiii rămîn acasă singuri, fără supraveghere.

Comentarii

După ce aţi răspuns la întrebările noastre, formaţi grupe de doi-trei colegi şi colege. Comparaţi şi comentaţi răspunsurile membrilor grupului. Folosiţi adjectivele (original, radical, interesant, obiectiv, subiectiv, inteligent, ridicol, perspicace, satisfăcător, nesatisfăcător, etc.) pentru a comenta fiecare răspuns. Dacă nu sînteţi de acord cu unele comentarii, fiţi franc(ă) şi susţineţi-vă   *assert*
punctul de vedere cu onestitate şi fermitate.   *point of view/honesty*
Exemplu:

E un răspuns interesant, dar subiectiv. Eu cred că . . .
Nu e un răspuns satisfăcător. După părerea mea . . .

Vocabular

Substantive

Feminine

anchetă (e)   *investigation, survey*

aspiraţie (i)   *aspiration*

contribuţie (i)   *contribution*

curăţenie (i)   *cleaning*

încredere (inv.)   *trust*

îndatorire (i)   *duty*

mişcare (ări)   *movement*

năzuinţă (e)   *aspiration*

neîncredere (inv.)   *mistrust*

rîvnă (inv.)   *zeal*

Neuter

drept(uri)   *right*

geam(uri)   *window*

sondaj(e)   *poll*

Verbe

a căpăta   *to get, receive*

a certa   *to scold*

a se certa   *to quarrel, argue*

a curăţa   *to clean*

a încălzi (esc)   *to warm up*

a încheia   *to finish, to end*

a judeca   *to judge*

a neglija (ez)   *to neglect*

a părăsi (esc) *to abandon*
a schimba *to change*
a susţine (susţinut) *to sustain*
a tăcea (tăcut) *to be/keep silent*

Adjective

4 terminaţii
cumpănit *well balanced*
dezbătut *debated*
echilibrat *well balanced*
nesupravegheat *unsupervised*
supravegheat *supervised*

3 terminaţii
(ne) satisfăcător(i),
(ne) satisfăcătoare *(un)satisfactory*

2 terminaţii
ambii (ambele) *both*

Invariable
perspicace *perspicacious*

Adverbe

acuşi (colloquial) *immediately, any minute*
altă dată *next time*
altcumva *in some other way*
altundeva *somewhere else*
de cîteva ori *several times*
de mii de ori *thousands of times*
de multe ori *many times*

de nenumărate ori *numerous times*
de sute de ori *hundreds of times*
de zeci de ori *dozens of times*

Expresii

a face curăţenie *to do housecleaning*
a-i fi bine *to feel good*
a-i fi dor *to long for, miss*
a-i fi foame *to be hungry*
a-i fi frică (de) *to be afraid (of)*
a-i fi groază (de) *to be terrified (of)*
a-i fi jenă *to be embarrassed*
a-i fi lene *to feel lazy*
a-i fi milă (de) *to feel sorry (for)*
a-i fi ruşine (de) *to be ashamed (of)*
a-i fi sete *to be thirsty*
a-i fi silă (de) *to be disgusted (with)*
a căpăta dreptul *to gain the right*
a face gălăgie *to make noise*
a fi certat(ă, i, e) cu *to be on bad terms with*
a lăsa în pace *to leave alone*
a merge la culcare *to go to bed*
a spăla pe jos *to wash the floor*
a spăla rufele *to do the laundry*
a şterge praful *to dust*
a tăcea din gură *to shut one's mouth, to shut up*
cît mai mulţi, multe *as many as possible*
indiferent de *regardless of*

17

Viaţa la ţară

Dialog

Satul natal

Trenul înaintează domol spre Sebeş-Alba. O
regiune de dealuri frumoase acoperite de viţă de
vie. Carpaţii domină cu maiestate locurile
acestea de un pitoresc deosebit. Fetele
sînt în drum spre Lancrăm. Este satul în
care s-a născut marele poet şi filosof român,
Lucian Blaga, sat pe care el îl evocă atît de
frumos în versurile sale:

    Sat al meu ce porţi în versuri
sunetele lacrimei . . .

    Iată că în curînd Amelia va avea ocazia să
vadă aceste locuri minunate. Ea va petrece
sărbătorile Paştelui cu familia prietenei ei. Dar
în sfîrşit, iată că au ajuns la Lancrăm. Au
coborît din tren şi spre ele a venit zîmbind
Alexandru, fratele Corneliei.

advances/slowly
hills/covered with vineyards
dominate/majesty

philosopher
recalls
verses

of mine
the sounds of a tear

Alexandru:	Bine-aţi venit!
Fetele:	Bine te-am găsit!
Alexandru:	Hai, daţi-mi valizele să vi le duc la căruţă.
Cornelia:	Poţi să iei valiza Ameliei.
Alexandru:	Şi a ta?
Cornelia:	Valiza mea e mică. Pot s-o duc şi singură.

Welcome!
It's good to see you.
Here, give me your bags and let me take them to the wagon.
You can take Amelia's suitcase.
And yours?
My suitcase is small. I can carry it myself.

Merg toţi trei pînă la căruţa care îi aşteaptă în
spatele gării. Alexandru pune bagajele în căruţă,
apoi se întoarce spre Amelia şi îi zice:

(horse-drawn) wagon
train station

282

Alexandru:	Ai mai fost vreodată cu căruţa?	*Have you ever been in a (horse-drawn) wagon before?*
Amelia:	Nu. N-am mai fost.	*No, I never have been.*
Alexandru:	Eh, nu e chiar ca în Mercedes dar . . .	*It's not like a Mercedes, but . . .*
Amelia:	Sînt sigură că e diferit.	*I'm sure it's different.*
Alexandru:	Lasă că vezi tu acum cum e. Hai, urcaţi! Urcaţi!	*You'll see what it's like now. Climb right up.*

Fetele urcă repede şi <u>caii</u> <u>pornesc</u> <u>sprinteni</u>   *horses/started/quickly*
spre casă. La intrarea în sat îi <u>întîmpină</u> o <u>fîntînă</u>   *welcomes/well*
frumoasă de lemn. Pe <u>uliţa</u> mare a satului <u>sătenii</u>   *small road/villagers*
îi salută prietenos. Amelia e impresionată de faptul
că toţi sînt îmbrăcaţi în <u>portul lor tradiţional.</u>   *their traditional costume*
Observă casele de cărămidă acoperite cu <u>ţiglă</u>,   *tile*
case <u>masive</u> în care au trăit de generaţii oamenii   *massive*
<u>acestor</u> locuri. Iată biserica satului, şcoala,   *of these*
<u>primăria</u> şi, alături, casa părinţilor Corneliei.   *town hall*

În faţa casei, pe o bancă, îi aştepta bunica cu
Victor şi Traian, fraţii mai mici ai Corneliei. Au
intrat pe poarta <u>larg deschisă</u> în curte. O curte   *wide open*
mare cu o grădină de flori în dreapta şi o <u>şură</u>   *barn*
veche în stînga. Lîngă ea <u>lătra</u> vesel Azor, cîinele   *was barking*
ciobănesc, <u>paznicul</u> gospodăriei. Totul lăsa o   *the guardian*
impresie de <u>statornicie.</u> Părinţii Corneliei i-au   *stability*
întîmpinat pe oaspeţi cu mare bucurie.

După emoţiile revederii, au intrat cu toţii în
casa cu <u>odăi</u> mari, cu covoare, <u>ţesături</u>, <u>urcioare</u>   *rooms/woven fabrics/pitchers*
şi icoane pe sticlă. În odaia din faţă era o masă
mare şi un <u>blid</u> de ceramică cu <u>ouă încondeiate</u> pe   *bowl, plate/colored Easter eggs*
masă care le amintesc oaspeţilor că vin Paştele. O
atmosferă cu adevărat de sărbătoare. "<u>Nicăieri nu</u>
<u>e mai bine ca acasă</u>," spune fericită Cornelia.   *there's no place like home*

Aţi înţeles?

1. Amelia şi Cornelia sînt în tren. Unde merge trenul? Ce puteţi spune despre regiunea aceasta?
2. În ce sat vor petrece fetele Paştele împreună? Ce ştiţi despre satul acesta?
3. Cine le-a întîmpinat la gară? Cu ce au mers acasă?
4. Ce-a văzut Amelia la intrarea în sat? Dar pe uliţa mare a satului?
5. Cine le aştepta pe bancă la poartă? Ce a văzut Amelia în curtea casei?
6. Ce impresie i-a lăsat Ameliei această gospodărie? Au fost bucuroşi părinţii Corneliei cînd le-au văzut pe fete?
7. Ce puteţi spune despre casa părinţilor Corneliei? Ce-a văzut Amelia cînd a intrat în odaia din faţă?
8. Ce spune Cornelia despre casa părintească? Sînteţi de acord cu ea?

Cultură/Civilizaţie

Lucian Blaga (1895–1961)

The philosopher Lucian Blaga was one of the most original thinkers of eastern Europe. In Romania he is also considered one of that country's greatest poets. In addition to his twenty-six volumes of philosophy and essays, he wrote some five hundred poems, ten plays, and a volume of memoirs.

Born in the Transylvanian village of Lancrăm, Blaga received his Ph.D. from the University of Vienna in 1919. He also had the opportunity to study in several other western European countries. By 1920 he began publishing philosophical works, and at about the same time he was writing and publishing a number of volumes of poetry, which almost immediately established his reputation as one of the greatest Romanian poets. His two earliest volumes, *Poemele luminii* (Poems of light) and *Pietre pentru templul meu* (Stones for my temple) appeared in 1919. Later volumes of poetry include the well-known *În marea trecere* (In the great passage) in 1924, and *Laudă somnului* (In praise of sleep) in 1929. In 1935 Blaga was awarded the highest prize of the Romanian Academy, and one year later was accepted as a member of that prestigious institution. Also during the 1930s, Blaga began working on his own philosophical system, which he eventually published in a dozen volumes, the most important of which were subsequently grouped in three trilogies: *Trilogia cunoaşterii* (The trilogy of knowl-

17.1 Lucian Blaga (1895–1961), leading twentieth-century poet and philosopher edge), 1941; *Trilogia culturii* (The trilogy of culture), 1944; *Trilogia valorilor* (The trilogy of values), 1945.

More than anything, Blaga is the voice of the deepest level of meanings of his culture—that of mythical thought. At this level he probes the mysteries of life and death and reveals to us the richness of the human soul. Blaga defined the role of the artist (or poet) as a striving to reach the absolute by following one's own path without concessions to any kind of power outside of oneself. He was one of Romania's greatest poets and one of the most representative philosophers of Romanian culture.

Structuri şi vocabular

Satul: Aspect şi activităţi

În România sînt sate de munte şi sate de cîmpie. Multe sate sînt aşezate pe o vale ori pe văi. Casele sînt aşezate una lîngă alta, pămîntul e în afara satului. Satele au o uliţă/stradă principală şi uliţe/străzi laterale.

plain/situated/valley
valleys

side streets

În centrul ori în mijlocul unui sat tradiţional românesc găsim biserica, şcoala,

17.2 Young people in traditional costume

primăria, poşta, dispensarul şi magazinul — *dispensary*
universal. Ţăranii şi ţărancele sînt îmbrăcaţi — *peasants, country people*
în port tradiţional. Porturile tradiţionale pot — *traditional costume*
să cuprindă o ie (bluză), o catrinţă (fustă),
o maramă, un chimir (curea), un laibăr — *silk headscarf*
(vestă) ori iţari (pantaloni).

După ce am prezentat cîteva aspecte
caracteristice unui sat tradiţional românesc,
să vedem acum cîteva din activităţile
specifice satului. Atît ţăranii cît şi ţărancele
lucrează la cîmp, cultivă pămîntul şi strîng — *harvest crops*
recolta. Ei seamănă grîul, sapă porumbul şi — *sow/wheat/hoe/corn*
culeg cartofii, merele, cireşele, etc.

Ţărancele ţes covoare şi ştergare, — *weave/towels*
brodează feţe de masă, feţe de pernă ori — *embroider/pillowcases*
bluze, cămăşi, etc. Ele mai torc lînă, in şi — *linen*
cînepă din care fac haine. — *hemp*

Folosiţi termenii [terms] legaţi [related] de aspectul şi activităţile specifice unui sat tradiţional românesc, pentru a răspunde la următoarele întrebări:

1. Unde sînt aşezate satele româneşti în general?
2. Intrăm într-un sat tradiţional românesc. Ce vedem?
3. Care sînt termenii specifici rurali pentru stradă ori străzi?
4. Ce clădiri importante putem vedea în mijlocul unui sat?
5. Ce îmbrăcăminte specifică poartă ţărancele? Dar ţăranii ce poartă?
6. Uitaţi-vă pe lista activităţilor specifice satului şi spuneţi-ne care credeţi că sînt activităţile de primăvară, de vară şi de toamnă. Care activităţi credeţi că sînt posibile tot timpul anului?

O gospodărie ţărănească • A Country Household

Să presupunem că vizităm o gospodărie tradiţională românească. Putem observa aceste aspecte caracteristice. Casa

e construită din cărămidă
e acoperită cu ţiglă
e încălzită [heated] cu lemne
are sobe mari de lut [clay] ori de teracotă [terra cotta]
e împrejmuită [enclosed] de gard [fence]
are o poartă [gate] mare de lemn
are uneori o bancă în faţa casei, lîngă poartă

Intrăm pe poartă. În curte vedem:

o grădiniţă de flori — a small flower garden
o grădiniţă de legume — a small vegetable garden
fîntîna — the well
şura — the barn
cuptorul de pîine — the oven for bread

grajdul [stable] pentru animale	cal, cai	horse, horses
	vacă, vaci	cow, cows
	vițel, viței	calf, calves
	oaie, oi	sheep, sheep
	miel, miei	lamb, lambs
	porc, porci	pig, pigs
	bivol, bivoli	water buffalo, water buffalos
cotețul [coop] de păsări	găină, găini	hen, hens
	cocoș, cocoși	rooster, roosters
	pui (sg. and pl.)	chick(s)
	gîscă, gîște	goose, geese
	rață, rațe	duck, ducks
	boboc, boboci	duckling, ducklings
	curcă, curci	turkey hen, turkey hens
	curcan, curcani	tom turkey, tom turkeys

Comparați o gospodărie rurală românească cu o fermă [farm] americană din regiunea în care locuiți. Pregătiți prezentarea individual ori în grup. Puteți să ilustrați descrierea dumneavoastră cu cîteva fotografii sugestive.

Să discutăm acum cîteva aspecte legate de interiorul unei case rurale. Aici cuvîntul [the word] *cameră* este înlocuit [replaced] de cuvîntul *odaie*. O casă are de obicei trei-patru odăi.

17.3 A villager stands by his wooden gate

17.4 Sheep graze in the Carpathian mountain area

În ele vedem în general mobilă simplă de lemn. De remarcat este grija cu care gospodina casei decorează odăile acestea. Iată mai jos cîteva din lucrurile care pot fi văzute într-o odaie la țară.

covoare	
ștergare	țesute
fețe de masă	brodate
fețe de pernă	
un blidar [plate rail] cu	blid(e)
	urcior, urcioare
o ladă de zestre	a hope chest
un război de țesut	a loom
o furcă de tors	a distaff for spinning

Priviți fotografia unei odăi tradiționale dintr-o casă la sat. Observați că tavanul [the ceiling] nu este prea înalt. În unele case la țară, tavanul are grinzi [beams]. Pe grinzile acestea se atîrnă [hang] uneori urcioare și blide frumos pictate cu motive specifice locului. Să vedem acum ce alte aspecte caracteristice putem observa în odaia aceasta?

1. Ce obiecte se pot vedea pe pereți? Ce puteți spune despre ele?

2. Este un covor în cameră? Dacă da, cum este covorul? Credeți că e cumpărat de la magazin ori e țesut de gospodina casei?

3. Vedeți un blidar în odaie? Ce se ține într-un blidar de obicei?

17.5 A typical nineteenth-century peasant home in Prahova, Muntenia

4. Într-o odaie la ţară se poate vedea uneori şi o ladă de zestre. Ce credeţi că poate fi într-o ladă de zestre?
5. Ce altă mobilă vedeţi în odaie? Descrieţi mobila aceasta.
6. Comparaţi aspectul unei odăi ţărăneşti româneşti cu o cameră dintr-o fermă americană.

Verb: **Participiul prezent** • The Verb: The Present Participle

The present participle in Romanian has only one invariable form, which is used with any number of persons or things. To form it, one adds **-înd** or **-ind** to the stem of the infinitive. Verbs with infinitives in **-i, -ia,** and **-ie** take the ending **-ind.** All other verbs (those in **-a, -ea, -e,** and **-î**) take **-înd.**

Infinitive	*Infinitive ending*	*Present participle*	*Usage*
a mînca	-a	mîncînd	Pofta vine mîncînd.
a putea	-ea	putînd	Putînd să înoate, s-a salvat.
a merge	-e	mergînd	Mergînd repede, am ajuns la timp.
a coborî	-î	coborînd	L-am văzut coborînd.
a zîmbi	-i	zîmbind	El ne-a întîmpinat zîmbind.
a studia	-ia	studiind	Studiind zilnic, faceţi progrese.
a scrie	-ie	scriind	Scriind fraza, a observat greşeala.

Note these irregular present participles:

a fi	fiind	a cunoaşte	cunoscînd	a da	dînd
a şti	ştiind	a creşte	crescînd	a face	făcînd
a vedea	văzînd	a rîde	rîzînd	a vrea	vrînd

The present participle is used in Romanian primarily in formal or literary style. It expresses (1) continuous action in the present or the past; (2) simultaneous (continuous) actions; (3) the means of accomplishing the action of the main verb; or (4) the cause of the action. For example:

1. Vă văd mereu lucrînd împreună.   I always see you working together.
2. I-am văzut stînd de vorbă pe coridor.   I saw them talking (chatting) in the hall.
3. Mergînd cu bicicleta am văzut un accident.   While riding my bicycle I saw an accident.
4. Ei au învăţat franceza ascultînd benzile.   They learned French (by) listening to tapes.
5. Avînd cursuri, n-am putut merge la film.   Because I had classes, I couldn't go to the movies.

The present participle adds **-u** to its ending when used with a direct, indirect, or reflexive pronoun. All these pronouns follow the present participle and are used in their hyphenated forms. When the third person feminine singular **-o** follows the present participle, the **-u** is dropped.

Văzîndu-l pe profesor, l-am salutat.   Seeing the professor, I greeted him.
Ne-am întîlnit ducîndu-ne spre casă.   We met while going home.
Dîndu-mi pachetul, vînzătoarea a zîmbit.   While giving me the package the saleswoman smiled.

Cauţi cartea? Te-am văzut punînd-o în servietă.   Are you looking for the book? I saw you putting it into your briefcase.

To form the negative, **ne-** is added to the present participle. **Ne-** may be separated from the present participle by the adverb **mai**. Both **ne-** and **nemai-** become part of the participle, without being connected to it by a hyphen.

Neştiind ce să fac, am plecat.   Not knowing what to do, I left.
Neavînd bani destui, n-am cumpărat casa.   Not having enough money, I didn't buy the house.
Nemaiputînd să aştept, am luat un taxi.   Not being able to wait any longer, I took a taxi.

Şi acum, la lucru

Exerciţiul A

Schimbaţi frazele următoare la forma negativă. Exemplu:

  Avînd timp, am trecut să vă văd.

  Neavînd timp, n-am trecut să vă văd.

  1. Fiind liberi seara, am mers la un spectacol.
  2. Crescînd în sat, ei au învăţat de mici aceste cîntece.
  3. Ştiind româneşte, ei au putut vorbi cu sătenii.
  4. Cunoscînd cîntecul, am cîntat şi noi cu ei.

Exercițiul B

Înlocuiți cuvintele subliniate cu participiul prezent și reformulați frazele. Exemplu:

> Cînd m-am dus acasă, am găsit telegrama.
>
> Ducîndu-mă acasă, am găsit telegrama.

1. Te-am ascultat atent și te-am înțeles.
2. Pentru că l-au văzut așa nervos, au plecat.
3. Cînd se spăla, Radu a văzut că nu era apă caldă.
4. După ce ne-am uitat la ei, i-am recunoscut.
5. Dacă vă duceți cu trenul, puteți vedea regiunea.

Exercițiul C

Reformulați frazele următoare. Înlocuiți cuvintele subliniate cu participiul prezent. Exemplu:

> Alexandru ne-a salutat și a zîmbit.
>
> Alexandru ne-a salutat zîmbind.

1. Am citit ziarul și am aflat ce mai e nou în țară.
2. Pentru că aveți timp, voi puteți să-i ajutați.
3. Răspundeți la întrebări. Folosiți verbele la viitor.
4. Repetați fraza. Înlocuiți cuvintele subliniate cu cele din paranteză.
5. Cînd veniți spre casă, puteți să vă opriți pe la alimentara.

Stăm de vorbă

Construiți fraze cu cuvintele date în coloanele [columns] exercițiului de mai jos. Rețineți că trebuie să înlocuiți verbele la infinitiv cu forma corectă de participiu prezent (gerunziu). Exemplu:

> a dansa > dansînd
>
> M-a impresionat cînd am văzut toți oamenii dansînd.

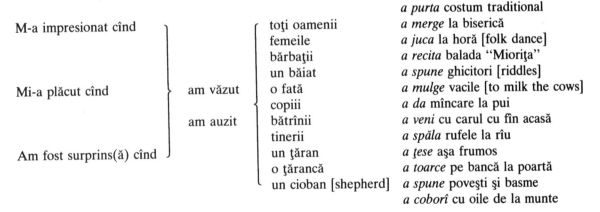

M-a impresionat cînd		toți oamenii	*a purta* costum traditional
		femeile	*a merge* la biserică
		bărbații	*a juca* la horă [folk dance]
		un băiat	*a recita* balada "Miorița"
Mi-a plăcut cînd	am văzut	o fată	*a spune* ghicitori [riddles]
		copiii	*a mulge* vacile [to milk the cows]
	am auzit	bătrînii	*a da* mîncare la pui
		tinerii	*a veni* cu carul cu fîn acasă
Am fost surprins(ă) cînd		un țăran	*a spăla* rufele la rîu
		o țărancă	*a țese* așa frumos
		un cioban [shepherd]	*a toarce* pe bancă la poartă
			a spune povești și basme
			a coborî cu oile de la munte

Adjectivul demonstrativ în antepoziție • The Demonstrative Adjective before the Noun

Demonstrative adjectives may be used in two different ways in Romanian while still conveying the same meaning. They may be used in postposition, in which case they follow the noun, or before the noun, in pre-position, in which case they precede the noun. Compare the following examples:

	Demonstrative after the noun	Demonstrative before the noun
Masculine singular	ţăranul acesta/acela	acest/acel ţăran
Neuter singular	plugul acesta/acela	acest/acel plug
Feminine singular	ţăranca aceasta/aceea	această/acea ţărancă
Masculine plural	ţăranii aceştia/aceia	aceşti/acei ţărani
Neuter plural	plugurile acestea/acelea	aceste/acele pluguri
Feminine plural	ţărancele acestea/acelea	aceste/acele ţărance

There are two differences between a noun phrase that places the demonstrative adjective after the noun and one that places it before the noun. First, the noun followed by a demonstrative must be in its definite form, with the appropriate definite article (**ţăranul, plugul, ţăranca**). Second, the demonstrative adjective must end in **-a** in the nominative-accusative (**acesta/acela** and so on). When the demonstrative adjective precedes the noun, the noun never has the definite article (**ţăran, plug, ţărancă**), and the demonstrative adjective, with the exception of **acea** 'that' (feminine singular), never ends in **-a**. Note that even **acea** is changed from the form you already know, **aceea**. When preceding the noun, the demonstrative adjectives take these forms in the nominative-accusative:

Singular				*Plural*	
Masculine/Neuter	Feminine		Masculine	Feminine/Neuter	
acest	această	this	aceşti	aceste	these
acel	acea	that	acei	acele	those

Şi acum, la lucru

Exerciţiul A

Răspundeţi la următoarele întrebări.

1. Această clasă e mare, ori mică?
2. Această carte e nouă, ori veche?
3. Acest student e român, ori american?
4. Acest pix e negru, ori roşu?
5. Aceste studente studiază româna, ori franceza?
6. Aceşti băieţi au fost prezenţi, ori absenţi astăzi?

Exerciţiul B

Cornelia face următoarele comentarii despre satul ei. Folosiţi adjectivul demonstrative în antepoziţie şi reformulaţi frazele Corneliei. Exemplu:

În satul acesta trăim de generaţii.

În acest sat trăim de generaţii.

1. Bătrînul acesta are peste nouăzeci de ani.
2. El a făcut urciorul acesta cînd era tînăr.
3. Casa aceasta e foarte veche, dar e frumoasă.
4. Tatăl meu a sculptat [carved] poarta aceasta de lemn.
5. Bărbatul acesta e îmbrăcat în port tradiţional.
6. Ştergarul acesta este ţesut de mama mea.

Exercițiul C

Schimbați frazele de mai sus la plural. Apoi reformulați fiecare frază folosind adjectivul demonstrativ în antepoziție. Exemplu:

În satele acestea trăim de generații.

În aceste sate trăim de generații.

Exercițiul D

Iată acum cîteva din comentariile lui Amelia. Folosiți cu substantivele subliniate adjectivele demonstrative *acela, aceea, aceia, acelea* la forma corectă de antepoziție. Exemplu:

Mi-a plăcut mult satul.

Mi-a plăcut mult acel sat.

1. M-a impresionat ciobanul care cînta din fluier.
2. Am fost surprinsă cînd mi-a dat fluierul [flute].
3. Fața de masă era brodată extrem de frumos.
4. Fețele de pernă erau țesute cu motive florale.
5. Mi-au plăcut mult tinerii din echipa de dansuri.
6. Iile sînt brodate de mînă și sînt splendide.

Pronume/adjectiv demonstrativ: • The Demonstrative Pronoun/Adjective:
Genitiv-dativ   Genitive-Dative

In the genitive-dative case, demonstratives preceding the noun have the following forms:

Masculine/neuter	*Singular* Feminine		*Plural* All genders	
acestui	acestei	of, to this	acestor	of, to these
acelui	acelei	of, to that	acelor	of, to those

When a demonstrative follows the noun it modifies, **-a** is added as well, yielding the forms **acestuia, aceluia, acesteia, aceleia, acestora,** and **acelora.** Read and translate the following examples:

Demonstrative adjective

E casa acestui/acelui țăran.
E casa țăranului acestuia/aceluia. }

Catrința acestei/acelei țărance e veche.
Catrința țărancei acesteia/aceleia e veche. }

Ei sînt părinții acestor/acelor copii.
Sînt părinții copiilor acestora/acelora. }

Demonstrative pronoun

E casa acestuia/aceluia.

Catrința acesteia/aceleia e veche.

Sînt părinții acestora/acelora.

Și acum, la lucru

Exercițiul A

Amelia stă de vorbă cu învățătorul satului Lancrăm. Despre ce vorbesc ei? Dați forma corectă de genitiv-dativ a demonstrativului din paranteză și veți afla ce spune domnul învățător. Exemplu:

Puteți să-mi spuneți ceva despre istoria (acest) sat?

Puteți să-mi spuneți ceva despre istoria acestui sat?

1. Istoria (acest) sat începe de mult.
2. Oamenii (aceste) locuri trăiesc aici de mulţi de ani.
3. Locuitorii (aceste) regiuni erau oameni harnici şi paşnici.
4. Satele erau aşezate de-alungul (aceste) văi frumoase.
5. Mulţi istorici au scris despre istoria (aceste) locuri.

Exerciţiul B

Profesorul Johnson, istoric american, e în vizită în România. El stă de vorbă cu un prieten român despre unele din cercetările lui. Ce spun ei? Exemplu:

Mă interesează istoria *acestei ţări.*

S-au scris multe studii despre istoria ţării acesteia.

1. acestei regiuni 2. acelei familii 3. acestei case 4. acelei primării 5. acelei biserici
6. acestei şcoli 7. acelei statui 8. acestei clădiri

Exerciţiul C

Formulaţi întrebări după modelul dat folosind pronumele demonstrativ în genitiv-dativ. Exemplu:

I-am spus <u>acestui coleg</u> tot ce am ştiut

Acestuia i-ai spus, dar aceluia?

1. I-am dat <u>acestui băiat</u> o ciocolată.
2. <u>Acestei fetiţe</u> i-am dat nişte bomboane [candy].
3. Le-am arătat <u>acestor tineri</u> fotografii din America.
4. Le-am dat adresa <u>acestor fete</u> pentru că mi-au cerut-o.

Pronumele posesiv • The Possessive Pronoun

Possessive pronouns are used to replace the noun. They correspond to English 'mine, yours, his, hers, ours, theirs.' For example:

Cartea ta e aici dar a mea unde e? | Your book is here, but where is mine?

Apartamentul nostru e mic. Al vostru e mai mare. | Our apartment is small. Yours is larger.

Copiii voştri sînt mari, ai noştri sînt încă mici. | Your children are grown; ours are still young.

The possessive pronoun is formed from the possessive article **al, a, ai,** or **ale** plus the possessive adjective. The possessive article agrees in gender and number with the noun it replaces.

Possessive Pronouns Noun possessed is:	Possessive article	Possessive adjective
Masculine singular	al	meu, dumneavoastră, tău, său, nostru, vostru, lor
Neuter singular	al	meu, dumneavoastră, tău, său, nostru, vostru, lor
Feminine singular	a	mea, dumneavoastră, ta, sa, noastră, voastră, lor
Masculine plural	ai	mei, dumneavoastră, tăi, săi, noştri, voştri, lor
Neuter plural	ale	mele, dumneavoastră, tale, sale, noastre, voastre, lor
Feminine plural	ale	mele, dumneavoastră, tale, sale, noastre, voastre, lor

As you can see from the table, two of the possessive adjectives are invariable, **dumneavoastră** and **lor. Dumneavoastră** may be either singular or plural. Examples:

Maşina mea e aici şi a dumneavoastră unde e?

Dicţionarul lui Sorin e bun dar al dumneavoastră e şi mai bun.

Ochelarii aceştia sînt ai dumneavoastră?

Scrisorile acestea sînt ale mele. Acelea sînt ale dumneavoastră.

Televizorul nostru e vechi dar al lor e nou.

Camera noastră e mică dar a lor e mai mare.

Părinţii mei sînt aici dar ai lor sînt în România.

Cărţile tale sînt pe etajeră, ale lor unde sînt?

Note that **al său, a sa, ai săi, ale sale** can mean 'his,' 'hers,' 'its,' or 'one's,' depending on context. To avoid ambiguity one may use the alternative forms **al, a, ai, ale lui** 'his' and **al, a, ai, ale ei** 'hers.' **Al său, a sa, ai săi,** and **ale sale** are more often used in writing and in formal speech. The other forms are more common in everday language.

Wherever a possessive does not follow a definite article, the possessive pronoun must be used. It may be linked to the noun by **de-**.

El a mers cu un prieten al meu la mare.
El a mers cu un prieten de-al meu la mare. } He went with a friend of mine to the sea.

Romanian does not allow a construction like **un prieten meu** any more than English allows 'a my friend.' The possessive article must also be used with a noun in the genitive when that noun is separated from the definite noun it governs by another word. For example:

Vecinul acesta al părinţilor mei, e italian. This neighbor of my parents is Italian.

Cartea este a colegului meu. The book is my colleague's.

To formulate the question 'whose?' use **al, a, ai,** or **ale** plus **cui**. Again, note that the possessive article agrees with the thing possessed, not with the possessor.

Al cui e caietul acesta? Whose notebook is this?

A cui e tema aceasta? Whose homework is this?

Ai cui sînt pantofii ăştia? Whose shoes are these?

Ale cui sînt cheile de pe masă? Whose keys are on the table?

Another possible way to formulate the question 'whose?' is by using **al, a, ai,** or **ale** plus the genitive-dative form of **care**: **cărui(a), cărei(a),** and **căror(a)**. These forms are seldom used. Consider, however, the following example:

A căreia/Al căruia e cartea? Whose book is this? To whom does this book belong?

Al cărui(a) and **a cărei(a)** here do not agree with the noun governed, but with the presumed gender of the owner.

Şi acum, la lucru

Exerciţiul A: Al cui? Whose?

Formulaţi întrebări şi răspunsuri după modelul dat.

> covorul
> Al cui este covorul?
> Este al unei ţărance.
> Este al ei.

1. ştergarul   2. urciorul   3. ceasul   4. războiul de ţesut

Exerciţiul B: A cui?   Whose?

Echipa de dansuri a universităţii a avut repetiţie astăzi. Două dansatoare încearcă să afle ale cui sînt diferite obiecte pe care le-au găsit în sală, după ce toţi au plecat. Ce spun ele? Exemplu:

marama (Daniela)

A cui este marama?

A unei fete din echipă, Daniela.

Eşti sigură că este a ei?

Da, sînt sigură.

1. basmaua (Nicoleta)   2. catrinţa (Sorina)   3. ia (Mioara)   4. bluza (Rodica)

Exerciţiul C: Ale cui?   Whose?

Reformulaţi exerciţiile A şi B folosind forma de plural a substantivului şi a articolului posesiv. Exemplu:

covoarele

Ale cui sînt covoarele?

Sînt ale unei ţărance.

Sînt ale ei.

Stăm de vorbă

Prin sat   Through the village

Imaginaţi-vă că faceţi o plimbare cu Amelia prin sat. Ea vă pune următoarele întrebări. Formulaţi răspunsurile conform indicaţiilor din paranteză. Exemplu:

Ai cui sînt caii de la fîntînă? (theirs)

Ai lor.

1. Ai cui sînt cîinii ăştia? (his)
2. Al cui e calul ăsta frumos? (ours)
3. Al cui e cîinele ciobănesc? (mine)
4. A cui e căruţa din faţa porţii? (theirs)
5. Ale cui sînt raţele de la rîu? (hers)
6. Ale cui sînt oile cu care vine ciobanul acesta? (his)

Despre noi   About us

Răspundeţi la aceste întrebări folosind pronumele posesiv în răspunsurile dumneavoastră. Reţineţi că *al, a, ai, ale lui* se pot folosi cu nume proprii [proper names] atît masculine cît şi feminine. Exemplu:

Aici e cartea mea. Dar a ta (Cornel) unde e?

A mea e pe bancă.

Dar a lui (Ioana) unde e?

Şi a ei e pe bancă *ori* A ei e în servietă.

1. Aici e tema ta. Dar a lui (Ionel) unde e? Dar a lui (Barbu)?
2. Caietul tău e pe bancă. Dar al lui (Mioara)? Şi al lui (Mona) unde e?
3. Iată aici am un pix. Ce culoare are pixul meu? Dar al tău (Dan) ce culoare are?

4. Dicţionarele mele sînt la birou. Dar ale voastre unde sînt?

5. Văd aici temele lor. Dar ale voastre unde sînt?

6. Uitaţi-vă la mine. Pantofii mei sînt vechi. Dar ai tăi (George) cum sînt? Dar ai lui (Sanda)?

7. Lîngă catedră e un scaun. E scaunul meu. Nu e confortabil. Dar al tău (Victor) e confortabil? Şi ale voastre cum sînt?

Similarităţi şi diferenţe *Similarities and differences*

Răspundeţi la aceste întrebări ori folosiţi-le să staţi de vorbă cu unul din colegii dumneavoastră.

1. Părinţii lui Cornelia trăiesc în Lancrăm. Dar ai tăi unde trăiesc?

2. Bunicii din partea mamei trăiesc în aceeaşi casă cu părinţii lui Cornelia. Dar ai tăi?

3. Bunicii din partea tatălui trăiesc în acelaşi sat. Dar ai tăi?

4. Familia ei e mare. Dar a ta? Rudele ei trăiesc la ţară. Dar ale tale?

5. Casa lor e veche. A voastră cum e?

6. După părerea ta, casele lor sînt diferite de ale noastre?

7. Multe case în România au garduri. Dar ale noastre, aici în America?

8. Ţăranii români ţin vacile şi caii în grajd iarna. Dar ai noştri unde ţin animalele iarna?

9. Ţărancele în România vara lucrează la cîmp şi iarna torc [spin] şi ţes. Dar ale noastre?

Jurnal

Satul în imagini *Images of village life*

Using the vocabulary you have learned, describe the following pictures.

17.6 Easter eggs Romanian style from Rădăuţi

17.7 Haying in the traditional Romanian manner

17.8 Maramureş girl in peasant dress

17.9 Rug weaving in Argeş county

Vocabular

Substantive

Masculine

bivol(i) *water buffalo*
cal (cai) *horse*
cioban(i) *shepherd*
cocoş(i) *rooster*
curcan(i) *tom turkey*
miel (miei) *lamb*
paznic(i) *guardian*
porc(i) *pig*
pui (sg., pl.) *chick(s)*
sătean (săteni) *villager*
viţel (viţei) *calf*

Feminine

catrinţă (e) *homespun skirt*
ciobăniţă (e) *shepherdess*
cîmpie (i) *plain*
cruce (i) *cross*
datină (i) *tradition*
doină (e) *type of folk song*
fîntînă (i) *well*
găină (i) *hen*
ghicitoare (ghicitori) *riddle*
gîscă (gîşte) *goose*
gospodărie (i) *home, household*
icoană (e) *icon*
ie (ii) *peasant blouse*
lacrimă (i) *tear (from crying)*
maramă (e) *silk head scarf*
oaie (oi) *sheep*
odaie (odăi) *room*
pasăre (păsări) *bird*
poartă (porţi) *gate*
primărie (i) *town hall*
raţă (e) *duck*
statornicie (i) *stability*
şură (i) *barn*
troiţă (e) *wayside shrine*
ţesătură (i) *woven cloth*

ţiglă (e) *ceramic tile*
uliţă (e) *village street*
vacă (i) *cow*
vale (văi) *valley*

Neuter

blidar(e) *dish shelf, plate rail*
boboc(i) *duckling*
blid(e) *plate, bowl*
căruţă (e) *(horse-drawn) wagon*
cîmp(uri) *field*
coş(uri) *basket*
cotet(e) *coop*
cuptor (oare) *oven*
curcă (i) *turkey hen*
dispensar(e) *health center, dispensary*
glas(uri) *voice*
grajd(uri) *stable*
grîu (sg. only) *wheat*
leagăn(e) *cradle*
pămînt(uri) *earth, land*
plug(uri) *plow*
port(uri) *traditional costume*
porumb (sg. only) *corn*
sat(e) *village*
ştergar(e) *woven towel, wall hanging*
suflet(e) *soul*
tractor (oare) *tractor*
urcior (oare) *pitcher*

Verbe

a aduna *to gather*
a ara *to plow*
a broda (ez) *to embroider*
a ciocni (esc) *to knock*
a cultiva *to cultivate*
a împrejmui (esc) *to enclose*
a înainta (ez) *to advance*
a încălzi (esc) *to heat*
a înconjura *to surround*
a se îndrepta *to go toward*
a înlocui (esc) *to replace*

a mulge (muls)   *to milk*
a rosti (esc)   *to say, utter*
a săpa   *to hoe, dig*
a toarce (tors)   *to spin*
a ţese (ţesut)   *to weave*

Adjective

4 terminaţii
acoperit   *covered*
domol(i), domoală(e)   *slow, gentle*
sprinten   *lively*
tradiţional   *traditional*

Expresii

Bine-ai(aţi) venit.   *Welcome.*
Bine te-am(v-am) găsit.   *Good to be here.*
cu maiestate   *with majesty*
furcă de tors   *distaff for spinning*
în frunte cu   *led by*
ladă de zestre   *hope chest*
război de ţesut   *loom*
viţă de vie   *vineyard*

18

Minte sănătoasă în corp sănătos

Dialog

La policlinica studenţească

De cîteva zile Barbu <u>nu se simte bine.</u> La
început, el a crezut că a stat <u>în curent</u> la
laborator şi din cauza asta are <u>dureri de cap.</u>
Dar acum lucrurile s-au complicat. A început
<u>să tuşească,</u> <u>transpiră</u> noaptea şi în general se
simte foarte <u>slăbit.</u> Astăzi a decis să meargă la
policlinica studenţească. După ce a arătat
<u>legitimaţia de student</u> la intrare, a fost <u>îndrumat</u>
să meargă în sala de aşteptare. Apoi, după o
vreme, a venit o <u>soră</u> şi l-a invitat în <u>cabinetul</u>
doctorului.

At the Student Health Center

hasn't been feeling well
in a draft
headaches

to cough/to sweat
weak

student I.D./directed

nurse/the office

Barbu:	Bună ziua.	*Hello.*
Medicul:	Bună ziua. Luaţi loc. Ce vă supără?	*Hello. What is bothering you?*
Barbu:	Tuşesc, mă doare capul şi mă simt foarte slăbit.	*I'm coughing, my head aches, and I feel weak.*
Medicul:	Gîtul vă doare?	*Does your throat hurt?*
Barbu:	Da. Mă doare puţin în gît.	*Yes, my throat hurts a little.*
Medicul:	Ia să vedem! Într-adevăr, aveţi o infecţie în gît.	*Let's take a look. Indeed, you have a throat infection.*

Medicul îi spune sorei să-i ia temperatura. Apoi
se uită la termometru.

Medicul:	38 cu 9! Aveţi febră. Poftă de mîncare aveţi?	*38.9° [102°]! You have a fever. Do you have any appetite?*
Barbu:	Nu prea am!	*Not much.*
Medicul:	Aveţi gripă. Trebuie să luaţi antibiotice şi să staţi în pat cîteva zile. Mergeţi la farmacie cu reţeta asta.	*You have the flu. You have to take antibiotics and stay in bed a few days. Go to the pharmacy with this prescription.*
Barbu:	Pot să încep să iau antibioticele imediat?	*Can I take the antibiotics right away?*

Medicul:	Da! Luaţi o pastilă la fiecare patru ore. E bine să beţi în acelaşi timp cît mai multe ceaiuri. Puteţi mînca şi supe, pîine prăjită, iaurt şi brînză de vaci.	*Yes. Take one tablet every four hours. It's good to drink plenty of tea at the same time. You can also have soup, toast, yogurt, and cottage cheese.*
Barbu:	Mulţumesc, domnule doctor. Bună ziua!	*Thank you, doctor. Good-bye.*
Medicul:	Bună ziua!	*Good-bye.*

Barbu se duce la o farmacie din apropiere.
Farmacistul citeşte reţeta şi îi dă antibioticele,
niște aspirine şi un <u>sirop de tuse</u>. Îi explică   *cough syrup*
<u>amănunţit</u> cum să ia medicamentele. În drum   *in detail*
spre casă Barbu se opreşte să cumpere niște
ceai de <u>tei</u> şi nişte ceai de <u>muşeţel</u>. Apoi el pleacă   *linden/camomile*
încet spre cămin. Prietenul nostru Barbu e <u>necăjit</u>.   *upset*
La pat deci că nu e de glumă!

Aţi înţeles?

1. Din ce cauză credea Barbu că are dureri de cap?
2. Unde a decis el să meargă, văzînd că se simte prost?
3. Ce-a trebuit să arate el la intrarea în policlinică? Dumneavoastră aveţi legitimaţie de student? Cînd aveţi nevoie de ea?
4. Ce l-a întrebat medicul pe Barbu după ce-a intrat în cabinet?
5. Ce probleme are Barbu? Ce i-a prescris medicul?
6. Trebuie să ţină Barbu regim? Ce-are voie să mănînce?
7. Ce se întîmplă apoi la farmacie? Ce ceaiuri cumpără Barbu?
8. Dumneavoastră beţi uneori ceai de plante? De unde se pot cumpăra aceste ceaiuri în oraşul dumneavoastră?

Cultură/Civilizaţie

"Mens sana in corpore sano"

"A healthy mind in a healthy body" is a Roman ideal that was and still is also a Romanian ideal. Like other people, Romanians are concerned with good health. Their precepts are clear and simple: The source of beauty is health, and health is preserved through exercise. Romanians wage a constant battle against the sedentary life, and try to find more ways of getting outdoor exercise. If in America walking is considered almost a sport, in Romania it is a necessity of life. Recently jogging has become more and more popular.

Romanians also believe in natural methods for maintaining good health. In America we say, "An apple a day keeps the doctor away," and in Romania the favorite expression is "**Unde intră soarele pe fereastră, iese doctorul pe uşă.**" Romanians greatly value the sun and fresh air that come through open windows. Romanian newcomers in this country are always surprised to come upon windows in buildings that cannot be opened, since in Romania people are used to opening windows daily winter and summer. Interestingly, however, although Romanians so appreciate **aerul curat** 'fresh air,' they do not at all like drafts: **e curent** 'there's a draft,' **nu sta în curent** 'don't stand in the draft' are statements frequently heard in Romania.

18.1 "Băile Felix," a representative spa in the northwestern part of Romania well known for its mineral and thermal waters

Stațiuni balneare în România Romania's Health Resorts

When the Romans conquered Dacia in A.D. 105–06 they passed through the area of the springs of Herculane, located in southwestern Romania, and recognized their potential medicinal value. There they built baths and treatment centers that were visited by eminent Romans. Delighted with the improvement in their health, Roman dignitaries erected temples, baths, and monuments in praise of the gods associated with healing, Hercules, Aesculapius, and Hygeia.

Over the years more and more mineral springs were found. There are now more than 160 spas and health resorts with mineral springs scattered throughout Romania. Many patients can be accommodated in such areas as Eforie Nord on the Black Sea, Felix in the northwest near Oradea, Tușnad in the eastern Carpathians, Călimănești-Căciulata in the forested hills of the Olt pass, Slănic-Moldova in the east, and Sovata in central Transylvania, besides Herculane.

In addition to their therapeutic qualities and relaxing atmosphere, health resorts also offer a wide array of entertainment possibilities for guests that include sports, sightseeing, movies, and concerts, making them favorite vacation places where Romanians go even if they are not afflicted with specific ills.

Structuri și vocabular

Expresii utile: La medic • Useful Expressions: At the Doctor's

"Nimic nu e mai prețios ca sănătatea" spun românii. Desigur că și noi sîntem de acord cu ei. Dar se întîmplă uneori să avem probleme cu sănătatea. Se întîmplă! În cazul acesta e important să putem comunica cu medicul pe această temă. Iată mai jos cîteva expresii utile legate de acest context.

a fi	sănătos(i), sănătoasă(e)	healthy	a avea	(o) gripă	flu
				(un) guturai	a head cold
	bolnav(i, ă, e)	sick		(o) indigestie	indigestion
	răcit(i, ă, e)	to have a cold		(o) infecţie	an infection
				febră/temperatură	a fever

a lua	medicamente	medicine	a face	(o) injecţie (i)	to get a shot
	antibiotice			radiografie	to have an X-ray
	vitamine				
	sirop de tuse	cough syrup	a ţine regim		to be on a diet

	a se simţi 'to feel'	a răci 'to get a cold'	a tuşi 'to cough'	a strănuta 'to sneeze'
	mă simt bine	răcesc	tuşesc	strănut
	te simţi rău	răceşti	tuşeşti	strănuţi
	se simte slăbit	răceşte	tuşeşte	strănută
	ne simţim (etc.)	răcim	tuşim	strănutăm
	vă simţiţi	răciţi	tuşiţi	strănutaţi
	se simt	răcesc	tuşesc	strănută
Perfectul compus	m-am simţit	am răcit	am tuşit	am strănutat
Imperfect	mă simţeam	răceam	tuşeam	strănutam
Condiţional	m-aş simţi	aş răci	aş tuşi	aş strănuta
Viitor/Conjunctiv	el/ea (o) să se simtă	o să răcească	o să tuşească	o să strănute

Cum staţi cu sănătatea? *How is your health?*

Şi acum să stăm de vorbă pe tema sănătăţii. Răspundeţi la următoarele întrebări ori folosiţi aceste întrebări să staţi de vorbă cu alţi colegi din clasă.

1. Sînteţi sănătos/sănătoasă acum? Aţi fost bolnav(ă) recent? Dacă da, ce probleme aţi avut?

2. Multă lume are probleme cu sănătatea iarna. Cine a fost răcit(ă) recent? Dar iarna trecută? Aţi tuşit? Aţi luat sirop de tuse?

3. Cînd cineva strănută, românii spun "noroc"! Dar noi, în America, ce spunem?

4. Cînd eraţi copil, răceaţi adesea? Dar acum, răciţi uşor? Ce trebuie să evităm ca să nu răcim?

5. Multă lume a avut gripă primăvara trecută. Dar tu, ai avut gripă? Care sînt simptomele [the symptoms] de gripă în general? Ce e recomandabil [recommended] să facem cînd avem gripă?

Părţile corpului • Parts of the Body

Iată corpul omenesc [human]. Să vedem care sînt părţile corpului.

corpul

1. cap(ul)
2. gît(ul)
3. umăr(ul)/umeri(i)
4. inimă(a)
5. piept(ul)
6. spate(le)
7. stomac(ul)
8. braţ(ul)/braţe(le)
9. mînă(a)/mîini(le)
10. deget(ul)/degete(le)
11. picior(ul)/picioare(le)
12. genunchi(ul)/genunchi(i)
13. faţă(a)

capul

1. păr(ul)
2. frunte(a)
3. ochi(ul)/ochi(i)
4. geană(a)/gene(le)
5. sprînceană(a)/sprîncene(le)
6. ureche(a)/urechi(le)
7. nas(ul)
8. bărbie (bărbia)
9. gură(a)
10. buză(a)/buze(le)
11. dinte(le)/dinţi(i)
12. obraz(ul)/obraji(i)

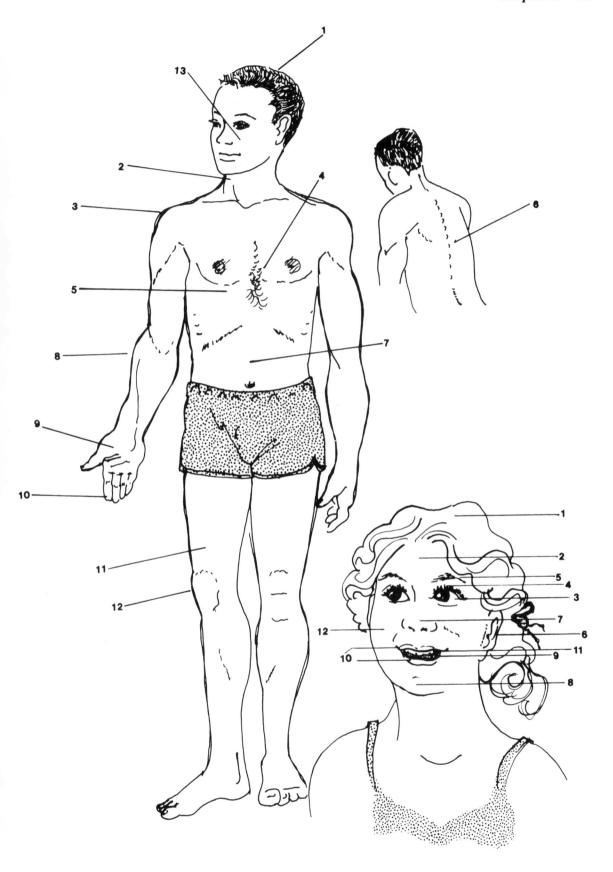

Priviţi ilustraţia de mai sus. Din ce este format corpul omenesc? Care sînt părţile capului? Acum răspundeţi la următoarele întrebări.

1. Cine are părul blond, negru, ori şaten [brown]? Dar părul meu, ce culoare e? Am păr lung, ori scurt? E creţ [curly]? Cunoaşteţi pe cineva cu părul creţ? Cine este?

2. Uitaţi-vă în jur. Cine are ochi căprui [light brown]? Ce culoare sînt ochii mei? Dar ochii tăi?

3. Ce faceţi cu ochii? Dar cu urechile? Cu ce vorbiţi? Cu ce mergeţi? Cu ce scrieţi? Cu ce gîndiţi?

4. Cunoaşteţi expresia "a avea capul pe umeri"? Daţi-mi un exemplu care să ilustreze această expresie.

In Romanian, the nouns designating parts of the body are often used with reflexive verbs in expressions such as **mă spăl pe mîini** 'I wash my hands.' As you can see, in English we use the possessive, but in Romanian **pe** plus the indefinite form of the noun for the part of the body is used. We have thus:

Eu mă spăl pe mîini.	I wash my hands.
M-am spălat pe cap.	I washed my hair.
Trebuie să ne spălăm pe dinţi.	We have to brush our teeth.
V-aţi şters pe picioare?	Did you wipe your feet?

Aplicaţi regulile prezentate mai sus în următorul exerciţiu de întrebări şi răspunsuri.

1. Eu mă spăl pe mîini întotdeauna înainte de masă. Dar tu? Şi voi?

2. Vă spălaţi pe mîini cu săpun "Stela"? Cu ce vă spălaţi pe faţă? Dar pe cap?

3. Eu mă şterg pe faţă după ce mă spăl. Dar tu te ştergi pe faţă? Cu ce te ştergi?

4. E important să ne spălăm pe dinţi? Cînd e bine să ne spălăm pe dinţi? Cu ce pastă de dinţi te speli pe dinţi?

5. De cîte ori pe săptămînă vă spălaţi pe cap? Vă spălaţi cu apă caldă, ori cu apă rece? Ce şampon folosiţi?

6. Vă ştergeţi întotdeauna pe picioare cînd intraţi în clasă? Dar cînd intraţi în casă?

Verbul a durea • The Verb **a durea**

A durea 'to hurt' is an impersonal verb used only in the third person. It has the following basic forms: **doare, a durut, va durea** with singular nouns, and **dor, au durut, vor durea** with the plural nouns. The form **o să doară** can be used with both singular and plural nouns. In Romanian the verb **a durea** commonly occurs with accusative (direct-object) pronouns. For example:

mă doare m-a durut mă va durea	capul (singular)	I have I had I will have	a headache
te dor te-au durut te vor durea	dinţii (plural)	you have you had you will have	a toothache
o să ne doară	gîtul (singular) urechile (plural)	we will have	a sore throat an earache

Reţineţi			
mă doare	capul	I have a headache
	spatele	I have a backache
	piciorul	my leg hurts
	gîtul/în gît	I have a sore throat
	dintele/un dinte	I have a toothache
	stomacul, burta	I have a stomach ache
mă dor	dinţii	I have a toothache
	ochii	my eyes hurt
	urechile	I have an earache
	braţele	my arms ache
	picioarele	my legs ache

Şi acum, la lucru

Exerciţiul A

Repetaţi şi substituiţi cuvintele subliniate cu cele din paranteză.

1. <u>Mă</u> doare în gît.   te /îl/o/ne/îi/le
2. Te doare <u>capul</u>?   gîtul/burta/spatele/mîna
3. Mă <u>dor</u> ochii.   urechile/dinţii/braţele/picioarele
4. <u>M-a</u> durut stomacul.   te-a/l-a/ne-a/v-a/i-a/le-a
5. Pe Mariana au durut-o <u>urechile.</u>   mîinile/picioarele/ochii

Exerciţiul B

Liviu merge să-l viziteze pe Barbu care e bolnav şi îi aduce vestea că mulţi studenţi au lipsit [have been absent] de la cursuri pentru că au gripă. Ce îi spune Liviu lui Barbu? Exemplu:

unii studenţi (stomacul)

Pe unii studenţi îi doare stomacul.

1. alţi studenţi/gîtul   2. Răzvan/braţele   3. Amelia şi Lucia/urechile   4. Ovidiu/spatele
5. Daniela/picioarele   6. Radu şi Adrian/capul

Exerciţiul C

Acum să stăm de vorbă despre noi. Să vedem cine are uneori probleme de sănătate.

1. Pe mine mă doare capul acum. Dar pe tine (Victor) nu te doare capul? Daţi exemple de situaţii în care ne doare capul.
2. Vă dor uneori urechile cînd staţi în curent? Dar cînd eraţi mic(ă) vă dureau adesea urechile?
3. Pe toţi ne doare stomacul uneori. Cînd poate să ne doară stomacul? Beţi ceaiuri de plante cînd vă doare stomacul? Ţineţi regim? Ce trebuie să evităm să mîncăm cînd avem probleme cu stomacul?
4. Cine joacă tenis? Te dor braţele cînd joci tenis? Dar cînd ridici ceva foarte greu? Şi cînd ne mai pot durea braţele ori mîinile?
5. Dar cînd mergeţi mult pe jos, vă dor picioarele? Şi cînd vă mai dor picioarele?

6. Românii cred că îi doare în gît cînd beau băuturi reci. Pe tine (George) te doare gîtul cînd bei apă cu gheaţă? Dar pe voi (Paul şi Anda) vă doare gîtul cînd mîncaţi îngheţată?

7. Vă dor ochii uneori? Dacă da, cînd vă dor ochii? Şi pe mine mă dor ochii uneori. Ce îmi recomandaţi?

Dativul posesiv • The Possessive Dative

In Romanian, the short dative forms of the personal and reflexive pronouns are often used to express possession. Let us consider first the short dative forms of the personal pronouns when used as possessive datives. Compare the following examples.

Possessive adjective	Possessive dative	Translation
Au venit prietenii noştri.	Ne-au venit prietenii.	Our friends came.
A plecat sora mea.	Mi-a plecat sora.	My sister left.
Au sosit oaspeţii voştri.	V-au sosit oaspeţii.	Your friends have arrived.
El cunoaşte programul meu.	El îmi cunoaşte programul.	He knows my schedule.
Noi am primit scrisoarea ta.	Ţi-am primit scrisoarea.	We received your letter.
Aţi corectat examenele lor?	Le-aţi corectat examenele?	Have you corrected their exams?

In these examples the dative pronouns have the same meaning as possessive adjectives. It is important to remember, though, that the short dative pronouns can be used to express possession only when the noun possessed is either the subject or the direct object of the verb. The noun possessed in the first three examples above (**prietenii, sora, oaspeţii**) is the subject of the verb. In the other three examples the noun possessed (**programul, scrisoarea, examenele**) is the direct object of the verb.

If the noun possessed is not the subject or the direct object, the possessive dative cannot be used. In the following sentence, for example, the noun possessed, **prietenii,** is the indirect object. We say:

Am stat la prietenii mei.   I stayed at my friends'.

We can never say ***Mi-am stat la prieteni.**

When the subject and the possessor are the same, Romanians use the dative reflexive pronoun to express possession, instead of the possessive adjective.

(Eu) îmi iau umbrela.	I am taking my umbrella.
(Tu) îţi cunoşti itinerariul?	Do you know your itinerary?
(Ea) îşi face temele zilnic.	She does her homework daily.
(Noi) ne-am pierdut cheile.	We lost our keys.
(Voi) v-aţi mîncat îngheţata?	Did you eat your ice cream?
(Ei) şi-au spălat mîinile.	They washed their hands.
Trebuie să-mi iau paşaportul.	I must take my passport.
Să nu-ţi uiţi servieta!	Don't forget your briefcase.
Ei o să-şi aducă părinţii aici.	They will bring their parents here.
Faceţi-vă exerciţiile!	Do your exercises!
Nu-ţi pierde vremea!	Don't waste your time!
Puneţi-vă cărţile pe etajeră!	Put your books on the shelf!

Since dative reflexive pronouns used to express possession indicate the possessor who is also the subject, they must agree with the verb in number and person.

Ne facem temele.   We are doing our homework.

Îmi spăl mîinile.   I am washing my hands.

At this point, it is probably good to mention that with reflexive verbs such as **a se spăla** and **a se şterge** and nouns designating parts of the body, one can use either the dative reflexive pronoun or the accusative reflexive pronouns. If the accusative reflexive pronoun is used, **pe** precedes the noun (part of the body) in its indefinite form. If the dative reflexive pronoun is used, the noun must be definite.

Dative reflexive		*Accusative reflexive*
(Eu) îmi spăl mîinile.	I wash my hands.	(Eu) mă spăl pe mîini.
(Tu) îți speli dinții.	You brush your teeth.	(Tu) te speli pe dinți.
(El) îşi şterge picioarele.	He wipes his feet.	(El) se şterge pe picioare.

Şi acum, la lucru

Exercițiul A

Goe e un copil de cinci ani deosebit de nebunatic. Bunica explică părinților lui Goe ce-a făcut el în lipsa [absence] lor. Reformulați frazele ei înlocuind adjectivul posesiv cu forma corespunzătoare de dativ posesiv. Exemplu:

(El) a spart ochelarii mei.

Mi-a spart ochelarii.

1. A luat creionul <u>meu</u> şi a scris pe perete.
2. Cînd a văzut pe prietenul <u>tău</u> a spus "eşti mare şi prost."
3. A tăiat nasturii de la pijamaua <u>lui</u>.
4. A pus dulceață în pantofii <u>noştri</u> de casă.
5. A desfăcut [taken apart] radioul <u>vostru</u> să vadă ce e înăuntru.

Exercițiul B

Domnul Miron are guturai şi a stat acasă astăzi. Soția lui vine de la serviciu şi vrea să ştie dacă el a urmat sfaturile [advice] medicului. Formulați întrebările doamnei Miron şi răspunsurile soțului ei după modelul dat. Exemplu:

a lua temperatura (da)

Ți-ai luat temperatura ?

Da, mi-am luat temperatura.

1. a scădea febra (da)   2. a mînca iaurtul (nu)   3. a lua medicamentele (da)   4. a bea ceaiul de tei (da)   5. a mînca pîinea prăjită (nu)   6. a lua siropul de tuse (da)

Exercițiul C

Sîntem la familia Vasilescu acasă şi auzim următoarele întrebări. Răspundeți la aceste întrebări folosind cuvintele din paranteză şi forma corectă de dativ posesiv. Exemplu:

Ce cauți tu? (mănuşile)

Îmi caut mănuşile.

1. Ce caută bunica? (ochelarii)   2. Ce căutați voi? (cheile)   3. Dumneata ce cauți? (umbrela)   4. Ce face tata? (corespondența)   5. Ce fac copiii? (temele)   6. Ce spală Livia? (ciorapii)

Stăm de vorbă

Cine ştie? *Who knows?*

Citiţi şi traduceţi aceste întrebări. Apoi formulaţi răspunsuri folosind adjectivul posesiv şi vocabularul cunoscut. Exemplu:

Unde mi-e cartea de română?

Cartea ta/d-voastră e . . . (aici/acolo/pe bancă/acasă, etc.)

1. Unde mi-e dicţionarul?
2. Unde ţi-e tema (Victor)?
3. (Mariana şi Lucia) unde vă sînt temele?
4. (George) unde îţi sînt cheile de la maşină?
5. (Monica) unde ţi-e umbrela?
6. (Adrian şi Ovidiu) unde vă sînt umbrelele?
7. Nu-mi văd servieta. Unde mi-e servieta?
8. Nu-mi găsesc ochelarii. Unde-mi sînt ochelarii?

Cine ne urmează sfatul? *Who follows our advice?*

Se apropie sesiunea de examene finale. Formulaţi fraze originale cu sugestii pentru colegii dumneavoastră. Începeţi fiecare frază cu una din cele patru expresii indicate de noi şi continuaţi folosind dativul reflexiv al uneia din frazele numerotate. Exemplu:

Studentul 1: E bine să-ţi rezervi zilnic timp pentru studiu.

Studentul 2: E o idee bună. O să-mi rezerv zilnic timp de studiu. *ori*

Mi-e imposibil. Sînt foarte ocupat(ă). E suficient dacă studiez numai înainte de examene.

E bine să/Nu e bine să/Trebuie să/Nu trebuie să . . .

1. a-şi rezerva zilnic timp pentru studiu
2. a-şi petrece tot timpul studiind ori lucrînd
3. a-şi organiza viaţa mai bine
4. a-şi face exerciţiile de gramatică zilnic
5. a-şi face temele în ultimul moment
6. a-şi păstra calmul, în special la examene
7. a-şi respecta orele de masă şi de somn

Pronumele reflexiv în dativ · Dative Reflexive Pronouns

The dative reflexive pronouns have the same forms as the short dative (indirect-object) pronouns, with the exception of the third person singular and plural, which is **îşi** instead of **îi** or **le.** Compare the following examples:

Nonreflexive statement

Anda îmi face o cafea.
Anda makes me a cup of coffee.
Ea îţi face un ceai.
She is making you some tea.
Mama îi cumpără un ceas.
Mama is buying him/her a watch.

Reflexive statement

(Eu) îmi fac o cafea.
I'm making myself a cup of coffee.
(Tu) îţi faci un ceai.
You're making yourself some tea.
(El/Ea) îşi cumpără un ceas.
He/she is buying himself/herself a watch.

Ei ne-au cumpărat un radio.
They bought us a radio.
Eu ce să vă cumpăr?
What shall I buy for you?
Nu le-am cumpărat nimic.
I/We didn't buy them anything.

(Noi) ne-am cumpărat un radio.
We bought ourselves a radio.
(Voi) ce vreţi să vă cumpăraţi?
What do you want to buy (for) yourself?
(Ei) nu şi-au cumpărat nimic.
They didn't buy themselves anything.

As you can see, in nonreflexive statements the pronouns **îmi, îţi, îi, ne, vă,** and **le** function as indirect-object pronouns. In reflexive statements, **îi** and **le** are replaced by **îşi,** and all the dative pronouns agree with the verb in person and number. There are only a few verbs that occur both with and without this type of reflexive meaning. There is, however, another group of verbs, known as dative reflexive verbs, which must be used with the dative reflexive pronoun. They are identified by the presence of (shortened) **îşi** in their infinitive form and include such verbs as:

a-şi imagina	*a-şi închipui*	*a-şi aminti*
to imagine, to think	*to believe*	*to remember*
îmi imaginez	îmi închipui	îmi amintesc
îţi imaginezi	îţi închipui	îţi aminteşti
îşi imaginează	îşi închipuie	îşi aminteşte
ne imaginăm	ne închipuim	ne amintim
vă imaginaţi	vă închipuiţi	vă amintiţi
îşi imaginează	îşi închipuie	îşi amintesc

Read the following examples to review these verbs' conjugation in different tenses.

Nu mi-am imaginat niciodată că va fi aşa greu.
I never imagined that it would be so hard.
Ţi-ai închipuit că va fi simplu.
You believed that it would be easy.
Ea o să-şi imagineze că eşti cu noi.
She will think that you are with us.
Eu nu mi-am amintit numele lui.
I didn't remember his name.
Ei o să-şi amintească cu plăcere de voi.
They will remember you with pleasure.
Imaginează-ţi ce surprinşi am fost!
Imagine how surprised we were!
Închipuie-ţi că sîntem în anul 2000!
Imagine that we are in the year 2000.

While reading the examples, you probably noticed that the translations do not demonstrate any need for reflexive pronouns. Remember, though, that we must use the reflexive pronouns both with this type of verb and with the following common idiomatic expressions.

a-şi aduce aminte (de)	to remember	Îmi aduc aminte (de el).
a-şi da seama	to realize	Îţi dai seama c-ai greşit?
a-şi da mîna	to shake hands	Ei şi-au dat mîna la plecare.
a-şi lua rămas bun	to say good-bye	Ne-am luat deja rămas bun.

Şi acum, la lucru

Exerciţiul A: Panică Panic

Un grup de studenţi stau de vorbă. Ei sînt foarte îngrijoraţi. Formulaţi răspunsuri la întrebările lor după modelul dat.

Îţi dai seama ce mult avem de studiat?
Sigur că-mi dau seama ce mult avem
de studiat.
Eu nu mi-am dat seama ce mult avem
de studiat.

1. Îţi dai seama că trebuie să recapitulăm tot?
2. Vă daţi seama că peste trei zile avem examen?
3. Îţi dai seama ce mult vocabular avem de memorat?
4. Vă daţi seama că mai avem numai două săptămîni de şcoală?

Exerciţiul B

Profesoara Bogdan analizează împreună cu asistenţii ei situaţia unor studenţi care au problme la curs. Ce spun ei? Exemplu:

> Studentul acesta/are note mici
>
> Studentul acesta îşi dă seama că are note mici?

1. el/are multe absenţe   2. băiatul acesta/nu cunoaşte vocabularul   3. studenta aceasta/nu studiază destul   4. studenţii aceştia/au probleme serioase la gramatică   5. ei/nu pot trece la curs dacă continuă aşa

Stăm de vorbă

Răspundeţi, vă rog!

1. Îţi aminteşti cine a fost absent ieri la clasă? Dar voi vă amintiţi ce-am spus eu ieri la sfîrşitul orei? Ei şi-au amintit corect ce-am spus eu?
2. Vă aduceţi aminte întotdeauna ce temă aveţi de făcut? Cine îşi aduce aminte titlul ultimei compoziţii?
3. Îţi aminteşti numele poetul care s-a născut în Lancrăm? Vă amintiţi titlul unei poezii scrise de el? Cine îşi aminteşte cîteva versuri din poezia aceasta?
4. Cînd ai început cursul de română ţi-ai imaginat că o să fie greu, ori uşor? Dar tu (altcineva) ce ţi-ai imaginat despre curs şi despre profesori?
5. O să regretaţi cînd o să ne luăm rămas bun la sfîrşitul anului? Ce o să vă amintiţi toată viaţa din tot ce-aţi învăţat la cursul de română?

Grijă ori obsesie?   Worry or obsession?

De cîte ori nu auzim în jurul nostru fraze ca cele de mai jos? Construiţi fraze cu aceste expresii formulînd o explicaţie pentru fiecare din afirmaţiile dumneavoastră. Exemplu:

> M-am îngrăşat pentru că am mîncat multe dulciuri [sweets].

m-am îngrăşat	I gained weight
nu m-am îngrăşat	I didn't gain weight
am slăbit/n-am slăbit	I lost weight/I didn't lose weight
evit să mănînc . . .	I avoid eating . . .
sînt în formă bună	I'm in good shape
nu sînt în formă bună	I'm not in good shape

Reţineţi!			
	a se îngrăşa	*a slăbi*	*a evita*
	'to gain weight'	*'to lose weight'*	*'to avoid'*
	mă îngraş	slăbesc	evit
	te îngraşi	slăbeşti	eviţi
	se îngraşă	slăbeşte	evită
	ne îngrăşăm	slăbim	evităm
	vă îngrăşaţi	slăbiţi	evitaţi
	se îngraşă	slăbesc	evită
Perfectul compus	m-am îngrăşat	am slăbit	am evitat
Imperfect	mă îngrăşam	slăbeam	evitam
Condiţional prezent	m-aş îngrăşa	aş slăbi	aş evita
Viitor/Conjunctiv	el/ea (o) să se îngraşe	o să slăbească	o să evite

Şi acum, iată cîteva afirmaţii cu care vă rugăm să ne spuneţi dacă sînteţi ori dacă nu sînteţi de acord. Exemplu:

Ca să fim sănătoşi e bine să facem exerciţii aerobice de trei ori pe săptămînă.

Multă lume crede că exerciţiile aerobice sînt bune, dar eu cred că mersul pe jos e la fel de bun pentru sănătate.

1. Americanii nu merg pe jos aproape deloc.
2. În America se mănîncă prea multă carne.
3. Ca să fim sănătoşi e bine să mîncăm orice.
4. Nu trebuie să fim îngrijoraţi, chiar dacă slăbim prea mult.
5. Ne simţim mai bine dacă sîntem activi şi facem mult sport.
6. Există sporturi care nu sînt bune pentru sănatate.

Jurnal

Un măr pe zi *An apple a day*

Vă doare capul uneori? Sigur că vă doare. Pe cine nu-l doare capul uneori? Motive sînt destule! Ce facem în cazul acesta? Mergem la <u>dulăpiorul de medicamente</u> şi luăm o aspirină, nu-i aşa? Ce face un român într-o situaţie similară? Ia şi el o aspirină dar în acelaşi timp îşi face un ceai de tei ori de mentă pe care îl bea <u>îndulcit</u> cu miere. Are o indigestie? Bea un ceai de muşeţel. Şi aşa mai departe. Ceaiurile de plante şi mierea nu lipsesc din nici o casă.

    Fructele şi legumele au fost întotdeauna şi continuă să fie apreciate de romani. Preocuparea lor pentru o alimentaţie <u>bazată,</u> pe cît posibil, pe produse naturale este evidentă pentru oricine are ocazia să trăiască în România. De aceea vizitatorul străin va fi, probabil, surprins să vadă că apa minerală, sucurile naturale de fructe ori legume sînt foarte apreciate aici.

medicine cabinet

sweetened

based

Apoi, trăind în România, nu poţi să nu faci <u>mişcare.</u> Mersul pe jos e o parte <u>integrantă</u> din viaţa zilnică. În oraşe poţi vedea de asemenea <u>tot mai mulţi</u> <u>amatori</u> de "jogging." Există de asemenea cluburi de gimnastică şi de exerciţii aerobice care împreună cu activităţile în aer liber <u>se bucură</u> de multă popularitate printre români.

exercise/integral

more and more/fans

enjoy

Toate acestea, plus "un măr pe zi," cum zicem noi, americanii, şi "o linguriţă de miere," cum zic românii, şi, cine ştie, poate vom ajunge şi noi la frumoasa vîrstă de o sută de ani. "<u>Omul cît trăieşte tot învaţă</u>," spune o veche <u>zicală</u> românească. Multe lucruri am învăţat şi eu de cînd sînt în România.

we live and learn

saying

Aţi înţeles?

Bazat pe textul citit, spuneţi-ne dacă următoarele afirmaţii sînt adevărate ori false.

1. Amelia crede că sînt multe motive să ne doară capul.
2. În fiecare casă e bine să existe un dulăpior cu medicamente.
3. Românii nu iau medicamente niciodată, ei beau numai ceaiuri de plante.
4. Mierea şi produsele de miere sînt mult apreciate de români.
5. Mişcarea şi mersul pe jos sînt o parte integrantă din viaţa românilor.
6. Ca să trăim pînă la o sută de ani trebuie să mîncăm numai mere şi miere.

Reclame

Individual, ori în grup, creaţi o reclamă pentru o staţiune balneară pe care o puteţi selecţiona din comentariile noastre culturale. Încercaţi să fiţi cît mai clari şi mai convingători în prezentarea dumneavoastră.

Din secretele tinereţii veşnice Secrets of eternal youth

Toţi avem ideile noastre despre ceea ce trebuie să facem pentru a avea o viaţă lungă şi fericită. Vă daţi seama însă că pentru a trăi ani mulţi şi fericiţi trebuie adeseori să renunţăm la unele lucruri în viaţă. Completaţi frazele următoare cu propriile dumneavoastră idei privind această problemă. Exemplu:

Pentru a fi fericit(ă) eu trebuie să-mi organizez viaţa mai bine.

1. Pentru a fi fericit(ă) (nu) trebuie să . . .
2. Pentru a fi sănătos/sănătoasă (nu) trebuie să . . .
3. Pentru a avea o viaţă lungă (nu) trebuie să . . .

Vocabular

Substantive

Masculine

dinte (dinţi) *tooth*
obraz (obraji) *cheek, face*
ochi (sg., pl.) *eye*
pacient(i) *patient*
păr (peri) *hair*

Feminine

bărbie (i) *chin*
buză (e) *lip*
durere (i) *pain*
faţă (feţe) *face*
febră (e) *fever*
geană (gene) *eyelash*
gripă (e) *flu*
gură (i) *mouth*
indigestie (i) *indigestion*
infecţie (i) *infection*
inimă (i) *heart*
injecţie (i) *injection*
legitimaţie (i) *I.D.*
parte (părţi) *part, side*
pastilă (e) *pill*
plantă (e) *plant, herb*
răceală (răceli) *cold*
radiografie (i) *X-ray*
reţetă (e) *prescription*
sprînceană (sprîncene) *eyebrow*
temperatură (i) *temperature*
ureche (i) *ear*
zicală (e) *saying*

Neuter

braţ(e) *arm*
cabinet(e) *doctor's office*
cap (capete) *head*
deget(e) *finger*
genunchi (sg., pl.) *knee*
ghinion (oane) *bad luck*

gît(uri) *neck, throat*
guturai(uri) *head cold*
nas(uri) *nose*
picior (oare) *leg*
piept(uri) *chest, breast*
sirop(uri) *syrup*
stomac(e) *stomach*
termometru (e) *thermometer*
umăr (umeri) *shoulder*

Verbe

a-şi aminti (esc) *to remember*
a convinge (convins) *to convince*
a durea (durut) *to hurt*
a evita *to avoid*
a-şi imagina (ez) *to imagine, think*
a-şi închipui *to imagine, think*
a înghiţi *to swallow*
a se îngrăşa *to gain weight*
a (se) mişca *to move*
a răci (esc) *to get a cold*
a scădea (scăzut) *to lower*
a scoate (scos) *to take off*
a slăbi (esc) *to lose weight*
a strănuta *to sneeze*
a transpira *to sweat*
a tuşi (esc) *to cough*

Adjective

4 terminaţii
amănunţit *detailed*
necăjit *upset*
sănătos(i), sănătoasă(e) *healthy*
slăbit *weak*

Expresii

a face mişcare *to exercise*
a urma sfatul *to follow advice*
a-şi aduce aminte *to remember*
a-şi da mîna *to shake hands*
a-şi da seama *to realize*
a-şi face de cap *to be out of control*

a-şi lua rămas bun *to say good-bye*

a ţine regim *to be on a diet*

degeaba *in vain*

e curent *there's a draft*

în acelaşi timp *at the same time*

nici vorbă *no question about it, no way*

tot mai mult *more and more*

19 În patria literaturii lui Eminescu şi Creangă

Dialog

O seară literară

Grupul de studenţi de la cursul de limbă şi cultură românească sînt acum într-o călătorie de studii prin ţară. Au plecat cu autocarul pe Valea Prahovei pînă la Braşov. De aici au trecut prin Cheile Bicazului pe celălalt versant al Carpaţilor, în Moldova. După o vizită la mănăstirea Agapia, pictată de Grigorescu, s-au oprit şi la mănăstirea Văratec, un loc de retragere pentru mulţi scriitori români. Aici se află şi mormîntul poetei Veronica Micle. Şi-au continuat apoi drumul pînă la Humuleşti, satul în care s-a născut Ion Creangă. Au vizitat cu toţii casa memorială evocată atît de frumos de marele povestitor în cartea sa *Amintiri din copilărie.*

Mergînd pe urmele lui Creangă, grupul a poposit pentru o zi la Iaşi. Aici au fost invitaţi să participe la o seară literară dedicată marelui poet Mihai Eminescu. Să-i însoţim aşadar pe prietenii noştri la acest eveniment. În aula universităţii e linişte. Unul din profesori vorbeşte despre personalitatea marelui geniu al poeziei româneşti, evocînd anii petrecuţi de poet la Iaşi, plimbările lui la Copou şi orele petrecute sub teiul care astăzi îi poartă numele. S-au discutat apoi aspecte legate de prietenia literară dintre Creangă şi Eminescu şi s-a citit următorul fragment care evocă această prietenie. Este un moment cînd Eminescu, vine la Iaşi să-l viziteze pe Creangă la bojdeuca lui de pe dealul Ţicău.

'Eminescu deschise portiţa şi intră în

A Literary Soirée

Bicaz Gorges/on the other side

retreat
is found

evoked
great storyteller

thus
auditorium

genius

friendship

hut
little gate

317

grădiniţa cu cîteva <u>flori de cîmp</u>. Pe pragul *wildflowers*
<u>căsuţei</u> ieşi tocmai atunci un om <u>neras,</u> *of the little house/unshaven*
îmbrăcat în haine <u>ponosite</u>, în cap cu o pălărie *worn-out*
mare de <u>iută</u>. Omul privi <u>mirat</u>, ca şi cum nu *straw/wonderingly*
i-ar fi venit să-şi creadă ochilor şi spuse unei
femei din spate:

"Ce-ţi spuneam eu ţie, Tinco, uite că <u>a</u>
<u>picat</u> şi <u>bădiţa</u> Mihai!" *dropped in/man (colloquial; also **bade, bădie**)*
Cei doi prieteni <u>se îmbrăţişară frăţeşte</u>. *embraced/like brothers*
Intrară în mica sală dintre cele două <u>odăiţe</u> din *little rooms*
bojdeucă. Ca unul care a locuit cîteva luni aici,
Eminescu <u>aruncă o privire</u> prin uşa deschisă: îşi *glanced*
recunoscu <u>scrinul</u>, şi masa pe care se mai aflau *chest*
<u>călimara</u>, <u>tamponul</u> lăsate aici la plecarea lui la *inkwell/blotter*
Bucureşti. Ieşiră apoi pe <u>cerdacul</u> din dosul *porch (regionalism)*
casei.

"Şi pe la voi, ce mai e nou?"
"Apoi ce să fie? La mine <u>nacafale</u>; iară *trouble (= **belea, bucluc, necaz**)*
încolo în <u>tîrg,</u> cum le ştii: 'boii ară şi caii *town (regionalism)/oxen*
mănîncă.'"

'Eminescu zîmbi; formulele <u>scoase</u> din *taken from*
experienţa populară care îl <u>încîntau</u> întotdeauna. *enchanted*
Unii lucrează şi alţii <u>trag foloase</u>; poveste veche; *take advantage*
o ştia şi el de mult.

"Şi nu mă întrebi ce fac la Iaşi?"
"<u>Iaca</u> nu te întreb!" zise <u>mucalit</u> Creangă. *regional for **iată**/laughingly*
"Apoi am venit numai să te văd, că mult
mi-era dor de tine!"''

Adaptat după un text de Eugen Lovinescu din volumul *Bălăuca*.

Seara literară s-a încheiat cu un frumos recital de poezie Mihai Eminescu, din care nu
au lipsit "Luceafărul," "Şi dacă," "Trecut-au anii" şi poezia "O rămîi."

Ion Creangă (1839–1889)

Born into a peasant family on June 10, 1839, in Humuleşti, Neamţ, Ion Creangă attended
seminary and became an Orthodox priest in 1859, a calling he followed until 1871. Since he
was a dedicated teacher and author of teachers' manuals, it was not surprising that he made
a very favorable impression on the local school inspector—Mihai Eminescu. Creangă and
Eminescu quickly became close friends and remained so until they died, both in 1889. In
1875 Creangă made his literary debut as a short-story writer in *Convorbiri literare*, the literary
journal that published most of his works, including the best loved of them all, *Amintiri din
copilărie* (1881–82). Appreciated by all for his Rabelaisian humor and for the joyfulness his
works convey, Creangă is known as one of Romania's finest writers, and above all as one of
its greatest tellers of tales.

Aţi înţeles?

1. Cine face o călătorie de studii prin ţară?
2. Cu ce călătoresc ei? Pe unde a trecut grupul pe celălalt versant al Carpaţilor?

3. Ce mănăstiri au vizitat ei? Ce puteți să ne spuneți despre aceste mănăstiri?
4. Pînă unde și-au continuat ei drumul apoi? De ce s-a oprit grupul în satul acesta?
5. Unde s-au oprit studenții pentru o zi? La ce eveniment au participat ei aici?
6. Despre ce a vorbit unul din profesorii universității?
7. Ce alte aspecte s-au discutat apoi? Ce moment evocă fragmentul descris de Eugen Lovinescu?
8. Cum apare prezentată în acest fragment personalitatea scriitorului Ion Creangă? Ce puteți să ne spuneți despre bojdeuca lui?
9. De ce a venit poetul Mihai Eminescu la Iași? Ce știți despre prietenia dintre Creangă și Eminescu?
10. Cum s-a încheiat seara literară la Iași? Ce poezii din opera marelui poet Mihai Eminescu s-au recitat la acest eveniment literar?

Cultură/Civilizație

Mănăstirile din Nordul Moldovei • The Monasteries of Northern Moldavia

The northern Romanian monasteries, built between the fifteenth and seventeenth centuries, bear the stamp of the personality of the ruling prince, Ștefan cel Mare, an illustrious army commander and Moldavia's spiritual father. During his reign, which lasted almost half a century (1457–1504), the Moldavian style came into being, as Ștefan cel Mare erected some thirty churches and magnificent monasteries. The term *Moldavian style* later entered world art history and is used to define a harmonious blend of folk art traditions with Byzantine and Gothic influences.

19.1 Voroneț (1488)

19.2 Moldoviţa (1532)

The exterior frescoes of northern Romanian monastery churches represent one of the most precious treasures of Moldavian art. They are a true Bible in pictures. Painting the story of the Bible in images on the exterior walls of churches was an educational program of the Middle Ages. Hundreds of images were painted to teach common folk the lessons of the Bible. Also included were images of tales and legends, depictions of customs, and pictorial records of great historical events, which are shown on the walls of Voroneţ. Nowhere else in Europe can one find anything like these frescoes, "the most difficult and daring mode of painting," as Michaelangelo called it, frescoes that have weathered five centuries.

The earliest of the great monasteries of the Middle Ages, Voroneţ, built in 1488, and situated in the middle of a small village at the foot of the Carpathian mountains, is a princely shrine that is wrapped from top to bottom in resplendent frescoes. Called "the blue wonder" because of the "Voroneţ blue" whose unique hue has remained beautiful for centuries, Voroneţ was built in three months and three weeks in 1488 by Ştefan cel Mare. The famous scenes on the exterior walls were painted a few years after the great prince's death.

Arbore, the youngest of the great painted monasteries, dates from 1620. Unlike Voroneţ, where blue dominates, at Arbore the predominant color is green in five different shades. The many different greens express a world of unsuspected light and shade. Other northern Romanian painted monasteries of great beauty and artistic value include Humor (1530), Moldoviţa (1532), and Suceviţa (c. 1591).

Structuri şi vocabular

The introductory text to this lesson includes examples of the following grammatical and lexical structures.

Cînd adjectivul precede substantivul • When the Adjective Precedes the Noun

Descriptive adjectives, as a rule, follow the noun in Romanian, but sometimes they can precede it. We can say, for instance:

El este un poet mare.	He is a great poet.
El este un mare poet.	He is a great poet.
Marele poet Mihai Eminescu.	The great poet Mihai Eminescu.

In this type of construction, the first element, whether noun or adjective, takes the definite article. For example:

Prietenul meu bun.	My good friend.
Bunul meu prieten.	My good friend.

When the adjective precedes the noun, its meaning is emphasized. This is why the adjective often precedes the noun in such exclamatory sentences as:

Bună idee!	Good idea!
Excepţională carte!	Exceptional book!
Plăcută călătorie!	Really a pleasant trip!
Excelent examen!	Excellent exam!

Note, however, that in this type of exclamatory statement, both noun and adjective are indefinite.

Derivarea prin sufixe • Nouns Derived from Suffixes

As you have already seen, in Romanian a number of suffixes are used to derive a noun from another noun or to change the meaning of a noun. The suffixes **-ean** and **-an** indicate origin.

ardelean	a Transylvanian (m)	ieşan	a man from Iaşi
moldovean	a Moldavian (m)	orăşan	a city-dweller (m)

The suffixes **-că, -oaică,** and **-easă** derive feminine nouns from masculine nouns.

ardeleancă	a Transylvanian woman	englezoaică	an English woman
moldoveancă	a Moldavian woman	croitoreasă	a seamstress

And the suffixes **-eţe, -ie, -ime, -ate,** and **-(ă)tate** derive nouns from adjectives.

bătrîneţe	old age	dreptate	rightness, justice
veselie	happiness	bunătate	goodness
înălţime	height	răutate	wickedness

There are also the so-called **sufixe diminutivale,** suffixes used with a diminutive meaning. The most frequently used diminutive suffixes in Romanian are:

1. **-el** and **-iţă**

băieţel	little boy	fetiţă	little girl
degeţel	little finger	portiţă	little gate
scăunel	little chair	bădiţă	young man

2. **-uţ** and **-uţă**

micuţ	little one (m)	micuţă	little one (f)
căluţ	little horse	căsuţă	little house

3. **-(ul)eţ, -uş,** and **-aş**

ursuleţ	little bear	bebeluş	(little) baby
rîuleţ	little river	copilaş	little child

Pronume/adjectiv demonstrativ • The Demonstrative Pronoun/Adjective
celălalt   celălalt

In the first paragraph of the introductory text the demonstrative **celălalt** 'the other (one)' occurred in the sentence

Ei au trecut pe celălalt versant al Carpaţilor.	They crossed over to the other side of the Carpathians.

This demonstrative is formed, as you can see, from /**cel, cea, cei, cele** + (**ă**)**l** + **alt, alta, alţi, alte**/.

	Singular		Plural	
	Masculine/Neuter	*Feminine*	*Masculine*	*Feminine/Neuter*
Nominative-accusative	celălalt	cealaltă	ceilalţi	celelalte
Genitive-dative	celuilalt	celeilalte	celorlalţi	celorlalte

These forms of the demonstratives are generally used in opposition to **acest(a), aceşti(a).** Like the other demonstratives they can be used as adjectives or as pronouns.

Acest hotel e scump, celălalt hotel e mai ieftin.	This hotel is expensive; the other hotel is cheaper.
Pixul acesta nu e bun, unde-i celălalt?	This pen is no good; where is the other one?
Compoziția aceasta e bună, cealaltă e mediocră.	This composition is good; that one is mediocre.
Studenții aceștia pot pleca, ceilalți trebuie să aștepte.	These students may leave; the other ones must wait.
I-ai spus acestui băiat ce are de făcut, acuma spune-i și celuilalt.	You told this boy what to do; now tell the other one, too.
Am corectat temele acestor studenți, temele celorlalți nu sînt corectate.	I corrected these students' homework; the others' homework has not been corrected.

Note that **celălalt** (in its various forms), when used as an adjective, may precede or follow the noun. When it precedes the noun, the noun is always indefinite. Phrases like these are interchangeable:

celălalt examen   examenul celălalt

cealaltă carte   cartea cealaltă

Și acum, la lucru

Exercițiul A
Andrew o ajută pe Amelia să-și ducă lucrurile la autocarul care îi așteaptă în fața hotelului. Ce întreabă Andrew și ce răspunde Amelia? Exemplu:

rucsacul   valiza

E al tău rucsacul acesta?   *ori* E a ta valiza aceasta?

Nu, celălalt e al meu.   Nu, cealaltă e a mea.

1. termosul 2. umbrela 3. puloverul 4. jacheta 5. fulgarinul 6. poșeta 7. casetofonul
8. sacoșa

Exercițiul B
Grupul a ajuns la Suceava. Mihai, ghidul grupului, stă de vorbă cu unul din funcționarii de la hotel. Folosiți cuvintele din paranteză și forma corectă a demonstrativului pentru a formula unele din comentariile lor. Exemple:

Studenții aceștia pot să stea <u>la parter</u>. (la etajul unu)

Ceilalți pot să stea la etajul unu.

Camerele acestea sînt <u>libere</u>. (ocupate)

Celelalte sînt ocupate.

1. Băieții aceștia pot să stea <u>aici</u>. (acolo)
2. Fetele acestea pot să stea în camera <u>din dreapta</u>. (din stînga)
3. Tinerii aceștia sînt din <u>grupul nostru</u>. (alt grup)
4. Valizele acestea sînt <u>mai ușoare</u>. (mai grele)
5. Profesorii aceștia sînt de la <u>universitatea noastră</u>. (altă universitate)

Stăm de vorbă
Răspundeți la următoarele întrebări folosind forma corectă de demonstrativ în răspunsurile dumneavoastră.

1. Eu am două pixuri. Acesta e roşu, dar celălalt ce culoare e?
2. Aceasta e cartea mea, dar cealaltă a cui este?
3. Cărţile acestea sînt vechi, dar celelalte cum sînt?
4. Studentul acesta e coleg cu voi? Dar celălalt, cine e?
5. Studenţii aceştia îşi fac temele zilnic, dar ceilalţi studenţi?
6. Fetele acestea sînt foarte conştiincioase, dar celelalte cum sînt?
7. Acesta e pixul meu, dar celălalt al cui e?
8. Aceasta e umbrela lui Mioara, dar cealaltă a cui este?
9. Cheile acestea sînt ale mele, dar celelalte ale cui sînt?
10. Exerciţiul acesta nu e complicat, dar celălalt cum a fost?
11. Stiloul acesta scrie bine, dar celălalt cum scrie?
12. Băieţii aceştia înţeleg acum, dar ceilalţi înţeleg, ori nu?

Perfectul simplu • The Simple Perfect

Perfectul simplu, the simple perfect or simple past, conveys the same meaning as the **perfectul compus**. The simple perfect is seldom used in spoken Romanian. There are only a few areas (Oltenia is one) in the country where people tend to use this tense in everyday language. In literary or historical works, however, the simple past is often used in place of the compound past. This tense should be learned primarily for reading comprehension.

The simple perfect has a set of endings that are added to the past participle stem of the verb (the infinitive for all verbs except those ending in **-e**). Our first examples of the simple perfect are of verbs ending in **-a**, **-i**, and **-î**. Endings appear in the far right column below.

a arăta	*a vorbi*	*a hotărî*	*Endings*
arătai	vorbii	hotărîi	-i
arătaşi	vorbişi	hotărîşi	-şi
arătă	vorbi	hotărî	Ø
arătarăm	vorbirăm	hotărîrăm	-răm
arătarăţi	vorbirăţi	hotărîrăţi	-răţi
arătară	vorbiră	hotărîră	-ră

The stem of these verbs is the same as the infinitive, but verbs in **-a** reduce **-a** to **-ă** before the zero ending of third person singular. Note also that verbs in **-ia** form the third person singular in **-e** (**el se sperie**).

Verbs ending in **-e** form the simple past as follows. Verbs whose past participle group ends in **-s** add **-e** plus the simple past endings. Those whose past participle ends in **-ut** drop the final **-t** to form a stem in **-u**.

a merge	*Participial stem*	*Infix*	*Ending*	*a cunoaşte*	*Participial stem*	*Ending*
mersei	mers	+ e	+ i	cunoscui	cunoscu	+ i
merseşi	mers	+ e	+ şi	cunoscuşi	cunoscu	+ şi
merse	mers	+ e	+ Ø	cunoscu	cunoscu	+ Ø
merserăm	mers	+ e	+ răm	cunoscurăm	cunoscu	+ răm
merserăţi	mers	+ e	+ răţi	cunoscurăţi	cunoscu	+ răţi
merseră	mers	+ e	+ ră	cunoscură	cunoscu	+ ră

All verbs that end in stressed **-ea**, as well as the verb **a şti**, belong to the **-ut** past participle group. Their simple perfect forms are:

a avea	>	avut	>	avui, avuşi, avu, avurăm, avurăţi, avură
a putea	>	putut	>	putui, putuşi, putu, puturăm, puturăţi, putură
a vedea	>	văzut	>	văzui, văzuşi, văzu, văzurăm, văzurăţi, văzură
a şti	>	ştiut	>	ştiui, ştiuşi, ştiu, ştiurăm, ştiurăţi, ştiură

The verbs **a fi, a da,** and **a sta** add the simple perfect ending to a stem whose form cannot be predicted. The verb **a fi** has two possible stems, both of which are used regularly.

a fi	>	fu	>	fui, fuşi, fu, furăm, furăţi, fură *or*
		fus	>	fusei, fuseşi, fuse, fuserăm, fuserăţi, fuseră
a da	>	dădu	>	dădui, dăduşi, dădu, dădurăm, dădurăţi, dădură
a sta	>	stătu	>	stătui, stătuşi, stătu, stăturăm, stăturăţi, stătură

Şi acum, la lucru

Exerciţiul A: Identificare   *Identifications*

Iată o listă de verbe la perfectul simplu. Bazat pe terminaţia [ending] acestor verbe, identificaţi în spaţiile alăturate subiectul fiecărui verb. Exemplu:

tu/dta. dăduşi

1. _____ ascultă
2. _____ ascultai
3. _____ puseşi
4. _____ pusei
5. _____ plecarăm
6. _____ plecarăţi

7. _____ vorbirăţi
8. _____ vorbişi
9. _____ făcui
10. _____ făcuşi
11. _____ avură
12. _____ avurăm

13. _____ fui (fusei)
14. _____ fu (fuse)
15. _____ văzurăţi
16. _____ nu ştiuşi
17. _____ nu ştiură
18. _____ merseră

Schimbaţi forma acestor verbe la perfectul compus. Daţi apoi echivalentul englez al fiecărei forme verbale.

Exerciţiul B: Lectură plăcută

Prin aceste cîteva fragmente adaptate dintr-un basm în proză scris de Mihai Eminescu, încercăm să vă oferim posibilitatea de a lua un prim contact cu universul basmului.

Făt-Frumos din lacrimă (1)   *The prince of the tear (1)*

În vremea veche trăia un <u>împărat</u> <u>întunecat</u> ca <u>miazănoaptea</u> şi avea o <u>împărăteasă</u> tînără şi zîmbitoare ca <u>miezul luminos al zilei.</u> De cincizeci de ani împăratul <u>purta război</u> cu un vecin al lui. Vecinul nu mai trăia, dar lăsase <u>moştenire</u> fiilor şi nepoţilor <u>ura</u> dintre cele două <u>împărăţii.</u> Cincizeci de ani şi acuma împăratul singur ca un <u>leu îmbătrînit</u> în <u>lupte</u> şi suferinţă, se simţea slab, se simţea <u>murind</u> şi nu avea nici	*emperor/dark* *midnight/empress* *midday* *had waged war* *inheritance/hatred* *kingdoms* *lion/had grown old/battles* *dying*

un <u>moştenitor</u>. Împărăteasa plîngea şi <u>se ruga</u>	*heir/prayed*
zi şi noapte. Trecu o lună, trecură nouă şi	
împărăteasa avu un <u>fecior</u> cu părul <u>bălai</u> ca	*son/blond*
<u>razele</u> lunii. Împăratul <u>surîse,</u> soarele surîse şi el	*rays/smiled*
în <u>înfocata</u> lui împărăţie şi chiar stătu pe loc,	*fiery*
încît trei zile n-a fost noapte ci numai senin şi	
veselie. Şi îi puse mama numele "Făt-Frumos	
din lacrimă." Şi crescu şi se făcu mare ca	
<u>brazii codrilor.</u> Creştea într-o zi cît creşteau alţii	*fir trees of the woods*
într-un an.	
Cînd era destul de mare, puse să îi facă un	
<u>buzdugan</u> de <u>fier</u> . . . şi se duse <u>să se bată</u> cu	*sword/iron/to fight*
împăratul ce-l <u>duşmănea</u> pe tatăl său. După ce	*hated*
îşi luă ziua bună de la părinţi, puse pe <u>trupul</u>	*body*
său haine de <u>păstor,</u> cămaşă ţesută din lacrimile	*shepherd*
mamei sale, o pălărie cu flori, îşi puse <u>în brîu</u> un	*at his waist*
fluier de doine şi plecă în lumea largă.	
(*Va urma*)	

Exerciţiul C: Despre basm *About the fairy tale*

1. Identificaţi verbele la perfectul simplu din text. Daţi forma de perfectul compus a acestor verbe.
2. Faceţi portretul împăratului şi al împărătesei. Ce comparaţii foloseşte poetul în portretizarea acestor două personaje?
3. Ce imagini foloseşte poetul pentru a-l caracteriza pe "Făt-Frumos"? Cum ne sugerează el bucuria venirii pe lume a lui "Făt-Frumos"?

Numeralul ordinal • Ordinal Numbers

To indicate the order of a noun in a series, Romanian uses an ordinal classification of numbers that corresponds to the English 'first,' 'second,' 'third,' and so on. These ordinal numbers may be used alone, or they may precede or follow a noun. They have masculine (-neuter) and feminine forms. 'First' is expressed in Romanian by two synonymous ordinal numbers: **întîi(ul), primul** (masculine/neuter singular) and **întîi(a), prima** (feminine singular). **Întîi(ul)** and **întîi(a)** may precede or follow a noun, or they may be used alone.

Acesta e întîiul text scris în limba română.	This is the first text written in Romanian.
Iată întîia traducere în română a Bibliei.	Here is the first translation of the Bible into Romanian.
A fost întîiul/întîia din clasă.	He/she was first in the class.

Ordinal numerals are always definite when they precede the noun. When they follow the noun, they are used without the article. Compare the examples just given with the ones that follow:

textul întîi	the first text
traducerea întîi	the first translation
premiul întîi	the first prize
clasa întîi	the first class

Primul and **prima** are used on their own or precede (they never follow) the noun. They are more commonly used than **întîi(ul)** and **întîi(a).** They have the following forms:

	Singular		*Plural*	
	Masculine/Neuter	*Feminine*	*Masculine*	*Feminine/Neuter*
Nominative-accusative	primul	prima	primii	primele
Genitive-dative	primului	primei	primilor	primelor

primul regiment de voluntari.	the first regiment of volunteers
la începutul primului război mondial.	the beginning of the First World War
Prima luptă a fost cîştigată.	The first battle was won.
Iată un monument dedicat primei victorii.	Here is a monument dedicated to the first victory.
Voi sînteţi primii/primele pe listă.	You are the first (ones) on the list.
Le-am spus primilor studenţi să intre.	I told the first students to come in.

All the rest of the ordinal numbers in Romanian derive from the cardinal numbers according to the following pattern. How to write them using numerals is shown in parentheses.

	Masculine/Neuter		*Feminine*	
	al + *cardinal number* + *lea*		*a* + *cardinal number* + *a*	
second	al doilea	(al 2-lea)	a doua	(a 2-a)
third	al treilea	(al 3-lea)	a treia	(a 3-a)
fourth	al patrulea	(al 4-lea)	a patra	(a 4-a)
fifth	al cincilea	(al 5-lea)	a cincea	(a 5-a)
sixth	al şaselea	(al 6-lea)	a şasea	(a 6-a)
seventh	al şaptelea	(al 7-lea)	a şaptea	(a 7-a)
eighth	al optulea	(al 8-lea)	a opta	(a 8-a)
ninth	al nouălea	(al 9-lea)	a noua	(a 9-a)
tenth	al zecelea	(al 10-lea)	a zecea	(a 10-a)

The same pattern is followed for all compound numbers. Remember that the suffix **-lea** or **-a** is added to the last part of the number. In compounds with 'first,' **unulea** and **una** are used, not **întîi(a)** or **prim(a).**

nineteenth	al nouăsprezecelea	a nouăsprezecea
twentieth	al douăzecilea	a douăzecea
thirty-first	al treizeci şi unulea	a treizeci şi una

As we have mentioned before, ordinal numbers may be used by themselves, or they may precede or follow a noun. The noun is in the definite form when it precedes the numeral, and it is indefinite when it follows.

congresul al douăzeci şi doilea al douăzeci şi doilea congres	the twenty-second Congress
săptămîna a doua de vacanţă a doua săptămînă de vacanţă	the second week of vacation

Note the following useful expressions:

în primul rînd	first of all (*lit.*, in the first row, rank)
în al doilea rînd	second
în al treilea rînd	third

secolul 10, secolul al zecelea (sec. al 10-lea)	the tenth century
secolul 19, secolul al nouăsprezecelea (sec. al 19-lea)	the nineteenth century
secolul 20, secolul al douăzecelea (sec. al 20-lea)	the twentieth century

Şi acum, la lucru

Exerciţiul A: Reguli

Doamna Bogdan stă de vorbă cu studenţii înainte de a pleca într-o călătorie prin ţară. Ce spune ea? Exemplu:

> a vorbi/numai româneşte
>
> În primul rînd, să vorbiţi numai româneşte între voi.
>
> a respecta/programul zilnic în timpul călătoriei
>
> În al doilea rînd, să respectaţi programul zilnic în timpul călătoriei.

1. a avea/paşapoartele cu voi tot timpul
2. a avea/grijă de lucrurile voastre
3. a nu lăsa/valizele deschise
4. a fi/punctuali dimineaţa la micul dejun
5. a nu face/gălăgie la hotel şi la masă
6. a fi/atenţi la explicaţiile ghidului

Exerciţiul B: Prima parte a călătoriei

Iată itinerariul primei părţi a călătoriei grupului condus de doamna Bogdan. Folosiţi informaţiile acestea pentru a descrie programul din prima zi pînă în ziua a opta. Includeţi în comentariile dumneavoastră informaţii documentare privind locurile pe care le veţi vedea. Exemplu:

> Cluj; Bistriţa; Năsăud; popas [stop] la Hordou
>
> În prima zi vom pleca din Cluj.
>
> Vom merge pînă la Bistriţa.
>
> Pe drum vom vedea sate tradiţionale din regiunea Năsăud.
>
> A doua zi vom face popas la Hordou.
>
> Aici vom vizita casa în care s-a născut poetul George Coşbuc.

1. Bucureşti; Valea Prahovei; Predeal; Sinaia (Castelul Peleş)
2. popas la Braşov; Biserica Sf. Nicolae; Castelul Bran (1377); Biserica Neagră; Cetatea [fortress] Rîşnov (sec. 14)
3. plecare din Braşov; Băile Tuşnad; Lacul Roşu; Piatra Neamţ
4. popas la Piatra Neamţ; Humuleşti; Mănăstirile Agapia şi Văratec
5. plecare din Piatra Neamţ; Iaşi
6. popas la Iaşi; universitatea; Copoul (Teiul lui Eminescu); Bojdeuca
7. plecare din Iaşi; Suceava; Cetatea lui Ştefan cel Mare; Mănăstirea Putna
8. popas la mănăstirile Voroneţ; Moldoviţa; Suceviţa; Humor; Arbore

Exerciţiul C: Făt-Frumos din lacrimă (2)

Merse Făt-Frumos trei zile şi trei nopţi pînă
ajunse la castelul împăratului vecin.

—Bine-ai venit, Făt-Frumos! zise împăratul.
Am auzit de tine, dar de văzut nu te-am văzut.

—Bine te-am găsit, împărate, deși <u>mă tem</u>   *I'm afraid*
că nu te-oi lăsa cu bine, pentru că am venit să
ne luptăm greu, că destul <u>ai viclenit</u> împotriva   *tricked, cheated*
tatălui meu.

—Eu n-am viclenit, ci întotdeauna m-am
luptat în luptă dreaptă. Dar cu tine nu m-oi
bate. Ci mai bine vom <u>lega frăție de cruce</u> pe   *unite in brotherhood*
cît om fi și om trăi.

Și se îmbrățișară feciorii de împărați în
<u>urările boierilor.</u> Apoi zise împăratul lui Făt-   *cheering noblemen*
Frumos:

—De cine în lume te temi tu mai mult?

—De nimeni în lumea asta, afară de
Dumnezeu. Dar tu?

—Eu nu mă tem de nimeni, afară de
Dumnezeu și de <u>mama pădurilor,</u> care   *witch of the forests*
<u>umblă</u> prin împărăția mea de mînă cu   *wanders*
furtuna. Pe unde trece ea pămîntul <u>se usucă,</u>   *dries up*
satele și tîrgurile cad în ruină. Ca să nu-mi
<u>distrugă</u> toată împărăția, am fost nevoit să-i dau   *destroys*
<u>bir</u>. Și azi, ea vine să-și ia birul.   *exorbitant tax*
(*Va urma*)

Exercițiul D

1. Note the following verbs, which occur in the second and third paragraphs of the reading above.

| nu te-oi lăsa | I will not let you | oi spune | I will tell |
| nu m-oi bate | I will not fight | om fi și om trăi | as long as we shall be and shall live |

These verb forms above consist of a special auxiliary verb **oi, îi, a** (or **o**), **om, îți** (or **ăți**) plus the infinitive. These forms are derived from the literary future tense **voi, vei, va,** etc., but drop the initial **v-**. They are used to convey colloquially either a future or a presumptive meaning.

2. Alegeți din text pasajele care o descriu pe mama pădurilor. Ce ne puteți spune despre ea?

Adjectiv și pronume tot • The Adjective and Pronoun **tot**

You have already used the word **tot** in several contexts. As you may have noted, **tot** is commonly used as an adjective and as a pronoun. In both cases, the forms of **tot** agree in gender and number with the noun they modify or replace. We have thus:

	Singular		*Plural*	
	Masculine/Neuter	*Feminine*	*Masculine*	*Feminine/Neuter*
Nominative-accusative	tot	toată	toți	toate
Genitive-dative	—	—	tuturor(a)	tuturor(a)

When used as adjectives, **tot** and **toată** mean 'all, whole, entire.' **Toți** and **toate** mean 'all' (in the sense of every person or thing). They generally precede a noun in the definite form. For example:

O să vorbim românește tot timpul.	We will speak Romanian all the time.
Am stat toată ziua la bibliotecă.	I stayed at the library the entire day.
Au venit toți băieții și toate fetele.	All the boys and all the girls came.
Toate hotelele sînt scumpe aici.	All hotels are expensive here.
Le-am scris tuturor prietenilor mei.	I wrote to all my friends.
Am văzut notele tuturor studenților.	I saw the grades of all the students.

When used as a pronoun, **tot** has the following forms and meanings:

1. tot/totul   'everything'

Voi face tot ce voi putea.	I will do everything I can.
Totul este clar acum.	Everything is clear now.

2. toți   'all' (of them)

Am vorbit cu studenții și toți au spus că examenul a fost prea lung.	I talked to the students, and all of them said that the exam was too long.

3. toate   'all' (of them)

Fetele au fost în România și acum toate vorbesc bine românește.	The girls went to Romania, and now all of them speak Romanian well.

4. tuturor   'to all' (of them), 'of all' (of them)

Le-am explicat tuturor situația.	I explained the situation to all of them.
Notele tuturora sînt destul de mici.	The grades of all of them are rather low.

Note also the possible form **cu toții** 'all of them, all of you, we all' when used idiomatically in such expressions as:

Au venit cu toții.	All of them came.
Am mers cu toții la un film.	We all went to a movie.

Și acum, la lucru

Exercițiul A

Caius e student la universitate la Timișoara. Acum e în vizită la București și stă de vorbă cu dumneavoastră. Formulați răspunsuri afirmative sau negative, după modelul dat, la toate întrebările lui. Exemplu:

> Sînt atenți studenții în clasă?
> Da! Toți sînt atenți.
> Nu, nu toți sînt atenți.
>
> Sînt clare exemplele?
> Da, toate sînt clare.
> Nu, nu toate sînt clare.

1. Sînt severi profesorii? 2. Studenții sînt buni? 3. Examenele sînt dificile? 4. Întrebările sînt clare? 5. Ai colegi simpatici?

Exercițiul B: Cine-i interpret bun?

Iată că vă dăm posibilitatea să verificați dacă veți putea lucra vreodată ca interpret. Traduceți următoarele fraze în românește.

1. If you understood, everything is simple.
2. Everything is so complicated here.
3. We have to review everything for the test.
4. Did you understand everything I said?
5. Then everybody should be able to translate that.
6. Let's all speak only Romanian when we are together.

Stăm de vorbă

Despre noi toți

Răspundeți la următoarele întrebări ori folosiți-le să stați de vorbă cu alți colegi din clasă.

1. Toți studenții vin zilnic la clasă?
2. Toți vin bine pregătiți în fiecare zi?
3. Credeți că toate lecțiile sînt interesante?
4. Credeți că e bine să vorbim tot timpul românește în clasă?
5. Înțelegeți în general tot ce vă spun eu? Ce spuneți cînd nu înțelegeți ceva?
6. Învățați zilnic toate cuvintele noi? Recapitulați toate lecțiile înainte de examene?
7. Toată lumea știe cine a fost Mihai Eminescu? Dar Ion Creangă? Spuneți-ne tot ce știți despre ei.

Jurnal

Mihai Eminescu (1850–1889)

Mihai Eminescu este cel mai mare poet român și unul dintre marii poeți ai lumii. S-a născut la 15 ianuarie 1850 la Botoșani, iar copilăria și-a petrecut-o la Ipotești, un sat din apropiere. "Poetul crescu aproape țărănește," ne spune criticul literar George Călinescu. "Casa familiei poetului era o casă cu <u>privire</u> liberă și de jur împrejur, tei imenși. Frații mai mari ai poetului umblau călare pe <u>moșie,</u> el <u>se cufunda</u> în vreun <u>bordei</u>, ori la <u>stînă</u>, și <u>cutreera</u> pădurile."   *views*   *estate/immersed himself*   *cottage/shepherd's hut/wandered*

La Cernăuți poetul își face primii ani de școală. Aici își face și debutul poetic cu poezia "La moartea lui Aron Pumnul." Și-a continuat apoi studiile la Viena și Berlin, unde frecventează un cerc larg de discipline: filozofie, economie politică și drept.

La Viena se împrietenește cu Ioan Slavici <u>care îi datorează</u> lui Eminescu cariera lui de scriitor. Tot acum începe și colaborarea poetului la *Convorbiri literare,* revista <u>cenaclului</u> *Junimea* din Iași. Criticul literar Titu Maiorescu, <u>mentorul</u> acestei mișcări literare, îi acordă poetului o atenție deosebită văzînd în el, de la început, un poet remarcabil.   *who owes his*   *circle, group*   *mentor*

Revenit în țară, în 1874, ocupă pe rînd

19.4 Mihai Eminescu (1850–89), the Romanian national poet

diverse funcţii: bibliotecar, inspector şcolar, ziarist mai întîi la Iaşi, apoi la Bucureşti. Anii aceştia reprezintă anii marilor creaţii eminesciene: *Scrisorile, Glossa, Sara pe deal* şi *Luceafărul*. La 33 de ani încep însă semnele unei boli necruţătoare. Poetul este internat într-un sanatoriu vienez, apoi în ţară, dar boala înaintează, astfel că, poetul se stinge din viaţă în vîrstă de 39 de ani, la 15 iunie 1889.

    terminal illness
    the illness
    departed this life

Opera literară a lui Mihai Eminescu se compune în principal din poezii, din care în timpul vieţii poetului a apărut un singur volum. Peste 15,000 de pagini au rămas însă în manuscris, conţinînd poezii, nuvele, un roman şi unele încercări dramatice. Aceste manuscrise au fost şi continuă să fie valorificate de către eminescologi din lumea întreagă. Tradusă în multe limbi străine, opera poetului Mihai Eminescu reprezintă expresia supremă a spiritualităţii româneşti pe planul valorilor universale.

    comprises

    remained
    short stories/novel

Text adaptat după *Dicţionarul literaturii române*, Bucureşti, 1979

Ați înțeles?

1. Cînd și unde s-a născut Mihai Eminescu? Unde și-a petrecut el copilăria?
2. Ce ne spune George Călinescu despre anii copilăriei poetului?
3. Unde își face Mihai Eminescu studiile? Care este titlul primei poezii scrise de el?
4. Ce rol a jucat poetul în viața scriitorului Ioan Slavici?
5. Cînd începe colaborarea lui Mihai Eminescu la revista *Convorbiri literare*? Ce știți despre această revistă?
6. În ce an revine poetul în țară? Ce ne puteți spune despre perioada aceasta?

Proiect cultural

Pregătiți împreună cu colegii dumneavoastră o seară literară pe tema Mihai Eminescu. Consultați la bibliotecă materialele bibliografice existente. Selecționați apoi poeziile pe care doriți să le prezentați. Puteți să însoțiți prezentările dumneavoastră de fotografii și de ilustrații muzicale adecvate. Vă dorim succes!

Vocabular

Substantive

Masculine

boier(i) *nobleman*
brad (brazi) *fir tree*
dușman(i) *enemy*
leu (lei) *lion*
moștenitor(i) *heir*
mușchi (sg., pl.) *muscle*
păstor(i) *shepherd*
povestitor(i) *storyteller*
șarpe (șerpi) *snake*

Feminine

aripă (i) *wing*
aulă (e) *auditorium*
gleznă (e) *ankle*
împărăteasă (ese) *empress*
împărăție (i) *kingdom*
luptă (e) *battle*
mireasă (ese) *bride*
moștenire (i) *inheritance*
moștenitoare (sg., pl.) *heir*
nuntă (i) *wedding*
putere (i) *might, strength*
retragere (i) *retreat*

sarcină (i) *task*
spumă (e) *foam*
stînă (e) *shepherd's hut*
stîncă (i) *boulder*
ură (i) *hatred*

Neuter

bir(uri) *exorbitant tax*
brîu (brîie) *waist*
lanț (uri) *chain*
scrin(uri) *chest of drawers*
tampon (oane) *blotter*
vîrf(uri) *peak*

Verbe

a apuca *to grab*
a atinge (atins) *to touch*
a izbi (esc) *to hit, strike, throw*
a se îmbrățișa (ez) *to embrace*
a lătra *to bark*
a lega *to tie, to bind*
a pica *to drop (in)*
a se ruga *to pray*
a rupe (rupt) *to break, to tear up*
a scoate (scos) *to take out*
a smulge (smuls) *to tear out*
a se teme (temut) *to be afraid*
a trînti (esc) *to throw*

Adjective

4 terminaţii

mirat   *surprised, astonished*

mucalit   *funny*

ponosit   *worn out*

zbîrcit   *wrinkled*

Expresii

a arunca o privire   *to glance*

a trage foloase   *to take advantage*

de jur împrejur   *all around*

pe rînd   *one after another*

20

La revedere!

Dialog

La aeroport

Cine ar crede că din momentul în care am
început să-i însoțim pe Amelia și Andrew în
călătoria lor prin România a trecut deja un an?
Iată că a sosit și ziua cînd trebuie să se întoarcă
înapoi în Statele Unite.

La aeroportul Otopeni e lume multă. Un
avion a aterizat pe pistă. Lumea așteaptă
emoționată să-și întîlnească rudele, prietenii ori
vreo cunoștință. Amelia și Andrew merg cu
valizele la ghișeul rezervat zborului lor.

Funcționara:	Biletele dumneavoastră, vă rog.	
Amelia:	Poftiți biletele!	
Andrew:	Putem să avem două locuri unul lîngă altul?	
Funcționara:	Să vedem! Se poate, dar la nefumători.	
Andrew:	Foarte bine, noi nu fumăm.	
Funcționara:	Poftiți biletele și mergeți cu bagajele la vamă.	
Vameșul:	Bună ziua! Aveți ceva de declarat?	
Amelia:	Nimic special.	
Vameșul:	Acum v-aș ruga să deschideți valizele.	

Vameșul verifică lucrurile din bagajele
Ameliei, îi spune că poate să închidă valizele,
apoi întreabă.

Vameșul:	Și dumnealui cine e?
Amelia:	E un coleg american.
Vameșul:	Vorbește și dînsul românește?

At the Airport

has landed/runway

counter/flight

Your tickets, please.
Here are the tickets.
Can we have two seats next to each other?

Let's see. It's possible, but they're in the nonsmoking section.
Fine. We don't smoke.
Here are the tickets. Take your bags to customs.

Hello. Do you have anything to declare?

Nothing special.
Now please open your bags.

And who is this gentleman?
He's an American colleague.
Does he speak Romanian, too?

Andrew:	Sigur că vorbesc românește, doar am studiat aici un an!	*Certainly I speak Romanian. After all, I've been studying here for a year.*
Vameșul:	Bine, atunci vă rog să deschideți și dumneavoastră valizele.	*Good. Then please open your bags, too.*

Andrew deschide valizele. Vameșul se uită atent și printre bagajele lui vede multe lucruri de <u>artizanat.</u>

folk art

Vameșul:	Văd că vă place arta românească.	*I see that you like our Romanian art.*
Andrew:	Bineînțeles că îmi place. Dumneavoastră nu vă place?	*I certainly do like it. Don't you?*

Vameșul zîmbește. El pune valizele pe banda rulantă și <u>urează</u> Ameliei și lui Andrew drum bun. Tocmai cînd Amelia se gîndea că mai au o jumătate de oră pînă la plecarea avionului, îi vede pe Corina și Sorin, care se îndreptau spre ei. Ce surpriză plăcută! <u>Cîte unul, cîte doi,</u> au venit pe rînd toți prietenii lor să-și ia rămas bun. Despărțirea a fost foarte emoționantă.

wishes

by ones and twos

"Să nu ne uitați!" au spus prietenii lor la plecare.

"Cum am putea să vă uităm vreodată!" au răspuns Amelia și Andrew, îndreptîndu-se spre avionul care avea să-i ducă atît de departe de prietenii lor <u>dragi</u> și de țara de care îi vor lega <u>de acum încolo</u> atîtea amintiri de neuitat.

dear
from now on

Ați înțeles?

1. Cît timp a trecut de cînd au venit Amelia și Andrew în România?
2. Ce se întîmplă cînd ajung ei la aeroportul Otopeni?
3. Ce o întreabă vameșul pe Amelia? Ce răspunde ea?
4. Ce remarcă face vameșul cînd verifică bagajele lui Andrew?
5. Ce le-au spus prietenii la plecare? Ce au răspuns ei?

Structuri și vocabular

Verbele a zbura, a decola, a ateriza • The Verbs **a zbura, a decola, a ateriza**

Read the following sentence from the dialogue "**La aeroport**":

Un avion a aterizat pe pistă.   A plane has landed on the runway.

The verb **a ateriza** 'to land' is a regular **-a (ez)** verb. Other related verbs in **-a** in this context are **a decola** 'to take off' and **a zbura** 'to fly .' Note the forms of these verbs:

a zbura	a decola	a ateriza
zbor	decolez	aterizez
zbori	decolezi	aterizezi
zboară (să zboare)	decolează (să decoleze)	aterizează (să aterizeze)
zburăm	decolăm	aterizăm
zburați	decolați	aterizați
zboară (să zboare)	decolează (să decoleze)	aterizează (să aterizeze)

	a zbura	*a decola*	*a ateriza*
Perfectul compus	am zburat	am decolat	am aterizat
Imperfect	zburam	decolam	aterizam
Condiţional prezent	aş zbura	aş decola	aş ateriza
Condiţional trecut	aş fi zburat	aş fi decolat	aş fi aterizat
Viitor	voi zbura	voi decola	voi ateriza

Use the verb forms you have just learned to answer the following questions:

1. Preferaţi să călătoriţi cu trenul, cu maşina, ori să zburaţi cu avionul?

2. Aţi călătorit recent cu avionul? Dacă da, cu ce companie aţi zburat? A fost plăcută călătoria? Cît timp a durat?

3. Vă e frică uneori cînd decolează avionul? Dar cînd aterizează?

4. Aţi zburat vreodată cu un avion particular? Dacă da, era un avion mare, ori mic? Dar pilotul era amator, ori profesionist?

5. Care este avionul de pasageri cel mai rapid din lume? Ce ne puteţi spune despre avionul acesta?

Reţineţi

aeroport internaţional (aeroporturi internaţionale)	international airport	echipaj(e)	crew
		comandant (ţi)	commander
pasager(i)	passenger	pilot (ţi)	pilot
călător(i)	traveler	navigator(i)	navigator
călătoare (sg. and pl.)	traveler	stewardesă	stewardess
vameş(i)	customs officer		
militar(i)	military (man)	ofiţer de aviaţie	air force officer
soldat(i)	soldier	ofiţer de grăniceri	border control officer
Drum bun!	Have a good trip!	Călătorie plăcută!	Have a pleasant journey!

Use the new verbs and the terminology you have just learned, as well as the vocabulary you know, to describe **un aeroport internaţional (aspect general, ce fac pasagerii, activităţi tipice, etc.).**

Numeralul distributiv • Distributive Numbers

To indicate the distribution of nouns in equal numerical groups, Romanian uses the distributive number. This type of number is formed from **cîte** plus the cardinal numbers. Note the following forms of distributive numbers and their English equivalents:

cîte unu; cîte una	one by one
cîte doi; cîte două	by twos, two by two
cîte trei; cîte patru, etc.	by threes, by fours, etc.
grupe de cîte cinci, şase, etc.	groups of five, six, etc.
rînduri de cîte şapte, opt, etc.	rows of seven, eight, etc.
cîte două exemple din fiecare	two examples of each
cîte un cadou pentru fiecare	one present for each

Read and translate the following sentences containing distributive numbers as they appear in some common structures in Romanian.

1. Cîte unu, cîte doi, au venit pe rînd cu toţii.
2. Au plecat cîte unul, cîte unul, pînă la ultimul.
3. În România, elevii stau cîte doi în bancă.
4. În America ei stau în general cîte unul în bancă.
5. Formaţi grupe de cîte cinci ori de cîte şase studenţi.
6. Scrieţi fiecare cîte trei fraze pe tablă.
7. Daţi acum fiecare cîte două exemple cu numeralul distributiv.
8. Surorile mele au fiecare cîte trei copii.
9. Le-am cumpărat la fiecare cîte un mic cadou de Crăciun.
10. Am fost la cofetărie şi am mîncat fiecare cîte două îngheţate.

Pronumele personal dumnealui, dumneaei, dumnealor • The Personal Pronouns dumnealui, dumneaei, dumnealor

In Romanian the personal pronoun in the third person singular and plural has the following variants, which are used when talking to or about people politely and with a certain degree of distance.

el	>	dumnealui	Cine e dumnealui?	Who is he?
ea	>	dumneaei	Pe dumneaei o cunosc.	I know her.
ei/ele	>	dumnealor	Dumnealor sînt turişti.	They are tourists.

Dumnealui, dumneaei, and **dumnealor** also have the following synonyms, which are used colloquially to express a slight nuance of politeness. Their connotation depends very much on context.

	Singular		Plural	
	Masculine	*Feminine*	*Masculine*	*Feminine*
Nominative-accusative	dînsul	dînsa	dînşii	dînsele
Genitive-dative	dînsului	dînsei	dînşilor	dînselor

Şi dînsul vorbeşte româneşte?	Does he speak Romanian, too?
Nu ştiu cine-i dînsa.	I don't know who she is.
Dînşii cred că pot face ce vor.	They (m.) believe they can do as they like.
Spune-i dînsului/dînsei să aştepte.	Tell him/her to wait.
Maşina dînşilor e parcată nereglementar.	Their (m.) car is parked illegally.

Mai-mult-ca-perfectul • The Past Perfect

The past perfect tense, **mai-mult-ca-perfectul,** is used to indicate a past action that occurred before another past action. Consider the following examples:

Cînd eu am venit acasă, tu *plecaseşi* deja.	When I arrived home, you had already left.
Pe masă era o scrisoare pe care o *trimisese* Radu.	On the table was a letter that Radu had sent.
Pînă atunci eu nu *călătorisem* niciodată cu vaporul.	Until then I had never traveled by ship.

The past perfect has as a distinctive element the suffix **-se,** which is added to the stem of the simple perfect (see lesson 19). The past perfect endings are the same as those of the simple perfect, with the exception of the first person singular, which takes the ending **-m.** We have thus

	a arăta	*a vorbi*	*a merge*	*a face*
Simple perfect stem	*arătă*	*vorbi*	*merse*	*făcu*
	arătasem	vorbisem	mersesem	făcusem
	arătaseşi	vorbiseşi	merseseşi	făcuseşi
	arătase	vorbise	mersese	făcuse
	arătaserăm	vorbiserăm	merseserăm	făcuserăm
	arătaserăţi	vorbiserăţi	merseserăţi	făcuserăţi
	arătaseră	vorbiseră	merseseră	făcuseră

The verbs **a avea** and **a fi** take the following past perfect forms.

a avea		*a fi*	
avusesem	I had had	fusesem	I had been
avuseseşi		fuseseşi	
avusese		fusese	
avuseserăm		fuseserăm	
avuseserăţi		fuseserăţi	
avuseseră		fuseseră	

The Romanian past perfect is used in much the same way as its English counterpart. In everyday speech, however, Romanians often replace it with the compound perfect, so that the past perfect tends to be used most often in writing and in formal conversation. The past perfect must always be used in relation to another verb in a past tense or to an adverbial expression that implies a past action. Read and translate the following examples.

1. Imperfect and past perfect
   Sorin mai avea febră deşi luase antibiotice.
   Eu eram foarte obosit pentru că lucrasem toată noaptea.
2. Compound perfect and past perfect
   Noi am crezut că tu vorbiseşi deja cu profesorul.
   Cînd aţi telefonat voi, noi hotărîserăm deja să mergem la film.
3. Simple perfect and past perfect
   Mihai Eminescu veni la Iaşi pentru că nu-l văzuse de multă vreme pe Creangă.
   Poetul intră în casa în care petrecuse atîtea zile de neuitat.
4. Past perfect and past perfect
   El plecase deşi îmi promisese că mă aşteaptă.
   Studenţii înţeleseseră poezia pentru că o citiseră şi o traduseseră cu o zi înainte.
5. Adverbial expressions and past perfect
   În ziua aceea eu fusesem bolnav(ă).
   El avusese o gripă chiar înainte de examene.

Şi acum, la lucru

Exerciţiul A
Repetaţi frazele de mai jos schimbînd forma verbului în funcţie de fiecare subiect indicat.

1. Eu plecasem deja la ora aceea.
   a. tu b. noi c. Anca d. dta. e. voi f. ei
2. Eu nu fusesem niciodată în România.
   a. noi b. ele c. voi d. dv. e. studenţii f. tu

Exercițiul B: După un an de studii

Schimbați forma verbelor de la perfectul simplu la mai-mult-ca-perfectul folosind fraza din modelul de mai jos și veți afla ce ne spune Amelia la sfîrșit de an universitar. Exemplu:

Eu nu <u>știui</u> nimic despre România.

Înainte de a face cursul de română, eu nu știusem nimic despre România.

1. Eu nu <u>învățai</u> nici o limbă străină.
2. Eu nu <u>făcui</u> nici un curs de limbi străine.
3. Noi <u>crezurăm</u> că va fi imposibil să înțelegem gramatica.
4. Eu nu-mi <u>imaginai</u> că vom învăța atîtea lucruri interesante.
5. Noi <u>furăm</u> siguri că va fi un curs foarte dificil.
6. Noi nu <u>cunoscurăm</u> de loc tradițiile culturale ale acestei țări.
7. Unii colegi <u>făcură</u> un curs de istorie sud-est europeană.
8. Un profesor le <u>recomandă</u> să studieze limba română.
9. Eu <u>avui</u> ocazia să ascult muzică românească.
10. Noi <u>auzirăm</u> de George Enescu și de creațiile lui muzicale.
11. Eu nu <u>crezui</u> că voi putea vorbi românește așa de bine.
12. Noi nu <u>avurăm</u> atîția prieteni buni români.

Stăm de vorbă

În retrospect

Răspundeți la aceste întrebări ori folosiți-le pentru a sta de vorbă cu alți colegi din clasă.

1. Tu decisesăși să vii aici la universitate înainte de a termina liceul? Dar voi?
2. Tu vizitasăși deja campusul înainte de a te decide să vii aici? Dacă da, cînd făcusăși prima vizită la universitate?
3. Tu cunoscusăși pe cineva care era student(ă) aici? Dar tu (altcineva)?
4. Tu începusăși deja cursurile anul trecut pe vremea asta? Dar cu un an înainte? Și tu (altcineva)?
5. Cînd erați elevi, deciseserăți deja ce profesie vroiați să vă alegeți?
6. Tu studiasăși vreo limbă străină înainte de a veni la universitate? Dacă da, ce limbă străină studiasăși? Îți plăcuse cursul?
7. Cînd ai început cursurile la universitate știusăși că poți studia limba română aici? Dacă da, cum aflasăși?
8. Tu avusăși vreun prieten care studiase limbă română înaintea ta? Dacă da, ce îți spusese despre curs?

Vocativul • The Vocative

As stated in lesson 13, the vocative case of nouns is used when addressing or calling a person (or a pet). Romanian is the only Romance language that has retained the vocative case from Latin (albeit influenced by Slavic). There is, however, clear evidence that this case now tends to be replaced more and more by the nominative. It is important to remember that in Romanian, a noun in the nominative case can be used with a vocative meaning. For example:

Tată, uite ce ţi-am adus!

Ospătar, aduceţi vă rog nota de plată!

Paşaportul dumneavoastră, doamnă!

Poftiţi la masă, copii!

Bine-ai venit fiul meu!

Mihai, vino repede!

Some special vocative forms, however, may also be used. These vocatives are formed according to the following rules:

1. Masculine singular nouns add **-e** to the stem (**copil** > **copile! Adrian** > **Adriane!**) or in some cases to the definite form (**domnul** > **domnule! bunicul** > **bunicule!**).

   Tudore, răspunde la telefon!
   Unde eşti, Ionele?
   Ai dreptate, fiule!

   Spune-mi o poveste, tăticule [daddy]!
   Mi-a fost dor de tine, bunicule!
   Ce mai faci, Victore?

2. Feminine nouns ending in **-a** in the singular form sometimes replace this ending with **-o** in the vocative: **sora** > **soro! bunica** > **bunico!**

   Mario, Ano, veniţi aici!
   Ce mult te iubesc, bunico!
   De la ce şcoală eşti, fetiţo?

   Am o veste bună, mămico!
   Ce mai faci, Viorico?
   Pune masa, Lenuţo!

3. In the plural form, all nouns regardless of gender may have **-lor** as a special vocative ending: **domni** > **domnilor! doamne** > **doamnelor!**

   Doamnelor şi domnilor!
   Bine aţi venit, fraţilor!

Şi acum, la lucru

Exerciţiul A: Unii vin şi alţii pleacă.

Amelia şi Andrew sînt la aeroport împreună cu un grup de prieteni care au venit să-i însoţească. Între ei sînteţi şi dumneavoastră. Completaţi frazele de mai jos cu forma de vocativ a cuvintelor din paranteză pentru a reconstitui frazele pe care le auziţi în jur. Exemplu:

   Este a dumneavoastră valiza aceasta (ma'am)?

1. Care este biletul dumneavoastră, (sir)?
2. Bine ai venit, (uncle)!
3. Mi-a fost dor de tine, (grandpa)!
4. Ce mi-ai adus, (grandma)?
5. Cum te cheamă, (little girl)?
6. Ai venit şi tu, (Sorin)?
7. Să nu ne uitaţi, (brothers)!
8. (Ladies and gentlemen), avionul pleacă peste cîteva minute!

Exerciţiul B: Umor

Dintre amintirile pe care Andrew le-a luat cu el la plecarea din România este şi o revistă de umor. Să citim şi noi o pagină din revista preferată a prietenului nostru.

"Tată, am făcut o vioară!"

"Bravo! Dar de unde ai luat coardele?

"De la pian."

"Ionele, cum a fost în prima zi de şcoală?"

"Am învăţat o mulţime de lucruri. Dar n-am terminat, trebuie să ne mai ducem şi mîine."

Exercițiul C

1. Identificați substantivele la vocativ din fiecare mini-dialog de mai sus.
2. În primul dialog, conversația are loc între un copil și tatăl lui. Ce indică răspunsul copilului?
3. Care este după părerea dumneavoastră personajul hazliu [funny] din fiecare dialog?
4. V-au plăcut glumele? Care v-a plăcut cel mai mult? Puteți să ne spuneți și dumneavoastră un banc?

Verb: Conjunctiv (subjonctiv) perfect • The Verb: The Perfect of the Subjunctive

The subjunctive mode has two tenses: the present (**trebuie să plecăm** 'we should leave') and the perfect (**trebuia să fi plecat** 'we should have left'). While the present subjunctive is used extensively in Romanian, the perfect is seldom employed since other past tenses (such as the past conditional) can convey the same meaning. The perfect subjunctive is a single, invariable tense that is made up of /**să (nu)** + **fi** + past participle/.

Note that there is only one form for this tense whatever the person, and that the past participle remains the same regardless of the gender of the subject. The following sentences contain examples of how the perfect of the subjunctive is used.

Să fi știut Radu că mergem la Sinaia, venea și el cu noi.	If Radu had known that we were going to Sinaia, he would have come with us.
Crezi că era bine să fi vorbit noi cu ei?	Do you think it would have been good for us to talk to them?
Să fi fost voi în locul meu, ce ați fi făcut?	If you had been in my place, what would you have done?
Amelia și Andrew trebuie să fi ajuns deja în America.	Amelia and Andrew must have already arrived in America.

În concluzie

Iată că a sosit și momentul să facem bilanțul [to sum up] impresiilor noastre despre România, țara a cărei tradiții și aspecte caracteristice le-am studiat împreună pe tot parcursul [course] studiului limbii române.

1. Ce ne puteți spune despre România și despre poporul român?
2. Ați putea să ne descrieți cîteva aspecte din viața de fiecare zi din România?
3. Care sînt, după părerea dumneavoastră, asemănările și diferențele dintre tinerii români și tinerii americani?
4. Dacă ar fi să menționați cîteva personalități de prestigiu [prestige] internațional din cultura românească, pe cine ați menționa, și de ce?
5. Din tot ce ați învățat despre România și despre români, ce v-a impresionat cel mai mult, și de ce?

Vocabular

Substantive

Masculine

călător(i)   *traveler*
fumător(i)   *smoker*
militar(i)   *military person*
ofiţer(i)   *officer*
pasager(i)   *passenger*
pilot(i)   *pilot*
soldat(i)   *soldier*
vameş(i)   *customs officer*

Feminine

călătoare (sg., pl.)   *traveler*
fumătoare   *smoker*
vamă (vămi)   *customs*

Neuter

aeroport(uri)   *airport*
ghişeu (ghişee)   *counter*

Verbe

a ateriza (ez)   *to land*
a decola (ez)   *to take off*
a fuma (ez)   *to smoke*
a întemeia (ez)   *to establish*
a ura (ez)   *to wish*
a zbura   *to fly*

Adjective

4 terminaţii
restrîns   *limited*
uimit   *amazed*

3 terminaţii
hazliu, hazlie, hazlii   *funny*

Expresii

Călătorie plăcută.   *Have a pleasant journey.*
de acum încolo   *from now on*
Drum bun.   *Have a good trip.*
Rămas bun.   *So long.*

20.1 Summer at the University Square in Bucureşti

Verbs

The following tables of verbs contain:

1. A sample conjugation of all tenses for each of the four regular conjugation groups. A list of comparable verbs follows each sample conjugation.

2. A listing of all regular verbs used in this book, their present indicative forms, the third person present subjunctive (the only subjunctive form that differs from the present indicative), and the singular imperative form are also given for these verbs.

3. Complete conjugations for the irregular verbs found in this textbook.

4. Boldface indicates stress.

Sample Conjugations

Infinitive	Pres. part.	Past part.	Present	Future	Compound past	Imperfect
a spera	sperînd	sperat	sper	o să sper/voi spera	am sperat	speram
'to hope'			speri	o să speri/vei spera	ai sperat	sperai
			speră	o să spere/va spera	a sperat	spera
			sperăm	o să sperăm/vom spera	am sperat	speram
			sperați	o să sperați/veți spera	ați sperat	sperați
			speră	o să spere/vor spera	au sperat	sperau

Perfect		Conditional		Subjunctive		Imperative
Simple	Past	Present	Past	Present	Past	
sperai	sperasem	aş spera	aş fi sperat	să sper	să fi sperat	
speraşi	sperasesi	ai spera	ai fi sperat	să speri		speră
speră	sperase	ar spera	ar fi sperat	să spere		
sperarăm	speraserăm	am spera	am fi sperat	să sperăm		
sperarăți	speraserăți	ați spera	ați fi sperat	să sperați		sperați
sperară	speraseră	ar spera	ar fi sperat	să spere		

Comparable verbs introduced in this text are:

a adăuga, a admira, a aduna, a apuca, a ara, a cîştiga, a circula, a (se) culca, a cultiva, a (se) descurca, a evita, a explica, a (se) exprima, a fura, a încurca, a observa, a pica, a (se) plimba, a prefera, a (se) preocupa, a procura, a repara, a rezolva, a (se) ridica, a (se) schimba, a striga, a suna, a termina, a transpira, a ţipa, a urca

Infinitive	*Pres. part.*	*Past part.*	*Present*	*Future*	*Compound past*	*Imperfect*
a lucra	lucrînd	lucrat	lucrez	o să lucrez/voi lucra	am lucrat	lucram
'to work'			lucrezi	o să lucrezi/vei lucra	ai lucrat	lucrai
			lucrează	o să lucreze/va lucra	a lucrat	lucra
			lucrăm	o să lucrăm/vom lucra	am lucrat	lucram
			lucraţi	o să lucraţi/veţi lucra	aţi lucrat	lucraţi
			lucrează	o să lucreze/vor lucra	au lucrat	lucrau

Perfect		*Conditional*		*Subjunctive*		*Imperative*
Simple	*Past*	*Present*	*Past*	*Present*	*Past*	
lucrai	lucrasem	aş lucra	aş fi lucrat	să lucrez	să fi lucrat	
lucraşi	lucraseşi	ai lucra	ai fi lucrat	să lucrezi		lucrează
lucră	lucrase	ar lucra	ar fi lucrat	să lucreze		
lucrarăm	lucraserăm	am lucra	am fi lucrat	să lucrăm		
lucrarăţi	lucraserăţi	aţi lucra	aţi fi lucrat	să lucraţi		lucraţi
lucrară	lucraseră	ar lucra	ar fi lucrat	să lucreze		

Comparable verbs introduced in this text are:
a (se) adresa, a (se) angaja, a broda, a corecta, a dansa, a demonstra, a desfiinţa, a (se) distra, a (se) enerva, a fascina, a fuma, a funcţiona, a ilustra, a (-şi) imagina, a (se) interesa, a înainta, a încuraja, a înfiinţa, a lansa, a neglija, a patina, a păstra, a (se) pensiona, a perfora, a proba, a (se) relaxa, a (se) scuza, a sugera, a (se) tachina, a telefona, a traversa, a ura, a vizita, a vîna

---

Infinitive	*Pres. part.*	*Past part.*	*Present*	*Future*	*Compound past*	*Imperfect*
a apărea	apărînd	apărut	apar	o să apar/voi apărea	am apărut	apăream
'to appear'			apari	o să apari/vei apărea	ai apărut	apăreai
			apare	o să apară/va apărea	a apărut	apărea
			apărem	o să apărem/vom apărea	am apărut	apăream
			apăreţi	o să apăreţi/veţi apărea	aţi apărut	apăreaţi
			apar	o să apară/vor apărea	au apărut	apăreau

Perfect		*Conditional*		*Subjunctive*		*Imperative*
Simple	*Past*	*Present*	*Past*	*Present*	*Past*	
apărui	apărusem	aş apărea	aş fi apărut	să apar	să fi apărut	
apăruşi	apăruseşi	ai apărea	ai fi apărut	să apari		apari
apăru	apăruse	ar apărea	ar fi apărut	să apară		
apărurăm	apăruserăm	am apărea	am fi apărut	să apărem		
apărurăţi	apăruserăţi	aţi apărea	aţi fi apărut	să apăreţi		apăreţi
apărură	apăruseră	ar apărea	ar fi apărut	să apară		

Comparable to this: a tăcea

Infinitive	Pres. part.	Past part.	Present	Future	Compound past	Imperfect
a merge	mergînd	mers	merg	o să merg/voi merge	am mers	mergeam
'to go'			mergi	o să mergi/vei merge	ai mers	mergeai
			merge	o să meargă/va merge	a mers	mergea
			mergem	o să mergem/vom merge	am mers	mergeam
			mergeţi	o să mergeţi/veţi merge	aţi mers	mergeaţi
			merg	o să meargă/vor merge	au mers	mergeau

Perfect		Conditional		Subjunctive		Imperative
Simple	Past	Present	Past	Present	Past	
mersei	mersesem	aş merge	aş fi mers	să merg	să fi mers	
merseşi	merseseşi	ai merge	ai fi mers	să mergi		mergi
merse	mersese	ar merge	ar fi mers	să meargă		
merserăm	merseserăm	am merge	am fi mers	să mergem		
merserăţi	merseserăţi	aţi merge	aţi fi mers	să mergeţi		
merseră	merseseră	ar merge	ar fi mers	să meargă		mergeţi

Comparable verbs introduced in this text are:
a aduce, a ajunge, a alege, a conduce, a compune, a convinge, a culege, a (se) duce, a înţelege, a mulge, a (se) plînge, a (se) retrage, a stinge, a (se) şterge, a traduce, a trage, a zice

---

Infinitive	Pres. part.	Past part.	Present	Future	Compound past	Imperfect
a fugi	fugind	fugit	fug	o să fug/voi fugi	am fugit	fugeam
'to run'			fugi	o să fugi/vei fugi	ai fugit	fugeai
			fuge	o să fugă/va fugi	a fugit	fugea
			fugim	o să fugim/vom fugi	am fugit	fugeam
			fugiţi	o să fugiţi/veţi fugi	aţi fugit	fugeaţi
			fug	o să fugă/vor fugi	au fugit	fugeau

Perfect		Conditional		Subjunctive		Imperative
Simple	Past	Present	Past	Present	Past	
fugii	fugisem	aş fugi	aş fi fugit	să fug	să fi fugit	
fugişi	fugiseşi	ai fugi	ai fi fugit	să fugi		fugi
fugi	fugise	ar fugi	ar fi fugit	să fugă		
fugirăm	fugiserăm	am fugi	am fi fugit	să fugim		
fugirăţi	fugiserăţi	aţi fugi	aţi fi fugit	să fugiţi		
fugiră	fugiseră	ar fugi	ar fi fugit	să fugă		fugiţi

Comparable verbs introduced in this text are:
a absolvi, a ieşi, a oferi

Infinitive	Pres. part.	Past part.	Present	Future	Compound past	Imperfect
a vorbi (esc)	vorbind	vorbit	vorbesc	o să vorbesc/voi vorbi	am vorbit	vorbeam
'to speak,			vorbeşti	o să vorbeşti/vei vorbi	ai vorbit	vorbeai
talk'			vorbeşte	o să vorbească/va vorbi	a vorbit	vorbea
			vorbim	o să vorbim/vom vorbi	am vorbit	vorbeam
			vorbiţi	o să vorbiţi/veţi vorbi	aţi vorbit	vorbeaţi
			vorbesc	o să vorbească/vor vorbi	au vorbit	vorbeau

Perfect		Conditional		Subjunctive		Imperative
Simple	Past	Present	Past	Present	Past	
vorbii	vorbisem	aş vorbi	aş fi vorbit	să vorbesc	să fi vorbit	
vorbişi	vorbiseşi	ai vorbi	ai fi vorbit	să vorbeşti		vorbeşte
vorbi	vorbise	ar vorbi	ar fi vorbit	să vorbească		
vorbirăm	vorbiserăm	am vorbi	am fi vorbit	să vorbim		
vorbirăţi	vorbiserăţi	aţi vorbi	aţi fi vorbit	să vorbiţi		vorbiţi
vorbiră	vorbiseră	ar vorbi	ar fi vorbit	să vorbească		

Comparable verbs introduced in this text are:

a (-şi) aminti, a călători, a (se) căsători, a ciocni, a citi, a dori, a folosi, a găsi, a ghici, a se gîndi, a glumi, a (se) grăbi, a iubi, a izbi, a (se) încălzi, a îndrăzni, a înflori, a (se) îngriji, a însoţi, a (se) întîlni, a lipsi, a locui, a (se) logodi, a munci, a mulţumi, a (se) odihni, a (se) opri, a plăti, a poposi, a porni, a (se) pregăti, a primi, a privi, a răci, a servi, a slăbi, a sosi, a (se) trezi, a trînti, a tuşi, a urmări, a zîmbi

Infinitive	Pres. part.	Past part.	Present	Future	Compound past	Imperfect
a coborî	coborînd	coborît	cobor	o să cobor/voi coborî	am coborît	coboram
'to descend,			cobori	o să cobori/vei coborî	ai coborît	coborai
go down,			coboară	o să coboare/va coborî	a coborît	cobora
come			coborîm	o să coborîm/vom coborî	am coborît	coboram
down'			coborîţi	o să coborîţi/veţi coborî	aţi coborît	coboraţi
			coboară	o să coboare/vor coborî	au coborît	coborau

Perfect		Conditional		Subjunctive		Imperative
Simple	Past	Present	Past	Present	Past	
coborîi	coborîsem	aş coborî	aş fi coborît	să cobor	să fi coborît	
coborîşi	coborîseşi	ai coborî	ai fi coborît	să cobori		coboară
coborî	coborîse	ar coborî	ar fi coborît	să coboare		
coborîrăm	coborîserăm	am coborî	am fi coborît	să coborîm		
coborîrăţi	coborîserăţi	aţi coborî	aţi fi coborît	să coborîţi		coborîţi
coborîră	coborîseră	ar coborî	ar fi coborît	să coboare		

Infinitive	Pres. part.	Past part.	Present	Future	Compound past	Imperfect
a hotărî (ăsc) 'to decide'	hotărînd	hotărît	hotărăsc	o să hotărăsc/voi hotărî	am hotărît	hotăram
			hotărăşti	o să hotărăşti/vei hotărî	aţi hotărît	hotărai
			hotărăşte	o să hotarască/va hotărî	au hotărît	hotăra
			hotărîm	o să hotărîm/vom hotărî	am hotărît	hotăram
			hotărîţi	o să hotărîţi/veţi hotărî	aţi hotărît	hotăraţi
			hotărăsc	o să hotarască/vor hotărî	au hotărît	hotărau

Perfect		Conditional		Subjunctive		Imperative
Simple	Past	Present	Past	Present	Past	
hotărîi	hotărîsem	aş hotărî	aş fi hotărît	să hotărăsc	să fi hotărît	
hotărîşi	hotărîseşi	ai hotărî	ai fi hotărît	să hotărăşti		hotărăşte
hotărî	hotărîse	ar hotărî	ar fi hotărît	să hotarască		
hotărîrăm	hotărîserăm	am hotărî	am fi hotărît	să hotărîm		
hotărîrăţi	hotărîserăţi	aţi hotărî	aţi fi hotărît	să hotărîţi		hotărîţi
hotărîră	hotărîseră	ar hotărî	ar fi hotărît	să hotarască		

Comparable to this: a urî

Regular Verbs

Infinitive	Present indicative	Subjunctive	Imperative singular
a accepta	accept, accepţi, acceptă, acceptăm, acceptaţi, acceptă	să accepte	acceptă
a afla	aflu, afli, află, aflăm, aflaţi, află	să afle	află
a ajuta	ajut, ajuţi, ajută, ajutăm, ajutaţi, ajută	să ajute	ajută
a aplauda	aplaud, aplauzi, aplaudă, aplaudăm, aplaudaţi, aplaudă	să aplaude	aplaudă
a aprecia	apreciez, apreciezi, apreciază, apreciem, apreciaţi, apreciază	să aprecieze	apreciază
a aprinde	aprind, aprinzi, aprinde, aprindem, aprindeţi, aprind	să aprindă	aprinde
a arăta	arăt, arăţi, arată, arătăm, arătaţi, arată	să arate	arată
a asculta	ascult, asculţi, ascultă, ascultăm, ascultaţi, ascultă	să asculte	ascultă
a asigura	asigur, asiguri, asigură, asigurăm, asiguraţi, asigură	să asigure	asigură
a aştepta	aştept, aştepţi, aşteaptă, aşteptăm, aşteptaţi, aşteaptă	să aştepte	aşteaptă
a (se) bucura	bucur, bucuri, bucură, bucurăm, bucuraţi, bucură	să (se) bucure	bucură(-te)
a cădea	cad, cazi, cade, cădem, cădeţi, cad	să cadă	cazi
a căuta	caut, cauţi, caută, căutăm, căutaţi, caută	să caute	caută
a (se) certa	cert, cerţi, ceartă, certăm, certaţi, ceartă	să (se) certe	ceartă(-te)

Infinitive	*Present indicative*	*Subjunctive*	*Imperative singular*
a cheltui	cheltuiesc, cheltuieşti, cheltuieşte, cheltuim, cheltuiţi, cheltuiesc	să cheltuiască	cheltuieşte
a chema	chem, chemi, cheamă, chemăm, chemaţi, cheamă	să cheme	cheamă
a circula	circul, circuli, circulă, circulăm, circulaţi, circulă	să circule	circulă
a citi	citesc, citeşti, citeşte, citim, citiţi, citesc	să citească	citeşte
a cînta	cînt, cînţi, cîntă, cîntăm, cîntaţi, cîntă	să cînte	cîntă
a compune	compun, compui, compune, compunem, compuneţi, compun	să compună	compune
a concedia	concediez, concediezi, concediază, concediem, concediaţi, concediază	să concedieze	concediază
a crede	cred, crezi, crede, credem, credeţi, cred	să creadă	crede
a creşte	cresc, creşti, creşte, creştem, creşteţi, cresc	să crească	creşte
a cumpăra	cumpăr, cumperi, cumpără, cumpărăm, cumpăraţi, cumpără	să cumpere	cumpără
a cunoaşte	cunosc, cunoşti, cunoaşte, cunoaştem, cunoaşteţi, cunosc	să cunoască	cunoaşte
a curăţa	curăţ, cureţi, curăţă, curăţăm, curăţaţi, curăţă	să cureţc	curăţă
a depinde	depind, depinzi, depinde, depindem, depindeţi, depind	să depindă	depinde
a (se) descălţa	descalţ, descalţi, descalţă, descălţăm, descălţaţi, descalţă	să (se) descalţe	descalţă(-te)
a deschide	deschid, deschizi, deschide, deschidem, deschideţi, deschid	să deschidă	deschide
a (se) dezbrăca	dezbrac, dezbraci, dezbracă, dezbrăcăm, dezbrăcaţi, dezbracă	să (se) dezbrace	dezbracă(-te)
a dormi	dorm, dormi, doarme, dormim, dormiţi, dorm	să doarmă	dormi
a fluiera	fluier, fluieri, fluieră, fluierăm, fluieraţi, fluieră	să fluiere	fluieră
a gusta	gust, guşti, gustă, gustăm, gustaţi, gustă	să guste	gustă
a ierta	iert, ierţi, iartă, iertăm, iertaţi, iartă	să ierte	iartă
a intra	intru, intri, intră, intrăm, intraţi, intră	să intre	intră
a invita	invit, inviţi, invită, invităm, invitaţi, invită	să invite	invită
a (se) îmbrăca	îmbrac, îmbraci, îmbracă, îmbrăcăm, îmbrăcaţi, îmbracă	să (se) îmbrace	îmbracă(-te)
a împrumuta	împrumut, împrumuţi, împrumută, împrumutăm, împrumutaţi, împrumută	să împrumute	împrumută
a (se) încălţa	încalţ, încalţi, încalţă, încălţăm, încălţaţi, încalţă	să (se) încalţe	încalţă(-te)

Infinitive	*Present indicative*	*Subjunctive*	*Imperative singular*
a încărca	încarc, încarci, încarcă, încărcăm, încărcaţi, încarcă	să încarce	încarcă
a (se) încheia	închei, închei, încheie, încheiem, încheiaţi, încheie	să (se) încheie	încheie(-te)
a închide	închid, închizi, închide, închidem, închideţi, închid	să închidă	închide
a înconjura	înconjur, înconjuri, înconjură, înconjurăm, înconjuraţi, înconjură	să înconjure	înconjură
a (se) îndrepta	îndrept, îndrepţi, îndreaptă, îndreptăm, îndreptaţi, îndreaptă	să (se) îndrepte	îndreaptă(-te)
a îngheţa	îngheţ, îngheţi, îngheaţă, îngheţăm, îngheţaţi, îngheaţă	să îngheţe	îngheaţă
a înghiţi	înghit, înghiţi, înghite, înghiţim, înghiţiţi, înghit	să înghită	înghite
a (se) îngrăşa	îngraş, îngraşi, îngraşă, îngrăşăm, îngrăşaţi, îngraşă	să (se) îngraşe	îngraşă(-te)
a înota	înot, înoţi, înoată, înotăm, înotaţi, înoată	să înoate	înoată
a întemeia	întemeiez, întemeiezi, întemeiază, întemeiem, întemeiaţi, întemeiază	să întemeieze	întemeiază
a întîmpina	întîmpin, întîmpini, întîmpină, întîmpinăm, întîmpinaţi, întîmpină	să întîmpine	întîmpină
a (se) întoarce	întorc, întorci, întoarce, întoarcem, întoarceţi, întorc	să (se) întoarcă	întoarce(-te)
a întreba	întreb, întrebi, întreabă, întrebăm, întrebaţi, întreabă	să întrebe	întreabă
a învăţa	învăţ, înveţi, învaţă, învăţăm, învăţaţi, învaţă	să înveţe	învaţă
a juca	joc, joci, joacă, jucăm, jucaţi, joacă	să joace	joacă
a judeca	judec, judeci, judecă, judecăm, judecaţi, judecă	să judece	judecă
a lăsa	las, laşi, lasă, lăsăm, lăsaţi, lasă	să lase	lasă
a lătra	latru, latri, latră, lătrăm, lătraţi, latră	să latre	latră
a lega	leg, legi, leagă, legăm, legaţi, leagă	să lege	leagă
a (se) lupta	lupt, lupţi, luptă, luptăm, luptaţi, luptă	să (se) lupte	luptă(-te)
a merita	merit, meriţi, merită, merităm, meritaţi, merită	să merite	merită
a (se) mişca	mişc, mişti, mişcă, mişcăm, mişcaţi, mişcă	să (se) mişte	mişcă(-te)
a mînca	mănînc, mănînci, mănîncă, mîncăm, mîncaţi, mănîncă	să mănînce	mănîncă
a muri	mor, mori, moare, murim, muriţi, mor	să moară	mori
a (se) naşte	nasc, naşti, naşte, naştem, naşteţi, nasc	să (se) nască	naşte
a numara	număr, numeri, numără, numărăm, număraţi, numără	să numere	numără

Infinitive	Present indicative	Subjunctive	Imperative singular
ta (se) obişnui	obişnuiesc, obişnuieşti, obişnuieşte, obişnuim, obişnuiţi, obişnuiesc	să(se)obişnuiască	obişnuieşte(-te)
a (se) omorî	omor, omori, omoară, omorîm, omorîţi, omoară	să (se) omoare	omoară(-te)
a parca	parchez, parchezi, parchează, parcăm, parcaţi, parchează	să parcheze	parchează
a părea	par, pari, pare, părem, păreţi, par	să pară	pari
a pescui	pescuiesc, pescuieşti, pescuieşte, pescuim, pescuiţi, pescuiesc	să pescuiască	pescuieşte
a (se) pieptăna	pieptăn, piepteni, piaptănă, pieptănăm, pieptănaţi, piaptănă	să (se) pieptene	piaptănă(-te)
a (se) pierde	pierd, pierzi, pierde, pierdem, pierdeţi, pierd	să (se) piardă	pierde(-te)
a pleca	plec, pleci, pleacă, plecăm, plecaţi, pleacă	să plece	pleacă
a prinde	prind, prinzi, prinde, prindem, prindeţi, prind	să prindă	prinde
a promite	promit, promiţi, promite, promitem, promiteţi, promit	să promită	promite
a pune	pun, pui, pune, punem, puneţi, pun	să pună	pune
a (se) purta	port, porţi, poartă, purtăm, purtaţi, poartă	să (se) poarte	poartă(-te)
a putea	pot, poţi, poate, putem, puteţi, pot	să poată	să poţi
a (se) rade	rad, razi, rade, radem, radeţi, rad	să (se) radă	rade(-te)
a rămîne	rămîn, rămîi, rămîne, rămînem, rămîneţi, rămîn	să rămînă	rămîi
a răspunde	răspund, răspunzi, răspunde, răspundem, răspundeţi, răspund	să răspundă	răspunde
a recunoaşte	recunosc, recunoşti, recunoaşte, recunoaştem, recunoaşteţi, recunosc	să recunoască	recunoaşte
a respecta	respect, respecţi, respectă, respectăm, respectaţi, respectă	să respecte	respectă
a rezista	rezist, rezişti, rezistă, rezistăm, rezistaţi, rezistă	să reziste	rezistă
a rîde	rîd, rîzi, rîde, rîdem, rîdeţi, rîd	să rîdă	rîzi
a (se) ruga	rog, rogi, roagă, rugăm, rugaţi, roagă	să (se) roage	roagă(-te)
a saluta	salut, saluţi, salută, salutăm, salutaţi, salută	să salute	salută
a săpa	sap, sapi, sapă, săpăm, săpaţi, sapă	să sape	sapă
a sări	sar, sari, sare, sărim, săriţi, sar	să sară	sari
a săruta	sărut, săruţi, sărută, sărutăm, sărutaţi, sărută	să sărute	sărută
a (se) sătura	satur, saturi, satură, săturăm, săturaţi, satură	să (se) sature	satură(-te)

Infinitive	*Present indicative*	*Subjunctive*	*Imperative singular*
a scădea	scad, scazi, scade, scădem, scădeţi, scad	să scadă	scade
a scăpa	scap, scapi, scapă, scăpăm, scăpaţi, scapă	să scape	scapă
a schia	schiez, schiezi, schiază, schiem, schiaţi, schiază	să schieze	schiază
a scoate	scot, scoţi, scoate, scoatem, scoateţi, scot	să scoată	scoate
a scrie	scriu, scrii, scrie, scriem, scrieţi, scriu	să scrie	scrie
a (se) scula	scol, scoli, scoală, sculăm, sculaţi, scoală	să (se) scoale	scoală(-te)
a semăna	semăn, semeni, seamănă, semănăm, semănaţi, seamănă	să semene	seamănă
a (se) simţi	simt, simţi, simte, simţim, simţiţi, simt	să (se) simtă	simte(-te)
a (se) spăla	spăl, speli, spală, spălăm, spălaţi, spală	să (se) spele	spală(-te)
a (se) speria	sperii, sperii, sperie, speriem, speriaţi, sperie	să (se) sperie	sperie(-te)
a spune	spun, spui, spune, spunem, spuneţi, spun	să spună	spune
a strănuta	strănut, strănuţi, strănută, strănutăm, strănutaţi, strănută	să strănute	strănută
a studia	studiez, studiezi, studiază, studiem, studiaţi, studiază	să studieze	studiază
a surprinde	surprind, surprinzi, surprinde, surprindem, surprindeţi, surprind	să surprindă	surprinde
a susţine	susţin, susţii, susţine, susţinem, susţineţi, susţin	să susţină	susţine
a tăia	tai, tai, taie, tăiem, tăiaţi, taie	să taie	taie
a toarce	torc, torci, toarce, toarcem, toarceţi, torc	să toarcă	toarce
a trăi	trăiesc, trăieşti, trăieşte, trăim, trăiţi, trăiesc	să trăiască	trăieşte
a ţese	ţes, ţeşi, ţese, ţesem, ţeseţi, ţes	să ţeasă	ţese
a ţine	ţin, ţii, ţine, ţinem, ţineţi, ţin	să ţină	ţine
a (se) uita	uit, uiţi, uită, uităm, uitaţi, uită	să (se) uite	uită(-te)
a umple	umplu, umpli, umple, umplem, umpleţi, umplu	să umple	umple
a vedea	văd, vezi, vede, vedem, vedeţi, văd	să vadă	vezi
a veni	vin, vii, vine, venim, veniţi, vin	să vină	vino
a verifica	verific, verifici, verifică, verificăm, verificaţi, verifică	să verifice	verifică
a vinde	vînd, vinzi, vinde, vindem, vindeţi, vînd	să vîndă	vinde

Irregular Verbs

Infinitive	*Pres. part.*	*Past part.*	*Present*	*Future*	*Compound past*	*Imperfect*
a avea	avînd	avut	am	o să **am**/voi avea	am avut	aveam
'to have'			ai	o să **ai**/vei avea	ai avut	aveai
			are	o să aibă/va avea	a avut	avea
			avem	o să avem/vom avea	am avut	aveam
			aveţi	o să aveţi/veţi avea	aţi avut	aveaţi
			au	o să aibă/vor avea	au avut	aveau

Perfect		*Conditional*		*Subjunctive*		*Imperative*
Simple	*Past*	*Present*	*Past*	*Present*	*Past*	
avui	avusesem	aş avea	aş fi avut	să am	să fi avut	
avuşi	avuseseşi	ai avea	ai fi avut	să ai		ai
avu	avusese	ar avea	ar fi avut	să aibă		
avurăm	avuseserăm	am avea	am fi avut	să avem		
avurăţi	avuseserăţi	aţi avea	aţi fi avut	să aveţi		aveţi
avură	avuseseră	ar avea	ar fi avut	să aibă		

Infinitive	*Pres. part.*	*Past part.*	*Present*	*Future*	*Compound past*	*Imperfect*
a fi	fiind	fost	sînt	o să fiu/voi fi	am fost	eram
'to be'			eşti	o să fii/vei fi	ai fost	erai
			este	o să fie/va fi	a fost	era
			sîntem	o să fim/vom fi	am fost	eram
			sînteţi	o să fiţi/veţi fi	aţi fost	eraţi
			sînt	o să fie/vor fi	au fost	erau

Perfect		*Conditional*		*Subjunctive*		*Imperative*
Simple	*Past*	*Present*	*Past*	*Present*	*Past*	
fui	fusesem	aş fi	aş fi fost	să fiu	să fi fost	
fuşi	fuseseşi	ai fi	ai fi fost	să fii		fii
fu	fusese	ar fi	ar fi fost	să fie		
furăm	fuseserăm	am fi	am fi fost	să fim		
furăţi	fuseserăţi	aţi fi	aţi fi fost	să fiţi		fiţi
fură	fuseseră	ar fi	ar fi fost	să fie		

Infinitive	Pres. part.	Past part.	Present	Future	Compound past	Imperfect
a bea	bînd	băut	beau	o să beau/voi bea	am băut	beam
'to drink'			bei	o să bei/vei bea	ai băut	beai
			bea	o să bea/va bea	a băut	bea
			bem	o să bem/vom bea	am băut	beam
			beţi	o să beţi/veţi bea	aţi băut	beaţi
			beau	o să bea/vor bea	au băut	beau

Perfect		Conditional		Subjunctive		Imperative
Simple	Past	Present	Past	Present	Past	
băui	băusem	aş bea	aş fi băut	să beau	să fi băut	
băuşi	băuseşi	ai bea	ai fi băut	să bei		bea
băeu	băuse	ar bea	ar fi băut	să bea		
băurăm	băuserăm	am bea	am fi băut	să bem		
băurăţi	băuserăţi	aţi bea	aţi fi băut	să beţi		beţi
băură	băuseră	ar bea	ar fi băut	să bea		

Infinitive	Pres. part.	Past part.	Present	Future	Compound past	Imperfect
a da	dînd	dat	dau	o să dau/voi da	am dat	dădeam
'to give'			dai	o să dai/vei da	ai dat	dădeai
			dă	o să dea/va da	a dat	dădea
			dăm	o să dăm/vom da	am dat	dădeam
			daţi	o să daţi/veţi da	aţi dat	dădeaţi
			dau	o să dea/vor da	au dat	dădeau

Perfect		Conditional		Subjunctive		Imperative
Simple	Past	Present	Past	Present	Past	
dădui	dădusem	aş da	aş fi dat	să dau	să fi dat	
dăduşi	dăduseşi	ai da	ai fi dat	să dai		
dădu	dăduse	ar da	ar fi dat	să dea		dă
dădurăm	dăduserăm	am da	am fi dat	să dăm		
dădurăţi	dăduserăţi	aţi da	aţi fi dat	să daţi		daţi
dădură	dăduseră	ar da	ar fi dat	să dea		

Infinitive	Pres. part.	Past part.	Present	Future	Compound past	Imperfect
a lua	luînd	luat	iau	o să iau/voi lua	am luat	luam
'to take'			iei	o să iei/vei lua	ai luat	luai
			ia	o să ia/va lua	a luat	lua
			luăm	o să luăm/vom lua	am luat	luam
			luaţi	o să luaţi/veţi lua	aţi luat	luaţi
			iau	o să ia/vor lua	au luat	luau

Perfect		Conditional		Subjunctive		Imperative
Simple	Past	Present	Past	Present	Past	
luai	luasem	aş lua	aş fi luat	să iau	să fi luat	
luaş	luaseşi	ai lua	ai fi luat	să iei		
luă	luase	ar lua	ar fi luat	să ia		ia
luarăm	luaserăm	am lua	am fi luat	să luăm		
luarăţi	luaserăţi	aţi lua	aţi fi luat	să luaţi		luaţi
luară	luaseră	ar lua	ar fi luat	să ia		

Infinitive	Pres. part.	Past part.	Present	Future	Compound past	Imperfect
a sta	stînd	stat	stau	o să stau/voi sta	am stat	stăteam
'to stay'			sta	o să stai/vei sta	ai stat	stăteai
			stă	o să stea/va sta	a stat	stătea
			stăm	o să stăm/vom sta	am stat	stăteam
			staţi	o să staţi/veţi sta	aţi stat	stăteaţi
			stau	o să stea/vor sta	au stat	stăteau

Perfect		Conditional		Subjunctive		Imperative
Simple	Past	Present	Past	Present	Past	
stătui	stătusem	aş sta	aş fi stat	să stau	să fi stat	
stătuşi	stătuseşi	ai sta	ai fi stat	să stai		stai
stătu	stătuse	ar sta	ar fi stat	să stea		
stăturăm	stătuserăm	am sta	am fi stat	să stăm		
stăturăţi	stătuserăţi	aţi sta	aţi fi stat	să staţi		staţi
stătură	stătuseră	ar sta	ar fi stat	să stea		

Infinitive	Pres. part.	Past part.	Present	Future	Compound past	Imperfect
a şti	ştiind	ştiut	ştiu	o să ştiu/voi şti	am ştiut	ştiam
'to know'			ştii	o să ştii/vei şti	ai ştiut	ştiai
			ştie	o să ştie/va şti	a ştiut	ştia
			ştim	o să ştim/vom şti	am ştiut	ştiam
			ştiţi	o să ştiţi/veţi şti	aţi ştiut	ştiaţi
			ştiu	o să ştie/vor şti	au ştiut	ştiau

Perfect		Conditional		Subjunctive		Imperative
Simple	Past	Present	Past	Present	Past	
ştiui	ştiusem	aş şti	aş fi ştiut	să ştiu	să fi ştiut	
ştiuşi	ştiuseşi	ai şti	ai fi ştiut	să ştii		ştii
ştiu	ştiuse	ar şti	ar fi ştiut	să ştie		
ştiurăm	ştiuserăm	am şti	am fi ştiut	să ştim		
ştiurăţi	ştiuserăţi	aţi şti	aţi fi ştiut	să ştiţi		ştiţi
ştiură	ştiuseră	ar şti	ar fi ştiut	să ştie		

Infinitive	Pres. part.	Past part.	Present	Future	Compound past	Imperfect
a vrea	vrînd	vrut	vreau	o să vreau/voi vrea	am vrut	vroiam
'to want'			vrei	o să vrei/vei vrea	ai vrut	vroiai
			vrea	o să vrea/va vrea	a vrut	vroia
			vrem	o să vrem/vom vrea	am vrut	vroiam
			vreţi	o să vreţi/veţi vrea	aţi vrut	vroiaţi
			vor	o să vrea/vor vrea	au vrut	vroiau

Perfect		Conditional		Subjunctive		Imperative
Simple	Past	Present	Past	Present	Past	
vrui	vrusesem	aş vrea	aş fi vrut	să vreau	să fi vrut	
vruşi	vruseseşi	ai vrea	ai fi vrut	să vrei		vrei
vru	vrusese	ar vrea	ar fi vrut	să vrea		
vrurăm	vruseserăm	am vrea	am fi vrut	să vrem		
vrurăţi	vruseserăţi	aţi vrea	aţi fi vrut	să vreţi		vreţi
vrură	vruseseră	ar vrea	ar fi vrut	să vrea		

Romanian-English Vocabulary

In the following vocabulary, the singular, as well as the entire plural form, is provided for all nouns that have two forms. Adjectives are given in the masculine singular, with feminine and plural endings in parentheses. Adjectives without following parenthetical forms follow the four-form pattern of inflection unless they are marked as invariable (inv.) Verbs are given in the infinitive (preceded by the particle **a**). The present tense infixes **ez** and **esc** appear in parentheses, as do past participles of verbs ending in **e**. Boldface indicates stress. Finally, the number that follows each Romanian word indicates the lesson in which the word first appears.

Abbreviations:

adj.	adjectiv	pl.	plural
adv.	adverb	prep.	prepoziţie
art.	articol	pron.	pronume
conj.	conjuncţie	refl.	reflexiv
dem.	pronume/adjectiv demonstrativ	sg.	singular
interj.	interjecţie	s.f.	substantiv feminin
inv.	invariabil	s.m.	substantiv masculin
f.	feminin	s.n.	substantiv neutru
m.	masculin	v.i.	verb intranzitiv
n.	neutru	v.r.	verb reflexiv
num.	numeral	v.t.	verb tranzitiv

A

abia adv. 10   hardly
   ~ aştept 10   I can hardly wait
absent/absenţi s.m. 17   absent
absolvent/absolvenţi s.m. 4   graduate
a absolvi v.t. 4   to graduate
abuz/abuzuri s.n. 18   abuse, excess
ac/ace s.n. 15   needle
acasă adv. 1   (at) home
a accepta v.t. 18   to accept
acceptat adj. 4   accepted
accesoriu/accesorii adj. 15   accessory
accident/accidente s.n. 14   accident

aceasta, acestea dem.f. 2   this, these
aceea, acelea dem.f. 2   that, those
acela, aceia dem.m. 2   that, those
aceeaşi, aceleaşi pron./adj.f. 9   the same
acelaşi, aceiaşi pron./adj.m. 9   the same
acesta, aceştia dem.m. 2   this, these
acolo adv. 1   there
acoperit adj. 9   covered
a acorda v.t. 19   to grant, tune (music)
acru adj. 8   sour
activ adj. 16   active
activitate/activităţi s.f. 1   activity
actor/actori s.m. 13   actor, performer
actriţă/actriţe s.f. 13   actor, performer

acţiune/acţiuni s.f. 4   action
acum adv. 1   now
   de ~ încolo 9   from now on
acuşi adv. 16   immediately, any minute
acuzativ/acuzative s.n. 3   accusative
a adapta (ez) v.t. 15   to adapt
a adăuga v.t. 14   to add
adecvat adj. 16   adequate
adesea adv. 4   often
adevărat adj. 1   true
adică adv. 4   that is to say
adînc adj. 19   deep, profound
a admira v.t. 1   to admire
admirativ adj. 10   admiring
a admite (admis) v.t. 16   to admit, allow
adolescent/adolescenţi s.m. 16   teenage boy, teenager
adolescentă/adolescente s.f. 11   teenage girl, teenager
a adresa (ez) v.t. 13   to address
adresă/adrese s.f. 5   address
a aduce (adus) v.t. 5   to bring
a aduna v.t. 17   to gather
adunare/adunări s.f. 19   gathering
aer s.n. 9   air
   ~ condiţionat 16   air-conditioned
   ~ curat 18   fresh air
   în ~ liber 9   outdoors
aeroport/aeroporturi s.n. 5   airport
afară adv. 9   out, outdoors, outside
afină/afine s.f. 7   blueberries
a afirma v.t. 17   to assert, affirm
afirmaţie/afirmaţii s.f. 6   statement
afiş/afişe s.n. 2   poster
a afla v.t. 11   to find out
agenţie/agenţii s.f. 11   agency
   ~ de plasare 12   employment agency
   ~ de voiaj 13   travel agency
agitat adj. 2   restless
aici adv. 1   here
ajun/ajunuri s.n. 9   eve, evening before (an event)
a ajunge (ajuns) v.t. 9   to reach, arrive
a ajuta v.t. 6   to help
ajutor/ajutoare s.n. 13   help, aid
alaltăieri adv. 6   day before yesterday
alăturat adj. 10   next, beside
alb adj. 8   white
albastru adj. 10   blue
album/albume s.n. 6   album
a alege (ales) v.i. 8   to choose
ales adj. 14   chosen, remarkable
   mai ~ 14   especially
aliment/alimente s.n. 7   food
alimentară/alimentare s.f. 4   grocery store
alpinism s.n. 9   mountain climbing
alt adj. 2   other
altar/altare s.n. 17   altar
altădată adv. 16   some other time
altceva pron. 7   something else

altcineva pron. 10   someone else
altcumva adv. 16   in some other way
altele, alţii pron. 4   others
altundeva adv. 16   somewhere else
amabil adj. 3   kind, amiable
amar adj. 8   bitter
amator (amatori, amatoare) adj. 18   amateur, dilettante
amănunţit adj. 19   detailed
ambianţă/ambianţe s.f. 8   ambiance
ambii, ambele adj., pron. 16   both
ambiţios adj. 12   ambitious
amendă/amenzi s.f. 14   fine, traffic ticket
America s.f. 1   America
amiază/amiezi s.f. 1   noon
a aminti (esc) v.t. 17   to remind
   a-şi ~ v.t. 17   to remember
amintire/amintiri s.f. 11   memory, remembrance
amîndoi, amîndouă pron. 6   both
an/ani s.m. 6   year
analiza (ez) v.t. 18   to analyze
anchetă/anchete s.f. 16   investigation, survey
a anexa (ez) v.t. 16   to annex, join
a angaja (ez) v.t. 12   to hire, engage
angajat/angajaţi s.m. 12   employee
animal/animale s.n. 17   animal
animat adj. 13   animated, lively
   desene ~ 13   cartoons
anotimp/anotimpuri s.n. 9   season
antenă/antene s.f. 18   antenna
antibiotic/antibiotice s.n. 18   antibiotic
antipatic adj. 2   unpleasant
antrenament s.n. 9   training, coaching
antrenor s.m. 9   coach
a anunţa v.t. 10   to announce
apartament/apartamente s.n. 3   apartment
apă/ape s.f. 3   water
   ~ minerală 3   mineral water
a apărea (apărut) v.i. 10   to appear
aperitiv/aperitive s.n. 8   appetizer
a aplauda v.t. 10   to applaud
aplauze s.f. pl. 10   applause
aplicat adj. 15   applied
apoi adv. 2   afterwards
a aprecia (ez) v.t. 10   to appreciate
aprilie s.m. 9   April
a aprinde (aprins) v.t. 10   to light
aproape (de) adv. 4   near, nearby
apropiat adj. 11   close, near
apropiere/apropieri s.f. 7   nearness
   în ~ 7   close, nearby
   prin ~ 7   somewhere nearby
apropo adv. 5   by the way
aprovizionare/aprovizionări s.f. 7   supply
a apuca v.t. 19   to grab
a ara v.t. 17   to plow
a aranja (ez) v.t. 16   to arrange

a arăta v.t. 13   to show
arbore/arbori s.m. 11   tree
arc/arcuri s.n. 5   arch
a arde (ars) v.t. 13   to burn
ardei s.m. pl. 7   green peppers
   ~ copți 8   baked peppers
   ~ iuți 8   hot peppers
argint s.n. 9   silver
arhitect/arhitecți s.m. 15   architect
arhitectură/arhitecturi s.f. 6   architecture
aripă/aripi s.f. 19   wing
artă/arte s.f. 5   art
articol/articole s.n. 2   item, article
artizanat/artizanate s.n. 20   handicraft
a arunca v.t. 17   to throw
   ~ o privire 19   to glance
a asculta v.t. 4   to listen
asemenea adj. inv. 15   such, like
   de ~ adv.   also, too, as well
a asigura v.t. 11   to assure, insure
asistent/asistenți s.m. 1   assistant
asociație/asociații s.f. 9   association
asortat adj. 15   assorted
aspect/aspecte s.n. 13   aspect
aspirație/aspirații s.f. 12   aspiration
aspirator/aspiratoare s.n. 16   vacuum cleaner
aspirină/aspirine s.f. 14   aspirin
aspru adj. 12   harsh
astăzi adv. 2   today
   ~ dimineață 4   this morning
   ~ după masă 2   this afternoon
   ~ seară 2   evening
astfel adv. 10   thus, in this way
a asuma v.t. 15   to assume
asupra prep. 15   over
așa adv. 3   so, as
   și ~ mai departe 3   and so on, and so forth
așezat adj. 5   situated, placed
a aștepta v.t. 7   to wait for
   ~ la coadă/la rînd 7   to wait in line
așteptare/așteptări s.f. 18   waiting
atelier/ateliere s.n. 12   shop
atent adj. 4   attentive
atenție/atenții s.f. 14   attention
a ateriza (ez) v.i. 20   to land
a atinge (atins) v.t. 19   to touch
atitudine/atitudini s.f. 15   attitude
a atîrna v.t. 17   to hang (on)
atît adv. 3   so much
atlet/atleți s.m. 9   athlete
atletism s.n. 9   track and field
atmosferă/atmosfere s.f. 3   atmosphere
a atrage (atras) v.t. 17   to attract
atunci adv. 2   then
ață/ațe s.f. 15   thread
august s.m. 9   August
aulă/aule s.f. 19   auditorium
aur s.n. 9   gold

autobuz/autobuze s.m. 5   bus, coach
autocar/autocare s.n. 14   coach
automatic adj. 1   automatic
automobilist/automobiliști s.m. 14   motorist
autor/autori s.m. 10   author
autoservire/autoserviri s.f. 7   self-service
a auzi v.t. 11   to hear
a avansa (ez) v.i. 12   to promote, advance
avantaj/avantaje s.n. 1   advantage
a avea v.t. 3   to have
   ~ acces 4   to have access
   ~ de gînd 12   to intend, think of
   ~ de lucru 4   to have work to do
   ~ de studiat 4   to have to study
   ~ dreptate 12   to be right
   ~ nevoie de 3   to need
   ~ noroc 4   to have good luck
   ~ răbdare 7   to have patience, be patient
aviator/aviatori s.m. 14   aviator, pilot
avion/avioane s.n. 14   airplane
avocat/avocați s.m. 12   lawyer, attorney

B

ba adv. 4   no
babă/babe s.f. 19   old woman
bacșiș/bacșișuri s.n. 8   tip
bade, bădie, bădiță s.m. 19   man (rural expression)
bagaj/bagaje s.n. 17   baggage
baie/băi s.f. 5   bath, bathroom
baladă/balade s.f. 17   ballad
balcon/balcoane s.n. 5   balcony
balet/baleturi s.n. 13   ballet
ban/bani s.n. 4   coin, money
banană/banane s.f. 7   banana
banc/bancuri s.n. 3   joke
bancă/bănci s.f. 2   bench, bank
bandă/benzi s.f. 3   tape
bar/baruri s.n. 1   bar
barbă/bărbi s.f. 10   beard
basm/basme s.n. 10   fairy tale
basma/basmale s.f. 2   kerchief
baston/bastoane s.n. 14   walking stick
a bate (bătut) v.t. 13   to beat, hit, knock
   ~ vîntul 9   the wind is blowing
baterie/baterii s.f. 4   battery
batistă/batiste s.f. 15   handkerchief
a baza (ez) v.t. 14   base
băiat/băieți s.m. 2   boy
bălai (bălaie) adj. 19   fair, light, blonde
bărbat/bărbați s.m. 2   man, male, husband
bărbie/bărbii s.f. 18   chin
a bărbieri (esc) v.t. 12   to shave
bătrîn adj. 11   old
băutură/băuturi s.f. 3   beverage
a bea (băut) v.t. 8   to drink

bebeluş/bebeluşi s.m. 19   baby
bej adj. inv. 10   beige
bele-arte s.f. 1   fine arts
belea/belele s.f. 19   trouble
benzină/benzine s.f. 14   gasoline
bere/beri s.f. 2   beer
beton/betoane s.n. 6   concrete
beţiv/beţivi s.m. 19   drunkard
bibliografic adj. 19   bibliographical
bibliotecar/bibleotecari s.m. 1   librarian
bibliotecă/biblioteci s.f. 1   library
bicicletă/biciclete s.f. 14   bicycle
bijuterie/bijuterii s.f. 15   jewelry
bilet/bilete s.n. 7   ticket, note
bine adv. 1   well, good
   ~ dispus 3   in a good mood
   ~ meritat 15   well deserved
   ~ te-am (v-am) găsit 17   good to be here
   ~ ai (aţi) venit 17   welcome
bineînţeles adv. 10   of course
binişor adv. 9   fairly well
bir/biruri s.n. 19   exorbitant tax
birou/birouri s.n. 1   office, desk
biserică/biserici s.f. 5   church
bivol/bivoli s.m. 17   water buffalo
blană/blănuri s.f. 15   fur
blid/blide s.n. 17   plate, bowl
blidar/blidare s.n. 17   dish shelf, plate rail
blînd adj. 12   gentle, tame
bloc/blocuri s.n. 4   apartment building
blond adj. 11   blond
blugi s.m. 9   blue jeans
bluză/bluze s.f. 9   blouse
boală/boli s.f. 19   illness
boboc/boboci s.m. 17   bud, duckling
bocanc/bocanci s.m. 15   boot
   ~ de schi 15   ski boots
bogat adj. 11   rich
bogăţie/bogăţii s.f. 11   wealth
boier/boieri s.m. 19   nobleman
bojdeucă/bojdeuci s.f. 19   hut
bolnav adj. 14   ill
bomboană/bomboane s.f. 14   candy
bon/bonuri s.n. 15   bill, order
borcan/borcane s.n. 7   jar
borş/borşuri s.n. 8   borscht
botanică s.f. 3   botany
bou/boi s.m. 2   ox
brad/brazi s.m. 19   fir
braţ/braţe s.n. 18   arm
brăţară/brăţări s.f. 15   bracelet
brichetă/brichete s.f. 14   lighter
brînză/brînzeturi s.f. 3   cheese
   ~ de vaci 7   cottage cheese
   ~ telemea 7   feta cheese
brîu/brîie s.n. 19   waistband
a broda (ez) v.t. 17   to embroider
bronz/bronzuri s.n. 9   bronze

bronzat adj. 9   tanned
brumă/brume s.f. 9   frost
brunet adj. 11   brunette
bucată/bucăţi s.f. 8   piece
bucătar/bucătari s.m. 8   cook
bucătărie/bucătării s.f. 5   kitchen, cuisine
   ~ românească 8   Romanian cuisine
buchet/buchete s.n. 7   bouquet
bucluc/buclucuri s.m. 19   trouble
a bucura v.t. 12   to be glad, to enjoy
bucuros adj. 11   glad
bufet/bufete s.n. 2   buffet, pub
   ~ expres 2   fast-food restaurant
buget/bugete s.n. 16   budget
buletin/buletine s.n. 10   bulletin, identification card
   ~ de ştiri 10   news broadcast
bulevard/bulevarde s.n. 2   boulevard
bumbac/bumbacuri s.n. 15   cotton
bun adj. 2   good
   ~ venit 1   welcome
bună adv. 1   hi
   ~ dimineaţa 2   good morning
   ~ seara 1   good evening
   ~ ziua 1   hello
bunătate/bunătăţi s.f. 19   kindness, goodness
bunic/bunici s.m. 6   grandfather, grandparents (pl.)
bunică/bunici s.f. 6   grandmother
burete/bureţi s.m. 2   blackboard eraser, sponge
bursă/burse s.f. 4   scholarship
burtă/burţi s.f. 18   belly
buză/buze s.f. 18   lip
buzdugan/buzdugane s.n. 19   mace, sword
buzunar/buzunare s.n. 15   pocket

C

ca adv. prep. 1   as, like
cabină/cabine s.f. 3   booth, cabin
   ~ telefonică 3   telephone booth
cabinet/cabinete s.n. 18   doctor's office
cachi adj. inv. 10   khaki
cadou/cadouri s.n. 9   gift
cafea/cafele s.f. 2   coffee
   ~ turcească 8   Turkish coffee
cafenea/cafenele s.f. 13   coffee shop
caiet/caiete s.n. 2   notebook
caisă/caise s.f. 7   apricot
cal/cai s.m. 17   horse
calculator/calculatoare s.n. 4   calculator
cald adj. 8   warm
cale/căi s.f. 7   way, road, avenue
   ~ ferată 14   railroad
calendar/calendare s.n. 11   calendar
calificat adj. 12   qualified
calitate/calităţi s.f. 15   quality
calm adj. 2   calm

caltaboş/caltaboşi s.m. 7   liver sausage
cam adv. 3   rather
cameră/camere s.f. 2   room
camion/camioane s.n. 14   truck
campioană/campioane s.f. 9   champion
campion/campioni s.m. 9   champion
campionat/campionate s.n. 9   championship
canapea/canapele s.f. 6   couch, sofa
cană/căni s.f. 19   mug, jug
candidat/candidaţi s.m. 4   candidate
candidată/candidate s.f. 4   candidate
canotaj s.n. 9   canoeing
cantalup/cantalupuri s.n. 7   cantaloupe
cantină/cantine s.f. 1   cafeteria, dining hall
cantitate/cantităţi s.f. 8   quantity
cap/capete s.n. 18   head
capabil adj. 16   capable
capacitate/capacităţi s.f. 16   capacity, aptitude
capitol/capitole s.n. 4   chapter, lesson
car/care s.n. 17   cart, wagon
caracteristic adj. 17   characteristic
a caracteriza (ez) v.t. 12   to characterize
care pron. 4   which, who
    ~ îi data de azi? 9   what is the date today?
carieră/cariere s.f. 12   career
carne/ cărnuri s.f. 7   meat
carou/carouri s.n. 15   small square
    în ~ 15   plaid
carte/cărţi s.f. 2   book
    ~ de telefon 3   telephone book
cartier/cartiere s.n. 4   neighborhood
cartof/cartofi s.m. 7   potato
    ~ prăjiţi 8   fried potatoes
    ~ piure 8   mashed potatoes
casă/case s.f. 3, 7   house; cash register
    ~ de modă 15   fashion house
casetofon/casetofoane s.n. 3   tape recorder
casier/casieri s.m. 15   cashier
casieriţă/casieriţe s.f. 7   cashier
casnic adj. 7   domestic
casnică/casnice s.f. 7   housewife
castel/castele s.n. 19   castle
castravete/castraveţi s.m. 7   cucumber
caşcaval/caşcavaluri s.n. 7   Swiss cheese
catedrală/catedrale s.f. 14   cathedral
catedră/catedre s.f. 2   teacher's desk; department
catrinţă/catrinţe s.f. 17   homespun skirt
cauză/cauze s.f. 14   cause
caz/cazuri s.n. 4   case
că conj. 1   that, because
căciulă/căciuli s.f. 9   winter hat
a cădea (căzut) v.i. 9   to fall
călărie/călării s.f. 9   horseback riding
călător/călători s.m. 12   traveler
călătorie/călătorii s.f. 11   travel
    ~ plăcută 20   [have a] pleasant journey
a călători (esc) v.i. 12   to travel

a călca v.t. 16   to step (on)
    ~ rufele 16   to iron
călimară/călimări s.f. 19   inkwell
cămaşă/cămăşi s.f. 9   shirt
cămin/cămine s.n. 1   dormitory
    ~ de copii 16   day-care center
a căpăta v.t. 16   to get, receive
    ~ dreptul 16   to get the right
căprui adj. inv. 18   hazel
căpşună/căpşuni s.m. 7   strawberry
cărămidă/cărămizi s.m. 6   brick
căruţă/căruţe s.f. 17   wagon (horse-drawn)
a căsători (esc) v.r. 12   to get married
căsătorit adj. 5   married
către prep. 19   toward
    de ~ 19   by
a căuta v.t. 6   to look for, search
ce pron. 1   what
    ~ oră e? 5   what time is it?
    ~ păcat 2   what a pity
    ~ părere ai? 13   what is your opinion?
    ~ se poartă? 15   what is in style?
ceai/ceaiuri s.n. 2   tea party
    ~ cu lămâie 8   lemon tea
    ~ de plante 18   herb tea
ceapă/cepe s.f. 7   onion
cearşaf/cearşafuri s.n. 6   bed sheet
ceas/ceasuri s.n. 2   clock, watch; hour
ceaşcă/ceşti s.f. 8   cup
ceaţă/ceţuri s.f. 9   fog, mist
celebritate/celebrităţi s.f. 9   celebrity
celebru adj. 9   famous
cenaclu/cenacluri s.n. 19   literary circle
central adj. 5   central
centru/centre s.n. 4   center, middle
cer/ceruri s.n. 9   sky, heaven
ceramică/ceramici s.f. 17   ceramics
cerc/cercuri s.n. 19   circle
cercel/cercei s.n. 15   earring
a cerceta (ez) v.t. 12   to examine, explore
cercetare/cercetări s.f. 12   judicial inquiry
    a face ~ 12   to do research
cercetătoare s.f.   researcher
cercetător/cercetători s.m. 12   researcher
cerdac/cerdace s.n. 19   veranda
a cere (cerut) v.t. 2   to ask for; to require
cereală/cereale s.f. 8   grain, cereal
a certa v.t. 16   to scold, quarrel, argue (refl.)
    ~ a fi certat cu 16   to be on bad terms with
cetate/cetăţi s.f. 19   fortress
ceva pron. 6   something
cheie/chei s.n. 13   key
chelner/chelneri s.m. 12   waiter
a cheltui (esc) v.t. 15   to spend (money)
cheltuială/cheltuieli s.f. 15   expense, expenditure
a chema v.t. 20   to call
chestionar/chestionare s.n. 4   questionnaire

chiar adv. 1   just, precisely, even
    ~ dacă 14   even if
chibrit/chibrituri s.n. 5   match
chiflă/chifle s.f. 7   bun, roll
chiftea/chiftele s.f. 8   meatball
chimie s.f. 1   chemistry
chimir/chimire s.n. 17   peasant's belt
chin/chinuri s.n. 5   torture, ordeal
chip/chipuri s.n. 5   image, face
chiriaş/chiriaşi s.m. 5   tenant
chirie/chirii s.f. 5   rent
chitară/chitare s.f. 5   guitar
chitarist/chitarişti s.m. 13   guitar player
chiuvetă/chiuvete s.f. 8   sink
ci conj. 14   but
cimitir/cimitire s.n. 20   cemetery
cină/cine s.f. 8   supper
cinci num. 3   five
    ~ mii 7   five thousand
    ~ sute 7   five hundred
cincisprezece num. 3   fifteen
cincizeci num. 4   fifty
cine pron. 1   who
cinematograf/cinematografe s.n. 4   cinema
cineva pron. 6   someone, somebody
cinste s.f. 15   honesty
cioban/ciobani s.m. 17   shepherd
ciobăniţă/ciobăniţe s.f. 17   shepherdess
ciocolată/ciocolate s.f. 8   chocolate
a ciocni (esc) v.t. 17   to knock (against), bump
ciorap/ciorapi s.m. 9   stocking, sock
ciorbă/ciorbe s.f. 8   sour soup, borscht
a circula v.i. 14   to circulate, move about
circulaţie/circulaţii s.f. 12   traffic, circulation
cireaşă/cireşe s.f. 7   cherry
a citi (esc) v.t. 10   to read
ciupercă/ciuperci s.f. 8   mushroom
civilizaţie/civilizaţii s.f. 1   civilization
cizmar/cizmari s.m. 12   shoemaker
cizmă/cizme s.f. 9   (high) boot
cîine/cîini s.m. 2   dog
cîmp/cîmpuri s.n. 17   field
cîmpie/cîmpii s.f. 17   plain
cînd adv. 1   when
cîndva adv. 6   sometime, once
cînepă/cînepe s.f. 17   hemp
a cînta v.t. 8   to sing
cîntăreaţă/cîntăreţe s.f. 13   singer
cîntăreţ/cîntăreţi s.m. 13   singer
cîntec/cîntece s.n. 10   song
cîrnat/cîrnaţi s.m. 7   sausage
a cîştiga v.t. 9   to earn, gain, win
cît, cîtă adv. 7   how much
    ~ e ceasul? 5   what time is it?
    ~ face în total? 7   what is the total?
cîţi, cîte pron., adj.   how many
    ~ ani ai? 11   how old are you?

cîtva, cîţiva, cîteva pron. 10   some, several
clar adv. 9   clear
clarinet/clarinete s.n. 13   clarinet
clasă/clase s.f. 1   class
clasic adj. 6   classic
clădire/clădiri s.f. 5   building
clătită/clătite s.f. 8   crepe, thin pancake
client/clienţi s.m. 8   customer, client
climă/clime s.f. 8   climate
coadă/cozi s.f. 7   tail; line
coafeză/coafeze s.f. 12   hairdresser
coafor/coafori s.m. 12   hairdresser
a coborî v.t. 13   to descend, go/get down
cocoş/cocoşi s.m. 17   rooster
cofetărie/cofetării s.f. 1   coffeeshop
cojoc/cojoace s.n. 10   sheepskin coat
a colabora (ez) v.i. 19   to collaborate
colaborator/colaboratori s.m. 13   collaborator,
    contributor
colecţie/colecţii s. f. 4   collection
coleg/colegi s.m. 2   colleague
    ~ de clasă 3   classmate
    ~ de cameră 3   roommate
    ~ de lucru 4   coworker
colegă/colege s.f. 1   colleague
colier/coliere s.n. 15   necklace
a colinda v.t. 10   to go caroling, wander
colindă/colinzi s.f. 10   carol
colindător/colindători s.m. 10   caroler
colorat adj. 16   colored
colţ/colţuri s.n. 6   corner
a comanda v.t. 15   to order
comandant/comandanţi s.m. 20   commander
comedie/comedii s.f. 13   comedy
a comenta (ez) v.t. 15   to comment
comentariu/comentarii s.n. 9   commentary
comic adj. 13   comical
comisie/comisii s.n. 4   committee, board
    ~ de repartiţie 4   job distribution board
comod adj. 15   comfortable, easy, indolent
companie/companii s.f. 20   company
comparativ adj. 11   comparative
comparaţie/comparaţii s.f. 17   comparison
compatibilitate/compatibilităţi s.f. 4   compatibility
competent adj. 4   competent
competiţie/competiţii s.f. 12   competition
complet adj. 16   complete
complex/complexe s.n. 5   complex
    ~ comercial 5   shopping center
    ~ sportiv 9   gymnasium
complicat adj. 1   complicated
compot/compoturi s.n. 7   compote
computer/computere s.n. 3   computer
compoziţie/compoziţii s.f. 6   composition
compozitoare s.f. 12   composer
compozitor/compozitori s.m. 12   composer
a compune (compus) v.t. 6   to compose

comun adj. 5 common
a comunica v.t. 18 to communicate
a concedia (ez) v.t. 12 to fire (from a job), to dismiss
concediu/concedii s.n. 16 vacation, leave (of absence)
~ de maternitate 16 maternity leave
concert/concerte s.n. 2 concert
concluzie/concluzii s.f. 1 conclusion
concurs/concursuri s.n. 12 competition
condimentat adj. 8 spicy
condiţie/condiţii s.f. 6 condition
a conduce (condus) v.t. 14 to drive, lead
confecţii s.f. 15 ready-made clothes
conferinţă/conferinţe s.f. 14 lecture, conference
conform (cu) adj. 15 according (to)
confortabil adj. 3 comfortable
congelator/congelatoare s.n. 7 freezer
congres/congrese s.n. 19 congress
coniac/coniacuri s.n. 8 cognac
conopidă/conopide s.f. 7 cauliflower
consecinţă/consecinţe s.f. 18 consequence
conservă/conserve s.f. 7 preserves
considerabil adj. 20 considerable
consiliu/consilii s.n. 14 council
a consola (ez) v.t. 11 to console, comfort
a construi (esc) v.t. 6 to construct, build
a consulta v.t. 19 to consult
consultaţie/consultaţii s.f. 5 consultation
conştiincios adj. 19 conscientious
a conta (ez) v.t. 15 to count on
contabil/contabili s.m. 12 accountant, bookkeeper
contemporan/contemporani s.m. 13 contemporary
a continua v.t. 6 to continue
contra prep. 10 against
din ~ 10 on the contrary
contrabas/contrabasuri s.n. 13 bassoon
contrabasist/contrabasişti s.m. 13 bassoon player
contrabasistă/contrabasiste s.f. 13 bassoon player
contribuţie/contribuţii s.f. 16 contribution
a controla (-ez) v.t. 14 to check, supervise
controlor/controlori s.m. 14 ticket inspector
a conţine (conţinut) v.t. 19 to contain
convenabil adj. 3 suitable, convenient
conversaţie/conversaţii s.f. 2 conversation
convingător adj. 18 convincing
a convinge (convins) v.t. 18 to convince, persuade
convingere/convingeri s.f. 9 belief, conviction
convorbire/convorbiri s.f. 12 conversation, talk, discussion
~ telefonică 12 telephone conversation
copil/copii s.m. 4 child
copilărie/copilării s.f. 13 childhood
copleşit adj. 17 overwhelmed
copt adj. 8 ripe
cor/coruri s.n. 13 choir
cordon/cordoane s.n. 15 belt
corect adj. 1 correct
a corecta (ez) v.t. 13 to correct

corespondenţă/corespondenţe s.f. 18 correspondence
a corespunde v.i. 15 to correspond
corespunzător adj. 16 corresponding
coridor/coridoare s.n. 17 corridor
corp/corpuri s.n. 18 body
~ omenesc 18 human body
cort/corturi s.n. 9 tent
cortină/cortine s.f. 13 curtain
costum/costume s.n. 9 suit
~ bărbătesc 15 man's suit
~ de baie 9 bathing suit
~ naţional 15 traditional costume
coş/coşuri s.n. 7 basket
coteţ/coteţe s.n. 17 chicken coop
cotlet/cotlete s.n. 10 cutlet
covor/covoare s.n. 6 rug
covrig/covrigi s.m. 10 pretzel
cozonac/cozonaci s.m. 10 pound cake
crap/crapi s.m. 7 carp
cratiţă/cratiţe s.f. 8 saucepan
cravată/cravate s.f. 9 necktie
Crăciun/Crăciunuri s.n. 9 Christmas
Moş ~ 10 Santa Claus
a crea (ez) v.t. 13 to create
a crede (crezut) v.t. 2 to believe, think
creion/creioane s.n. 2 pencil
cremă/creme s.f. 15 cream
~ de mîini 15 hand cream
~ de ras 15 shaving cream
a creşte (crescut) v.t. 11 to grow, increase, bring up
cretă/crete s.f. 2 chalk
creţ adj. 18 curly
criteriu/criterii s.n. 15 criterion
critic adj. 19 critical, crucial, dangerous
croazieră/croaziere s.f. 16 cruise
croitor/croitori s.m. 12 tailor
croitoreasă/croitorese s.f. 12 seamstress
cruce/cruci s.f. 17 cross
cu prep. 11 with
~ toate că 5 although
cui/cuie s.n. 13 nail
cuier/cuiere s.n. 2 (clothes) rack
a culca v.t. 12 to put to bed, go to bed
a culege (cules) v.t. 9 to pick, gather, harvest
culoare/culori s.f. 10 color
~ deschisă 15 light color
~ închisă 15 dark color
a cultiva v.t. 17 to cultivate
cultură/culturi s.f. 8 culture
cum adv. 4 how
~ e afară? 9 what's it like outside?
~ e vremea? 9 what's the weather like?
~ stai cu sănătatea? 18 how is your health?
~ vă numiţi? 18 what is your name?
cuminte (cuminţi) adj. 9 well behaved
cumnat/cumnaţi s.m. 11 brother-in-law
cumnată/cumnate s.f. 11 sister-in-law

cumpănit adj. 16   well-balanced
a cumpăra v.t. 7   to buy
cumpărător/cumpărători s.m. 7   customer, purchaser, buyer
cumpărătură/cumpărături s.f. 7   purchase
cumva adv. 6   somehow, perhaps, maybe
a cunoaşte (cunoscut) v.t. 13   to know, be acquainted with
cunoscut adj. 11   known
cunoştinţă/cunoştinţe s.f. 1   knowledge, acquaintance
   a face ~ 1   to get acquainted
cupă/cupe s.f. 9   cup
a cuprinde (cuprins) v.t. 13   to encompass, include
cuptor/cuptoare s.n. 8   oven, furnace
curaj/curajuri s.n. 12   courage
curajos adj. 14   courageous, brave
curat adj. 6   clean
a curăţa v.t. 16   to clean
curăţătorie/curăţătorii s.f. 7   cleaner
curăţenie/curăţenii s.f. 16   cleaning, cleanness
curcan/curcani s.m. 7   tom turkey
   ~ umplut 10   stuffed turkey
curea/curele s.f.   belt
curent/curenţi s.n. 15   current, stream, draft, trend
   a fi la ~ cu 15   to be up to date with
   e ~ 18   there's a draft
a curge (curs) v.i. 17   to flow, run
curînd adv. 9   soon
curs/cursuri s.n. 1   course
cursiv adv. 9   fluently
curte/curţi s.f. 5   backyard; (royal or judicial) court
cutie/cutii s.f. 7   box
cuţit/cuţite s.n. 8   knife
cuvînt/cuvinte s.n. 10   word

D

da adv. 8   yes
a da v.t. 1   to give
dacă conj. 1   if
dactilograf/dactilografi s.m. 12   typist
dactilografă/dactilografe s.f. 12   typist
dans/dansuri s.n. 3   dance
a dansa (ez) v.i. 4   to dance
dar conj. 1   but
dată/date s.f. 9   date, time
   ~ viitoare 9   next time
datină/datini s.f. 17   tradition, custom
a datora (ez) v.t. 19   to owe
datorită prep. 15   due to, owing to (plus dative)
a dărui (esc) v.t. 10   to give, present with
dăruire/dăruiri s.f. 20   devotion
de prep. 1   of, for, from
   ~ acord 4   all right
   ~ altfel 4   otherwise, as a matter of fact
   ~ ce 2   why
   ~ ce nu 8   why not

~ cîte ori? 16   how many times?
~ cîteva ori 16   several times
~ mii de ori 16   thousands of times
~ multe ori 11   many times
~ nenumărate ori 16   numerous times
~ neuitat 11   unforgettable
~ regulă 15   as a rule
~ remarcat 17   to notice, remark
~ sute de ori 16   hundreds of times
~ unde 1   from where
~ zeci de ori   dozens of times
deal/dealuri s.n. 17   hill
de-a lungul adv. 17   along
deasupra prep. 15   above
debara/debarale s.f. 5   pantry
decan/decani s.m. 1   dean
decembrie s.m. 9   December
deci conj. 1   thus, therefore
a decide (decis) v.t. 14   to decide
decizie/decizii s.f. 11   decision
a declara v.t. 13   to declare, state
a decola (ez) v.i. 20   to take off
decor/decoruri s.n. 13   setting, decor
a decora (ez) v.t. 17   to decorate
a dedica v.t. 12   to dedicate
degeaba adv. 18   in vain
deget/degete s.n. 18   finger
deja adv. 5   already
dejun/dejunuri s.n. 8   lunch
   micul ~ 8   breakfast
delicat adj. 7   delicate
delicios adj. 7   delicious
deloc adv. 9   not at all (with **nu**)
deltă/delte s.f. 9   delta
demnitate/demnităţi s.f. 16   dignity
democraţie/democraţii s.f. 12   democracy
a demonstra (ez) v.t. 4   to demonstrate
deocamdată adv. 4   for the time being
deodată adv. 9   suddenly
deodorant/deodorante s.n. 15   deodorant
deosebit adj. 2   unusual, different
   în mod ~ 17   particularly
deosebire/deosebiri s.f. 17   difference, distinction
departe (de) adv. 4   far (from)
a depinde(depins) v.i. 2   to depend
a deplasa (ez) v.t. 14   to shift, leave (for)
depresiune/depresiuni s.f. 11   depression
deprimat adj. 8   depressed
a deriva v.t. 19   to derive
a derula (ez) v.t. 20   to roll by
des adv. 4   often
a descălţa v.t. 12   to take off one's shoes
a deschide (deschis) v.t. 11   to open
a descrie (descris) v.t. 5   to describe
descriere/descrieri s.f. 4   description
descriptiv adj. 19   descriptive
a descurca v.t. 7   to disentangle, manage (refl.)

deseară adv. 4 tonight, this evening
desen/desene s.n. 13 drawing, sketch
desert/deserturi s.n. 3 dessert
a desface (desfăcut) v.t. 19 to undo, open
a desființa (ez) v.t. 4 abolish
desigur adv. 11 certainly
a desparți v.t. 20 to separate
desperat adj. 6 desperate
despre prep. 2 about, of
destin/destine s.n. 12 destiny
destul adj. 3 enough
deși conj. 12 although
detaliu/detalii s.n. 14 detail
devotat adj. 4 devoted
devreme adv. 5 early
dezastru/dezastre s.n. 16 disaster
dezavantaj/desavantaje s.n. 5 disadvantage
a dezbate (dezbătut) v.t. 16 to debate
a dezbrăca v.t. 12 to undress
dezordine/dezordini s.f. 6 disorder
dezordonat adj. 6 disorganized, messy, untidy
dialog/dialoguri s.n. dialogue
diapozitiv/diapozitive s.n. 14 slide
dicționar/dicționare s.n. 2 dictionary
diferență/diferențe s.f. 15 difference
diferit adj. 1 different
dificil adj. 1 difficult
dificultate/dificultăți s.f. 20 difficulty
dimineață/dimineți s.f. 1 morning
din prep. 1 from, (out) of
    ~ ce în ce mai mult 11 more and more
    ~ cînd în cînd 4 from time to time
    ~ din moment în moment 10 any moment
    ~ nou 3 again
dinte/dinți s.m. 15 tooth
direcție/direcții s.f. 14 direction
director/directori s.m. 12 director, principal (of
    school)
a dirija (ez) v.t. 14 to conduct, direct
dirijor/dirijori s.m. 12 conductor
dirijoare s.f. 12 conductor
disc/discuri s.n. 3 record
disciplinat adj. 2 well-disciplined
disciplină/discipline s.f. 19 discipline
discriminare/discriminări s.f. 16 discrimination
a discuta v.t. 10 to discuss
a dispărea (dispărut) v.i. 20 to disappear
dispensar/dispensare s.n. 17 health center
distincție/distincții s.f. 15 distinction
a distra (ez) v.t. 12 to have a good time, entertain
a distruge (distrus) v.t. 19 to destroy, ruin
divers adj. 7 diverse, varied
a diviza (ez) v.t. 16 to divide
a divorța (ez) v.t. 11 to divorce
dînsa pron.f. 20 she
dînsele pron.f.pl. 20 they
dînsul pron.m. 20 he

dînșii pron.m.pl. 20 they
doamnă/doamne s.f. 1 lady, Mrs.
doar adv. 15 only, just
doctor/doctori s.m. 3 doctor
doctorand/doctoranzi s.m. 1 doctoral candidate
documentare/documentări s.f. 19 documentation
documentat adj. 10 documentary
doi/două num. 3 two
doină/doine s.f. 17 elegiac folksong
doisprezece num. 3 twelve
dolar/dolari s.m. 7 dollar
a domina v.t. 17 to dominate
dominant adj. 14 dominant, domineering
domn/domni s.m. 1 gentleman
domnișoară/domnișoare s.f. 1 Miss
dor/doruri s.n. 10 longing
a dori (esc) v.t. 5 to desire, wish for
a dormi v.i. 12 to sleep
dormitor/dormitoare s.n. 5 bedroom
dornic adj. 14 eager
douăzeci num. 4 twenty
drac/draci s.m. 19 devil
drag adj. 11 dear
dragoste s.f. 10 love, affection
dramatic adj. 19 dramatic
dramatizare/dramatizări s.f. 3 dramatization
drăguț adj. 2 charming, cute, sweet, nice
drept adj. 16 straight, right, just
    ~ înainte 14 straight ahead
dreptate/dreptăți s.f. 12 justice
    a avea ~ 12 to be right
drum/drumuri s.n. 2 road, way
    ~ bun 20 have a good trip
a duce (dus) v.t. 12 to lead, to carry, to go (refl.)
dulap/dulapuri s.n. 2 wardrobe, closet, cabinet
dulăpior/dulăpioare s.m. 18 locker
    ~ de medicamente 18 medicine cabinet
dulce (dulci) adj. 8 sweet
dulceață/dulcețuri s.f. 6 preserves, sweetness
dumbravă/dumbrăvi s.f. 14 grove
duminică/duminici s.f. 5 Sunday
dumneaei pron. 20 she
dumnealor pron. 20 they
dumnealui pron. 20 he
dumneata pron. 1 you
dumneavoastră pron. 1 you
Dumnezeu s.m. 11 God
dungă/dungi s.f. 15 stripe
    în ~ 15 striped
după prep. 1 after
    ~ aceea 2 after that, afterward
    ~ ce 7 after
    ~ masă adv. 1 in the afternoon
    ~ părerea mea 12 in my opinion
dur adj. 16 hard, harsh
durabil adj. 15 durable
a dura (durut) v.t. 18 to hurt

~ în gît 18 to have a sore throat
durere/dureri s.f. 18 pain
  ~ de cap 18 headache
dușman/dușmani s.m. 19 enemy

E

ea pron. 1 she, it
echilibrat adj. 16 (well) balanced
echipă/echipe s.f. 9 team
echivalent adj. 19 equivalent
economic adj. 3 economical
economie/economii s.f. 12 economy
a economisi (esc) v.t. 12 to save
ediție/ediții s.f. 6 edition
educație/educații s.f. 1 education
educativ adj. 3 educational
educator/educatori s.m. 12 educator
efort/eforturi s.n. 11 effort
egal adj. 16 even, equal
egalitate/egalități s.f. 2 equality
ei pron. 1 they
el pron. 1 he, it
ele pron. 1 they
elegant adj. 3 elegant, stylish
element/elemente s.n. 17 element, factor
elementar adj. 13 elementary
elev/elevi s.m. 1 schoolboy
elevă/eleve s.f. 1 schoolgirl
a elibera (ez) v.t. 16 to liberate, free
elicopter/elicoptere s.n. 14 helicopter
Elveția s.f. 1 Switzerland
elvețian adj. 1 Swiss
emancipare/emancipări s.f. 16 emancipation
emigrant/emigranți s.m. 12 emigrant
emoție/emoții s.f. 17 emotion, excitement
emoționat adj. 10 excited, moved
enciclopedic adj. 13 encyclopedic
enciclopedie/enciclopedii s.f. 6 encyclopedia
a enerva (ez) v.t. 12 to irritate, be irritated
englez/engleză adj. 1 English
englezește adv. 9 English
entuziasm/entuziasme s.n. 13 enthusiasm
entuziast adj. 2 enthusiastic
epilog/epiloguri s.n. 20 epilogue
erou/eroi s.m. 2 hero
esențial adj. 12 essential
eșec/eșecuri s.n. 13 failure
etaj/etaje s.n. 5 floor, story
etajeră/etajere s.f. 6 shelf
etern adj. 12 eternal
etnogeneză/etnogeneze s.f. 2 ethnogenesis
etnografie/etnografii s.f. 7 ethnography
eu pron. 1 I
Europa s.f. 1 Europe
european adj. 20 European
evaluare/evaluări s.f. 16 evaluation

eveniment/evenimente s.n. 13 event
eventual adj. 1 possible
evident adj. 1 evident
a evita v.t. 18 to avoid
evoca v.t. 17 to evoke
exact adj. 5 exact
exagerat adj. 5 exaggerated
examen/examene s.n. 3 examination
  ~ de admitere 4 admissions examination
  ~ de bacalaureat 4 baccalaureate examination
excelent adj. 1 excellent
excepțional adj. 15 exceptional
excesiv adj. 5 excessive
a exclama v.t. 10 to exclaim
excursie/excursii s.f. 9 excursion, outing
exemplu/exemple s.n. 2 example
  ~ de 2 for example
exercițiu/exerciții s.n. 2 exercise
a exista v.i. 7 to exist
existent adj. 19 existent
existență/existențe s.f. 13 existence
experiență/experiențe s.f. 8 experience
a explica v.t. 9 to explain
explicație/explicații s.f. 6 explanation
expoziție/expoziții s.f. 2 exhibition, show
expresie/expresii s.f. 1 expression
a exprima v.t. 17 to express
exprimare/exprimări s.f. 9 expression
exterior adj. 6 exterior, outside
extraordinar adj. 2 extraordinary
extrem de adv. 5 extremely

F

fabrică/fabrici s.f. 4 factory
a face (făcut) v.t. 1 to do, make
  ~ bilanțul 20 to balance the budget; to sum up
  ~ conserve 7 to can food
  ~ curățenie 16 to do house cleaning
  ~ mișcare 18 to exercise
  ~ mîncare 8 to cook
  ~ o călătorie 14 to take a trip
  ~ o plimbare 2 to take a walk
  ~ ordine 16 to put things in order
  ~ reclamă 15 to advertise
  ~ reproșuri 12 to reproach
facultate/facultăți s.f. 1 department (in a university)
faimă/faime s.f. 7 fame
fals adj. 1 false
familie/familii s.f. 4 family
fantastic adj. 15 fantastic
fapt/fapte s.n. 5 fact
farfurie/farfurii s.f. 8 plate
  ~ de supă 8 soup bowl
farmacie/farmacii s.f. 12 pharmacy
farmacist/farmaciști s.m. 18 pharmacist
farmec/farmece s.n. 6 charm, magic

fasole s.f.pl. 7   beans
fată/fete s.f. 2   girl
faţă/feţe s.f. 18   face
   a fi de ~ 10   to be present
   ~ de masă 8   tablecloth
   ~ de pernă 17   pillowcase
favorit adj. 9   favorite
făină s.f. 7   flour
fără prep. 3   without
Făt Frumos s.m. 19   Prince Charming
febră/febre s.f. 18   fever
februarie s.m. 9   February
fecior/feciori s.m. 19   lad, boy
fel/feluri s.n. 8   type, kind, way
   felul doi 8   main course
   felul întîi 8   first course
felie/felii s.f. 8   slice
femeie/femei s.f. 2   woman
feminin adj. 16   feminine
feminitate/feminităţi s.f. 16   femininity
fereastră/ferestre s.f. 2   window
fericit adj. 2   happy
fermă/ferme s.f. 17   farm
fermecător(i) fermecătoare adj. 15   charming, magical
fermitate s.f. 16   firmness
fetiţă/fetiţe s.f. 8   little girl
a fi v.t. 1   to be
   ~ bine dispus 10   to be in a good mood
   ~ certat cu 16   to be on bad terms with
   ~ în formă bună 18   to be in a good shape
fiecare pron., adj. 10   every, each (one)
fier s.n. 6   iron
fierbinte/fierbinţi adj. 8   hot
fiică/fiice s.f. 11   daughter
fiindcă conj. 13   because, since
fiinţă/fiinţe s.f. 5   being
film/filme s.n. 2   film, movie
filologie s.f. 1   philology
filosof/filosofi s.m. 17   philosopher
filosofie s.f. 1   philosophy
financiar adj. 12   financial
Finlanda s.f. 1   Finland
firmă/firme s.f. 11   company, firm
fiu/fii s.m. 11   son
fizică s.f. 1   physics
   educaţie ~ 1   physical education
fîn s.n. 17   hay
fîntînă/fîntîni s.f. 17   well (of water)
flancat adj. 14   bordered, flanked
flaut/flauturi s.n. 13   flute
flautist/flautişti s.m. 13   flutist
flexibil adj. 12   flexible
floare/flori s.f. 5   flower
   ~ de cîmp 19   wildflower
   ~ soarelui 8   sunflower
fluent adj. 9   fluently
a fluiera v.i. 13   to whistle

foame s.f. 16   hunger
   a-i fi ~ 16   to be hungry
foarte adv. 1   very, most
folclor s.n. 7   folklore
folos/foloase s.n. 19   use, profit
a folosi (esc) v.t. 15   to use
fond/fonduri s.n. 12   background
fonetic adj. 4   phonetic
a forma (ez) v.t. 1   to form
formulă/formule s.f. 19   formula
fost adj. 12   former
fotbal s.n. 9   soccer, football
fotografie/fotografii s.f. 4   photograph
fotoliu/fotolii s.n. 6   armchair
fragment/fragmente s.n. 19   fragment
franceză s.f. 9   French language
Franţa s.f. 1   France
francez adj. 9   French
franţuzeşte adv. 9   French
franzelă/franzele s.f. 7   crusty white bread
frapieră/frapiere s.f. 8   ice bucket
frate/fraţi s.m. 2   brother
frază/fraze s.f. 15   phrase
frăţeşte adv. 19   like brothers
frăţie/frăţii s.f. 19   brotherhood
frecvent adv. 4   frequently
a frecventa (ez) v.t. 19   to frequent, attend
frecvenţă/frecvenţe s.f. 4   frequency, attendance (school)
frică/frici s.f. 16   fear
   a-i fi ~ de 16   to be afraid (of)
frig s.n. 9   cold
   a-i fi ~ 16   to be cold
frigider/frigidere s.n. 8   refrigerator
friptură/fripturi s.f. 2   roast meat, steak
frişcă s.f. 7   whipped cream
frizer/frizeri s.m. 12   barber, hairdresser
frizeriţă/frizeriţe s.f. 12   hairdresser
frîna s.f. 14   brake
fruct/fructe s.n. 7   fruit
frumos adj. 4   beautiful, handsome
   e ~ afară 9   it's nice outside
frumuseţe/frumuseţi s.f. 14   beauty
frunte/frunţi s.f. 18   forehead, face
frunză/frunze s.f. 14   leaf
a fugi v.i. 5   to run
fular/fulare s.n. 9   scarf
fulgarin/fulgarine s.n. 9   raincoat
a fuma (ez) v.t. 20   to smoke
fumătoare s.f. inv. 20   smoker
fumător/ fumători s.m. 20   smoker
funcţie/funcţii s.f. 6   function
funcţionar/funcţionari s.m. 12   office worker
funcţionară/funcţionare s.f. 12   office worker
furcă/furci s.f. 17   pitchfork
   ~ de tors 17   distaff for spinning
furculiţă/furculiţe s.f. 8   fork
furtună/furtuni s.f. 9   storm

furtunos adj. 13   stormy
fustă/fuste s.f. 15   skirt

G

galanterie/galanterii s.f. 15   haberdashery
galben adj. 10   yellow
gară/gări s.f. 4   train station
garaj/garaje s.n. 2   garage
gard/garduri s.n. 6   fence
garnitură/garnituri s.f. 8   side dish
garsonieră/garsoniere s.f. 5   efficiency apartment
gastronomic adj. 8   gastronomical
gata adj. inv. 6   ready
gazdă/gazde s.f. 3   host, hostess
   în ~ 3   in lodgings
găină/găini s.f. 17   hen
gălăgie/gălăgii s.f. 16   noise
a găsi (esc) v.t. 5   to find
geam/geamuri s.n. 5   glass, window
geamăn adj. 11   twin
geană/gene s.f. 18   eyelash
gelos adj. 6   jealous
gem/gemuri s.n. 7   jam
gen/genuri s.n. 13   style, type
genealogic adj. 11   genealogical
   arbore ~ 11   family tree
generaţie/generaţii s.f. 11   generation
   de generaţii 11   for generations
generos adj. 11   generous
geniu/genii s.n. 3   genius
genunchi s.m. 13   knee
geolog/geologi s.m. 2   geologist
geologie s.f. 1   geology
ger/geruri s.n. 9   frost, cold weather
german adj. 9   German
Germania s.f. 1   Germany
gest/gesturi s.n. 7   gesture
gestionar/gestionari s.m. 7   manager
gheată/ghete s.f. 9   short boot
gheaţă/gheţuri s.f. 5   ice, blocks of ice (pl.)
ghicitoare/ghicitori s.f. 17   riddle
ghid/ghiduri s.n. 5   guidebook
ghid/ghizi s.m. 5   guide
ghinion/ghinioane s.n. 18   bad luck
ghiocel/ghiocei s.m. 14   snowdrop
ghişeu/ghişee s.n. 20   counter
ghiveci/ghivece s.n. 5   flowerpot
gimnast/gimnaşti s.m. 9   gymnast
gimnastă/gimnaste s.f. 9   gymnast
gimnastică s.f. 2   gymnastics
ginere/gineri s.m. 11   son-in-law
gînd/gînduri s.n. 2   thought
a gîndi (esc) v.i. 12   to think
gîrbovit adj. 10   bent over
gîscă/gîşte s.f. 10   goose
gît/gîturi s.n. 15   neck

glas/glasuri s.n. 17   voice
gleznă/glezne s.f. 19   ankle
glumă/glume s.f. 3   joke
gospodar/gospodari s.m. 7   householder, home manager
gospodărie/gospodării s.f. 17   home, household
gospodină/gospodine s.f. 7   housekeeper
grad/grade s.n. 11   degree
grajd/grajduri s.n. 17   stable
gras adj. 11   fat
graţie prep. 15   thanks to, due to
grav adj. 16   grave, solemn
a grăbi (esc) v.t. 12   to hurry
grăbit adj. 14   in a hurry
grădină/grădini s.f. 3   garden
grădiniţă/grădiniţe s.f. 5   kindergarten
grătar/grătare s.n. 8   grill, grilled meat
Grecia s.f. 1   Greece
greşeală/greşeli s.f. 4   mistake
   din ~ 13   by mistake
greşit adj. 3   wrong
greu adj. 6   heavy, hard
   mai ~ 11   heavier, harder
gri adj. inv. 10   gray
grijă/griji s.f. 17   care, concern
grindă/grinzi s.f. 17   beam
grindină/grindine s.f. 9   hail
gripă/gripe s.f. 18   flu
grîu/grîie s.n. 17   wheat
grozav adj. 15   terrible, awful
groază s.f. 16   fear, terror
grup/grupuri s.n. 2   group
guler/gulere s.n. 15   collar
gunoi/gunoaie s.n. 16   garbage, dirt
gură/guri s.f. 10   mouth
gust/gusturi s.n. 15   taste
gustare/gustări s.f. 3   appetizer, snack
gustos adj. 5   tasty
guturai/guturaiuri s.n. 18   head cold

H

hai, haide interj. 18   come (on), let's
haină/haine s.f. 15   coat, clothes
halat/halate s.n. 15   dressing gown
   ~ de baie 15   bathrobe
halbă/halbe s.f. 8   pint of beer
harababură/harababuri s.f. 6   mess, confusion
harnic adj. 11   hard-working, diligent
hartă/hărţi s.f. 11   map
haz/hazuri s.n. 18   fun, joy
hazliu (hazlii, hazlie) adj. 20   funny
hîrtie/hîrtii s.f. 16   paper
   ~ igienică 16   toilet paper
hochei, hochey s.n. 9   hockey
hol/holuri s.n. 5   hall, living room
horă/hore s.f. 14   round (folk) dance
a hotărî (ăsc) v.t. 9   to decide

hotărît adj. 5   firm; definite (gram.)
hotel/hoteluri s.n. 2   hotel

I

ianuarie s.m. 9   January
iar conj. 5   and, but; (adv.) again
iarnă/ierni s.f. 7   winter
iată interj. 2   look, here is
iaurt/iaurturi s.n. 7   yogurt
icoană/icoane s.f. 17   icon
     ~ pe sticlă 17   icon painted on glass
icră/icre s.f. 3   caviar
ideal/idealuri s.n. 10   ideal
idee/idei s.f. 5   idea
a identifica v.t. 8   to identify
identitate/identităţi s.f. 1   identity
ie/ii s.f. 17   peasant blouse
ieftin adj. 3   cheap, inexpensive
ieri adv. 6   yesterday
     ~ dimineaţă 6   yesterday morning
     ~ seara 6   yesterday afternoon
a ieşi v.i. 5   to exit, go out
ieşire/ieşiri s.f. 10   exit
igienic adj. 16   hygienic
a ignora v.t. 2   to ignore
ilustraţie/ilustraţii s.f. 8   illustration, picture
a imagina (ez) v.t. 14   to imagine, think
imediat adv. 5   immediately
imens adj. 14   immense
impersonal adj. 16   impersonal
important adj. 9   important
imposibil adj. 16   impossible
impresie/impresii s.f. 6   impression
a impresiona (ez) v.t. 14   to impress
impresionant adj. 6   impressive
imprudent adj. 2   careless
impunător(i), impunătoare adj. 14   imposing
a include (inclus) v.t. 16   to include
incorect adj. 1   incorrect
indicat adj. 18   indicated
indicaţie/indicaţii s.f. 14   indication
indiferent adj. 10   indifferent
     ~ de 16   regardless of
indigestie/indigestii s.f. 18   indigestion
indiscret adj. 3   indiscreet
indiscreţie/indiscreţii s.f. 14   indiscretion
individ/indivizi s.m. 16   individual
individual adj. 4   individual
inel/inele s.n. 15   ring
infecţie/infecţii s.f. 18   infection
a influenţa (ez) v.t. 15   to influence
informaţie/informaţii s.f.   information
inginer/ingineri s.m. 1   engineer
inginer/inginere s.f. 1   engineer
ingrat adj. 13   ungrateful
inimă/inimi s.f. 13   heart

iniţial adv. 12   initially
injecţie/injecţii s.f. 18   injection
inscripţie/inscripţii s.f. 15   inscription
a insista v.t. 12   to insist
insistent adj. 12   insistent
inspector/inspectori s.m. 19   inspector
inspecţie/inspecţii s.f. 5   inspection
inspiraţie/inspiraţii s.f. 12   inspiration
instalator/instalatori s.m. 12   plumber
a institui v.t. 13   to establish
institut/institute s.n. 5   institute
     ~ de cercetare 13   research institute
instituţie/instituţii s.f. 16   institution
insulă/insule s.f. 16   island
integrant adj. 18   integral
a integra (ez) v.t. 11   to integrate
inteligent adj. 2   intelligent
a intenţiona (ez) v.t. 12   to intend
a interesa (ez) v.t. 12   to interest, inquire (refl.)
interesant adj. 1   interesting
interior/interioare s.n. 6   interior, inside
intermediar adj. 7   intermediary
internaţional adj. 1   international
interpret/interpreţi s.m. 19   interpreter
a interpreta (ez) v.t. 13   to interpret
interpretare/interpretări s.f. 13   interpretation
intersecţie/intersecţii s.f. 14   intersection
interviu/interviuri s.n. 2   interview
a intimida (ez) v.t. 16   to intimidate
a intra v.i. 4   to enter
intrare/intrări s.f. 10   entrance
a introduce (introdus) v.t. 4   to introduce
invariabil adj. 16   invariable
inventar/inventare s.n. 7   inventory
invers adj. 3   reverse
a invita v.t. 3   to invite
invitat/invitaţi s.m. 3   guest
invitaţie/invitaţii s.f. 3   invitation
a invoca v.t. 17   to invoke
ipocrit adj. 15   hypocritical
irezistibil adj. 2   irresistible
Irlanda s.f. 1   Ireland
istoric adj. 2   historical
istorie/istorii s.f. 1   history
Italia s.f. 1   Italy
italian adj. 1   Italian
italieneşte adv. 9   Italian
itinerar/itinerare s.n. 18   itinerary
iţari s.m. 17   peasant trousers
a iubi (esc) v.t. 10   to love
Iugoslavia s.f. 1   Yugoslavia
iulie s.m. 9   July
iunie s.m. 9   June
iute/iuţi adj. 3   quick, hot (spicy)
a izbi (esc) v.t. 19   to strike, hit

Î

a îmbătrîni (esc) v.i. 19   to grow old
a îmbrăca v.t. 12   to dress, get dressed
îmbrăcăminte s.f. 9   clothes, clothing
îmbrăcat adj. 10   dressed
a îmbrățișa (ez) v.t. 19   to embrace
a împacheta (ez) v.t. 15   to pack up
împărat/împărați s.m. 17   emperor
împărăteasă/împărătese s.f. 19   empress
împărăție/împărății s.f. 19   kingdom, empire
a împărți v.t. 3   to divide, share
a împlini (esc) v.t. 14   to fulfill, accomplish
   ~ . . . ani 19   to have turned . . . years old
împlinire/împliniri s.f. 12   fulfillment
împotriva prep. 15   against, despite
a împrejmui (esc) v.t. 17   to enclose
împrejur adv. 19   around
   de jur ~ 19   all around
împrejurime/împrejurimi s.f. 19   surroundings
împreună adv. 2   together
în prep. 1   in
   ~ același timp 9   at the same time
   ~ față 2   before, in front of
   ~ general 1   in general
   ~ jur(ul) 15   around
   ~ plus 14   in addition
   ~ special 11   especially, particularly
   ~ trecut 6   in the past
   ~ vremea veche 19   in times of yore
a înainta (ez) v.i. 17   to advance, to promote
înainte adv. 8   forward, before, ahead
înalt adj. 11   high; tall
înălțime/înălțimi s.f. 19   height
înapoi adv. 6   back, backward
înăuntru adv. 6   inside
încadrat adj. 14   bordered, framed
încă adv. 4   still, yet, more
   ~ o dată 4   once more
a încălța v.t. 12   to put on shoes
încălțăminte s.f. 9   footwear
a încălzi (esc) v.t. 16   to warm, heat
încălzire s.f. 5   heating
   ~ centrală 5   central heating
încărcat adj. 7   loaded
a începe (început) v.t. 8   to begin
început/începuturi s.n. 8   beginning
   de la ~ 8   from the beginning
a încerca v.t. 15   to try
încet adv. 9   slowly, softly (of sound)
a încheia v.t. 16   to finish, close; to button (refl.)
a închide (închis) v.t. 7   to close
a închipui v.t. 16   to imagine
a încînta v.t. 19   to delight, charm
încîntat adj. 15   enchanted
încît conj. 19   so that
încolo adv. 9   that way, otherwise
   de acum ~ 9   from now on

a înconjura v.t. 17   to surround
încredere/încrederi s.f. 16   confidence
a încuraja (ez) v.t. 12   to encourage
îndatorire/îndatoriri s.f. 16   duty
îndelung adv. 14   (for) a long time
îndrăgostit (de) adj. 10   in love (with)
a îndrepta v.t. 20   to straighten
   a se ~ spre 17   to go toward
a îndruma v.t. 18   to guide
îndrumător s.m. 18   guide, advisor
a îndulci (esc) v.t. 18   to sweeten
a înființa (ez) v.t. 13   to establish
a înflori (esc) v.t. 10   to blossom, bloom
înger/îngeri s.m. 13   angel
înghet/înghețuri s.n. 9   frost
înghețată/înghețate s.f. 3   ice cream
a înghiți v.t. 18   to swallow
a îngrășa v.t. 18   to fatten, gain weight
a îngriji (esc) v.t. 15   to take care of
îngrijorare/îngrijorări s.f. 16   worry, anxiety
îngrijorat adj. 6   worried
îngrozitor adj. 15   dreadful, awful, terrible
a înlocui (esc) v.t. 16   to replace
a înmulți (esc) v.t. 3   to multiply
înnorat adj. 9   clouded, overcast
   e ~ 9   it's cloudy
a înota v.i. 9   to swim
înotătoare s.f. 9   swimmer
înotător/înotători s.m. 9   swimmer
însă conj. 5   but, however
a însemna (ez) v.t. 16   to note, to mean
a însoți (esc) v.t. 15   to accompany
a întemeia (ez) v.t. 20   to establish, found
întîi adv. 13   first
   mai ~ 13   first (of all)
a întîlni (esc) v.t. 12   to meet
întîlnire/întîlniri s.f. 2   date, appointment
a întîmpina v.t. 6   to welcome
a întîmpla (se) v.r. 13   to happen, occur
a întoarce (întors) v.t. 14   to return
întotdeauna adv. 2   always
într-adevăr adv. 3   indeed, really
între prep. 3   between
   ~ timp 20   during, by that time
a întreba v.t. 8   to ask a question
întrebare/întrebări s.f. 4   question
întreg (întregi, întreagă) adj. 15   whole, entire
întreprindere/întreprinderi s.f. 5   company, firm,
   enterprise
a întrerupe (întrerupt) v.t. 12   to interrupt
întunecos adj. 9   dark
întuneric s.n. 19   dark, darkness
înțelegător adj. 16   gentle, understanding
a înțelege (înțeles) v.t. 4   to understand
a învăța v.t. 11   to learn, study, teach
învățămînt s.n. 4   education
învățătoare s.f. 12   elementary school teacher
învățător/învățători s.m. 12   elementary school teacher

a înveli (esc) v.t. 11   to cover, wrap up
a învîrti (esc) v.t. 10   to whirl, spin

J

jachetă/jachete s.f. 8   jacket
japonez adj. 14   Japanese
jenă s.f. 16   uneasiness
   a-i fi ~ 16   to be embarrassed
joc/jocuri s.n. 1   game, dance
joi s.f. 5   Thursday
jos adv. 2   low, down
   mai ~ 16   lower, below
a juca v.t. 9   to play, dance
jucătoare s.f. 9   player
jucător/jucători s.m. 9   player
a judeca v.t. 16   to judge, reason
jumătate/jumătăţi s.f. 5   half
   ~ de normă 12   part-time
   ~ de oră 5   half an hour
june/juni s.m. 12   young man
junghi/junghiuri s.n. 5   twinge
jurnal/jurnale s.n. 1   newspaper, diary

K

kilogram/kilograme s.n. 7   kilogram
kilometru/kilometri s.m. 3   kilometer

L

la prep. 1   at, to
laborator/laboratoare s.n. 1   laboratory
lacrimă/lacrimi s.f. 17   tear
ladă/lăzi s.f. 17   box, chest, trunk
   ~ de zestre 17   hope chest
laibăr/laibăre s.n. 17   peasant vest
lamă/lame s.f. 15   blade
   ~ de ras 15   razor blade
lampă/lămpi s.f. 6   lamp
a lansa (ez) v.t. 15   to launch
lansare/lansări s.f. 15   lancing
lanţ/lanţuri s.n. 19   chain
lapte s.n. 7   milk
larg adj. 5   broad, wide
lateral adj. 17   lateral
laudă/laude s.f. 17   praise
lămîie/lămîi s.f. 7   lemon
a lăsa v.t. 6   to leave, to let
   ~ în pace 16   to leave alone
a lătra v.t. 17   to bark
leagăn/leagăne s.n. 17   cradle
lecţie/lecţii s.f. 10   lesson
lectură/lecturi s.f. 19   reading
   sală de ~ 19   reading room
a lega v.t. 19   to tie, bind, link, connect
legal adj. 2   legal
legitimaţie/legitimaţii s.f. 18   identification card

~ de student 18   student I.D.
legumă/legume s.f. 7   vegetable
lemn/lemne s.n. 6   wood
lene s.f. 16   laziness
   a-i fi ~ 16   to feel lazy
leneş adj. 11   lazy
lenjerie/lenjerii s.f. 15   lingerie
leu/lei s.m. 7   lion; Romanian monetary unit
liber adj. 5   free
libertate/libertăţi s.f. 13   freedom
librărie/librării s.f. 1   bookstore
liceu/licee s.n. 4   high school, secondary school
ligă/ligi s.f. 11   league
limbă/limbi s.f. 1   language, tongue
   ~ engleză 1   English language
   ~ română 1   Romanian language
limonadă/limonade s.f. 6   lemonade
lingură/linguri s.f. 8   spoon
linguriţă/linguriţe s.f. 8   teaspoon
linişte s.f. 10   quiet
a linişti (esc) v.t. 10   to quiet, calm
liniştit adj. 6   quiet, tranquil
lipsă/lipsuri s.f. 18   absence, lack
a lipsi (esc) v.i. 18   to be missing, absent, go without (refl.)
listă/liste s.f. 7   list
literar adj. 19   literary
literatură/literaturi s.f. 6   literature
literă/litere s.f. 5   letter
litoral/litoraluri s.n. 9   coast
litru/litri s.m. 7   liter
livadă/livezi s.f. 14   orchard
lînă/lînuri s.f. 15   wool
lîngă prep. 2   next to, beside
loc/locuri s.n. 1   place, position
   ~ de parcare 14   parking lot
   ~ de popas 14   rest area
localitate/localităţi s.f. 11   locality, place
a locui (esc) v.i. 5   to live, reside
locuinţă/locuinţe s.f. 5   house, dwelling, residence
locuitor/locuitori s.m. 9   inhabitant
a logodi (esc) v.t. 12   to engage to marry
logodnic/logodnici s.m. 11   fiancé
logodnică/logodnice s.f. 11   fiancée
lor adj. 6   their
loterie/loterii s.f. 7   lottery
loz/lozuri s.n. 7   lottery tichet
lozincă/lozinci s.f. 4   slogan
a lua v.t. 1   to take, get
   ~ masa 8   to eat, have a meal
   ~ rămas bun 18   to say good-bye
   ~ loc 1   to be seated
   ~ la stînga 14   turn left
a lucra (ez) v.i. 4   to work
lucrare/lucrări s.f. 4   project, work, paper
   ~ de control 4   quiz
   ~ de diplomă 4   senior thesis

lucru/lucruri s.n. 11   thing, work
lume/lumi s.f. 7   people, world
lumină/lumini s.f. 10   light
luminos adj. 19   bright
lumînare/lumînări s.f. 10   candle
lună/luni s.f. 6   moon; month
   ~ trecută 6   last month
   ~ viitoare 9   next month
lunecuş/lunecuşuri s.n. 9   slippery frost
lung (lungă, lungi) adj. 5   long
luni s.f.   Monday
a lupta v.i. 4   to fight
luptă/lupte s.f. 4   fight, struggle, battle
lut/luturi s.n. 17   clay
lux/luxuri s.n. 14   luxury

M

magazin/magazine s.n. 2   store
   ~ alimentar 7   food store
   ~ universal 15   general store
magnetofon/magnetofoane s.n. 6   tape recorder
mai s.m. 9   May
mai adv. 7   more
   ~ ales 6   especially
   ~ bine 11   better
   ~ bun 11   better
   ~ de mult 11   a long time ago
   ~ întîi 2   first (of all)
   ~ mult 11   more
   ~ puţin 11   less
maiestate s.f. 17   majesty
maiestuos adj. 10   majestically
maistru/maiştri s.m. 11   foreman
majoritate/majorităţi s.f. 9   majority
mamă/mame s.f. 7   mother
   ~ pădurilor 19   witch of the forest
mansardă/mansarde s.f. 5   attic apartment, loft
manşetă/manşete s.f. 15   cuff
mantou/mantouri 9   coat
manuscris/manuscrise s.n. 19   manuscript
maramă/marame s.f. 17   silk head covering
marcă/mărci s.f. 10   brand, mark
mare (mari) adj. 2   large, big
mare/mări s.f. 2   sea
Marea Britanie s.f. 1   Great Britain
Marea Neagră s.f. 9   Black Sea
margarină/margarine s.f. 7   margarine
mariaj/mariaje s.n. 7   marriage
maro adj.inv. 10   brown
martie s.m. 9   March
marţi s.f. 5   Tuesday
masă/mese s.f. 2   table
   faţă de ~ 7   tablecloth
   înainte de 8 ~   before noon
maşină/maşini s.f. 3   car; machine
   ~ de ras 15   razor
   ~ de spălat 8   washer

matematică/matematici s.f. 1   mathematics
material adj. 19   material
maternitate/maternităţi s.f. 16   maternity
maturitate s.f. 20   maturity
mazăre s.f. 8   peas
măceaşă/măceşe s.f. 18   rose hip
mămăligă/mămăligi s.f. 8   a cornmeal dish
mănăstire/mănăstiri s.f. 14   monastery, convent
mănuşă/mănuşi s.f. 9   glove
măr/mere s.n. 7   apple
mărime/mărimi s.f. 15   size
măslină/măsline s.f. 3   olive
măsură/măsuri s.f. 15   measure, size
mătase/mătăsuri s.f. 15   silk
mătuşă/mătuşi s.f. 11   aunt
mecanic/mecanici s.m. 12   mechanic
meci/meciuri s.n. 9   match
medalie/medalii s.f. 9   medal
   ~ de argint 9   silver medal
   ~ de aur 9   gold medal
   ~ de bronz 9   bronze medal
medic/medici s.m. 5   doctor, physician
medicament/medicamente s.n. 16   medicine
medicaţie/medicaţii s.f. 18   medication
medicină s.f. 1   medicine (discipline)
mediocru adj. 3   mediocre
melodie/melodii s.f. 13   melody
membru/membri s.m. 5   member
membră/membre s.f. 5   member
memorial adj. 13   commemorative
memorie/memorii s.f. 12   memory, remembrance
meniu/meniuri s.n. 8   menu
mentă s.f. 18   mint, menthol
mentor/mentori s.m. 19   mentor
a menţine (menţinut) v.t. 16   to maintain
a menţiona (ez) v.t. 20   to mention
mercerie/mercerii s.f. 15   notions (in a store)
mereu adv. 11   always, continually
a merge (mers) v.i. 2   to go
   ~ bine 3   to work (machine)
   ~ la culcare 16   to go to bed
   ~ la cumpărături 7   to go shopping
   ~ la pescuit 9   to go fishing
   ~ la vînătoare 9   to go hunting
   ~ pe jos 2   to walk, go on foot
   ~ pe urmele lui 12   to follow in the footsteps of
a merita v.t. 15   to deserve
merituos adj. 16   meritorious
meseriaş/meseriaşi s.m. 12   skilled worker
meserie/meserii s.f. 11   trade, occupation
metrou/metrouri s.n. 14   subway
metru/metri s.m. 2   meter
mezeluri s.n. 7   cold cuts
miazănoapte s.f. 19   north
miazăzi s.f. 19   south
mic (mică, mici) adj. 5   small, little
   micul dejun 8   breakfast
microbiologie s.f. 6   microbiology

mie/mii s.f. 7 thousand

miel/miei s.m. 7 lamb

miercuri s.f. 5 Wednesday

miere s.f. 7 honey

miez/miezuri s.n. 10 middle, core
   miezul nopţii 10 midnight

mijloc/mijloace s.n. 6 means, method
   ~ de transport 14 means of transportation

mijloc/mijlocuri s.n. 6 middle, center, waist

milă/mile s.f. 16 pity, compassion, mercy

miliard/miliarde s.n. 7 billion

milion/milioane s.n. 7 million

militar/militari s.m. 20 military person

mineral adj. 18 mineral

minge/mingi s.f. 16 ball

minister/ministere s.n. 12 government department

minte/minţi s.f. 13 mind

minunat adj. 3 wonderful, marvelous

minune/minuni s.f. 20 miracle, wonder

minus/minusuri s.n. 3 minus

minut/minute s.f 5 minute

mirat adj. 19 surprised, astonished

mireasă/mirese s.f. 19 bride

a mişca v.t. 18 to move

mişcare/mişcări s.f. 3 movement, exercise

mister/mistere s.n. 13 mystery

miting s.n. 4 meeting, rally

mititel/mititei s.m. 8 grilled spicy meatboll

mizerabil adj. 9 miserable, wretched

mîine adv. 1 tomorrow
   pe ~ 1 see you tomorrow

mînă/mîini s.f. 4 hand

a mînca v.t. 8 to eat

mîncare/mîncăruri s.f. 2 food; dish

mîndru adj. 10 proud

mînecă/mîneci s.f. 15 sleeve

moale/moi adj. 15 soft

mobilă/mobile s.f. 6 furniture

modă/mode s.f. 10 fashion

modern adj. 3 modern

modest adj. 2 modest

mofturos adj. 8 picky, choosy

mogîldeaţă/mogîldeţe s.f. 10 little one

moment/momente s.n. 10 moment

mondial adj. 9 world, worldwide

monografie/monografii s.f. 10 monograph

monument/monumente s.n. 6 monument

moralist adj. 4 moralist

morcov/morcovi s.m. 7 carrot

mormînt/morminte s.n. 17 tomb, grave

mort adj. 11 dead

moş/moşi s.m. 10 old man

moştenire/moşteniri s.f. 19 inheritance

moştenitoare s.f. 19 heiress

moştenitor/moştenitori s.m. 19 heir, successor

motiv/motive s.n. 14 reason, motive; motif

motocicletă/motociclete s.f. 14 motorcycle

mov adj. inv. 10 mauve, purple

mucalit adj. 19 funny

a mulge (muls) v.t. 17 to milk

mult adj. 6 much, many
   de ~ 6 a long time ago
   mai ~ 11 more

multiplu adj. 16 multiple

a mulţumi (esc) v.t. 2 to thank
   ~ pentru masă 8 thank you for the meal

mulţumit adj. 1 content

muncă s.f. 12 work, labor

a munci (esc) v.i. 11 to work

muncitoare s.f. 11 worker

muncitor/muncitori s.m. 11 worker

muncitor adj. 11 hard-working

munte/munţi s.m. 2 mountain

murătură/murături s.f. 7 pickle

murdar adj. 6 dirty, filthy

a muri v.i. 13 to die

mustaţă/mustăţi s.f. 11 moustache

muşchi s.m. 8 muscle
   ~ de vacă 8 filet mignon

muşeţel s.m. 18 camomile

mut adj. 17 mute

muzeu/muzee s.n. 2 museum

muzică/muzici s.f. 3 music

N

nas/nasuri s.n. 18 nose

a naşte (născut) v.t. 12 to give birth, be born

naştere/naşteri s.f. 12 birth
   data de ~ 10 date of birth

natal adj. 11 native

natură/naturi s.f. 15 nature

naţiune/naţiuni s.f. 13 nation

naţionalitate/naţionalităţi s.f. 1 nationality

năzuinţă/năzuinţe s.f. 16 aspiration

neamţ/nemţi s.m. 19 German

neatent adj. 9 inattentive

nebun/nebuni s.m. 3 lunatic, crazy, mad

nebunatic adj. 8 playful

necalificat adj. 12 unqualified, unskilled

necaz/necazuri s.m. 18 trouble, grief

a necăji (esc) v.t. 18 to irritate, get upset

necăjit adj. 18 upset, worried

necesar adj. 18 necessary

necruţător adj. 19 merciless

a neglija (ez) v.t. 16 to neglect

negru adj. 8 black

neîncredere/neîncrederi s.f. 16 mistrust, suspicion

nemaipomenit adj. 17 unprecedented

nenumărat adj. 16 innumerable, countless

neobişnuit adj. 19 unusual

nepoată/nepoate 11 niece, granddaughter

nepot/nepoţi s.m. 11 nephew, grandson

nepoliticos adj. 8 impolite

nepregătit adj. 16   unprepared
nerăbdare s.f. 10   impatience
  cu ~ adv. 10   impatiently
nervos adj. 17   irritated
nevoie/nevoi s.f. 3   need
  a avea ~ de 3   to need; to want
neuitat adj. 11   unforgotten
  de ~ 11   unforgettable
nicăieri adv. 17   nowhere, anywhere
nici conj. adv. 4   neither, not even
  ~ nici 4   neither . . . nor
  ~ vorbă 4   no question about it, no way
niciodată adv. 2   never
nimeni pron. 2   nobody, no one
nimic pron. 2   nothing
  ~ deosebit 2   nothing special
  nu face ~ 3   it's all right
a ninge (nins) v.i. 9   to snow
nisip/nisipuri s.n. 9   sand
nişte indef. art. pl. 3   some, several
nivel/nivele s.n. 4   level
noapte/nopţi s.f. 4   night
nobleţe s.f. 17   nobility
noi pron. 1   we
noiembrie s.m. 9   November
noptieră/noptiere s.f. 6   nightstand
normal adj. 3   normal
noră/nurori s.f. 11   daughter-in-law
normă/norme s.f. 12   norm, standard
  ~ întreagă 12   full-time (job)
  jumătate de ~ 12   part-time (job)
noroc/noroace s.n. 1   good luck, chance
norocos adj. 14   fortunate
Norvegia s.f. 1   Norway
norvegian adj. 1   Norwegian
nostalgic adj. 20   nostalgic
nostim adj. 10   funny, amusing
notă/note s.f. 4   note; grade (in school)
  ~ mare 4   high grade
  ~ mediocră 4   average grade
  ~ mică 4   low grade
  ~ de trecere 4   passing grade
nou (nouă, noi) adj. 3   new
  din ~ 3   again
nouă num. 3   nine
nouăsprezece num. 3   nineteen
nouăzeci num. 4   ninety
nu adv. (negative particle)   no, not
  ~ încă adv. 6   not yet
nucă/nuci s.f. 7   walnut
nuia/nuiele s.f. 9   broomstraw
numai adv. 3   only
număr/numere s.f. 3   number
  ~ de telefon 3   telephone number
a număra v.t. 15   to count
nume s.n. 11   name
numeros adj. 14   numerous

a numerota (ez) v.t. 18   to number
nuntă/nunţi s.f. 19   wedding
nuvelă/nuvele s.f. 19   short story

O

oaie/oi s.f. 17   sheep
oală/oale s.f. 8   pot
oaspete/oaspeţi s.m. 6   guest
obicei/obiceiuri s.n. 2   custom, habit
  de ~2   usually
obiect/obiecte s.n. 2   object
  ~ de învăţămînt 9   school subject
obiectiv adj. 16   objective
a obişnui (esc) v.t. 12   to accustom
  a se ~ 12   to become accustomed
a obliga v.t. 20   to oblige
obligatoriu adj. 4   mandatory, obligatory
obligaţie/obligaţii s.f. 16   obligation
obosit adj. 2   tired
obraz/obraji s.m. 18   cheek, face
a obseda (ez) v.t. 4   to obsess
obsesie/obsesii s.f. 18   obsession
a observa v.t. 4   to notice, observe
a obţine/obţinut v.t. 12   to obtain
ocazie/ocazii s.f. 6   occasion
ochelari s.m. 9   glasses
  ~ de soare 9   sunglasses
ochi s.m. 5   eye
ochiuri s.n. 8   poached eggs
octombrie s.m. 9   October
a ocupa v.t. 16   to occupy, take care of (refl.)
ocupat adj. 2   busy
ocupaţie/ocupaţii 1   occupation
odaie/odăi s.f. 17   room
odată adv.   once, at one time
a odihni (esc) v.r. 12   to rest
a oferi v.t. 13   to offer
ofertă/oferte s.f. 12   offer
ofiţer/ofiţeri s.m. 20   officer
oglindă/oglinzi s.f. 17   mirror
ojă/oje s.f. 15   nail polish
Olanda s.f. 1   Holland, the Netherlands
oleandru s.m. 6   oleander
olimpic adj. 9   olympic
  jocuri ~ 9   olympic games
om/oameni s.m. 1   man, person
  ~ de ştiinţă 14   scientist
  ~ de zăpadă 7   snowman
omenesc adj. 1   human, decent
omletă/omlete 8   omelet
a omorî v.t. 13   to kill
onestitate/onestităţi s.f. 16   honesty
operă/opere s.f. 2   opera; work (of art)
opinie/opinii s.f. 2   opinion
a opri (esc) v.t. 12   to stop
opt num. 3   eight

optimist adj. 2   optimistic
optsprezece num. 3   eighteen
optzeci num. 4   eight
opţiune/opţiuni s.f. 4   option
oranj adj. inv. 10   orange
oranjadă/oranjade s.f. 8   orange juice
oraş/oraşe s.n. 2   city
oră/ore s.f. 3   hour, lesson
orăşean/orăşeni s.m. 19   city dwelier
orb adj. 13   blind
orchestră/orchestre s.f. 8   orchestra
ordine/ordini s.f. 6   order, succession
    e ~ 6   it is neat
ordonat adj. 6   well organized, tidy
orez s.m. 7   rice
organizaţie/organizaţii s.f. 3   organization
ori conj. 2   or
oricare pron. 12   anyone, any
orice pron. 12   anything, any
    în ~ caz 12   at any rate
oricine pron. 12   anyone
oricînd adv. 6   anytime
oricît pron. 4   any amount, however much
oricum adv. 4   anyhow, in any case
original adj. 11   original
origine/origini s.f. 1   origin
oriunde adv. 14   anywhere
orizont/orizonturi s.n. 20   horizon
ornament/ornamente s.n. 15   ornament
ospătar/ospătari s.m. 8   waiter
ospitalier adj. 3   hospitable
ospitalitate s.f. 17   hospitality
oţet s.n. 7   vinegar
ou/ouă s.n. 3   egg

P

pachet/pachete s.n. 15   parcel, package
pacient/pacienţi s.m. 3   patient
pagină/pagini s.f. 15   page
pahar/pahare s.n. 5   glass
pai/paie s.n. 11   straw
paisprezece num. 3   fourteen
palat/palate s.n. 6   palace
palton/paltoane s.n. 15   winter coat
pantalon/pantaloni s.m. 9   pants
pantof/pantofi s.m. 9   shoe
    ~ cu tocul înalt 15   high-heeled shoe
    ~ de casă 9   slipper
    ~ de tenis 9   tennis shoes
papuc/papuci s.m. 10   slipper
paradă/parăzi s.f. 15   parade
    ~ modei 15   fashion parade
paradis/paradise s.n. 6   paradise
paragraf/paragrafe s.n. 19   paragraph
paranteză/paranteze s.f. 15   parenthesis
pară/pere s.f. 4   pear

parc/parcuri s.n. 5   park
a parca (parchez) v.t. 14   to park
parcare/parcări s.f. 14   parking
parcă adv. 13   (it) seems, probably, as if
pardon interj. 13   pardon
parfum/parfumuri s.n. 15   perfume
parfumerie/parfumerii s.f. 15   perfumery
parizer s.n. 7   bologna
parte/părţi s.f. 18   part, side
parter/partere s.n. 5   ground floor
particular adj. 5   private, personal
pas/paşi s.m. 14   step, pace
    a ţine ~ cu 14   to keep up with
pasager/pasageri s.m. 20   passenger
pasaj/pasaje s.n. 19   passage
pasăre/păsări s.f. 17   bird
pas/pasuri s.n. 10   pass, gorge
pasiune/pasiuni s.f. 12   passion
pastă/paste s.f. 15   paste
    ~ de dinţi 15   toothpaste
pastilă/pastile s.f. 18   pill, tablet
paşnic adj. 17   peaceful
Paşti s.m. 9   Easter
pat/paturi s.n. 6   bed
a patina (ez) v.i. 9   to skate
patinaj/patinaje s.n. 9   skating rink
patinatoare s.f. 9   skater
patinator/patinatori s.m. 9   skater
patină/patine s.f. 9   skate
patrie/patrii s.f. 19   native land
patru num. 3   four
patruzeci num. 4   forty
paznic/paznici s.m. 17   guardian
pădure/păduri s.f. 19   woods, forest
pălărie/pălării s.f. 9   hat
pămînt/pămînturi s.n. 17   earth, land
păr/peri s.m. 10   hair, pear tree
a părăsi (esc) v.t. 16   to leave, to abandon
a părea (părut) v.t. 5   to seem
părere/păreri s.f. 12   opinion
părinte/părinţi s.m. 4   father, parents (pl.)
păstor/păstori s.m. 19   shepherd
păstrăv/păstrăvi s.m. 7   trout
pătură/pături s.f. 6   blanket
pe prep. 2   on
    ~ atunci 11   then, at that time
    ~ cît posibil 18   as much as possible
    ~ cont propriu 12   for oneself
    ~ la ce oră 5   about what time
    ~ la trei 5   at about three
    ~ rînd 19   one after another
pedagog/pedagogi s.m. 13   pedagogue, educator
pensie/pensii s.f. 2   pension
pensionar/pensionari s.m. 5   retired
pensionară/pensionare s.f. 5   retired
pentru prep. 3   for
    ~ că 3   because

~ ce 3   why
pepene/pepeni s.m. 7   watermelon
perdea/perdele s.f. 6   curtain
pereche/perechi s.f. 5   pair, couple
perete/pereți s.m. 2   wall
perfect adj. 2   perfect
a perfora (ez) v.t. 14   to perforate, to punch
perie/perii s.f. 15   brush
   ~ de cap 15   hairbrush
   ~ de dinți 15   toothbrush
perioadă/perioade s.f. 18   period
periodic adj. 15   periodical
permanent adj. 6   permanent
permis/permise s.n. 3   permit, license
   ~ de conducere 3   driver's license
pernă/perne s.f. 6   pillow
persoană/persoane s.n. 2   person
personaj/personaje s.n. 13   character
personalitate/personalități s.f. 13   personality
perspectivă/perspective s.f. 12   perspective
perspicace adj. 16   perspicacious, shrewd
a pescui (esc) v.t. 9   to fish
pescuit/pescuituri s.n. 9   fishing
pesimist adj. 2   pessimistic
peste prep. 9   over, after
   ~ tot 14   everywhere
peşte/peşti s.m. 7   fish
a petrece (petrecut) v.t. 3   to spend (time)
   ~ bine 3   to have a good time
petrecere/petreceri s.f. 3   party
pian/piane s.n. 13   piano
pianist/pianişti s.m. 13   piano player
pianistă/pianiste s.f. 13   piano player
piatră/pietre s.f. 6   stone, rock
piaţă/pieţe s.f. 2   market, square
a pica v.i. 19   to drop (in), fall
picior/picioare s.n. 18   leg
a picta (ez) v.t. 11   to paint
pictor/pictori s.m. 13   painter
pictoriţă/pictoriţe 13   painter
piele/piei s.f. 15   leather, skin, hide
   pantofi de ~   leather shoes
piept/piepturi s.n. 18   chest
a pieptăna v.t. 12   to comb
pieptene/piepteni s.m. 15   comb
a pierde (pierdut) v.t. 7   to lose, miss
   ~ timpul/vremea 7   to waste time
piersică/piersici s.f. 7   peach
piesă/piese s.f. 13   play; part (of a machine)
pieton/pietoni s.m. 14   pedestrian
pijama/pijamale s.f. 2   pajamas
pilot/piloţi s.m. 12   pilot
piper/piperi s.n. 7   pepper
piscină/piscine s.f. 9   swimming pool
pisică/pisici s.f. 11   cat
pistă/piste s.f. 9   track, runway
   ~ de schi 9   ski slope

pitoresc (pitorească, pitoreşti) adj. 17   picturesque
piuă/pive s.f. 19   felting mill
   ~ de piatră 19   pit
pivniţă/pivniţe s.f. 10   cellar
pix/pixuri s.n. 2   pen
pîine/pîini s.f. 3   bread
   ~ intermediară 7   rye bread
   ~ de casă 7   home-made bread
   ~ prăjită 8   toast
pînă conj. 4   until, up to
plajă/plaje s.f. 3   beach
   a face ~ 3   to sun-bath
plan/planuri s.n. 9   plan
   pe prim(ul) ~ 9   in the forefront
plantă/plante s.f. 18   plant, herb
a plasa (ez) v.t. 7   to place, settle
plasă/plase s.f. 7   net bag
a plăcea (plăcut) v.i. 15   to please
   a-i ~ 15   to like
plăcere/plăceri s.f. 18   pleasure
plăcintă/plăcinte s.f. 10   pie
plăcut adj. 2   pleasant
a plăti (esc) v.t. 7   to pay
a pleca v.i. 11   to leave
plecare/plecări s.f. 14   departure
plic/plicuri s.n. 7   envelope
plimbare/plimbări s.f. 2   walk, promenade
plin adj. 6   full
plisat adj. 15   pleated
a plînge (plîns) v.i. 9   to cry, to complain (refl.)
ploaie/ploi s.f. 9   rain
a ploua v.i. 9   to rain
plug/pluguri s.n. 10   plow
plus/plusuri s.n. 3   plus, extra
   în ~ 3   in addition
poartă/porţi s.f. 17   gate
pod/poduri s.n. 14   bridge
poet/poeţi s.m. 12   poet
poetă/poete s.f. 12   poet
poezie/poezii s.f. 10   poetry, poem
poftă/pofte s.f. 8   appetite
   ~ bună 8   bon appetit
a pofti (esc) v.t. 6   to wish, invite, ask
   ~ înăuntru 6   come in
poftim/poftiţi interj. 3   please, go right ahead
   ~ un dicţionar 3   here is a dictionary
poimîine adv. 4   (the) day after tomorrow
policlinică/policlinici s.f. 12   medical complex
politehnică/politehnici s.f. 1   polytechnic school
poliţie/poliţii s.f. 5   police
poliţist/poliţişti s.m. 10   policeman
   roman ~ 10   detective story
Polonia s.f. 1   Poland
pom/pomi s.m. 10   tree
   ~ de Crăciun 10   Christmas tree
ponosit adj. 19   worn out, shabby
popas/popasuri s.n. 14   stop, halt

popic/popice s.f. 9   skittles, bowling (pl.)
popor/popoare s.n. 2   people, nation
a poposi (esc) v.i. 14   to stop, (make a) halt
popular adj. 3   popular
populaţie/populaţii s.f. 1   population
porc/porci s.m. 7   pig, pork
   carne de ~ 7   pork meat
a porni (esc) v.i. 14   to start, set off
port/porturi s.n. 17   traditional costume; harbor
portret/portrete s.n. 2   portrait
portretizare/portretizări s.f. 19   portrayal
portmoneu/portmonee s.n. 15   wallet
portocală/portocale s.f. 7   orange
Portugalia s.f. 1   Portugal
porumb/porumbi s.m. 17   corn
posibilitate/posibilităţi s.f. 12   possibility
post/posturi s.n. 4   job, position; fasting
   ~ de Crăciun 10   Advent
poşetă/poşete s.f. 15   purse
poştă/poşte s.f. 4   post office
a potrivi (esc) v.t. 10   to adjust
potrivit adj. 14   suitable
poveste/poveşti s.f. 10   story, tale
a povesti (esc) v.t. 17   to tell, relate
povestitor/povestitori s.m. 19   storyteller
poză/poze s.f. 11   photograph
practic adj. 3   practical
a practica v.t. 11   to practice
praf/prafuri s.n. 16   dust, powder
prag/praguri s.n. 14   doorway
a prăji (esc) v.t. 8   fry
prăjit adj. 8   fried
prăjitor/prăjitoare s.n. 8   toaster
prăjitură/prăjituri s.f. 2   pastry, cake
prea adv. 2   too
   ~ mult 8   too much
   ~ puţin 8   too little
precum conj. 13   as
   ~ şi 13   as well
a prefera v.t. 5   to prefer
preferat adj. 6   favorite
preferinţă/preferinţe s.f. 8   preference
a pregăti (esc) v.t. 10   to prepare, get ready, train
pregătire/pregătiri s.f. 16   preparation, training
pregătit adj. 4   prepared
prelegere/prelegeri s.f. 4   lecture
premiu/premii s.n. 9   prize
a preocupa v.t. 11   to preoccupy, concern
preocupare/preocupări s.f. 12   preoccupation
preot/preoţi s.m. 4   priest
presă/prese s.f. 16   press
a prescrie (prescris) v.t. 18   to prescribe
prestigiu/prestigii s.n. 20   prestige
a presupune (presupus) v.t. 8   to suppose, assume
preşedinte/preşedinţi s.m. 16   president
pretutindeni adv. 14   everywhere
preţ/preţuri s.n. 8   price

preţios adj. 18   precious
a preţui (esc) v.t. 18   to value, appreciate
present adj. 2   present
a prezenta v.t. 4   to introduce, present
prezentare/prezentări s.f. 15   presentation
prieten/prieteni s.m. 2   friend
prietenă/prietene s.f. 2   friend
prietenie/pretenii s.f. 19   friendship
prietenos adj. 11   friendly
prilej/prilejuri s.n. 19   occasion
prim adj. 19   first, prime
prima adj. 9   first
   ~ dată 9   first time
   ~ oară 13   first time
primar/primari s.m. 16   mayor
primărie/primării s.f. 5   city hall
primăvară/primăveri s.f. 9   spring
a primi (esc) v.t. 9   to receive
prin prep. 6   through
principal adj. 13   principal, main
prinţ/prinţi s.m. 19   prince
printre prep. 9   among
prioritate/priorităţi s.f. 12   priority
privatizare/privatizări s.f. 12   privatization
a privi (esc) v.t. 8   to look at
privire/priviri s.f. 19   look, glance, consideration
prînz/prînzuri s.n. 8   lunch
proaspăt adj. 7   fresh
a proba (ez) v.t. 15   to try (on, out)
probabil adj. 14   probable
problemă/probleme s.f. 3   problem
a procura v.t. 15   to obtain, get
a produce (produs) v.t. 7   to produce
   ~ lactate 7   dairy products
profesie/profesii s.f. 12   profession
profesional adj. 12   professional
profesoară/profesoare s.f. 1   professor, teacher
profesor/profesori s.m. 1   professor, teacher
profund adj. 13   profound
program/programe s.n. 1   program
programă analitică 4   curriculum, syllabus
progres/progrese s.n. 17   progress
proiect/proiecte s.n. 6   project
a promite (promis) v.t. 5   to promise
pronume s.n. 1   pronoun
proprietar/proprietari s.m. 12   owner
proprietară/proprietare s.f. 12   owner
proprietate/proprietăţi s.f. 5   property
prost adj. 11   stupid, ignorant, bad
   ~ dispus 3   in a bad mood
protector/protectori s.m. 9   protector
protector(protectori, protectoare) adj. 19   protecting
proverb/proverbe s.n. 18   proverb
provizoriu (provizorie, provizorii) adj. 14   temporary
proză/proze s.f. 19   prose
prudent adj. 2   prudent, careful, cautious
prună/prune s.f. 7   plum

pudră/pudre s.f. 15 powder
pui s.m. 7 chicken
pulover/pulovere s.n. 9 pullover, sweater
~ pe gît 15 turtleneck sweater
punct/puncte s.n. 5 point
~ de vedere 5 point of view
punctual adj. 19 punctual
punctualitate/punctualități s.f. 5 punctuality
a pune (pus) v.t. 8 to put, set, place
~ masa 8 to set the table
pungă/pungi s.f. 7 paper bag
a purta v.t. 9 to wear; to carry; to behave (refl.)
a putea (putut) v.i. 5 to be able; can
putere/puteri s.f. 19 power, strength
puternic adj. 16 strong, powerful
puțin adv. 6 little

R

radio/radiouri s.n. 2 radio
radiografie/radiografii s.f. 18 X-ray
radios adj. 13 radiant
rafinat adj. 8 refined, subtle
rai s.n. 17 heaven, paradise
raion/raioane s.n. 7 department in a store
rapid adj. 20 rapid, fast
rapsodie/rapsodii s.f. 13 rhapsody
rar adv. 4 rarely
ras adj. 15 shaven
rață/rațe s.f. 17 duck
rațional adj. 5 rational
rațiune/rațiuni s.f. 13 reason
rază/raze s.f. 19 ray, beam
răbdare/răbdări s.f. 7 patience
răceală/răceli s.f. 18 coldness, cold (illness)
a răci (esc) v.i. 18 to get cold
răcitură/răcituri 10 aspic, jellied meat
răcoare/răcori s.f. 9 coolness, chill
e ~ 9 it's cool, chilly
răcoritor (racoritori, răcoritoare) adj. 14 refreshing
rădăcină/rădăcini s.f. 11 root
a rămîne (rămas) v.i. 11 to remain
~ bun 20 so long
a răsplăti (esc) v.t. 11 to reward
răsplătit adj. 11 rewarded
a răspunde (răspuns) v.t. 3 to answer, respond
răspundere/răspunderi s.f. 16 responsibility
răspuns/răspunsuri s.n. 13 answer
rău adj. 1 bad
mai ~ 11 worse
răutate/răutăți s.f. 19 wickedness
răvaş/răvaşe s.n. 10 letter, epistle
~ de Anul Nou 10 fortune cookie
război/războaie s.n. 11 war
~ de țesut 17 loom
a răzgîndi (esc) v.r. 12 to change one's mind
reacție/reacții s.f. 12 reaction

a reacționa (ez) v.i. 14 to react
real adj. 12 real
realist adj. 16 realistic
recalcitrant adj. 14 recalcitrant
a recalifica v.t. 12 to requalify
a recapitula (ez) v.t. 4 to review
a recăsători (esc) v.t. 16 to remarry
rece (reci) adj. 8 cold
recent adj. 10 recent
reciprocitate/reciprocități s.f. 10 reciprocity
a recita v.t. 17 to recite
recital/recitaluri s.n. 12 recital
reclamă/reclame s.f. 3 advertisement
a recolta (ez) v.t. 17 to harvest
recoltă/recolte s.f. 17 harvest, crops
a recomanda v.t. 18 to recommend
a reconstitui (esc) v.t. 16 to reconstitute
record/recorduri s.n. 9 record
rector/rectori s.m. 12 head of a university
a recunoaşte (recunoscut) v.t. 11 to recognize
a redresa (ez) v.t. 12 straighten, bring to normal
referat/referate s.n. 4 term paper, essay
reflecție/reflecții s.f. 17 reflection
regim/regimuri s.n. 18 regime, diet
a ține ~ 18 to be on a diet
regiune/regiuni s.f. 9 region
regizor/regizori s.m. 12 stage director, producer
reglementar adj. 14 according to rule
a regreta v.t. 5 to regret
regulă/reguli s.f. 15 rule
în ~ 15 it's all right
relativ adv. 3 relatively
a relaxa (ez) v.r. 12 to relax
relaxare/relaxări s.f. 16 relaxation
religios adj. 9 religious
a remarca v.t. 12 to observe, notice, remark
remarcabil adj. 2 remarkable, outstanding
remediu/remedii s.n. 18 remedy
a renunța v.i. 12 to renounce, give in
a repara v.t. 14 repair
repartiție/repartiții s.f. 4 distribution
comisia de ~ 4 job distribution board
sistem de ~ 4 job distribution board
repartizare/repartizări s.f. 4 allocation
repartizat adj. 4 assigned
repede adj. 3 fast, quick
a repeta v.t. 3 to repeat
repetent/repetenți s.m. 4 failing student
repetiție/repetiții s.f. 17 repetition
a replica v.t. 16 to respond, reply
reporter/reporteri s.m. 1 reporter
reporteră/reportere s.f. 1 reporter
a reprezenta v.t. 19 to represent
reproş/reproşuri s.n. 12 reproach
a reproşa (ez) v.t. 16 reproach
respect s.n. 13 respect
a respecta v.t. 10 to respect

respectiv adj. 15 respective
rest/resturi s.n. 7 rest, change (money)
restanţă/restanţe s.f. 4 debt
restanţier/restanţieri s.m. 4 one who did not pass
  all exams
restaurant/restaurante s.n. 1 restaurant
restrîns adj. 20 limited, restricted
a retrage (retras) v.t. 19 to pull back, retreat,
  withdraw
retragere/retrageri s.f. 19 retreat
reţetă/reţete s.f. 18 recipe, prescription
retrospectiv adj. 20 retrospective
a reţine (reţinut) v.t. 2 to retain; to keep in mind
reuniune/reuniuni s.f. 11 reunion
  ~ de familie 11 family reunion
a reuşi (esc) v.t. 12 to succeed
a revedea (revăzut) v.t. 17 to see again
revelion/revelioane s.n. 9 New Year's Eve
a reveni v.i. 19 to return
revistă/reviste s.f. 3 magazine, periodical
revoluţie/revoluţii s.f. 4 revolution
a rezerva v.t. 18 to reserve
rezervat adj. 14 reserved
rezistent adj. 3 sturdy, strong
a rezolva v.t. 5 to solve
rezultat/rezultate s.n. 16 result
a ridica v.t. 13 to raise, lift, rise
ridiche/ridichi s.f. 7 radish
ridicol adj. 8 ridiculous
riguros adj. 4 rigorous
rimel/rimele s.n. 15 mascara
risipă/risipe s.f. 15 sqandering, waste
a rîde (rîs) v.i. 9 to laugh
rînd/rînduri s.n. 7 row, line, rank
  în primul ~ 7 first of all
rîu/rîuri s.n. 17 river
rîvnă/rîvne s.f. 16 zeal
rochie/rochii s.f. 7 dress
rol/roluri s.n. 13 role
Roma s.f. 15 Rome
roman/romane s.n. 10 novel
român/români s.m. 1 Romanian
româncă/românce s.f. 1 Romanian
românesc (românească, româneşti) adj. 6 Romanian
româneşte adv. 9 (like a) Romanian
  a vorbi ~ 9 to speak Romanian
România s.f. 1 Romania
a rosti (esc) v.t. 17 to say, utter
roşie/roşii s.f. 7 tomato
roşu (roşie, roşii) adj. 8 red
roz adj. inv. 10 pink
rucsac/rucsacuri s.n. 15 backpack
rudă/rude s.f. 10 relative
rufă/rufe s.f. 16 laundry, clothes
a ruga v.t. 18 to pray, ask for
ruină/ruine s.f. 7 ruin
ruj/rujuri s.n. 15 lipstick

a rupe (rupt) v.t. 19 to break, tear up
rural adj. 17 rural
rus adj. 9 Russian
ruseşte adj. 9 (like a) Russian
  a vorbi ~ 9 to speak Russian
Rusia s.f. 1 Russia
rustic adj. 13 rustic
rutină/rutine s.f. 7 routine
ruşine/ruşini s.f. 16 shame
ruşinos adj. 16 shy, bashful

S

sacoşă/sacoşe s.f. 7 shopping bag
sacrificiu/sacrificii s.n. 4 sacrifice
salam/salamuri s.n. 3 salami
salariat/salariaţi s.m. 4 employee
salariată/salariate s.f. 4 employee
salariu/salarii s.n. 12 salary
salată/salate s.f. 2 salad
sală/săli s.f. 5 hall
  ~ de aşteptare 18 waiting room
  ~ de baie 5 bathroom
  ~ de curs 7 classroom
  ~ de spectacol 13 theater
salcie/sălcii s.f. 14 willow (tree)
salon/saloane s.n. 5 living room
salut/saluturi s.n. 1 greeting
a saluta v.t. 8 to greet, salute
a salva (ez) v.t. 17 to save, rescue
sanatoriu/sanatorii s.n. 19 sanatorium
sandală/sandale s.f. 9 sandal
sandvici/sandviciuri s.n. 1 sandwich
sarcină/sarcini s.f. 19 task, load, burden
sardea/sardele s.f. 7 sardine
sare s.f. 7 salt
sarma/sarmale s.f. 8 cabbage rolls
sat/sate s.n. 5 village
satiră/satire s.f. 20 satire
satisfăcător adj. 16 satisfying, satisfactory
sau conj. 4 or
saxofon/saxofoane s.n. 13 saxophone
saxofonist/saxofonişti s.m. 13 saxophone player
saxofonistă/saxofoniste s.f. 13 saxophone player
sănătate s.f. 10 health
sănătos adj. 12 healthy
săniuş/săniuşuri s.n. 9 sledding
a săpa v.t. 17 to hoe, dig
săptămînă/săptămîni s.f. 5 week
  ~ trecută 6 last week
  ~ viitoare 9 next week
săptămînal adj. 4 weekly
săpun/săpunuri s.n. 15 soap
a săra v.t. 9 to salt
sărac adj. 11 poor
sărat adj. 8 salted, salty
sărbătoare/sărbători s.f. 9 holiday

a sărbători (esc) v.t. 9   to celebrate
a sări v.t. 5   to jump
a săruta v.t. 10   to kiss
sătean/săteni s.m. 17   villager
scară/scări s.f. 5   stairway, stairs, ladder
scaun/scaune s.n. 2   chair
a scădea (scăzut) v.t. 18   to reduce, diminish
scenă/scene s.f. 13   scene, stage
schi/schiuri s.n. 9   ski, skiing
a schia (ez) v.i. 9   to ski
schimb/schimburi s.n. 2   exchange
   în ~ 2   instead, however
a schimba v.t. 13   to change, replace
schior/schiori s.m. 9   skier
schioară/schioare s.f. 9   skier
schiță/schițe s.f. 13   sketch, outline
sclav/sclavi s.m. 13   slave
a scoate (scos) v.t. 18   to take out
scoică/scoici s.f. 9   shell; oyster
Scoția s.f. 1   Scotland
a scrie (scris) v.t. 6   to write
scriitor/scriitori s.m. 6   writer
scriitoare s.f. 6   writer
scrin/scrinuri s.n. 19   chest of drawers
scrisoare/scrisori s.f. 6   letter
a scula v.t. 12   to wake, get up
a sculpta (ez) v.t. 17   to sculpt, carve
sculptor/sculptori s.m. 10   sculptor
sculptoriță/sculptorițe s.f. 10   sculptor
sculptură/sculpturi s.f. 13   sculpture
scump adj. 3   expensive
scund adj. 11   short (not tall)
scurt adj. 3   short, brief
   pe ~ 16   in short, briefly
a scuza v.t. 3   to excuse, pardon, apologize (refl.)
scuză/scuze s.f. 3   excuse, apology
seară/seri s.f. 1   evening
sec (seacă, seci) adj. 8   dry
secol/secole s.n. 19   century
secret/secrete s.n. 18   secret
secretar/secretari s.m. 1   secretary
secretară/secretare s.f. 1   secretary
secție/secții s.f. 12   section
secundă/secunde s.f. 5   second, instant
secundar adj. 13   secondary
selecție/selecții s.f. 4   selection
a selecționa (ez) v.t. 18   to select, sort
selectiv adj. 4   selective
semafor/semafoare s.n. 14   traffic light
a semăna v.t. 11   to resemble, look like; to sow
semestrial adv. 4   each semester
semestru/semestre s.n. 9   semester
seminar/seminarii s.n. 4   seminar
semn/semne s.n. 14   sign
   ~ de circulație 14   traffic sign
senin adj. 9   clear, serene
sensibil adj. 12   sensitive

septembrie s.m. 9   September
serios adj. 4   serious
a servi (esc) v.t. 8   to serve
serviciu/servicii s.n. 4   job, work, service
servietă/serviete s.f. 2   briefcase
sesiune/sesiuni s.f. 4   session
   ~ de examene 4   final exam period
sete s.f. 16   thirst
   mi-e ~ 16   I am thirsty
sever adj. 4   strict
sezon/sezoane s.n. 15   season
sfat/sfaturi s.n. 12   advice, counsel
sfert/sferturi s.n. 5   quarter
sfeșnic/sfeșnice s.n. 10   candleholder
sfînt/sfinți s.m. 9   saint, holy one
sfîntă/sfinte s.f. 9   saint, holy one
sfîrșit s.n. 7   end, ending
siderurgist/siderurgiști s.m. 11   welder
sifon/sifoane s.n. 8   syphon, soda water
sigur adj. 3   sure, of course, certain
silă/sile s.f. 16   disgust
   a-i fi ~ 16   to be disgusted
simfonie/simfonii s.f. 13   symphony
similaritate/similarități s.f. 17   similarity
simpatic adj. 2   nice, likable
simplu adj. 1   simple
simptom/simptoame s.n. 18   symptom, sign
simț/simțuri s.n. 18   sense, feeling
a simți v.t. 18   to feel, to sense
sincer adj. 2   sincere
singur adj. 4   alone
sirop/siropuri s.n. 18   syrup
   ~ de tuse 18   cough syrup
sistem/sisteme s.n. 4   system
   ~ de învățămînt 4   educational system
   ~ de notare 4   grading system
situație/situații s.f. 11   situation, position
sîmbătă/sîmbete s.f. 5   Saturday
slab adj. 8   thin, slim, lean
a slăbi (esc) v.t. 18   to lose weight, weaken
slăbit adj. 18   weak
slănină/slănini s.f. 7   bacon
slujbă/slujbe s.f. 12   job, service
smîntînă s.f. 7   (sour) cream
a smulge (smuls) v.t. 19   to tear off
soacră/soacre s.f. 11   mother-in-law
soare s.m. 9   sun
sobă/sobe s.f. 8   stove
social adj. 16   social
socru/socri s.m. 11   father-in-law
soldat/soldați s.m. 20   soldier
solemn adj. 17   solemn
soliditate s.f. 6   solidity
solist/soliști s.m. 13   soloist
solistă/soliste s.f. 13   soloist
solniță/solnițe s.f. 8   (salt or pepper) shaker
soluție/soluții s.f. 5   solution

somn/somnuri s.n. 16   sleep
  a-i fi ~ 16   to be sleepy
sondaj/sondaje s.n. 4   poll
sonerie/sonerii s.f. 6   bell (electric)
  ~ la uşă 6   doorbell
soră/ surori s.f. 9   sister
  ~ medicală 18   nurse
a sosi (esc) v.i. 14   to arrive, come
soţ/soţi s.m. 5   husband
soţie/soţii s.f. 5   wife
spanac s.n. 7   spinach
Spania s.f. 1   Spain
a sparge (spart) v.t. 16   to break, crush
spate s.n. 2   back
  în ~ 2   behind
spaţios adj. 5   roomy
spaţiu/spaţii s.n. 14   space
a spăla v.t. 8   to wash
  ~ pe cap 10   to wash one's hair
  ~ pe dinţi 18   to brush one's teeth
  ~ pe jos 16   to wash the floor
  ~ pe mîini 18   to wash one's hands
  ~ rufele 16   to do the laundry
  ~ vasele 8   to wash the dishes
specialist/specialişti s.m. 4   specialist
specialistă/specialiste s.f. 4   specialist
specialitate/specialităţi s.f. 12   speciality
specializat adj. 7   specialized
specific adj. 9   specific
spectacol/spectacole s.n. 2   performance, show
spectator/spectatori s.m. 13   spectator
spectatoare s.f. 13   spectator
a spera v.t. 8   to hope
a speria v.t. 12   to frighten, scare
spiritual adj. 17   spiritual; witty
spiritualitate s.f. 19   spirituality
spital/spitale s.n. 12   hospital
splendid adj. 9   splendid
spontan adj. 16   spontaneous
sport/sporturi s.n. 9   sport
  ~ de echipă 9   team sport
sportiv/sportivi s.m. 9   sportsman
sportivă/sportive s.f. 9   sportswoman
spre prep. 2   toward
  ~ deosebire de 6   unlike
sprinten adj. 17   lively
sprînceană/sprîncene s.f. 18   eyebrow
spumă/spume s.f. 19   foam, lather
a spune (spus) v.t. 3   to say, tell
  nu mai ~ 3   no kidding
a sta v.i. 1   to stay, stand
  a-i ~ bine 15   to look good
  ~ la coadă 7   to stand in line
a stabili (esc) v.t. 16   to establish, ascertain
stadion/stadioane s.n. 9   stadium
stat/state s.n. 12   state, nation
Statele Unite 1   United States

statornicie s.f. 17   stability
statuie/statui s.f. 14   statue
staţie/staţii s.f. 14   bus stop, station
  ~ de autobuz 14   bus stop
  ~ de benzină 14   gas station
stea/stele s.f. 2   star
stereo/stereouri s.n. 3   stereo
stejar/stejari s.m. 14   oak
sticlă/sticle s.f. 7   bottle, glass
stil/stiluri s.n. 6   style
stilou/stilouri s.n. 2   fountain pen
a stinge (stins) v.t. 10   to extinguish, put out
  ~ din viaţă 19   to die
stîncă/stînci s.f. 19   boulder, rock
stînă/stîni s.f. 19   shepherd's hut
stîng adj. 2   left
stofă/stofe s.f. 15   fabric
stomac/stomacuri s.n. 18   stomach
stop/stopuri s.n. 14   stop, traffic light
stradă/străzi s.f. 4   street
străbunic/străbunici s.m. 11   great-grandfather
străbunică/străbunici s.f. 11   great-grandmother
străbunici s.m. 11   great-grandparents
străin adj. 4   foreign, unknown
strălucit adj. 13   brilliant
strămoş/strămoşi s.m. 17   ancestor
a strănuta v.i. 18   to sneeze
strict adj. 4   strict
a striga v.t. 13   to shout, cry out, call
a strînge (strîns) v.t. 16   to squeeze, gather
  ~ masa 16   to clear the table
  ~ recolta 17   to harvest
structural adj. 4   structural
strugure/struguri s.m. 7   grape
student/studenţi s.m. 1   student
studentă/studente s.f. 1   student
a studia (ez) v.t. 4   to study
studiu/studii s.n. 1   study
sub prep. 2   under
subiect/subiecte s.n. 19   subject
a sublinia (ez) v.t. 13   to underline, emphasize
subsol/subsoluri s.n. 5   basement
substantiv/substantive s.n. 1   noun
a substitui v.t. 3   to substitute
subţire (subţiri) adj. 11   slender, slim, thin
suc/sucuri s.n. 8   juice, soft drink
  ~ de portocale 8   orange juice
succes/succese s.n. 13   success
sud s.n. 20   south
  ~ est 20   southeast
Suedia s.f. 1   Sweden
a suferi v.t. 13   to suffer
suficient adj. 16   sufficient
sufix/sufixe s.n. 19   suffix
suflet/suflete s.n. 17   soul, spirit
sufragerie/sufragerii s.f. 5   dining room
a sugera (ez) v.t. 14   to suggest

sugestie/sugestii s.f. 5 suggestion
sugestiv adj. 17 suggestive
suită/suite s.f. 13 suite
a suna v.t. 6 to ring, sound
  ~ de intrare 10 beginning-of-class bell
  ~ de ieşire 10 end-of-class bell
sunet/sunete s.n. 17 sound
supă/supe s.f. 2 soup
a supăra v.t. 16 to annoy, bother; to get angry
superb adj. 3 superb
superficial adj. 13 superficial
superior adj. 11 superior
superlativ adj. 15 superlative
supliment/suplimente s.n. 18 supplement
suplinitor/suplinitori s.m. 3 substitute
suplinitoare s.f. 3 substitute
a supraveghea (ez) v.t. 16 to supervise
supravegheat adj. 16 supervised
supraveghere/supravegheri s.f. 16 control, supervision
a surîde (surîs) v.i. 20 to smile
a surprinde (surprins) v.t. 8 to surprise
surpriză/surprize s.f. 6 surprise
sursă/surse s.f. 13 source
sus adv. 7 up
  în ~ 7 upright
a susţine (susţinut) v.t. 16 to sustain
sută/sute s.f. 7 hundred

Ş

şah/şahuri s.n. 9 chess
şaisprezece num. 3 sixteen
şaizeci num. 4 sixty
şampanie/şampanii s.f. 8 champagne
şampon/şampoane s.n. 18 shampoo
şapte num. 3 seven
şaptesprezece num. 3 seventeen
şaptezeci num. 4 seventy
şarpe/şerpi s.m. 19 snake
şase num. 3 six
şaten adj. 11 brown-haired
şcoală/şcoli s.f. 4 school
şcolar adj. 19 school, scholastic
  inspector ~ 19 school inspector
şedinţă/şedinţe s.f. 7 meeting
şef/şefi s.m. 12 chief, boss
şefă/şefe s.f. 12 chief, boss
şemineu/şeminee s.n. 6 fireplace
şerveţel/şerveţele s.n. 8 napkin
şi conj., adv. 3 and, also, too
şniţel/şniţele s.n. 8 schnitzel, cutlet
şoarece/şoareci s.m. 11 mouse
şofer/şoferi s.m. 14 driver
şoferiţă/şoferiţe s.f. 14 driver
şosea/şosele s.f. 14 highway
şpriţ/şpriţuri s.n. 8 wine and soda
ştergar/ştergare s.n. 17 (woven) towel

a şterge (şters) v.t. 8 to erase, dry, wipe
  ~ pe picioare 18 to wipe one's feet
  ~ praful 16 to dust
  ~ vasele 8 to dry the dishes
a şti (ştiut) v.t. 5 to know
ştiinţă/ştiinţe s.f. 1 science, knowledge
  ~ economice 1 economics
  om de ~ 14 scientist
ştrand/ştranduri s.n. 5 swimming area
ştrudel/ştrudele s.n. 8 strudel
şuncă/şunci s.f. 7 ham
şură/şuri s.f. 17 barn

T

tabără/tabere s.f. 15 camp
tablă/table s.f. 2 blackboard; (pl.) backgammon
tablou/tablouri s.n. 3 painting, picture
tacîm/tacîmuri s.n. 8 silverware
talentat adj. 2 talented
tampon/tampoane s.n. 19 blotter, buffer
tanti s.f. 11 aunt(ie)
tarabă/tarabe s.f. 14 stand, stall, booth
tare (tari) adj. 8 strong, tough, loud
  voce ~ 20 loud voice
tată/taţi s.m. 2 father
tavan/tavane s.n. 17 ceiling
tavă/tăvi s.f. 6 tray
taxă/taxe s.f. 4 tax, tuition
  ~ la universitate 4 tuition, fees
a tăcea (tăcut) v.i. 16 to be/keep silent
  ~ din gură to shut up
a tăia v.t. 7 to cut
teatru/teatre s.n. 1 theater
tehnician/tehnicieni s.m. 1 technician
tehniciană/tehniciene s.f. 1 technician
tei s.m. 18 linden (tree)
telefon/telefoane s.n. 3 telephone
  ~ public 3 public telephone
a telefona (ez) v.i. 14 to telephone, call
telegramă/telegrame s.f. 10 telegram
televiziune/televiziuni s.f. 16 television
televizor/televizoare s.n. 3 television
  ~ în culori 3 color television
  ~ alb-negru 3 black-and-white television
temă/teme s.f. 2 theme, homework
a teme (temut) v.r. 19 to be afraid
temperatură/temperaturi s.f. 18 temperature
templu/temple s.n. 17 temple
tenis s.n. 9 tennis
teracotă/teracote s.f. 17 terra cotta
terapeutic adj. 18 therapeutic
teren/terenuri s.n. 9 ground, field
  ~ de tenis 9 tennis courts
teritoriu/teritorii s.n. 1 territory
termen/termeni s.m. 17 term
a termina v.t. 10 to finish, end

termometru/termometre s.n. 18   thermometer
termos/termosuri s.n. 15   thermos
text/texte s.n. 10   text
tigaie/tigăi s.f. 8   frying pan
tigru/tigri s.m. 2   tiger
timid adj. 2   timid, shy
timp/timpuri s.n. 3   time
   în ~ ce 7   while
a tinde (tins) v.i. 5   to tend, drawn to
tinereţe/tinereţi s.f. 20   youth
tip/tipuri s.n. 5   type
tipic adj. 11   typical
titlu/titluri s.n. 6   title
tîmplar/tîmplari s.m. 12   carpenter
tîmplă/tîmple s.f. 13   temple (anat.)
tînăr/tineri s.m. 4   young man, young people (pl.)
tînăr adj. 5   young
tînără/tinere s.f. 4   young woman
tîrg/tîrguri s.n. 19   fair, deal; hamlet
tîrziu adv. 5   late
   mai ~ 11   later
toamnă/toamne s.f. 7   autumn, fall
a toarce (tors) v.t. 17   to spin
tocană/tocane s.f. 8   stew
tocmai adv. 15   just, precisely
tolerant adj. 4   tolerant
torent/torente s.n. 14   torrent
tort/torturi s.n. 2   cake
tot adj. 9   all
tot adv. 9
   ~ aşa de . . . ca 11   as . . . as
   ~ atît de . . . ca 11   as . . . as
   ~ mai mult 18   more and more
total/totaluri s.n. 7   total, whole
totuşi adv., conj. 5   still, however, nevertheless
tractor/tractoare s.n. 17   tractor
tradiţie/tradiţii s.f. 9   tradition
tradiţional adj. 17   traditional
traducătoare s.f. 12   translator
traducător/traducători s.m. 12   translator
a traduce (tradus) v.t. 10   to translate
traducere/traduceri s.f. 11   translation
a trage (tras) v.t. 19   to draw, pull
   ~ foloase 19   to take advantage
tragic adj. 13   tragic
traistă/traiste s.f. 10   peasant bag
trandafir/trandafiri s.m. 6   rose
a transpira v.i. 18   to sweat, perspire
transpiraţie/transpiraţii s.f. 12   perspiration, sweat
transport/transporturi s.n. 5   transportation
a traversa (ez) v.t. 14   to cross
a trăi (esc) v.i. 11   to live
treabă/treburi s.f. 16   task, thing, work
a trebui v.i. 7   to need, be necessary
trecătoare s.f. 14   passerby
trecător (trecători, trecătoare) adj. 14   passing, temporary
trecător/trecători s.m. 14   passerby

a trece (trecut) v.i. 7   to pass
   ~ pe la 7   to pass by, stop by
trecere/treceri s.f. 14   passing, crossing
   ~ de pietoni 14   pedestrian crossing
trei num. 3   three
treisprezece num. 3   thirteen
treizeci num. 4   thirty
tren/trenuri s.n. 11   train
treptat adv. 11   gradually
a trezi (esc) v.t. 12   to wake up
tricou/tricouri s.n. 9   T-shirt
trilogie/trilogii s.f. 17   trilogy
trimestrial adv. 4   quarterly
trimestru/trimestre s.n. 6   quarter, trimester
   ~ trecut 6   last quarter
   ~ viitor 9   next quarter
a trimite (trimis) v.t. 12   to send
trist adj. 2   sad
triumf/triumfuri s.n. 5   triumph, victory
triunghi/triunghiuri s.n. 5   triangle
a trînti (esc) v.t. 19   to throw
troiţă/troiţe s.f. 17   wayside cross, shrine
troleibuz/troleibuze s.n. 14   trolley
trompetă/trompete s.f. 13   trumpet
trompetist/trompetişti s.m. 13   trumpet player
trompetistă/trompetiste s.f. 13   trumpet player
trotuar/trotuare s.n. 14   sidewalk
trup/trupuri s.n. 19   body
tu pron. 1   you
tufă/tufe s.f. 14   bush
turbat adj. 13   rabid, mad
Turcia s.f. 1   Turkey
turist/turişti s.m. 1   tourist
turistă/turiste s.f. 1   tourist
turistic adj. 7   tourist
a tuşi (esc) v.i. 18   to cough

Ţ

Ţara Galilor 1   Wales
ţară/ţări s.f. 1   country
   la ~ 2   in the country
ţăran/ţărani s.m. 11   countryman, peasant
ţărancă/ţărance s.f. 11   countrywoman, peasant
ţărănesc (ţărănească, ţărăneşti) adj. 17   rural, rustic
ţărm/ţărmuri s.n. 9   shore
ţelină/ţelini s.f. 7   celery
ţesătură/ţesături s.f. 17   woven cloth
a ţese (ţesut) v.t. 17   to weave
ţigară/ţigări s.f. 14   cigarette
ţiglă/ţigle s.f. 17   ceramic tile
a ţine (ţinut) v.t. 4   to hold, keep
   ~ minte 4   to remember
ţinut/ţinuturi s.n. 10   area, region
a ţipa v.i. 13   to scream, yell
ţuică/ţuici s.f. 8   plum brandy

U

uimit adj. 20   amazed, astonished, surprised
a uita v.t. 12   to forget
  a se ~ 12   to look (at)
uite interj. 3   look
ulei/uleiuri s.n. 7   oil
uliţă/uliţe s.f. 17   lane, narrow street
ultim adj. 12   last
  ultima oară 13   the last time
uman adj. 4   human
umăr/umeri s.m. 18   shoulder
a umbla v.i. 9   to go, walk
umbră/umbre s.f. 9   shade, shadow
umbrelă/umbrele s.f. 18   umbrella
umor s.n. 12   humor
a umple (umplut) v.t. 14   to fill
umplut adj.   stuffed
un art. 2   a, an
  ~ miliard 7   one billion
  ~ motiv în plus 14   one more reason
unchi/unchi s.m. 11   uncle
unde adv. 1   where
undeva adv. 6   somewhere
uneori adv. 2   sometimes
Ungaria s.f. 1   Hungary
unghi/unghiuri 5   angle
unghie/unghii s.f. 5   nail
uniformă/uniforme 15   uniform
unire/uniri s.f. 19   union
unitate/unităţi s.f. 16   unit, unity
uniune/uniuni s.f. 11   union
universal adj. 6   general, universal
universitar adj. 4   university
universitate/universităţi s.f. 1   university
unsprezece num. 3   eleven
unt s.n. 7   butter
unu num. 3   one
  ~ la sută 12   one percent
a ura (ez) v.t. 20   to wish
urare/urări s.f. 14   congratulations, wishes
ură/uri s.f. 19   hatred
a urca v.t. 13   to climb
urcior/urcioare s.n. 17   pitcher
ureche/urechi s.f. 5   ear
urît adj. 9   ugly
  a-i fi ~ 16   to be lonely
  e ~ afară 9   the weather is bad
a urla v.i. 19   to howl
urmare/urmări s.f. 13   effect, consequence
a urma (ez) v.t. 12   to follow
a urmări (esc) v.t. 13   to follow, pursue
următor (următori, următoare) adj. 4   following, next
urs/urşi s.m. 4   bear
a usca v.t. 19   to dry
util adj.   useful
usturoi s.m. 7   garlic
uşă/uşi s.f. 2   door

uşor adj. 11   light, easy
  mai ~ 11   lighter, easier
uzină/uzine s.f. 11   factory, plant

V

vacant adj. 12   vacant
vacanţă/vacanţe s.f. 9   vacation
vacă/vaci s.f. 17   cow
  carne de ~ 7   beef
val/valuri s.n. 14   wave
vale/văi s.f. 17   valley
valiză/valize s.f. 14   suitcase
valoare/valori s.f. 7   value
a valorifica v.t. 19   to turn to good account
vamă/vămi s.f. 20   customs
vameş/vameşi s.m. 20   customs officer
vanilie/vanilii s.f. 11   vanilla
vapor/vapoare s.n. 11   ship, boat
vară/veri s.f. 4   summer
variat adj. 6   varied, various
varietate/varietăţi s.f. 17   variety
vas/vase s.n. 8   dish, vessel; ship
vast adj. 17   vast, large
vatră/vetre s.f. 17   hearth, fireplace
vază/vaze s.f. 6   vase
văduv/văduvi s.m. 11   widower
văduvă/văduve s.f. 11   widow
văr/veri s.m. 11   cousin
veche (vechi) adj.   old (of things)
vecin/vecini s.m. 13   neighbor
vecină/vecine s.f. 13   neighbor
a vedea (văzut) v.t. 6   to see
vedere/vederi s.f. 12   sight, view; picture postcard
a veni v.t. 5   to come
  a-i ~ bine 15   to fit
venire/veniri s.f. 19   arrival, coming
verde (verzi) adj. 7   green
a verifica v.t. 12   to check, verify
verificare/verificări s.f. 6   verification
verişoară/verişoare s.f. 11   cousin
vers/versuri s.n. 17   verse, poetry
versant/versante s.n. 19   slope
vesel adj. 2   cheerful, joyful
veselie/veselii s.f. 10   cheerfulness, joy
vestă/veste s.f. 17   vest
veste/veşti s.f. 3   news
  ~ bună 3   good news
  ~ proastă/rea 3   bad news
vestimentaţie/vestimentaţii s.f. 15   clothing
vestit adj. 10   famous
veşnic adj. 18   eternal, everlasting
viaţă/vieţi s.f. 1   life
victorie/victorii s.f. 19   victory
vie/vii s.f. 17   vineyard
viitor (viitori, viitoare) adj. 9   future

vin/vinuri s.n. 3   wine
a vinde (vîndut) v.t. 7   to sell
vineri s.f. 5   Friday
vioară/viori s.f. 13   violin
violoncel/violoncele s.n. 13   cello
violoncelist/violoncelişti s.m. 13   cello player
violoncelistă/violonceliste s.f. 13   cello player
violonist/violonişti s.m. 13   violin player
violonistă/violoniste s.f. 13   violin player
viorea/viorele s.f. 14   violet
virgulă/virgule s.f. 7   comma
vis/visuri s.n. 13   dream
a visa (ez) v.t. 16   to dream
   ~ cu ochii deschişi 16   to daydream
viscol/viscole s.n. 9   blizzard
vişinată/vişinate s.f. 8   cherry brandy
vitamină/vitamine s.f. 18   vitamin
viteză/viteze s.f. 14   speed
vitrină/vitrine s.f. 3   shop window, showcase
viţă/viţe s.f. 17   vine
   ~ de vie 17   vineyard
viţel/viţei s.m. 7   calf, veal
a viza (ez) v.t. 14   to refer to; to issue a visa
vizitator/vizitatori s.m. 14   visitor, guest
vizită/vizite s.f. 6   visit
   a merge în ~ 5   to visit
vînătă (vinete) s.f. 7   eggplant
vînătoare/vînători s.f. 9   hunting
vînt/vînturi s.n. 9   wind
   a fi ~ 9   to be windy
vînzare/vînzări s.f. 5   sale
vînzătoare s.f. 7   saleswoman
vînzător/vînzători s.m. 7   salesman
vîrf/vîrfuri s.n. 19   peak, summit
vîrstă/vîrste s.f. 11   age
   a fi în ~ 14   to be old
vlădică/vlădici s.m. 2   bishop
vocabular/vocabulare s.n. 1   vocabulary
voce/voci s.f. 11   voice

voie/voi s.f. 1   permission, wish, will
voiaj/voiajuri s.n. 13   travel
voinic adj. 11   vigorous, robust
volei, voley s.n. 9   volleyball
volum/volume s.n. 14   volume
voluntar adj. 19   voluntary
vorbă/vorbe s.f. 1   word
a vorbi (esc) v.t. 9   to speak
a vrea (vrut) v.t. 4   to want, wish
vreme/vremuri s.f. 9   time, weather
vreodată adv. 12   ever, sometime
vreun, vreo adj.   some, any

Z

zahăr s.n. 7   sugar
zăpadă/zăpezi s.f. 9   snow
zău interj. 13   really, so
zbîrcit adj. 19   wrinkled
zbor/zboruri s.n. 20   flight
a zbuciuma v.r. 19   to struggle, be agitated
a zbura v.i. 20   to fly
zece num. 3   ten
zero/zerouri s.n. 16   zero
zestre s.f. 17   dowry
zi/zile s.f. 5   day
   ziua de Anul Nou 9   New Year's Day
   ziua de naştere 9   birthday
   ziua onomastică 9   name day
ziar/ziare s.n. 2   newspaper
ziarist/ziarişti s.m. 12   journalist
ziaristică s.f. 1   journalism
zicală/zicale s.f. 18   saying
a zice (zis) v.t. 11   to say
zid/ziduri s.n. 20   wall
zilnic adv. 1   daily
a zîmbi (esc) v.i. 14   to smile
zîmbitor (zîmbitori, zîmbitoare) adj. 19   smiling
zmeură s.f. 7   raspberry
zonă/zone s.f. 14   zone, area

English-Romanian Vocabulary

A

a, an un, o, vreun, vreo
aberration aberaţie
about cam, despre, prin
above deasupra
abroad în străinătate
abrupt brusc
abundance belşug
accept a accepta
accident accident
accompany a însoţi
accomplish a îndeplini, a realiza
accountant contabil
accuse a acuza
accustom to a (se) obişnui
act a acţiona, a proceda
activity activitate
add a adăuga, a aduna
address a adresa
admire a admira
admit a admite; a permite; a recunoaşte
advance a avansa, a înainta, a promova
advantage; to take ~ of avantaj; a profita de
advantageous avantajos, rentabil
advertisement anunţ, reclamă
advice sfat
advise a sfătui
affection afecţiune, dragoste
affectionate afectuos, duios
affirm a afirma
afraid speriat, temător
after după
afternoon după amiază, după masă
afterward apoi, pe urmă
again iar, din nou
against contra, împotriva, în opoziţie
age etate, vîrstă
agitate a agita, a mişca
ahead înainte

air aer
airplane avion
airport aeroport
album album
all tot, toţi, toată, toate
allow a admite, a permite
alone singur
along de-a lungul
already deja
also de asemenea
altar altar
although cu toate că, deşi
always întotdeauna, mereu
amazed uimit
ambitious ambiţios
amiable amabil, bun
among între, printre
amusing amuzant, mucalit, nostim
ancestor străbun, strămoş
ancient antic
and şi
angel înger
anger (noun) mînie
anger (verb) a mînia, a supăra
animal animal
ankle gleznă
announce a anunţa
annoy a enerva, a mînia, a supăra
answer (noun) răspuns
answer (verb) a răspunde
antiquity antichitate
anyhow în orice caz, oricum
anyone oricare, oricine
anything orice
anytime oricînd
anyway în orice caz, oricum
anywhere oriunde
apartment building bloc
appear a apărea, a figura
appetite poftă de mîncare

385

appetizer   aperitiv, gustare
applaud   a aplauda
apple; ~ tree   măr; măr (copac)
application   cerere
apply   a aplica; a cere, a solicita
appointment   întîlnire
appreciate   a aprecia, a evalua
approach   a apropia
apricot   caisă
architecture   arhitectură
area   arie, suprafaţă, ţinut
arm   braţ
armchair   fotoliu
around   împrejur, în jur
arrange   a aranja
arrival   sosire, venire
arrive   a ajunge, a sosi
art; ~ work of   artă; operă
article   articol
as   aşa, ca
as soon as   de îndată ce
as well   de asemenea
ask; ~ a question   a cere; a întreba
aspect   aspect, înfăţişare
aspiration   aspiraţie, năzuinţă
assert   a afirma
assigned   repartizat
assure   a asigura, a garanta
at   la, în
atmosphere   atmosferă
at the same time   în acelaşi timp, totodată
athlete   atlet
athletic   atletic, sportiv
attack   a ataca
attempt (noun)   încercare, tentativă
attention   atenţie, grijă
attentive   atent
attic   mansardă, pod al casei
attitude   atitudine
attorney   avocat, jurist
auditorium   aulă, sală de spectacole
aunt   mătuşă, tanti
authentic   autentic
author   autor
autumn   toamnă
average   medie
avoid   a evita, a se feri de
aware   conştient
awful   groaznic, îngrozitor

B

back   înapoi, spate
back yard   curte
backpack   rucsac
backward   înapoi
bacon   slănină

bad   rău
bad luck   ghinion
bag; net ~; shopping ~   pungă; plasă; sacoşă
baggage   bagaj
bake   a coace
balcony   balcon
ball   minge
banana   banană
bank; ~ of a river   bancă; mal
baptize   a boteza
barber   frizer, coafor
barefoot   desculţ
bark (verb)   a lătra
barn   şură
basket   coş
bath, bathroom   baie, cameră de baie
battle   bătălie, luptă
be   a fi, a exista
beach   plajă, litoral
beam   grindă, traversă; rază
bean   bob, fasole
bear (noun)   urs
beard   barbă
beat   a bate, a izbi, a lovi
beautiful   frumos
beauty   frumuseţe
because   fiindcă, pentru că
become   a deveni
bed   pat
bedroom   dormitor
beer   bere
before   înainte
begin   a începe
beginning; in the ~   început; inţial, la început
behave   a se comporta
beige   bej
being   fiinţă
belief   credinţă, convingere
believe   a crede
bell   clopot
belly   burtă
belong   a aparţine
below   dedesubt, jos, sub
belt   curea, cordon
bench   bancă
benefit (from)   a profita (de)
benevolence   bunăvoinţă, binefacere
bent over   gîrbovit
beside   alături de, lîngă
between   între, dintre
beverage   băutură
beyond   dincolo de, peste
bicycle   bicicletă
big   mare
billion   bilion, miliard
bind   a lega
bird   pasăre

birth naştere
bitter amar, amărît
black negru
blackboard tablă
blame a acuza, a condamna
blanket cuvertură, pătură
blessing binecuvîntare
blind orb
blizzard viscol
block bloc
blood sînge
blossom (verb) a înflori
blouse bluză
blotter tampon
blue albastru
blueberries afine
boat barcă
body corp, trup
boil a fierbe
bologna parizer
bone os
book carte
bookkeeper contabil
bookshelf etajeră, raft de cărţi
bookstore librărie
boot bocanc, cizmă, gheată
booth chioşc
bordered încadrat
borrow a împrumuta
bosom piept, sîn
boss şef, şefă
both ambii, amîndoi
bother a deranja, a mînia, a supăra
bottle sticlă
boulder bolovan, stîncă
boulevard bulevard
bouquet buchet
box cutie, ladă
boy băiat
bracelet brăţară
brain creier
brake frînă
branch ramură
brave curajos
bread pîine
break (noun) pauză
break (verb) a sparge
breakfast micul dejun
breast piept, sîn
bride mireasă
bridegroom mire
bridge pod
briefcase servietă
brilliant strălucit
bring a aduce
bring near a apropia
broad larg

brother frate
brother-in-law cumnat
brown maro
brown-haired şaten
brush perie
bud boboc
build a clădi, a construi
building clădire, construcţie
bun chiflă
burn a arde
bus; intercity ~ autobuz; autocar
bus stop staţie (de autobuz)
business afacere, treabă
busy ocupat
but ci, dar, iar, însă
butter unt
button nasture
buy a cumpăra
by în apropiere, lîngă
by all means desigur, neapărat
by the way apropo

C

cabbage varză
cabbage roll sarma
cabin cabană, colibă
cafeteria cantină
cake tort
calf viţel
call a chema, a striga, a telefona
calm calm, liniştit
camomile muşeţel
camp tabără
can a putea
candidate candidat
candle lumînare
candleholder sfeşnic
canoeing canotaj
cantaloupe cantalup
car maşină
care grijă
career carieră
careful atent, îngrijit, prudent
caress a alinta, a mîngîia
carol colindă
caroler colindător
carp crap
carpenter tîmplar
carry a duce
carry out a îndeplini, a realiza
case caz
cash bani, numerar
castle castel
cat pisică
catch a prinde
categorical categoric

category   categorie
cauliflower   conopidă
cause   cauză
caviar   icre
cease   a înceta
celebrate   a comemora, a sărbători
celery   ţelină
cellar   pivniţă
center   centru, mijloc
century   secol, veac
certainly   desigur, neapărat
chain   lanţ
chair   scaun
chalk   cretă
champion   campion
chance   întîmplare, şansă
change; ~ one's mind   a schimba; a se răzgîndi
chaos   haos
chaotic   haotic
chapter   capitol
character   caracter, personaj; natură, fire
characteristic   caracteristic, trăsătură caracteristică
charm (noun)   farmec, vrajă
charm (verb)   a încînta
charming   drăguţ, fermecător, dulce
chase away   a alunga, a goni
cheap   ieftin
cheat   a înşela
check   a controla, a verifica
cheek   obraz
cheerful   vesel, voios
cheese   brînză
chemistry   chimie
chess   şah
cherry   cireaşă, vişină
cherry brandy   vişinată
chest; ~ of drawers   piept; scrin
chicken   pui
chief   şef, şefă
child   copil
childhood   copilărie
choir   cor
choose   a alege, a selecţiona
Christmas carol   colindă de Crăciun
church   biserică
cigarette   ţigară
cinema   cinematograf
circle   cerc
circle (folk) dance   horă
circulate   a circula
circulation   circulaţie
circumstance   împrejurare
circus   circ
citizen   cetăţean
city   oraş
city hall   primărie
civilization   civilizaţie

civilized   civilizat, politicos
clarification   clarificare
clarify   a clarifica
class   clasă
classmate   coleg, colegă (de clasă)
clay   lut
clean (verb)   a curăţa
clean   curat
cleaning   curăţenie
clear   clar, limpede, senin
clever   deştept
climate   climă, climat
climb   a urca
clock   ceas
close (verb)   a închide
close   aproape, în apropiere
cloud   nor
cloudy   înnorat
cloth   pînză, stofă
clothing   vestimentaţie, îmbrăcăminte
coast   litoral
coat   haină
coffee   cafea
coffeeshop   cafenea, cofetărie
coin   ban
cold (noun); catch ~   guturai; a răci
cold   rece
cold cuts   mezeluri
collaborate   a colabora
collar   guler
colleague   coleg, colegă
collection   colecţie
collective   colectiv
color   culoare
comb (noun)   pieptene
comb (verb)   a pieptăna
come; ~ in   a veni; a intra
come on!   hai, haide
comedy   comedie
comfortable   confortabil
comma   virgulă
comment   a comenta
commerce   comerţ
committee   comitet
company   firmă, întreprindere
compare   a compara
compassion   milă
competition   concurs
complete   a completa
complication   complicaţie
compose   a compune
computer   computer
concern   grijă
concert   concert
conclusion   concluzie, încheiere
concrete   beton
condemn   a condamna

condition   condiţie
conduct   a dirija
conductor   dirijor
confess   a mărturisi
confidence   încredere
conform   a se conforma
confront   a confrunta, a înfrunta
confrontation   confruntare
confuse   a confunda
confusion   confuzie
congratulate   a felicita
congratulations   felicitare, urare
conjugate   a conjuga
connection   legătură
conquer   a cuceri
conscience   conştiinţă
conscientious   conştiincios
conscious   conştient
consent   consimţămînt
consequence   consecinţă
consider   a considera, a gîndi
construct   a construi
construction   construcţie
consult   a consulta
consultation   consultaţie
contain   a conţine
contemporary   contemporan
content (noun)   conţinut
content   mulţumit
continue   a continua
contradict   a contrazice
contribute   a contribui
control   a controla, a stăpîni
conversation   convorbire, discuţie
convince   a convinge
cook (verb)   a găti
coop   coteţ
copy   copie
core   miez, mijloc
corn   porumb
corner   colţ
cornmeal dish   mămăligă
correct (verb)   a corecta
correct   corect
cost   a costa
costume   costum
cotton   bumbac
couch   canapea
cough   a tuşi
council   consiliu
counsel   sfat
count; ~ on   a număra; a conta pe
counter   ghişeu
country   ţară
country lad   flăcău
county   judeţ
couple   pereche

courage   curaj
courageous   curajos
course   curs
cousin   văr, verişoară
cover   a acoperi
cow   vacă
coward   laş
cowardly   fricos
cradle   leagăn
crazy; go ~   nebun; a înnebuni
cream; sour ~   cremă; smîntînă
create   a crea
crepe   clătită
crisis   criză
criterion   criteriu
critical   critic
criticize   a critica
cross (noun)   cruce
cross (verb)   a traversa
crowd   mulţime
crust   coajă
cry   a plînge
cucumber   castravete
cuff   manşetă
cultivate   a cultiva
culture   cultură
cup   ceaşcă, cupă
curious   curios
curly   creţ
current   actual; curent
curtain   cortină, perdea
curve   curbă
custom   obicei
customer   client, cumpărător
customs   vamă
cut   a tăia
cute   drăgălaş, drăguţ, fermecător
cynic   cinic
cynicism   cinism

D

daily   zilnic
dance (noun)   dans, joc
dance (verb)   a dansa
danger   pericol, primejdie
dare   a îndrăzni
dark   întunecat, întuneric, pe întuneric
date (time)   dată
date (appointment)   întîlnire
daughter   fiică
daughter-in-law   noră
day   zi
day after tomorrow   poimîine
day before yesterday   alaltăieri
dead   mort

deaf   surd
dean   decan
dear   drag
decay (noun)   decădere
deceive   a înşela
December   decembrie
decide   a decide, a hotărî
decision   decizie
declare   a declara
declaration   declaraţie
decline   decădere
decor   decor
decree   decret
dedicate   a dedica
dedication   dedicaţie
deep   adînc
defeat   a învinge
defend   a apăra
degree (academic)   licenţă
delicate   delicat
delicious   delicios
delight   a încînta
delta   deltă
demonstrate   a demonstra
demoralize   a demoraliza
dense   compact, dens
depart   a pleca
department; university ~   raion; facultate
departure   plecare
depend on   a depinde de
depressed   deprimat
descend   a coborî
describe   a descrie
deserve   a merita
desire (noun)   dorinţă
desire (verb)   a dori
desk   birou
dessert   desert
destiny   destin, soartă
detail   amănunt, detaliu
detailed   amănunţit
determine   a determina
detest   a detesta, a urî
detestable   detestabil
develop   a (se) dezvolta
devoted   devotat
dialogue   dialog
diary   jurnal zilnic
dictionary   dicţionar
die   a muri
diet   dietă, regim
difference   deosebire, diferenţă
different   deosebit, diferit
difficult   dificil, greu
dig   a săpa
dignity   demnitate
dimension   dimensiune

dine   a lua masa
dining hall   cantină
dining room   sufragerie
diploma   diplomă
direct (verb)   a dirija
direct   direct
direction   direcţie
director   director, regizor
dirt   gunoi
dirty   murdar
disadvantage   dezavantaj
disappear   a dispărea
disaster   dezastru
discipline   disciplină
discontented   nemulţumit
discourage   a descuraja
discouraged   descurajat
discover   a descoperi
discreet   discret
discuss   a discuta
discussion   convorbire, discuţie
disgusting   dezgustător
dishonest   necinstit
disobedient   neascultător
disorganized   dezordonat
disparate   disperat
distance   depărtare, distanţă
distant   îndepărtat
distinction   deosebire
distinguished   distins
disturb   a deranja
divide   a despărţi, a dezbina, a împărţi
do; ~ again   a face; a reface
doctor   doctor
doctoral candidate   doctorand
dog   cîine
doll   păpuşă
domain   domeniu
domestic   casnic, domestic
dominate   a domina, a stăpîni
door   uşă
doorway   prag
double   dublu
doubt   dubiu, îndoială
down   jos
downcast   amărît
dozen   duzină
draft   curent
dreadful   îngrozitor
dream (noun)   vis
dream (verb)   a visa
dress (noun)   rochie
dress (verb)   a (se) îmbrăca
dressing gown   capot, halat
drink (noun)   băutură
drink (verb)   a bea
drive   a conduce

driver şofer
drop picătură
drug doctorie, medicament
dry (verb) a (se) usca
dry sec, uscat
duck raţă
due to datorită, graţie, mulţumită
duration durată
dye a vopsi, a colora

E

each; ~ semester fiecare; semestrial
eager dornic
ear ureche
early devreme
earn a cîştiga
earring cercel
earth pămînt
east est, răsărit
Easter Paşti
easy uşor
eat a mînca
echo ecou
economical economic
economy economie
edge margine
edition ediţie
educate a educa, a instrui
education educaţie, învăţămînt
effect efect
efficiency apartment garsonieră
effort efort
egg ou
eggplant vînătă
eight opt
either; ~ . . . or oricare; ori . . . ori
elbow cot
electrician electrician
electricity electricitate
elegant elegant
elegiac folk song doină
elementary elementar
elementary school teacher învăţător
elevator lift
eliminating eliminatoriu
elsewhere în altă parte
embassy ambasadă
embrace a (se) îmbrăţişa
embroider a broda
emigrate a emigra
emotion emoţie
emperor împărat
employe salariat
empty (verb) a goli
empty gol
enclose a împrejmui

encompass a cuprinde
encourage a încuraja
end (noun) sfîrşit
end (verb) a sfîrşi, a termina
endure a îndura, a suferi
enemy duşman
energetic energic
energy energie
engage a angaja
engineer inginer
English englez, englezeşte
Englishman; Englishwoman englez; englezoaică
enjoy a se distra
enlarge a mări
enmity duşmănie
enormous enorm
enough destul, suficient
enrich a (se) îmbogăţi
enter a intra
enthusiastic entuziast
entrance intrare
envelope plic
epoch epocă
equal egal
equality egalitate
equipment echipament
era epocă
erase a şterge
error eroare, greşeală
escape a scăpa
especially în special, îndeosebit, mai ales
essay eseu, referat
essential esenţial
establish a înfiinţa, a întemeia, a stabili
ethical etic
even chiar
evening seară, noapte
event eveniment, întîmplare
every fiecare, toţi
everybody toţi, toată lumea
everything tot, toate
everywhere pretutindeni, peste tot
exact exact
exaggerate a exagera
examine a cerceta, a examina
examination examen
example exemplu
excellent excelent
except (for) în afară de
excessive excesiv
exchange schimb
excited emoţionat
excitement emoţie
excursion excursie
excuse (noun) scuză
excuse (verb) a (se) scuza
exercise (noun) exerciţiu

exhausted   epuizat
exhibition   expoziţie
exist   a exista
existence   existenţă
exit (noun)   ieşire
exit (verb)   a ieşi
expense   cheltuială
expensive   scump
experience   experienţă
explain   a explica
explanation   explicaţie
express   a exprima
expression   expresie
eye   ochi
eyebrow   sprînceană
eyeglasses   ochelari
eyelash   geană

F

face   faţă
fact   fapt, întîmplare
factory   fabrică, uzină
failing student   repetent
failure   eşec
fairy tale   basm
fall   a cădea
false   fals
family   familie
famous   celebru, vestit
far (from)   departe (de)
farm   fermă
fascinate   a fascina
fashion   modă
fast   repede
fat   gras
fate   destin, soartă
father   tată, părinte
father-in-law   socru
fatherland   patrie, ţară
fatten   a (se) îngrăşa
fault   vină
favor   favoare
fear   frică, groază, spaimă
fearful   fricos
February   februarie
feed   a hrăni
feel   a (se) simţi
feeling   sentiment
fence   gard
ferocious   feroce, sălbatic
feta cheese   brînză telemea
fever   febră
few   puţin
fiance   logodnic
field   cîmp; domeniu
fight (noun)   bătălie, luptă

fight (verb)   a (se) lupta
figure (number)   cifră
film   film
filthy   murdar
finally   în sfîrşit
find; ~ out   a găsi; a afla, a constata
finger   deget
fir   brad, pin
fire (from a job)   a concedia
fireplace   cămin, şemineu
firm (noun)   firmă, întreprindere
first   întîi, mai întîi
fish (noun)   peşte
fish (verb)   a pescui
fist   pumn
fit; ~ into   a încăpea; a (se) potrivi
flag   steag, drapel
flame   flacără
flatter   a flata, a linguşi
floor   duşumea, etaj
flour   făină
flow   a curge
flower   floare
flowerpot   ghiveci
flu   gripă
fluently   cursiv, fluent
flute   flaut
flutist   flautist
fly   a zbura
foam   spumă
fog   ceaţă
folk dance   horă
follow   a urma, a urmări
following   următor
food   aliment, hrană, mîncare
foolish   prost
football   fotbal
for   pentru; de, fiindcă
for a long time   îndelung
for the time being   deocamdată
forbid   a interzice
force   forţă
forefather   străbun, strămoş
forehead   frunte
foreign   străin
foresee   a prevedea
forest   codru, pădure
forget   a uita
forgive   a ierta
fork   furculiţă
form   a forma
former   fost
formulate   a formula
fortress   cetate
forward   înainte
fountain pen   stilou
four   patru

fourteen   paisprezece
fox   vulpe
frail   firav, debil
frame   ramă
framed   încadrat
free (verb)   a elibera
free; ~ of charge   liber; gratis
freedom   libertate
freeze   a îngheţa
freezer   congelator
French   francez, franţuzeşte
fresh   proaspăt
Friday   vineri
friend   prieten
frighten   a speria
frightful   înfiorător
from   din, de, de la
from (the) outside   dinafară
from time to time   din cînd în cînd
front   faţă
frost   brumă, ger
fruit   fruct
fry   a prăji
frying pan   tigaie
full   plin
fun   distracţie, glumă, haz
function   funcţie
funny   amuzant, mucalit, nostim
fur   blană
furniture   mobilă, mobilier
further   mai departe, următor
future   viitor

G

gain   a cîştiga
gallery   galerie
game   joc, meci
garage   garaj
garbage   gunoi
garden   grădină
garlic   usturoi
gas   gaz
gate   poartă
gather   a aduna, a culege
general   general
generally   în general
generation   generaţie
generous   darnic, generos
gentle   blînd, domol
gentleman   domn
geography   geografie
German   neamţ, nemţesc
gesture   gest
get   a aduce, a ajunge, a deveni, a lua, a primi
get down   a coborî
get up   a se scula

giant   uriaş
gift   cadou
girl   fată
give   a da
give birth   a naşte
glad   bucuros
glass   pahar, sticlă
glove   mănuşă
go   a merge
go away   a pleca
go in   a intra
go out   a ieşi
go to bed   a se culca
goal   scop
goat   capră
God   Dumnezeu
godfather   naş
godmother   naşă
gold   aur
good   bun, bine
good-bye   la revedere, rămas bun
good luck   noroc
goods   marfă
goose   gîscă
goodwill   binefacere, bunăvoinţă
government department   minister
grace   graţie
grade (academic)   notă
gradually   treptat
graduate   a absolvi
grain   cereală
grammar   gramatică
grandfather   bunic
grandmother   bunică
grandparents   bunici
grandson   nepot
grapes   struguri
grass   iarbă
grateful   recunoscător
grave   mormînt
gray   gri
great-grandfather   străbunic
great-grandmother   străbunică
great-grandparents   străbunici
green   verde
green pepper   ardei
greet   a saluta
grief   necaz, supărare
grill   grătar
grocery store   alimentară
ground   pămînt
ground floor   parter
group   grup
grow   a creşte
guarantee   garanţie
guardian   paznic
guess   a ghici

guest oaspete
guide (verb) a îndruma
guidebook ghid
guilty vinovat
guitar chitară

H

habit obicei
hailstone grindină
hair păr
hairdresser coafor
half jumătate
hall hol, sală
ham şuncă
hand mînă
handbag plasă, sacoşă
handkerchief batistă
handsome frumos
happen a se întîmpla
happiness fericire
happy fericit
hard dur, tare
hardworking harnic
harmful dăunător
harsh dur, tare
harvest a recolta
haste grabă
hat pălărie
hate a detesta, a urî
have; ~ a good time; a avea; a se distra
  ~ one's hair styled a coafa
have to a trebui
hay fîn
he el, dumnealui
head cap
headache durere de cap
head cold guturai
health sănătate
health center dispensar
healthy sănătos
hear a afla, a auzi
heart inimă
heat (noun) căldură
heat (verb) a încălzi
heating încălzire
heaven cer, rai
heavy greu
height înălţime
hell iad
heir moştenitor
help (noun) ajutor
help; ~ each other a ajuta; a se ajuta
hen găină
her, hers (al) ei, său
here aici, încoace
hero erou
hesitate a ezita

hide a ascunde
high înalt
high school liceu
highway şosea
hill deal, colină
his (al) lui, său
hire a angaja
history istorie
hit a bate, a izbi, a lovi
hockey hochei
hoe (noun) sapă
hoe (verb) a săpa
hold a ţine
holiday sărbătoare
home; at ~ casă; acasă
homework temă
honest cinstit
honesty cinste
honey miere
honor onoare
hope (noun) speranţă
hope (verb) a spera
horizon orizont
horrible oribil
horse cal
hospitable ospitalier
hospital spital
host, hostess gazdă
hot cald, fierbinte
hour oră
house casă
household gospodărie
housekeeper gospodină
housewife casnică
how ce, cît, cum
however oricum, totuşi
huge uriaş
human omenesc, uman
humble umil
humiliating umilitor
hundred sută
hunger foame
hungry înfometat
hunt a vîna
hurry (noun) grabă
hurry (verb) a se grăbi
hurt a durea, a răni
husband bărbat, soţ
hut colibă
hypocritical ipocrit

I

I eu
ice gheaţă
ice bucket frapieră

ice cream înghețată
icon icoană
I.D. legitimație
idea idee
identical identic
identification; ~ card identificare; legitimație
if dacă
ignorant ignorant, prost
ill bolnav
illness boală
illustrate a ilustra
image imagine
imagination imaginație
imagine a imagina, a-și închipui
imitate a imita
immediately imediat, îndată
immense imens
impatient nerăbdător
impatiently cu nerăbdare
importance importanță, însemnătate
important important, însemnat
imposing impunător
impossible imposibil
impress a impresiona, a imprima
impression impresie, părere
impressive impresionant
improve a îmbunătăți
improvement îmbunătățire
in în, într-, la
in any case în orice caz, oricum
in front în față
in opposition contra, în opoziție
in vain degeaba
inattentive neatent, neglijent
incorrect incorect
increase a mări, a crește
indebted îndatorat, dator
indeed într-adevăr, chiar
independence independență
indigestion indigestie
individual individual
industrious harnic
inexpensive ieftin
infection infecție
influence a influența
inform a informa, a înștiința
inhabitant locuitor
inheritance moștenire
initially inițial, la început
initiative inițiativă
injection injecție
injustice nedreptate
ink cerneală
innocent inocent, nevinovat
inquire a se interesa
inquiry anchetă, cercetare
insert a băga
inside înăuntru

insist a insista
install a (se) instala
instead în loc, în schimb
intelligent inteligent
intention intenție
interest (noun) interes
interest (verb) a interesa
interesting interesant
international internațional, universal
interpret a interpreta
interpreter interpret
interrupt a întrerupe
intervene a interveni
introduce a presenta
introduction introducere
investigation anchetă, investigație
invitation invitație
invite a invita
iron fier
irrational irațional
irresistible irezistibil
irritable iritabil
irritate a (se) enerva
island insulă
isolate a izola
issue chestiune, problemă
item articol, lucru
its (al) lui, ei, său

J

jacket jachetă
jam gem, dulceață, marmeladă
January ianuarie
jar borcan
jealous gelos, invidios
Jew evreu
job post, servici
join a (se) uni
joke (noun) banc, glumă
joke (verb) a glumi
journal revistă
journalism ziaristică
journalist ziarist
journey călătorie, voiaj
joy bucurie
joyful vesel, voios
judge (noun) judecător
judge (verb) a judeca
jug cană
juice suc
July iulie
jump a sări
just abia, chiar, drept, tocmai
justice dreptate, justiție
justification justificare

K

keep a păstra
kerchief basma
key cheie
kidney rinichi
kill a omorî, a ucide
kilogram kilogram
kilometer kilometru
kind amabil, bun
kindergarten grădiniţă
kindness amabilitate, bunăvoinţă
king rege
kingdom împărăţie
kiosk chioşc
kiss a săruta
kit echipament, trusă
kitchen bucătărie
knee genunchi
knife cuţit
know a cunoaşte, a şti
knowledge cunoştinţă, ştiinţă
known cunoscut

L

label etichetă
laboratory laborator
lad fecior
lady doamnă
lake lac
lamb miel
lamp lampă
lampshade abajur
land (noun) pămînt, ţară
land (verb) a ateriza
landscape peisaj
lane uliţă
language limbă
large mare
last (verb) a dura
last ultim
late tîrziu
laugh a rîde
lavatory closet, toaletă, W.C.
law lege
lawyer avocat, jurist
lazy leneş
leaf frunză
learn a învăţa
least cel (mai) puţin
leather piele
leave; ~ out a se duce, a lăsa, a pleca; a omite
lecture conferinţă
left stîng
leg picior
legend legendă
lemon lămîie

lemonade limonadă
lend a împrumuta
length of time durată
less fără, mai puţin
lesson lecţie, oră
letter scrisoare
level nivel
liar mincinos
liberate a elibera
librarian blibiotecar
library bibliotecă
license licenţă; permis
lie (verb) a minţi
life viaţă
lift a înălţa, a ridica
light (noun) lumină
light (verb) a aprinde
light-colored culoare deschisă
lighter (noun) brichetă
like (verb) a-i plăcea
like aşa, ca, la fel ca, similar
likewise de asemenea, la fel, tot aşa
limit limită
limited restrîns
line coadă, rînd
linden tei
lingerie lenjerie
lip buză
lipstick ruj
list listă
listen a asculta
literature literatură
little; ~ girl; ~ one puţin, mic; fetiţă; mogîldeaţă
live a locui, a trăi
lively sprinten, vioi
liver ficat
liver sausage caltaboş
living room salon
lock (verb) a încuia
locksmith lăcătuş
long; ~ ago lung; de mult
longing dor
look! uite, iată
look; ~ after; ~ for a se uita, a privi; a îngriji de; a căuta
Lord Domnul
lose; ~ weight a pierde; a slăbi
lot; a ~ mult; o mulţime
love afecţiune, dragoste
lovely drăgălaş, drăguţ
loving afectuos, duios
low jos
luck noroc
luggage bagaj
lunatic nebun
lunch dejun, prînz
luxury lux

M

magazine   revistă
magic   farmec, vrajă
main   principal
maintain   a menţine, a întreţine
major   primar
make   a alcătui, a face
man   bărbat, **om**
manage   a se descurca, a reuşi
manager   director, gestionar
mandatory   obligatoriu
mankind   omenire
manner   fel, mod
manuscript   manuscris
many   mulţi
map   hartă
March   martie
margarine   margarină
mark   notă, semn
market   piaţă, tîrg
marmalade   marmeladă
married   căsătorit
marry   a se căsători
marvelous   minunat
master   a domina, a stăpîni
match   chibrit, meci
material   material
mathematics   matematică
matter   chestiune, problemă
mauve   mov
May   mai
may   a putea
maybe   poate
mean   a intenţiona, a însemna
measure   măsură
meat   carne
meatball   chiftea
mechanic   mecanic
medal   medalie
medical complex   policlinică
medicine   doctorie, medicament
medieval   medieval
meditation   meditaţie
meet (each other)   a (se) întîlni
meeting   întîlnire, şedinţă
member   membru
memorize   a memoriza
memory   amintire, memorie
mentality   mentalitate
menthol   mentă
mention   a menţiona, a pomeni
menu   meniu
mercy   milă
mess   harababură
messy   dezordonat
meter   metru
method   metodă, mod

meticulous   minuţios
metro   metrou
middle   centru, mijloc
midnight   miezul nopţii
milk (noun)   lapte
milk (verb)   a mulge
military   militar
million   milion
mind   minte
mine   (al) meu
mineral water   apă minerală
minister   ministru
minority   minoritate
mint   mentă
minute   minut
miracle   minune
mirror   oglindă
miserable   mizerabil
misery   mizerie
Miss   domnişoară
miss   a lipsi, a scăpa
missing   dispărut, pierdut
misspelling   greşeală de ortografie
mist   ceaţă
mistake   greşeală
mistrust   neîncredere
model   model
modern   modern
modify   a modifica
moist   umid
moment   clipă
monastery   mănăstire
money   bani
monograph   monografie
monster   monstru
month   lună
monument   monument
moon   lună
more   mai (mult, mulţi)
morning   dimineaţa
mother   mamă
mother-in-law   soacră
motorcycle   motocicletă
mountain; ~ climbing   munte; alpinism
mouse   şoarece
mouth   gură
move   a mişca, a muta
moved   mişcat
movement   mişcare
movie   film
much   mult, mulţi
mud   nămol, noroi
mug   cană
multiply   a înmulţi
murder   a ucide
muscle   muşchi
museum   muzeu
mushroom   ciupercă

music muzică
musical muzical
must a trebui
mustard muştar
my meu

N

nag a cicăli
nagging cicălitor
naive naiv
name nume
namely adică, anume
napkin şerveţel
narrator narator
narrow îngust, strîmt
nasty neplăcut, nesuferit
nation naţiune
native autohton
natural natural
naturally fireşte
nature natură, fire
naughty neastîmpărat
near aproape, lîngă
nearby în apropiere
neat atent, îngrijit, prudent
necessary indispensabil, necesar
neck gît
need (a avea) nevoie (de), a trebui
needle ac
neglect a neglija
neighbor vecin
neighborhood cartier, vecinătate
neither nici
nephew nepot
neuter, neutral neutru
never niciodată
new nou
news broadcast buletin de ştiri
newspaper ziar
next următor
next to alături de, lîngă
nice drăguţ, plăcut, simpatic
niece nepoată
night noapte
nightstand noptieră
no nu
no one nimeni
noble nobil
nobleman boier, nobil
noise gălăgie, zgomot
noon amiază
norm normă, standard
north miazănoapte, nord
nose nas
not nu
not at all nu . . . de loc

not yet nu . . . încă
note a constata, a însemna, a nota
notebook caiet, carnet
nothing nimic
notice a constata, a observa
notify a anunţa, a înştiinţa
noun substantiv
novel roman
November noiembrie
now acum
number cifră, număr
nurse asistentă medicală

O

oak stejar
object (noun) lucru, obiect
object (verb) a obiecta
oblige a obliga
observe a constata, a observa
obtain a căpăta, a procura, a obţine
occasion ocazie, prilej
occupy a ocupa
occur a se întîmpla
of de, din, de la; despre
offer a oferi
office oficiu, birou
officer ofiţer
often adesea
oil ulei
old; grow ~; ~ man; ~ woman bătrîn, vechi; a îm-
  bătrîni; bătrîn, moş; bătrînă, babă
old-fashioned demodat, vechi
omit a omite
on; ~ purpose la, pe; dinadins
once o dată
only numai, doar, decît
onion ceapă
open a deschide
opera operă
opinion opinie, părere
opposite opus
optimistic optimist
or or, sau
orange; ~ juice portocală; oranjadă
orchestra orchestră
order (noun) ordine
order (verb) a cere, a comanda
ordinary normal, obişnuit
organization organizaţie
organized ordonat
origin origine
other alt, alţi
otherwise altfel, altminteri
out afară
outline schiţă
oven cuptor

over deasupra, peste
overcast înnorat
overcome a învinge
owe a datora
ox bou
oyster scoică

P

package pachet
page pagină
pain durere
paint a picta, a vopsi
painter pictor, zugrav
painting pictură, tablou
pair pereche
pajamas pijama
palace palat
palm palmă
panpipe nai
pants pantaloni
paradise paradis, rai
parcel pachet
park (noun) parc
park (verb) a parca
part parte, rol
participate a participa
party petrecere
pass a depăși, a trece
passage pasaj
passenger pasager
passing trecător
past trecut
paste pastă
pastry prăjitură
path cărare
patience răbdare
patient pacient
pause pauză
pay a plăti
peace pace
peaceful pașnic
peach piersică
peak vîrf
pear; ~ tree pară; păr
peas mazăre
peasant; ~ blouse; ~ shoe țăran; ie; opincă
pedestrian pieton
peel coajă
pen stilou, pix, toc
penalty penalizare
pencil creion
pension pensie
people lume; popor
pepper piper
percentage procent
perfume parfum

periodical publicație, revistă
permission permisiune, voie
permit permis
person persoană
perspire a transpira
persuade a convinge
pessimist pesimist
petition cerere
pharmacy farmacie
photograph fotografie, poză
phrase expresie
physician medic
picky mofturos
piece bucată, piesă
pig porc
pill pastilă, pilulă
pillow pernă
pilot pilot
pink roz
pint (of beer) halbă
pitchfork furcă
pity milă
place (noun) loc
place (verb) a pune
plain (noun) cîmpie
plan plan
plane avion
plate farfurie
play a (se) juca
player jucător
pleasant plăcut
pleasure plăcere
plow (noun) plug
plow (verb) a ara
plum; ~ brandy prună; țuică
plumber instalator
pocket buzunar
poetry poezie
point punct
polite politicos
poll sondaj, vot
poor sărac
position poziție, situație
possible eventual, posibil
possibility eventualitate, posibilitate
post office poștă
postage stamp timbru
postcard ilustrată, vedere
poster afiș
pot oală
potato cartofi
poverty sărăcie
powder pudră
power putere
powerful rezistent, tare
practical practic
praise a elogia, a lăuda

pray   a (se) ruga
precise   exact, precis
prefer   a prefera
preoccupy   a preocupa
prepare   a (se) pregăti
prescription   reţetă medicală
present (noun)   cadou; prezent
present (verb)   a prezenta
present   actual
presentation   expunere, vorbire
preserve   a păstra
preserves   dulceaţă
president   preşedinte
press   a apăsa
price   preţ
pride   mîndrie
priest   preot
principal   principal
principle   principiu
print   a tipări
private   particular
prize   premiu
probable   probabil
problem   problemă
proceed   a acţiona, a continua, a proceda
procure   a căpăta, a obţine, a procura
produce   a produce
profitable   avantajos, rentabil
profound   profund
program   program, plan
progress   progres
project   proiect
promise   a făgădui, a promite
promote   a avansa, a înainta, a promova
pronoun   pronume
pronounce   a pronunţa
property   proprietate
protest   a protesta
proud   mîndru
prove   a dovedi
publish   a publica
publisher   editor
pull   a trage
punishment   pedeapsă
pupil   elev
purchase   a cumpăra
pure   pur
purple   mov
purpose   scop
purse   poşetă
pursue   a urma, a urmări
push   a împinge
put; ~ in   a pune; a băga

Q

qualified   calificat
quality   calitate

quantity   cantitate, mărime
quarrel   ceartă
quarter; academic ~   sfert; trimestru
quarterly   trimestrial
queen   regină
quick(ly)   iute, repede
quiet (verb)   a (se) calma, a (se) linişti
quiet   linişte

R

racquet   rachetă
radiant   radios
radio   radio
radish   ridiche
rage   mînie
railroad   cale ferată
rain   plouă
raincoat   fulgarin, haină de ploaie
raise   a ridica
rare   rar
raspberries   zmeură
rather   cam, mai curînd
ray   rază
razor   aparat de ras
reach   a ajunge
react   a reacţiona
reaction   reacţie
read   a citi
reader   cititor
ready; get ~   gata; a (se) pregăti
reality   realitate
realize   a-şi da seama
really   chiar, zău
reason   motiv, raţiune
receipt   chitanţă, recipisă
receive   a primi
recipe   reţetă
recognize   a recunoaşte
recommend   a recomanda
reconcile   a (se) împăca
record (verb)   a înregistra
red   roşu
reduce   a reduce, a scădea
refined   rafinat
refrigerator   frigider
regarding   apropo de, privitor la
region   regiune; arie, suprafaţă, ţinut
register, record   a înregistra
reject   a respinge
related   înrudit
relation   relaţie, rude
relatively   relativ
relax   a se relaxa
religion   religie
remain   a rămîne, a sta
remark   a remarca
remarkable   remarcabil

remember   a-şi aminti
remind   a aminti
remote   îndepărtat
renounce   a renunţa
rent (noun)   chirie
rent (verb)   a închiria
repair   a repara
repeat   a repeta
replace   a înlocui, a schimba
reply   a răspunde, a replica
report   raport
represent   a reprezenta
request (noun)   cerere, rugăminte
request (verb)   a cere
researcher   cercetător
reserve   a reţine, a rezerva
reside   a locui
residence   domiciliu
resort   staţiune
respect (noun)   respect
respect (verb)   a respecta
responsible   responsabil
responsibility   răspundere
rest   a se odihni
restaurant   restaurant
restless   neastîmpărat
restricted   restrîns
result   rezultat
retain   a reţine
retire   a (se) pensiona, a (se) retrage
return   a (se) întoarce, a reveni
review   a recapitula
revise   a revizui
reward (noun)   răsplată
reward (verb)   a răsplăti
rice   orez
rich   bogat
riddle   ghicitoare
ridiculous   ridicol
right   drept
rigorous   riguros
ring (noun)   inel
ring (verb)   a suna
rise   a răsări, a se ridica
risk   a risca
river   rîu, fluviu
road   cale, drum
roast (meat)   friptură
rock   bolovan, piatră, stîncă
role   rol
roll   chiflă
Romanian   român, românesc
room   cameră, odaie
rooster   cocoş
root   rădăcină
rose   trandafir
rose hip   măceaşă
row   rînd

rug   covor, carpetă
ruin   ruină
rule   regulă
run   a alerga, a curge, a fugi

S

sacrifice   sacrificiu
sad   trist
safety   siguranţă
saint   sfînt
salad   salată
salami   salam
salary   leafă, salariu
salesman   vînzător
salt   sare
salt (pepper) shaker   solniţă
salty   sărat
same   acelaşi, la fel
sand   nisip
sandal   sandală
satisfactory   mulţumitor, satisfăcător
Saturday   sîmbătă
sausage   cîrnat
save   a economisi; a salva
say   a rosti, a spune, a zice
saying   zicală
scare   a speria
scared; get ~   a se speria
scarf   eşarfă, fular
scene   scenă
schedule   orar
school   şcoală
science   ştiinţă
scientific   ştiinţific
scream   a striga, a ţipa
sea   mare
seamstress   croitoreasă
season   anotimp
seat   loc, scaun
second   clipă, secundă
secondary   secundar
secretary   secretar
see; ~ again   a vedea; a revedea
seed   sămînţă, sîmbure
seek   a căuta
seem   a părea
seldom   rar
select   a alege, a selecţiona
sell   a vinde
send   a expedia, a trimite
sense (verb)   a simţi
sensitive   sensibil
sentence (judicial)   decizie, hotărîre
sentiment   sentiment
separate   a (se) despărţi, a (se) separa
September   septembrie
series   serie

serious serios
serve a servi
session sesiune
setting decor
seven şapte
several cîţiva, nişte, mai mulţi
sew a coase
shame ruşine
shave a (se) bărbieri, a (se) rade
shampoo şampon
she ea, dumneaei
sheep oaie
sheepskin coat cojoc
sheet cearşaf
shell scoică
shepherd cioban
ship vapor
shirt cămaşă
shoe pantof
shoemaker cizmar, pantofar
shop; ~ window magazin, prăvălie; vitrină
shopping center complex comercial
shore ţărm
short scund, scurt
short story nuvelă
shoulder umăr
shout a striga
show (noun) expoziţie
show (verb) a arăta
shut a închide
shy ruşinos, timid
sick bolnav
side parte
side dish garnitură
sign (noun) semn
sign (verb) a semna
silk mătase
silver argint
silverware tacîm
simple simplu
simplify a simplifica
sin păcat
since de cînd, deoarece; fiindcă, pentru că
sincere sincer
sing a cînta
singer cîntăreţ
sink chiuvetă
sister soră
sister-in-law cumnată
situation situaţie
size mărime, măsură
skate a patina
sketch schiţă
ski a schia
skier schior
skin piele
skirt fustă

sky cer
slave sclav
sled sanie
sleep (noun) somn
sleep (verb) a dormi
sleeve mînecă
slender subţire
slim slab
slippery lunecos
slow încet
small mic
smell (noun) miros
smile a surîde, a zîmbi
smoke (verb) a fuma
smoker fumător
smooth neted
snack aperitiv, gustare
snake şarpe
sneeze a strănuta
snow (noun) zăpadă
snow (verb) a ninge
snowdrop ghiocel
so aşa, astfel
soap săpun
society societate
soda water sifon
sofa canapea
soft; ~ drink moale; suc
soldier soldat
soloist solist
solution soluţie
solve a rezolva
some cîţiva, nişte, unii
somehow cumva, oarecum
someone; ~ else cineva; altcineva
something; ~ else ceva; altceva
sometimes cîteodată, uneori
son fiu; fecior
song cîntec
son-in-law ginere
soon în curînd
sort fel
soul duh, suflet
soup; sour ~ supă; ciorbă
sour acru
sour cherry vişină
south miazăzi, sud
space spaţiu
speak a vorbi
spectator spectator
speculate a specula
speech expunere, vorbire
speed viteză
spelling ortografie
spend (money) a cheltui
spicy condimentat
spin a se învîrti, a toarce

spinach   spanac
spirit   duh, suflet
spiritual   spiritual
splendid   splendid, strălucit
spontaneous   spontan
spoon   lingură
sport   sport
spring   izvor, primăvară
square   pătrat, piaţă
stable   grajd
stage   etapă; scenă
stage director   regizor
stadium   stadion
stamp (noun)   timbru
stamp (verb)   a ştampila
stand   a sta
standard   normă, standard
star   stea
start   a începe, a porni
state (verb)   a declara
station; bus ~   staţie
stay   a sta
steak   antricot
steal   a fura
step   pas, treaptă
stew   tocană
still   încă
stir   a agita, a mişca
stocking   ciorap
stomach   stomac
stone   piatră
stop   a înceta, a opri, a poposi
store   magazin
storm   furtună
story   nuvelă, poveste
stove   sobă
straight   drept
strange   ciudat
strawberry   căpşună
stream   curent
street   stradă
strength   putere
stress   a accentua
strict   sever
strike   a izbi
stripe   dungă
strong   rezistent, tare
student   elev, student
study   a studia, a învăţa
stuffed   umplut
stupid   ignorant, prost
style   gen, mod, stil
stylish   elegant
subject   subiect
substitute   a substitui
subway   metrou
succeed   a reuşi

success   succes
successor   moştenitor
sudden   brusc
suddenly   deodată
suffer   a suferi
sufficient   destul, suficient
sugar   zahăr
suggest   a sugera, propune
suit   costum
suitable   potrivit
suitcase   valiză
summer   vară
summit   vîrf
sun   soare
Sunday   duminică
sunrise   răsărit
sunset   apus, asfinţit
supervised   supravegheat
supper   cină
supply   a aproviziona
support   a sprijini
suppose   a presupune
sure   sigur
surface   suprafaţă
surpass   a depăşi
surprise (noun)   surpriză
surprise (verb)   a surprinde
surround   a înconjura
sustain   a susţine
swallow   a înghiţi
swear   a (se) jura
sweat   a transpira
sweet   dulce
swim   a înota
swimmer   înotător
swimming pool   bazin de înot
Swiss; ~ cheese   elveţian; caşcaval
switch off   a stinge
switch on   a aprinde
syrup   sirop
system   sistem

T

table   masă
tail   coadă
tailor   croitor
take; ~ care of   a aduce, a lua; a îngriji
talented   talentat
talk (noun)   conversaţie, discuţie
talk (verb)   a vorbi
tall   înalt
tan; get a ~   se bronza
tanned   bronzat
tape   bandă
task   lucru, sarcină, treabă
taste   a gusta

tax taxă
tea ceai
teach a învăţa, a preda
teacher învăţător, profesor
teacher's desk catedră
team echipă
tear (noun) lacrimă
technician tehnician
teenager adolescent
telegram telegramă
telephone telefon
television televiziune, televizor
tell a povesti, a spune, a zice
temperature temperatură
temporary temporar
ten zece
tenant chiriaş
tent cort
term termen
term paper referat, eseu
terrible groaznic
terrific grozav
textbook manual
than ca, decît
thank a mulţumi
thanks to graţie, mulţumită
that acela, aceea
theater teatru
then atunci, apoi
there acolo
therefore deci, aşadar
thermometer termometru
they ei, ele, dumnealor
thick gros
thief hoţ
thin slab, subţire
thing lucru
think a crede, a (se) gîndi, a-şi imagina, a-şi închipui
thirst sete
thousand mie
thread aţă
throat gît
through prin
Thursday joi
thus deci, aşa, astfel
ticket bilet
tie (noun) cravată
tie (verb) a lega
tile ţiglă
time dată, oră, timp, vreme
tip bacşiş
tired; get ~ obosit; a se obosi
title titlu
to la, către
toast (verb) a închina
today azi, astăzi
together împreună

toilet toaletă
tomato roşie
tomb mormînt
tomorrow mîine
tongue limbă
tonight deseară
too şi, prea, de asemenea
tooth dinte
top vîrf
touch a atinge
touched mişcat
tourist turist
toward către, spre
town oraş
trade comerţ
traditional tradiţional
traffic; ~ ticket circulaţie; amendă
train; ~ station tren; gară
transition tranziţie
translate a traduce
travel a călători
tray tavă
treat a trata
treatment tratament
tree pom, copac
trifle fleac
trolley troleibuz
trouble necaz, supărare
trout păstrăv
truck camion
true adevărat
truth adevăr
try on a încerca, a proba
T-shirt tricou
Tuesday marţi
tuition taxă
turkey curcan
tutoring meditaţie
twelve doisprezece
twice de două ori
twin geamăn
two doi
typist dactilografă

U

ugly urît
umbrella umbrelă
unbearable insuportabil
uncle unchi
unconscious inconştient
under dedesubt, jos, sub
undergo a îndura, a păţi, a suferi
underline a sublinia
understand a înţelege
undress a (se) dezbrăca
uneasiness jenă

unexpected neașteptat
unforgettable de neuitat
unfortunately din păcate
ungrateful ingrat
unhappy nefericit
union unire
unique unic
unit unitate
unite a uni
unity unitate
university universitate
unpack a despacheta
unpleasant antipatic, neplăcut
unsalted nesărat
unseen nevăzut
unsupervised nesupravegheat
until pînă (la)
up sus
up to pînă (la)
upset necăjit
use a folosi, a întrebuința
useful folositor
useless nefolositor
usually de obicei

V

vacation concediu, vacanță
vague vag
vain în zadar, vanitos
valley vale
value valoare
varied, various variat
vase vază
veal vițel
vegetable legumă, vegetal
verify a controla, a verifica
version versiune
very foarte
vicinity apropiere, vecinătate
view vedere, părere
village sat
vinegar oțet
violet viorea
violin vioară
visit (noun) vizită
visit (verb) a vizita
vocabulary vocabular
voice voce
volume volum
vote a vota

W

waistband brîu
wait a aștepta
waiter chelner, ospătar

waitress chelneriță
wake up a deștepta, a (se) scula, a (se) trezi
walk plimbare
walking stick baston
wall perete
wallet portmoneu
walnut nucă
want a dori, a vrea
war război
warm (verb) a încălzi
warm cald
warranty garanție
wash a spăla
watch (noun) ceas
watch (verb) a privi, a se uita
water apă
watermelon pepene
wave (noun) val
wave (verb) a face semn
way cale, drum
we noi
weak debil, firav, slăbit
weaken a slăbi
weakness slăbiciune
wealth bogăție
wear a purta
weather vreme
weave a țese
Wednesday miercuri
wedding nuntă
week săptămînă
weight; lose ~; put on ~ greutate; a slăbi; a (se) îngrăşa
welcome a întîmpina
well bine
well fîntînă
well-balanced cumpănit, echilibrat
well-behaved cuminte, manierat
well-known cunoscut
west apus, vest
what ce
wheat grîu
when cînd
where încotro, unde
which (one) care
while în timp ce
whipped cream frişcă
whisper a şopti
whistle a fluiera
white alb
who cine
whole întreg
why de ce
wide larg
wife soție
wild sălbatic
will (noun) voință

win   a cîştiga
wind   vînt
window   fereastră
wine   vin
wing   aripă
winter; ~ coat; ~ hat   iarnă; palton; căciulă
wish (verb)   a dori, a ura, a vrea
with   cu
without   fără
witty   spiritual
woman   femeie
wonderful   minunat
wood   lemn
woods   dumbravă, pădure
wool   lînă
word   cuvînt
work; ~ of art   lucru; operă
work (verb)   a lucra, a munci
worker   muncitor
world   lume
worldwide   mondial
worried   îngrijorat, necăjit
worse   mai rău
worst   cel mai rău
wrinkled   zbîrcit
write   a scrie
writer   scriitor
wrong   greşit, nedrept, rău

X

X-ray   radiografie

Y

yard   curte
year   an
yell   a striga, a ţipa
yellow   galben
yes   da
yesterday   ieri
yet   încă, însă
yogurt   iaurt
you   tu, voi, dumneata, dumneavoastră
young (person)   tînăr
youth   tinereţe

Z

zeal   rîvnă, zel
zipper   fermoar
zone   regiune, zonă
zoo   grădină zoologică

Index

Numbers indicate chapter and page number.

Discover Romanian **Workbook and Language Tapes**

An exercise workbook and a set of cassette tapes of each chapter's dialogue and of language exercises are also available. Contact The Ohio State University Press's distributor to obtain your copies.

The Ohio State University Press
Chicago Distribution Center
11030 S. Langley Avenue
Chicago, IL 60628

Phone: (800) 621-2736 or (773) 568-1550
Fax: (800) 621-8476 or (773) 660-2235